Baselbieter Heimatbuch 29

Baselbieter Heimatbuch 29

Landschaften & Menschen

im Baselbiet

Herausgegeben von der Kommission
für das Baselbieter Heimatbuch

2013 verlag
Basel-Landschaft

Kommission für das Baselbieter Heimatbuch:

Martin Stohler, Präsident
Letizia Schubiger, Vizepräsidentin
Yves Binet
Beat Meyer
Peter Plattner
Barbara Saladin
Esther Ugolini-Hänggi
Susanne Wäfler-Müller

Redaktion und Lektorat:
Yves Binet

Chronik:
Alby Schefer

Gesamtherstellung: Schwabe AG, Druckerei, Muttenz/Basel
Umschlaggestaltung: Thomas Lutz, Schwabe AG
Einband: Buchbinderei Grollimund AG, Reinach

Diese Publikation wurde mit Mitteln
aus dem Lotteriefonds ermöglicht

Basel-Landschaft

© Copyright  Liestal 2013

ISBN 978-3-85673-115-1   EAN 9783856731151

Inhaltsverzeichnis

Würdigungen

Chroniken

Anhang

Vorwort

Landschaften – das gilt auch für das Baselbiet – haben eine vielschichtige Geschichte. Ihre älteste Schicht reicht weit zurück ins Dunkel der Zeit und zu den Anfängen der Erdgeschichte: Hier entstehen und verändern sich Landschaften noch nach den «Urgesetzen» unseres Planeten.

In der nächsten Schicht wird es schon komplexer. Nun treten Pflanzen und Lebewesen auf, die verschiedenste Formen annehmen können und auf ihre je eigene Art und Weise der Landschaft ihren Stempel aufdrücken. Als neuer Teil der Landschaft tragen sie zu ihrer Veränderung bei, sind aber ihrerseits auch immer wieder deren Veränderungen unterworfen, beispielsweise wenn es zu Vulkanausbrüchen, Überschwemmungen oder Bergstürzen kommt.

Die dritte Schicht der Landschaftsgeschichte beginnt mit dem Auftreten von uns Menschen. Auch unsere Geschichte ist eng mit der Landschaft verknüpft. Zuerst, weil wir von ihr abhängig sind, später, weil wir innert kürzester Zeit anfangen, sie zu verändern, sie an unsere Bedürfnisse anzupassen, sie tiefgreifend umzugestalten.

Gesellschaftliche und industrielle Entwicklungen und Umwälzungen haben ihre Spuren in der ursprünglichen Landschaft hinterlassen, und dabei sind neue Landschaften entstanden. Alles scheint machbar, gestaltbar, kontrollierbar. Dass dies ein Irrtum ist, wird spätestens jeweils dann klar, wenn sich die Landschaft mit ursprünglicher Kraft zurückmeldet, sei es, dass sie bebt, rutscht, kracht oder überschwemmt wird.

Vorliegender Band behandelt unterschiedliche Aspekte dieser Geschichte – allerdings nur jüngste Sedimente der dritten Schicht. Verschiedene Ansichten und Ausprägungen des Verhältnisses zwischen Menschen und Landschaften.

Ein so vielschichtiges Thema umfassend oder gar abschliessend zu behandeln, ist selbst bei Beschränkung auf diese jüngsten Schichten schlicht nicht möglich. Auch sind viele Fragen aus diesem Themenkreis schon in anderen Zusammenhängen in früheren Baselbieter Heimatbüchern – und zahlreichen anderen Publikationen des Kantonsverlags – behandelt worden. Deshalb bieten sich – um nach der Lektüre dieses Buches das eine oder andere Thema zu vertiefen oder zu ergänzen – weitere Leseexkursionen und Lektürewanderungen an.

Zu diesem Zwecke haben wir am Ende dieses Vorworts im Literaturverzeichnis ein paar Wanderwegschilder durch die letzten acht Baselbieter Heimtbücher aufgestellt.

Und so wünschen wir unseren interessierten Leserinnen und Lesern bei ihren Streifzügen zwischen Buchdeckeln, aber vor allem auch in den realen Landschaften unseres Kantons, viel Vergnügen, offene Augen und einen wachen, nachdenklichen Geist.

Kommission für das Baselbieter Heimatbuch,
Martin Stohler (Präsident) & Yves Binet

Literaturverzeichnis

Baselbieter Heimatbuch, Band 21, Rückblenden, Liestal 1997:
- Lina Zeller-Pfaff; Eduard Strübin (Hg.): Erinnerungen an die alte Liestaler Rheinstrasse, 27.
- Dominik Wunderlin: Bilder aus Alt-Aesch, 75.
- Dominik Wunderlin: Liestal in Color, 107.
- Robert Bösiger: Bezirk Sissach im Bild, 131.
- Fritz Hefti: Waldenburg – Das «Stedtli» am Oberen Hauenstein, 147.

Baselbieter Heimatbuch, Band 22, Es geht gleich weiter … Das Baselbiet an der Schwelle zum 3. Jahrtausend, Liestal 1999:
- Martin Rickenbacher: Das digitale Baselbiet – Datensätze des Bundesamtes für Landestopographie, 45.
- August Lienin: Von der Pyramide zur Zwiebel – Dynamik und Folgen der Bevölkerungsentwicklung im Baselbiet, 209.
- Paul Kümin: Unser Wald gestern – heute – und morgen, 223.
- Martin Furter: Hochstammobstgärten: Kulturgut und Lebensraum, 235.
- Alfred Zahler: Ortsumfahrung Grellingen – Der Eggfluetunnel – eine kantonale Grossbaustelle, 248.
- Guido Karrer-Matter: 8 Jahre Arbeit für den Eggfluetunnel – Erlebnisbericht eines Bauleiters, 254.
- Hans-Georg Bächtold: Umfahrungsstrassen – Auswege oder Sackgassen? – Werden Ortsumfahrungen im nächsten Jahrhundert noch sinnvoll sein?, 263.

Baselbieter Heimatbuch, Band 23, Klang – Musik im Baselbiet in Wort, Ton und Bild, Liestal 2001:
- Sibylle Rudin-Bühlmann: Und wenn mer wei rächt gmüetlig si, singt jede was er cha … – Vom Ursprung des Baselbieterliedes, 23.
- Martin Stohler: Open Airs im Baselbiet: Meistens kommt das Publikum – Ein Streifzug durch die vielfältige Baselbieter Open-Air-Landschaft, 223.

Baselbieter Heimatbuch, Band 24, drucksachen – Schreiben, Setzen, Drucken, Lesen und Archivieren im Baselbiet, Liestal 2003:
- Beat Trachsler: Der «Dessineur» Emanuel Büchel (1705–1775) zeichnet in den Ämtern der «Landschaft Basel», 241.
- Eugen Schwarz: Als das Automobil seine ersten «Gehversuche» machte – Das Baselbiet im Spiegel alter Ansichtskarten zwischen 1895 und 1920, 261.

Baselbieter Heimatbuch, Band 25, Recht und Unrecht im Kanton Basel-Landschaft, Liestal 2005:
- Markus Ramseier: Galgenvögel auf dem Hübel – Schelmen, Vaganten, Mörder und ihre Spuren in Flurnamen, 81.
- Heinz Aebi: Durchsetzung des Umweltschutzrechts setzt Leitplanken für nachhaltigen Wettbewerb, 89.
- Paul Libsig: Die Grenzwache macht mobil, 149.

Baselbieter Heimatbuch, Band 26, Heimat?, Liestal 2007:
- Edi Gysin: Heimat? – Zehn Kontraste, 66.
- Ruedi Epple: Daheim unter der Fluh, 79.
- Claudia Pantellini, Barbara Rebmann: Das Baselbiet: Land der Kirschen oder Kanton der Strassen?, 163.
- Brigitte Frei-Heitz: «Heimatstil» – Architektur im Baselbiet, 201.
- Mirjam Brunner: Was schützt der Heimatschutz?, 209.
- Oliver Von Allmen: Wie wird Heimat «verkauft»?, 239.
- István Horváth, Michael Schaub: Das leise Verschwinden des Rotkopfwürgers, 277.
- Christoph Oberer: Heimatboden, 281.
- Christoph Manasse: Der Heimatlosenplatz, 287.

Baselbieter Heimatbuch, Band 27, Wasser – lebendig, faszinierend, gefährlich, Liestal 2009:
- Wasser hat direkt oder indirekt immer mit Landschaften und Menschen zu tun – deshalb kann hier auf das ganze Buch verwiesen werden.

Baselbieter Heimatbuch, Band 28, Mir wei hirne – Bildung und Wissen im Baselbiet, Liestal 2011:
- Denise Battaglia: «Wir sind alle Sternenstaub» – Roland Buser – Astronom und Philosoph, 19.
- Barbara Saladin: Forscher ohne Unidiplom: die Vogelberinger der Ulmethöchi, 27.
- Beat Rütti: Augusta Raurica: dem Wissen auf der Spur, 35.
- Brigitte Frei-Heitz: Schulhausbauten im Baselbiet, 53.

Landschaften & Menschen

im Baselbiet

Fotos aus der Sammlung Strübin

Die Idee war einfach und überzeugte auf Anhieb: Barbara Rebmann und Letizia Schubiger stellten eine Auswahl von Fotografien aus der Sammlung Strübin zum Thema Landschaft zusammen. Danach wählte jedes Kommissionsmitglied ein Foto aus und versah es mit einem kurzen, in Form und Inhalt völlig freien Kommentar.

Liestal Eglisacker, Ablesen von Kartoffelkäfern (ohne Jahr).

Yves Binet

Ausser dem Träumer, dessen Blicke abzuschweifen scheinen, sehen sie fleissig aus, die jungen Kartoffelkäfersammler. Ob es am Fotografen liegt? Oder wird mit den Käfern das Taschengeld aufgebessert? Das Bild scheint jedenfalls aus Zeiten zu stammen, als noch Maikäfer wie Gewitterwolken über Büsche und Bäume herfielen, es zwischen glühenden Steinen von Eidechsen und Blindschleichen wimmelte und grasgrüne Frösche in Scharen vor Kinderfüssen aus gluckernden Wiesenbächlein flohen. Bären und Wölfe gab es hier wohl schon damals keine mehr, und auch der Säbelzahntiger (da, hinter der Scheune!) ist gewiss nur ein trügerischer Schatten.

Birsfelden, Flugplatz und Hof Sternenfeld (ohne Jahr).

Beat Meyer

Der Flugplatz Sternenfeld: Ausgangspunkt der Aviatikgeschichte von Basel. Startplatz mit nationalen und internationalen Verbindungen. Die Pläne zur Erweiterung auf Kosten des Hardwaldes wurden mit dem Flugplatz in Blotzheim hinfällig. Zurück blieb ein Ausflugsrestaurant mit ‹Schiffliteich›. In der Zwischenzeit musste auch dieses dem Gewerbe und der Industrie weichen, und nichts erinnert mehr an die vergangenen Pionierzeiten des Luftverkehrs in der Region.

Buus, Bannumgang beim Hardhof (Mai 1952).

Peter Plattner

Der Banntag ist eine traditionell schweizerische und vor allem auch Baselbieter Eigenheit. Als kleinere Einwohnergemeinde darf Buus seit jeher auf die grosse Ortsbürgerschar zählen. Während meiner Amtszeit als Gemeindeverwalter (1983 bis 1990) durfte ich den jährlich an Auffahrt stattfindenden Banntag (für Männer und Frauen!) organisieren. Am Schluss der «Kontrolle der Grenzsteine» stehen für jede teilnehmende Person ein halber Liter Buusner Rotwein und inzwischen auch andere Getränke mit Wurst und Brot als Belohnung bereit. Auch der Wein wird nach wie vor direkt aus der Flasche getrunken! So werden um die 500 Gäste verpflegt, und zwar im Stehen, ohne Tische und Bänke. Eine willkommene Gelegenheit auch für die Zuzüger, die Alteingesessenen näher kennen zu lernen.

Sichtern, Heuwagen (1943).

Barbara Saladin

Die Hitze lockt den Schweiss aus allen Poren, in der Luft liegt der Duft nach frischem Heu, und die Sonne brennt auf die abgemähte Wiese. All das sehe ich, wenn ich dieses Foto betrachte – obwohl ich mit den Augen weder riechen noch fühlen kann. Aber auch der Kopf und das Herz betrachten mit. Mit den entspannt vor dem Wagen stehenden Pferden und den nach getaner Arbeit im Schatten ihrer Ladung rastenden Bauern strahlt das Bild für mich einerseits eine Idylle aus, andererseits aber auch harte Arbeit in harten Zeiten. Das Bild entstand vor 70 Jahren auf der Sichtern oberhalb Liestals. In einer im Vergleich zu heute ganz anderen Zeit, und fast könnte man meinen, auch in einer ganz anderen Welt.

Schulreise (ohne Jahr).

Letizia Schubiger

Schulreise – auf zum Bauernhof mit Lehrer Strübin! Die Klasse geniesst die Mittags-ruhe im Schatten des grossen Baumes. Neugierig und aufmerksam schauen die Kinder in die Kamera ihres Lehrers. Ihre Kleider sind gepflegt, Hemden für die Jungen, Röck-chen für die Mädchen, die langen Haare ordentlich geflochten. Dieses Bild strömt die ganze Frische eines Sommertages aus: sonnige Wäsche, grünes Gras, soeben ge-molkene Milch. An diese Idylle kann sich vermutlich manch Beteiligte(r) noch er-innern, wer weiss?

Liestal, Weisse Fluh: Abholen des Santichlaus (1950).

Martin Stohler

Hätte mir jemand dieses Foto vor dem 6. Dezember 1961 gezeigt, ich weiss nicht, was ich davon gehalten hätte. Bis zu meinem sechsten Lebensjahr wohnten wir in Pratteln. So lange stand für mich fest: ‹Dr Santichlaus› und ‹dr Schmutzli› sind im Schwarzwald zu Hause. Später, als wir in Buckten lebten, kamen die beiden vom ‹Humbrg›. Auf meinen Streifzügen durch die Wälder rings ums Dorf gelang es mir allerdings nie, ihre Behausung zu entdecken. Dass sie in Liestal offenbar eine Dependance hatten, habe ich erst dank diesem Foto erfahren.

Mädchen in Margeritenwiese (ohne Jahr).

Esther Ugolini

Natürlich gibt es sie noch immer, auch im Baselbiet: wunderbare Blumenwiesen mit Bienensummen, dem Geruch nach Gras und wilden Kräutern, weissen Margeriten vor blauem Frühsommerhimmel. Leider aber ist dieser Anblick selten geworden. Wo Naturwiesen nicht intensiv landwirtschaftlich genutzt werden, werden sie als ökologisch wertvolle Ausgleichsflächen deklariert. Es ist zwar richtig, dass sie dadurch zur schützenswerten Kostbarkeit werden. Traurig aber, dass Margeritenwiesen wie diese keine atemberaubend schöne Selbstverständlichkeit mehr sind.

Garbenfelder zwischen Hölstein und Bennwil (1949).

Susanne Wäfler-Müller

Heuen im Sommer! Aufgewachsen in ‹Bämbel›, sitzt mir der Duft der Heuernte in der Nase. Blieb das Wetter ein paar Tage trocken, hiess es für die Bauern «auf zum Heuen!». Die ganze Familie half kräftig mit, und den Bauernkindern blieb während des Heuens kaum Zeit für anderes. Die stacheligen Ähren unter den nackten Füssen hielten uns Schulkinder nicht davon ab, über die gemähten Felder zu laufen – welch' herrliches Gefühl!

Bildnachweis
Archäologie und Museum Baselland, Sammlung Strübin, Liestal.

1 Der keltische Silberschatz von Füllinsdorf besteht aus 300 Münzen und wurde wahrscheinlich um 80–70 v. Chr. verborgen.

Andreas Fischer

Die Rauriker am Oberrhein
Eine keltische Siedlungslandschaft der späten Eisenzeit

Das Gebiet zwischen Jura, Vogesen und Schwarzwald war bis in die Neuzeit ein einheitlicher Kulturraum. In vorrömischer Zeit bestand hier eine differenzierte Siedlungslandschaft, die vom keltischen Stamm der Rauriker bewohnt war.

Die Rauriker

Die römische Kolonie *Augusta Raurica*, die jurassische Kantonshymne «La Nouvelle Rauracienne» oder der fast schon wieder vergessene erste Baselbieter Lokalsender «Radio Raurach»: All diese Namen beziehen sich auf den keltischen Stamm der Rauriker. Dass dieser hier in der Region gelebt hat, scheint sonnenklar. Befasst man sich aber mit der historischen Realität in den letzten beiden Jahrhunderten vor unserer Zeitrechnung, wird das Bild diffuser und komplexer. Die schriftlichen Quellen sind

dürftig, und die erste Nennung der Rauriker verdanken wir ausgerechnet einem Gegner der Kelten: Der römische Feldherr Gaius Julius Caesar erwähnt in seinem Bericht
zum Gallischen Krieg, dass die Rauriker Nachbarn der Helvetier waren und sich
58 v. Chr. (zumindest teilweise) an deren Auswanderungsversuch beteiligten.[1] Leider
wird nirgends das genaue Siedlungsgebiet vermerkt. Dennoch dürfen wir annehmen,
dass der Stamm am südlichen Oberrhein beheimatet war.[2] Eingebettet zwischen dem
Jura, den Vogesen und dem Schwarzwald liegt hier eine natürliche Siedlungskammer,
die erst in der Neuzeit durch politische Grenzen getrennt wurde. Nach Norden hin ist
die Landschaft offen. Dort endete die Ausdehnung des Raurikergebietes – wie anhand von Vergleichen des archäologischen Fundmaterials vermutet wird – wahrscheinlich zwischen den heutigen Städten Sélestat und Strasbourg (vergleiche Abbildung 3).[3] Dieses Gebiet umfasst verschiedene Naturräume wie die Rheinaue, die
Schotterfelder der Rhein-Niederterrasse, den Jura mit seinen Tälern und Hochebenen
sowie das Sundgauer und das Markgräfler Hügelland. Durchzogen ist es von einer
wichtigen Verkehrsader: dem Rhein, der sicher auf weiten Strecken schiffbar war.
Überregional kreuzten sich hier bereits in vorrömischer Zeit diverse Handelswege von
Ost nach West und von Nord nach Süd. Ein idealer, vielfältiger Raum also für die
exemplarische Untersuchung einer spätkeltischen Siedlungslandschaft.

In den Augen der Nachbarn

Eine grosse Errungenschaft der Antike übernahmen die Kelten leider nicht: die Schrift.
Abgesehen von ein paar – in griechischen Buchstaben geschriebenen – Namen und
Wörtern, haben sie uns keine schriftlichen Quellen hinterlassen. Insbesondere fehlen
uns daher «Innenansichten» zu Gesellschaft, Religion und Politik. Es bleibt zum Beispiel unklar, ob und ab wann sich die Menschen selbst als Rauriker bezeichnet und
sich «den Kelten» zugehörig gefühlt haben. Was wir haben, sind Beschreibungen
durch die Nachbarn im Mittelmeerraum: Die Römer nannten sie Gallier, die Griechen
Kelten. Die erste Erwähnung fällt in die Zeit um 500 v. Chr. Die Griechen Hekataios
von Milet und Herodot berichten von den «Keltoi», die nördlich der griechischen
Kolonie Massalia (Marseille) oder auch an den Quellen der Donau leben.[4] Diese und
weitere Beschreibungen sind wohl auf vermehrten Kontakt zwischen den Völkern
zurückzuführen, sei es durch die Koloniegründungen, (Handels-)Reisen oder auch
Wanderungen von keltischen Stämmen in den Süden. Letztere sind wohl nicht zuletzt
auf eine Klimaverschlechterung um 400 v. Chr. zurückzuführen, die zu Missernten
geführt haben dürfte.[5] Im Sommer des Jahres 387 v. Chr. drangen die Kelten plün-
dernd bis nach Rom vor, wobei sie dem römischen Heer eine empfindliche Niederlage
zufügten.[6] Doch der Austausch mit den Völkern des Mittelmeergebiets war nicht
immer kriegerischer Natur. Handel und Wissenstransfer brachten viele neue Ideen in
unsere Region, beispielsweise die Töpferscheibe, das Münzwesen und wohl auch die
Idee, wie eine Stadt auszusehen hat.

2 Oben: Rekonstruktionszeichnung
einer jungen Frau, die in der frühen
Latènezeit gelebt hat (um 350 v. Chr.).
Sie starb im Alter von circa 20 Jahren
und wurde in Muttenz in ihrer voll-
ständigen Tracht beerdigt. Unten:
die Originalfunde aus Grab 2
von Muttenz Margelacker, die
der Zeichnung zugrunde liegen.

Mehr Gräber als Siedlungen

Die Eisenzeit wird in Mitteleuropa in zwei grosse Abschnitte geteilt: die Hallstattzeit (rund 800 bis 450 v. Chr.), benannt nach einem Fundort in Österreich, und die Latènezeit (circa 450 bis 52 v. Chr.), benannt nach dem Fundort La Tène am Ausfluss des Neuenburgersees. Der Zeitenwechsel um 450 v. Chr. ist gekennzeichnet durch verschiedene Änderungen zum Beispiel im Siedlungs- und Bestattungswesen.[7] Dennoch ist davon auszugehen, dass die Bevölkerung dieselbe geblieben war. Die Rauriker sind also nicht aus dem Nichts aufgetaucht oder zugewandert. Deshalb soll ihre Geschichte ab der frühen Latènezeit (circa 450 bis 250 v. Chr.) skizzenhaft nachgezeichnet werden.

Diese Epoche fällt mit einer Besonderheit auf. Den rund 125 Bestattungsplätzen stehen nur etwa 66 Siedlungsstellen gegenüber.[8] Dieses Ungleichgewicht ist wohl vor allem auf die Erhaltungsbedingungen und Entdeckungschancen zurückzuführen. Während die Körperbestattungen mit ihren teilweise reichhaltigen Metallbeigaben kaum zu übersehen sind (Abbildung 2), haben die einfachen, mit Holz und Lehm errichteten Gebäude kaum Spuren im Boden hinterlassen, die zudem nur von geübten Augen erkannt werden. Ausserdem handelt es sich meistens um Einzelgehöfte und nur selten um grössere Ansiedlungen. Bislang kennt man von den meisten Siedlungsstellen erst Streufunde, dennoch darf man auch in der Frühlatènezeit von einem einheitlichen und intensiv besiedelten Kulturraum am südlichen Oberrhein ausgehen.[9]

Bevölkerungsrückgang?

Um 250 v. Chr. – zu Beginn der Mittellatènezeit – werden die Gehöfte und Dörfer verlassen. Für die folgenden 100 Jahre kennen wir praktisch keine Siedlungsreste und nur wenige Gräber.[10] Diese Fundlücke könnte eine «Forschungslücke» sein. Die Häuser sind, wie zuvor, nicht sehr beständig gebaut, und den Toten werden immer weniger Beigaben ins Grab mitgegeben. Zudem fehlen in unserer Region grosse Gräberfelder, wie sie zum Beispiel im schweizerischen Mittelland vorkommen. Umso wertvoller sind Entdeckungen wie die Grabstätte einer erwachsenen Frau, die 2007 in Pratteln zum Vorschein kam.[11] Alles in allem darf aber aufgrund des derzeitigen Forschungsstands dennoch ein Bevölkerungsrückgang in dieser Zeit vermutet werden. Ob dieser auf Epidemien, Wanderungen, Klimaverschlechterung oder Ähnliches zurückzuführen ist, bleibt reine Spekulation.

Der grosse Aufschwung

Das Bild einer gering besiedelten Landschaft ändert sich in der späten Latènezeit (circa 150 bis 52 v. Chr.) völlig. Im ganzen Oberrheingebiet entstehen nun – vielleicht

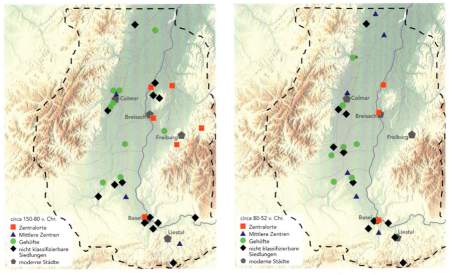

3 Die Siedlungslandschaft am Oberrhein während der älteren (links) und jüngeren (rechts) Spätlatènezeit. Kartiert sind nur sicher als Siedlungen (vergleiche Anmerkung 14) einzustufende Fundorte, die einigermassen gut datierbar sind. Die gestrichelte Linie markiert die Grenze des Untersuchungsgebietes und entspricht ungefähr dem Verbreitungsgebiet der Rauriker, wobei die Ausdehnung nach Südwesten noch unklar ist.

schon ab 180 v. Chr. – grössere und kleinere Ansiedlungen. Im Jahr 2009 hat sich eine trinationale Arbeitsgruppe zusammengefunden, um die Siedlungslandschaft in diesem Kulturraum und die Beziehungen der Orte zueinander zu untersuchen.[12] Erstmals wurden dazu in einer Datenbank alle bekannten Fundstellen und ihre Merkmale erfasst.[13] Anschliessend wurde versucht, mittels eines Computerprogramms einzelne Siedlungstypen voneinander zu unterscheiden. Schnell zeigte sich, dass die Unterteilung in drei Typen am meisten Sinn ergibt: erstens grosse, stadtähnliche Siedlungen mit zentralörtlichen Funktionen, zweitens mittelgrosse Zentren und drittens Gehöfte (vergleiche Abbildung 3). Leider konnte fast die Hälfte der sicher als Siedlung[14] zu bezeichnenden Fundorte nicht in dieses Schema eingefügt werden, weil zu wenig über sie bekannt ist oder weil sie typische Merkmale von mehreren Kategorien aufwiesen. Ein Beispiel: Die Gerstelfluh oberhalb von Waldenburg wies Fundmaterial auf, das am ehesten zu einer Grosssiedlung passt, was aber aufgrund der topografischen Lage und der bisher bekannten Befunde unmöglich ist. Vielleicht haben wir es hier mit einem Kultort zu tun oder mit einer Ansiedlung, die den Verkehrsweg über den Hauenstein kontrollierte.

In einem zweiten Schritt wurde versucht, die Fundorte zeitlich zu unterscheiden (Abbildung 3, links und rechts). Für die erste Phase (circa 150 bis 80 v. Chr.) gibt es in der Region 32 sichere oder mögliche Siedlungen, darunter sechs Zentralorte (wie Basel-Gasfabrik), drei Mittelzentren (unter anderem Sissach) und neun Gehöfte. Die

4 Leben in der Stadt und auf dem Land in der Spätlatènezeit (um 60 v. Chr.). Oben ein Lebensbild der befestigten Siedlung auf dem Basler Münsterhügel, unten ein Gehöft.

grossen, unbefestigten Zentralorte liegen vorzugsweise am Rhein oder an anderen wichtigen Verkehrswegen. Teilweise waren sie auf die Produktion von bestimmten Waren spezialisiert. So ist die Buntmetallverarbeitung nur an diesen Orten nachgewiesen, und die Siedlung Ehrenstetten-Kegelriss (südlich von Freiburg) kontrollierte möglicherweise ein nahes Silberbergwerk.[15] Handelswaren zeigen eine starke Verbundenheit und einen schwunghaften regionalen Austausch untereinander an. Ausserdem waren die Grosssiedlungen als Umschlagplatz für den überregionalen Handel wichtig – vor allem Wein aus dem Mittelmeergebiet – respektive als Verteilzentren für das Umland. Ähnliches gilt – wenn auch in kleinerem Massstab – für die mittleren Zentren. In Sissach gab es einen eigentlichen Töpfereibezirk, der sicher mehr produzierte, als in der Siedlung gebraucht wurde. Der Überschuss wurde an die umliegenden Gehöfte (vergleiche Abbildung 4, unten) verhandelt, die in dieser Studie sicher untervertreten beziehungsweise unter den 14 nicht einteilbaren Fundorten zu suchen sind. Die Höfe ihrerseits lieferten im Gegenzug Nahrungsmittel an die Zentren.

Unruhige Zeiten

Im ersten Viertel des 1. Jahrhunderts v. Chr. findet am südlichen Oberrhein ein weiterer Umbruch statt. Die Landschaft scheint in der Folge etwas weniger dicht besiedelt zu sein als in der vorhergehenden Epoche. 27 Siedlungen sind noch erfasst. Zu den drei Zentralorten kommen sechs Mittelzentren und sieben Gehöfte, elf Fundstellen sind keiner Kategorie zuzuweisen.[16] Wiederum sind die Gehöfte sicher untervertreten. Abgesehen von der Halbierung der Zentralorte hat sich rein zahlenmässig nicht viel verändert. Schaut man genauer hin, sind die Unterschiede jedoch frappant (vergleiche Abbildung 3): Nur wenige Siedlungen existierten weiter.[17] Auf der rechten Rheinseite sind die Siedlungen praktisch verschwunden. Zudem wurden die grossen, offenen Ansiedlungen zugunsten von kleineren dafür befestigten Orten aufgegeben. Anstelle der vormaligen Konzentration auf die verkehrsgünstigste Lage waren nun wohl strategische Überlegungen bei der Wahl des Siedlungsplatzes ausschlaggebend, wie zum Beispiel der Sporn des Basler Münsterhügels (vergleiche Abbildung 4, oben). Auch scheint das zuvor gut funktionierende Netzwerk zwischen den Zentralorten zerrissen zu sein. Dies wirft natürlich Fragen auf, was zu diesen Umwälzungen geführt haben könnte.

Die Befestigungen deuten auf ein gesteigertes Wehr- und Schutzbedürfnis in den Gemeinschaften hin. Es ist schwer vorstellbar, dass die Veränderungen gänzlich ohne äussere Einflüsse vonstatten gingen. In den antiken Quellen sind für die Zeit zwischen dem Ende des 2. Jahrhunderts v. Chr. und der Eingliederung der Region ins Römische Reich zahlreiche kriegerische Ereignisse überliefert. Eines muss aber hier ein für allemal klargestellt werden: Der Umbruch hängt nicht mit dem Auszug der Helvetier respektive der Rauriker um 58 v. Chr. zusammen! Die Forschung konnte eindeutig belegen, dass die Umwälzungen viel früher stattfanden. Vielleicht spielt aber ein ebenfalls bei Caesar genannter Mann eine tragende Rolle: Ariovist. Dieser Germanen-führer drang wiederholt an den Rhein vor. Glaubt man den schriftlichen Quellen, hatte er sich Mitte der 70er-Jahre v. Chr. – zumindest für kurze Zeit – auch auf der linken Rheinseite festgesetzt, allerdings fehlen bislang archäologische Beweise dafür.[18] Auch wenn eine monokausale Erklärung sicher zu kurz greift, dürfte die latente Bedrohung durch die Germanen das Sicherheitsempfinden der Rauriker be-einflusst haben. Dafür könnte auch die Verbergung des Münzhortes von Füllinsdorf (Abbildung 1) sprechen, die in die gleiche Zeit fällt. Beim derzeitigen Forschungsstand ist es aber nicht zulässig, die archäologischen Befunde in direkte Beziehung zu histo-rischen Ereignissen zu setzen.

Aus Raurikern werden Römer

Im Jahr 58 v. Chr. werden die Helvetier und die mit ihnen mitgezogenen Rauriker in der Schlacht bei Bibracte/F von den Römern geschlagen und zurückgeschickt. Auch wenn noch einige unruhige Jahre folgten, kann man davon ausgehen, dass das Ge-biet am Oberrhein nun unter römischer Herrschaft stand. Dieser Wechsel lässt sich im archäologischen Material aber nur zögerlich nachweisen. Dies deutet darauf hin, dass die Kontrolle der Grenze des Römischen Reiches vorerst der einheimischen Ober-schicht übertragen wurde.[19] Diese *nobiles* hatten sich wohl bereits zuvor mehr und mehr den mediterranen Lebensstil (und die damit verbundenen Waren) angeeignet. Ein Höhepunkt dieses als «Romanisierung» bezeichneten Prozesses war sicher die 44/43 v. Chr. erfolgte Gründung der «Colonia Raurica», deren erster Standort viel-leicht in der keltischen Befestigung auf dem Basler Münsterhügel zu suchen ist[20] und in deren Namen der Stamm der Rauriker Fortbestand hatte.

Anmerkungen

1   Gaius Julius Caesar: Commentarii belli Gallici, I, 5, 4.

2   Zuletzt: Eckhard Deschler-Erb: Der Basler Münsterhügel am Übergang von spätkeltischer zu römischer Zeit. Ein Beispiel für die Romanisierung im Nordosten Galliens. Basel 2011 (*Materialhefte zur Archäologie in Basel* 22), 235–236; Peter Jud: Territorium und Siedlungen der Raurici am süd-lichen Oberrhein im 2. und 1. Jahrhundert v. Chr., in: Rosemarie Cordie (Hg.): Belginum: 50 Jahre Ausgrabungen und Forschungen. Mainz am Rhein 2007 (*Schriften des Archäologieparks Belginum* 5) 297–305, 298 f.

3   Zuletzt: Lars Blöck u.a.: Die spätlatènezeitliche Siedlungslandschaft am südlichen Oberrhein, in: Martin Schönfelder, Susanne Sievers (Hg.): Die Eisenzeit zwischen Champagne und Rheintal. Mainz 2012 (*34. internationales Kolloquium der Association Française pour l'Étude de l'âge du Fer* vom 13. bis 16. Mai 2010 in Aschaffenburg), 381–418, 382 f.

4   Hecataei Milesii Fragmenta, 55, und Herodot: Historiae IV, 49.

5   Christian Maise: Die Klimageschichte, in: Gilbert Kaenel u.a. (Hg.): SPM IV. Eisenzeit. Basel 1999 (*Die Schweiz vom Paläolithikum bis zum Mittelalter* IV), 93–97, 96 f.

6   Felix Müller: Kelten an der Schnittstelle von Geschichte, Ethnografie und Archäologie, in: Gilbert Kaenel u.a. (Hg.): SPM IV. Eisenzeit. Basel 1999 (*Die Schweiz vom Paläolithikum bis zum Mittelalter* IV), 24–27, 24 f.

7   Eckhard Deschler-Erb u.a.: Eisenzeit. 800–52 v. Chr., in: *Archäologische Bodenforschung Basel-Stadt, Historisches Museum Basel* (Hg.): Unter uns. Archäologie in Basel. Basel 2008, 119–147, 125.

8   Stand 1995, seither sind ein paar wenige Fundstellen dazugekommen. Brigitte Röder: Frühlatènekeramik aus dem Breisgau – ethnoarchäologisch und naturwissenschaftlich analysiert. Stuttgart 1995 (*Materialhefte zur Archäologie in Baden-Württemberg* 30), 156.

9   Röder 1995 (Anmerkung 8), 156, 159.

10 Deschler-Erb u.a. 2008 (Anmerkung 7), 127; Röder 1995 (Anmerkung 8), 156; Holger Wendling: Der Münsterberg von Breisach in der Spätlatènezeit. Stuttgart 2012 (*Materialhefte zur Archäologie in Baden-Württemberg* 94), 291.

11 Reto Marti: Pratteln, Meierhof: Grabung in einer mittelalterlichen Siedlung, in: *Archäologie Baselland*, Jahresbericht 2007, 47–55, 52 ff.

12 Hier werden nur die wichtigsten Ergebnisse kurz vorgestellt. Für weitergehende Informationen (auch zur Methodik) sei auf den publizierten Artikel verwiesen: Blöck u.a. 2012 (Anmerkung 3).

13 Es wurden 162 Fundstellen aufgenommen. Davon konnten 46 in der Analyse ausgewertet werden, da zu diesen ein ausreichender Kenntnisstand vorlag und sie als Siedlungen identifiziert werden konnten. Die restlichen Fundstellen waren entweder einzelne Lesefunde oder noch zu wenig untersucht. Blöck u.a. 2012 (Anmerkung 3), 384.

14 Als «Siedlung» werden hier Fundorte bezeichnet, die dauerhaft bewohnt waren, egal von welcher Grösse (Zentralort, Dorf, Gehöft).

15 Blöck u.a. 2012 (Anmerkung 3), 403.

16 Blöck u.a. 2012 (Anmerkung 3), 403.

17 Wendling 2012 (Anmerkung 10), 293–294.

18 Die linksrheinische Anwesenheit der Germanen wird in der Forschung derzeit heftig diskutiert. Vgl. dazu Deschler-Erb u.a. 2008 (Anmerkung 7), 137; Deschler-Erb 2011 (Anmerkung 2), 236; Jud 2007 (Anmerkung 2), 300; Wendling 2012 (Anmerkung 10), 291–296, dort auch andere Thesen.

19 Vergleiche Deschler-Erb 2011 (Anmerkung 2), 253; Wendling 2012 (Anmerkung 10), 296.

20 Zuletzt: Deschler-Erb 2011 (Anmerkung 2), 256–257; dagegen Ludwig Berger: Führer durch Augusta Raurica. Basel 2012 (7. Auflage), 18.

Bildnachweis

1   *Archäologie Baselland*, Liestal, Foto: Sabine Bugmann.

2   *Archäologie Baselland*, Liestal, Zeichnung: Benoît Clarys.

3   Lars Blöck u.a. (Anmerkung 3), Abbildung 8 und 9, Grundlage Norbert Spichtig, geändert durch den Autor.

4   Oben: *Archäologische Bodenforschung Basel-Stadt*, Basel; unten: *Archäologie Baselland*, Liestal, Zeichnung: Markus Schaub.

1 Die Portifluh bei Zullwil, SO, von Westen gesehen. Beispiel eines schwer zugänglichen prähistorischen Refugiums, das auch in den Krisen des späten 3. Jahrhunderts von den Menschen der umliegenden Orte aufgesucht wurde.

Reto Marti

Zeiten des Friedens, Zeiten der Aufruhr
Die Besiedlung des offenen Landes in frühgeschichtlicher Zeit

Heute bestimmen Agglomerationen und Dörfer das Siedlungsbild der Landschaft. Doch dies war nicht immer so. Die Dörfer, wie wir sie aus unserer Kindheit kennen und die uns in jüngster Zeit in ihrem Erscheinungsbild allmählich abhanden kommen, waren das Resultat eines Verdichtungs- und Konsolidierungsprozesses, der erst im Laufe des Mittelalters Gestalt annahm. In den Jahrhunderten zuvor war die Besiedlung des offenen Landes nicht nur wesentlich dünner, sondern auch viel fragiler und abhängiger von den gerade herrschenden gesellschaftlichen und politischen Verhältnissen.

Mit dem Beginn der römischen Eroberung tritt die Region der heutigen Nordwestschweiz aus dem Dunkel geschichtsloser Vergangenheit. Erste Namen und politische Ereignisse werden fassbar, insbesondere in Caesars Rechenschaftsbericht über den

2 Das grosse römische Landgut von *Montiacum* (Munzach) bei Liestal. Unterhalb eines grosszügigen, repräsentativ mit Mosaiken, Säulenportiken und beheizten Räumen ausgestatteten Herrenhauses (im Hintergrund) erstreckt sich ein weitläufiger Wirtschaftshof mit Werkstätten, Scheunen, Stallungen und den Unterkünften des Gesindes. Rekonstruktionsversuch von Markus Schaub.

«Gallischen Krieg».[1] Bereits die früheste überlieferte Folge dieser Ereignisse, die Gründung der *Colonia Augusta Raurica* im Jahr 44 v. Chr., berührt einen grundlegenden Wandel im Siedlungswesen, der mit den Römern Einzug hielt: eine neue Form der Stadt, die diesen Namen verdient.[2] Schon wenige Generationen später brauchte *Augusta Raurica* mit seinem prächtigen Forum, seinen Theatern, öffentlichen Bädern und weiträumigen Tempelanlagen den Vergleich mit manch einer Kleinstadt aus dem Mittelmeerraum nicht mehr zu scheuen. Parallel dazu machte sich ein gewisser Wohnkomfort breit, mit gemauerten Gebäuden, festen Ziegeldächern und beheizten Räumen. Eine gehobene Bevölkerungsschicht leistete sich diesen Luxus auch auf ihren grossen Landgütern, den *villae rusticae*.

Unsere Vorstellungen von der römischen Besiedlung des offenen Landes werden bestimmt von Ausgrabungen solcher Landgüter, die zum Teil eine beachtliche Komplexität und eine Ausstattungsqualität an den Tag legten, die durchaus mit den komfortabelsten Stadtvillen zu vergleichen sind (Abbildung 2). Dabei war längst nicht jeder Gutshof derart gross, dass er ein luxuriöses Herrenhaus, Verwaltungsgebäude,

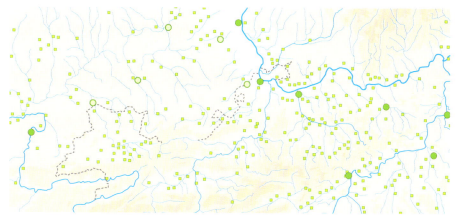

3 Verbreitung der Siedlungsstellen der römischen Blütezeit (2. und frühes 3. Jahrhundert). Die Karte gibt einen Eindruck des dichten Siedlungsnetzes, das bis auf Höhen von 600 m ü. M. (dunkles Raster) reichte.

Speicher und Wirtschaftsbauten für alle möglichen Zwecke umfasste. Neben den grossen, in den Tälern gelegenen Betrieben muss es vielmehr zahlreiche kleinere und kleinste Gehöfte gegeben haben, die zum Teil vermutlich weit weniger «römisch» wirkten als Erstere. Archäologisch sind sie indes auch schwerer nachweisbar. Oft zeugen nur noch einige Ziegelreste auf einem Acker oder ein paar Keramikscherben in einem Leitungsgraben von solchen Siedlungsstellen.

In der Zeit des 2. und frühen 3. Jahrhunderts, als der römische Staat in Gallien für eine gewisse Stabilität, sozialen Frieden und wirtschaftliche Prosperität sorgte, blühte die Besiedlung des offenen Landes auch im Land der Rauriker. Bis auf eine Höhe von 600 Metern über Meer erstreckte sich ein erstaunlich dichtes Netz von Siedlungen (Abbildung 3). Man wird Landwirtschaft und in höheren Lagen, wo Klima und Bodenqualität weniger günstig waren, Viehzucht betrieben haben, nicht zuletzt, um die Erzeugnisse in die nahe Stadt zu bringen, die ihrerseits mit haltbar gemachten Fleischwaren zum Beispiel auch Handel trieb. In *Augusta Raurica* zeigen zahlreiche Räucheröfen, dass ein Schwerpunkt der landwirtschaftlichen Produktion auf der Fleischerzeugung gelegen haben muss. Schinken, Würste, Speck und Hammen waren gemäss M. Terentius Varro wichtige gallische Exportgüter – *Augusta Raurica* scheint einer der Exponenten dieser Ausfuhr gewesen zu sein.[3]

Die Abbildung 3 zeigt zwar recht deutlich, wo sich die Menschen damals überall niedergelassen haben. Wie viele Menschen aber in der Region lebten, entzieht sich unserer Kenntnis. Neuere Berechnungen gehen für *Augusta Raurica* von 9000 bis 15'000 Bewohnern aus. Rechnet man mit einer guten Ertragslage von rund einer Tonne Getreide pro Hektar und dem (eher bescheidenen) Bedarf von 0,55 Kilogramm Getreide pro Person und Tag, würde das bedeuten, dass 2000 bis 3000 Hektaren Ackerland nötig waren, allein um diese Stadtbevölkerung zu ernähren. Zum Vergleich: Zu Beginn des 20. Jahrhunderts sind in der gesamten Nordwestschweiz (Basel-Landschaft, Basel-Stadt, Fricktal und Region Birseck/Thierstein) knapp 6000 Hektaren Ackerland bewirtschaftet worden, wobei sich nur knapp die Hälfte wirklich für Getreideanbau eignete.[4] Mit diesen Zahlen wird klar, dass die Region – auch wenn noch weitere Landwirtschaftsflächen im südlichen Oberrheintal und im rechtsrheinischen Vorland hinzuzudenken sind – intensiv bewirtschaftet werden musste, um die Bevölkerung zu ernähren.

Im Laufe des 3. Jahrhunderts verschlechterte sich die politische Grosswetterlage. Von Persien aus bedrohten die Sassaniden das Reich in seinen Grundfesten. Goten und andere Stämme stiessen in den unteren Donau- und Schwarzmeerraum vor. Franken und Alamannen bedrängten Gallien, was 259/260 zum Fall des obergermanisch-rätischen Limes, zu einer Rückverlegung der Reichsgrenze an Ober- und Hochrhein und in den Jahren 260 bis 274 in Gallien sogar zur Bildung eines von Rom unabhängigen, heftig umkämpften Sonderreichs führte. Soldatenkaiser, getragen von exzessiver Günstlingspolitik, drängten einander in rascher Folge vom Thron. Das Resultat war ein wirtschaftlicher Zerfall, begleitet von einer massiven Inflation, unter der alle Reichsbewohner zu leiden hatten. Zu Kriegen und Krisen gesellte sich daher zusehends auch eine innere, soziale Unrast.

Es dürfte kein Zufall sein, dass viele römische Fundstellen auf dem offenen Land kaum mehr Funde aus der Zeit nach 260 bis 270 n. Chr. aufweisen. Einige dürften gänzlich aufgegeben, andere nur noch so dünn und ärmlich besiedelt gewesen sein, dass sich dies im Fundstoff kaum mehr niedergeschlagen hat. Durch die Not der Landbevölkerung, die den wirtschaftlichen und bürgerkriegsähnlichen Krisen nach der langen Friedenszeit nahezu schutzlos ausgeliefert war, kamen prähistorische Siedlungen wieder zu Ehren: gelegentlich noch mit Wall und Graben geschützte Plätze auf steilen Bergrücken, gut versteckt und zum Teil kaum zugänglich (Abbildung 1). Hier scheinen die Menschen zeitweilig Zuflucht gefunden zu haben mit ihrem wichtigsten Hab und Gut. Ihre Häuser und die bebauten Felder hingegen waren den plündernden Horden schutzlos ausgeliefert.

Unter Kaiser Diokletian (284–305), der viele wichtige Reformen in Angriff nahm, erholte sich das Römische Reich, ohne jedoch zur alten Blüte zurückzufinden. Das Siedlungswesen veränderte sich markant. Behelfsmässige Schutzvorrichtungen wichen massiv befestigten Plätzen. Am Rheinufer von *Augusta Raurica* errichtete man um 290 das *Castrum Rauracense*, eine von mächtigen Mauern umgebene Kleinstadt, in der auch die Bevölkerung des umliegenden Landes in Krisenzeiten noch weit bis ins Frühmittelalter Schutz fand (Abbildung 4).[5] In Liestal entstand am Ort der heutigen Stadtkirche vermutlich eine ebenfalls befestigte, kleine Militärstation, die die Hauensteinpässe zu sichern hatte. Archäologische Ausgrabungen der letzten Jahre in Pratteln-Kästeli haben gezeigt, dass sich auch in den zentralen römischen Gutshöfen eine gewisse Erholung einstellte (Abbildung 5). Doch in den Jahren 350 bis 353 entglitt den römischen Kaisern die Kontrolle in Gallien erneut: Sonderreich, Bürgerkrieg, Germaneneinfälle – alles fast wie beim ersten Mal. Doch von diesem Schlag erholte sich

4 Das um 290 errichtete *Castrum Rauracense* (Kaiseraugst), Rekonstruktionsversuch von Markus Schaub.

die Region nur noch schwer. Archäologisch fassbar ist nach 353 vor allem noch das römische Militär, anhand des Soldes und eines gewissen Luxus, den sich die Söldner leisten konnten, gelegentlich auch aufgrund verlorener Einzelteile ihrer Ausrüstung (Abbildung 6). Die verarmte Bevölkerung ist am ehesten noch in ihren lateinischen Ortsnamen greifbar, welche die stürmischen Zeiten überdauert haben: Orte wie Muttenz, Pratteln, Sissach, Reinach, Dornach oder Munzach verdanken ihre lateinischen Namen der Römerzeit.[6]

Zwischen 500 und 540 übernahmen in der Region die fränkischen Merowinger das Erbe Roms. Archäologische Funde zeigen, dass in dieser Zeit neue Personengruppen aus dem Oberrheintal ins Basler Hinterland zuzogen, offenbar um an der landwirtschaftlichen Wiedererschliessung des offenen Landes mitzuwirken. In Reinach sind diese Siedler an ihrer fremdartigen Keramik erkennbar – und an den Schlachtabfällen ihrer Schweine. Denn die Neuankömmlinge brachten offenbar speziell grosse Schweinerassen mit – ob aus besonderer Vorliebe oder einfach, weil die generell anspruchslosen Tiere für eine erste Phase der Niederlassung und Urbarmachung besonders geeignet waren, wissen wir nicht (Abbildung 7).[7]

Mit der Eingliederung ins Frankenreich stabilisierten sich allmählich auch die gesellschaftlichen Verhältnisse wieder. Ausdruck dafür sind ab dem 7. Jahrhundert separate Friedhöfe einer wohlhabenden Oberschicht etwa in Aesch-Steinacker oder erste Kirchen in wichtigen Orten wie Liestal-Munzach, Sissach oder Oberwil. Sie gehörten Familien, die sich von der einfachen Landbevölkerung abzusetzen und dynastische Interessen zu verwirklichen begannen – die Vorboten des mittelalterlichen Adels. Die Beruhigung der Lage hatte zur Folge, dass nun unter der Obhut dieser Grundherren auch das offene Land wieder intensiv besiedelt wurde. Der vielzitierte frühmittelalter-

5 Aus Ziegelstücken gebaute Herdstelle in einer Säulenportikus im Herrenhaus des römischen Gutshofes von Pratteln-Kästeli. Sie zeigt, dass die in den Krisen des späten 3. Jahrhunderts zerstörte Anlage im 4. Jahrhundert weiter besiedelt blieb.

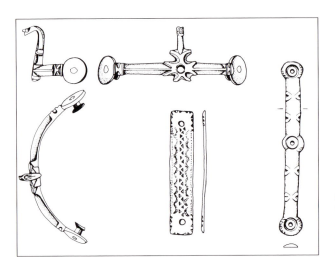

6 Reitsporn und buntmetallene Teile von Militärgürteln des späten 4. und früheren 5. Jahrhunderts aus Kaiseraugst, Grabung Jakoblihaus 1994.

liche Landesausbau war demnach nicht nur eine Folge von Bevölkerungswachstum oder Zuwanderung, sondern auch Ausdruck der geordneteren Lebensumstände: Die Menschen konnten es wieder wagen, das offene Land dauerhaft zu besiedeln (Abbildung 8).

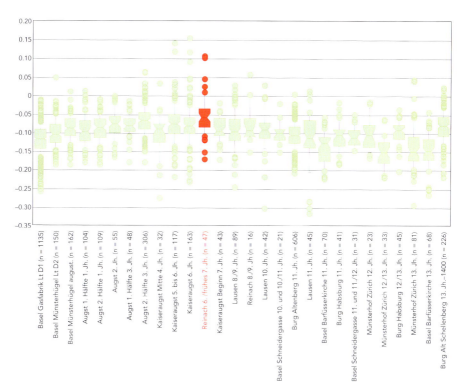

7 Die so genannten «Boxplots» der Grössenindices von Hausschweinen zeigen, wie die Grösse der Schweine im Laufe der Römerzeit zu- und danach wieder abnimmt. Einen Ausreisser bilden jedoch die Schweine aus dem frühmittelalterlichen Reinach (rot). Sie zeigen die grössten Durchschnittswerte der ganzen Serie!

Detailstudien zu einzelnen Siedlungskammern zeigen, dass man sich die früh-mittelalterliche Besiedlung des offenen Landes ausserhalb der Haupttäler ähnlich kleinteilig vorzustellen hat wie zur römischen Blütezeit. Es dürfte sich mehrheitlich um kleinere Weiler oder Gehöfte gehandelt haben, von denen in der Regel höchstens ein Name die Zeiten überdauert hat. Ihre Bewohner waren nahezu bedingungslos den Grundherren ausgeliefert. Kleinere Siedlungskammern etwa um Reigoldswil, Seewen oder Rothenfluh lassen erahnen, wie sich diese Siedlungsplätze im Laufe eines Kon-zentrationsprozesses schliesslich zu den Kernen unserer heutigen Dörfer verdichteten (Abbildung 9).[8] Doch dies scheint eine Entwicklung gewesen zu sein, die erst im Hochmittelalter, ab dem 11./12. Jahrhundert einsetzte. Der genaue Ablauf und die Hintergründe lassen sich heute nur noch erahnen, denn schriftliche Quellen schwei-gen sich darüber aus, und archäologische Zeugnisse sind bisher noch äusserst rar. Denkbar ist ein Zusammenhang mit dem langsamen, aber stetigen Bevölkerungs-wachstum, das Druck auf die Nahrungsmittelproduktion ausübte und die Menschen

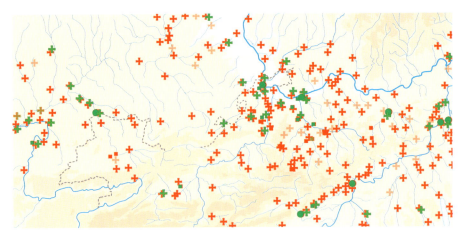

8 Verbreitung der Fundstellen des 6. (grün) und 7. Jahrhunderts (rot). Der Vergleich zeigt, wie sich die Besiedlung des offenen Landes innert weniger Generationen geradezu explosionsartig ausgebreitet hat.

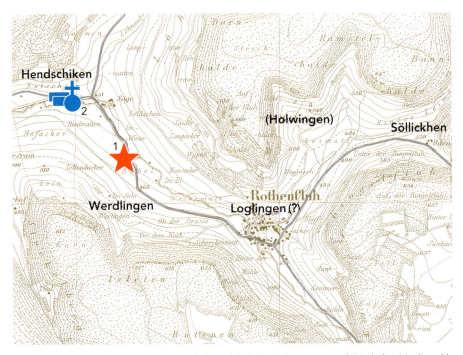

9 Im Talkessel von Rothenfluh weisen mehrere frühmittelalterliche Siedlungsnamen auf Ortschaften hin, die wohl im Laufe des Hochmittelalters zum heutigen Rothenfluh zusammengezogen wurden. Nur von einigen sind bisher jedoch archäologische Funde bekannt. 1 Siedlungsfunde 7. Jh., 2 Kirche und Gräber 8./9. Jh.

im Sinne einer Produktionssteigerung zu einer Intensivierung der Landwirtschaft und einer Ausweitung, Zusammenlegung und gemeinsamen Bewirtschaftung der Felder

10 Der Kernbau des Hauses zu «Tülliken» in Niederdiegten wurde vermutlich im späteren 15. Jahrhundert, sicher jedoch vor 1563, in Stein errichtet. Dies haben Untersuchungen der *Archäologie Baselland* im Jahr 2011 ergeben.

zwang – eine Entwicklung, die schliesslich weg von der Leibeigenschaft und hin zu einem selbstständigeren Bauernstand führte.[9] Bis diese sich neu herausbildenden Orte aber unserem herkömmlichen Bild eines Dorfes entsprachen, bedurfte es noch einer generationenlangen Entwicklung und der schrittweisen «Versteinerung» der Bauernhäuser, die archäologisch erst ab dem 15./16. Jahrhundert greifbar wird (Abbildung 10).

Anmerkungen

1   Gaius Iulius Caesar: Commentarii de bello Gallico, bes. I, 5; I, 29.
2   Zur römischen Koloniestadt grundlegend und aktuell: Ludwig Berger: Führer durch Augusta Raurica (7. Auflage). Basel 2012.
3   Reto Marti: Between *ager* and *silva* – Phases of the colonization and the use of land in Northern Switzerland from the 2nd/3rd to the 8th/9th century, in: Jan Klápště & Petr Sommer (Hrsg.), Medieval rural settlement in marginal landscapes. Ruralia 7, 2009, 291–307, hier 299 (mit Literatur).
4   Julia Bossart, Pirmin Koch, Andrew Lawrence, Sven Straumann, Ines Winet & Peter-Andrew Schwarz: Zur Einwohnerzahl von Augusta Raurica, JbAK 27, 67–108, hier besonders 105 mit Fussnote 269; vgl. Marti 2009 (wie Anmerkung 3) 298 f.
5   Reto Marti: Frühmittelalterliche Siedlungsfunde aus dem Castrum Rauracense (Grabung Kaiseraugst-Jakoblihaus, 1994.02). JbAK 17, 1996, 149–195; Reto Marti: Zwischen Römerzeit und Mittelalter. Forschungen zur frühmittelalterlichen Siedlungsgeschichte der Nordwestschweiz (4.–10. Jahrhundert). Archäologie und Museum 41 A. Liestal 2000, besonders A, 266 ff.

6   Marti 2000 (wie Anmerkung 5), besonders A, 324 ff.
7   Reto Marti: «Luteo operi, sine quo tamen non transigetur» – Frühmittelalterliche Keramik im Spiegel gesellschaftlicher und kulturräumlicher Veränderungen in der Nordwestschweiz, in: Hüben und drüben – Räume und Grenzen in der Archäologie des Frühmittelalters (Festschrift Max Martin). Archäologie und Museum 48. Liestal 2004, 191–215, hier 193 ff.; Elisabeth Marti-Grädel: Archäozoologische Untersuchungen der Tierknochen aus der Burgstelle Altenberg, Kt. Basel-Landschaft (11. Jahrhundert), im Kontext früh- und hochmittelalterlicher Siedlungen der Region (5.–12. Jahrhundert): Forschungen zur Wirtschafts- und Umweltgeschichte des Früh- und Hochmittelalters in der Nordwestschweiz, Bände A und B. Dissertation Basel 2012, 77. 193 f., Abbildung 173; Elisabeth Marti-Grädel & Richard Frosdick: Archaeozoological studies of the medieval food supply in northwestern Switzerland, in: Jan Klápště & Petr Sommer (Hrsg.), Processing, Storage, Distribution of Food. Food in the Medieval Rural Environment. Ruralia 8, 2011, 255–270, hier 262.
8   Marti 2009 (wie Anmerkung 3), 301 ff.
9   Mit guter Quellenlage: Guy Bois: La mutation de l'an mil – Lournand, village mâconnais, de l'Antiquité au féodalisme. Paris 1989; Massimo Montanari: Der Hunger und der Überfluss. Kulturgeschichte der Ernährung in Europa. München 1993, 51 ff.; Roger Sablonier: Das Dorf im Übergang vom Hoch- zum Spätmittelalter. Untersuchungen zum Wandel ländlicher Gemeinschaftsformen im ostschweizerischen Raum, in: Lutz Fenske, Thomas Zotz & Werner Rösener (Hrsg.): Institutionen, Kultur und Gesellschaft im Mittelalter (Festschrift Josef Fleckenstein). Sigmaringen 1984, 727–745; Werner Rösener: Einführung in die Agrargeschichte. Darmstadt 1997, bes. 90 f., 136 ff.

Bildnachweis

1   Paul Gutzwiller, Therwil.
2   *Römerstadt Augusta Raurica*, Markus Schaub, Augst.
3   *Archäologie Baselland*, Liestal.
4   *Römerstadt Augusta Raurica*, Markus Schaub, Augst.
5   *Archäologie Baselland*, Liestal.
6   Marti 1996 (wie Anmerkung 5), Abbildung 3,1; 4,4.5.
7   Nach Marti-Grädel 2012 (wie Anmerkung 7), Abbildung 173.
8–10 *Archäologie Baselland*, Liestal.

1 Beispiel für eine der zahlreichen künstlerischen Darstellungen einer Landschaft mit Burgen als Hintergrund. Fast jede Erhebung ist mit einer Burg besetzt. Ausschnitt aus der Tafel «Davids Sieg über die Jebusiter».

Thomas Bitterli

Die Burgen im Landschaftsbild des Baselbieter Juras

Burgen und Ruinen sind im Landschaftsbild des Baselbiets überall präsent. Der Beitrag geht der Frage nach, welche Überlegungen die damaligen Bauherren anstellten, wenn sie den Bauplatz für eine Burg auswählen mussten. Das reichte von grossräumigen strategisch-herrschaftspolitischen Überlegungen bis zur kleinräumigen Auswahl des Felskopfes oder dem Talboden am Fluss.

Beim Anblick des steilen Zugangsweges zur Ruine Waldenburg entfuhr einem älteren Teilnehmer einer Burgenverein-Exkursion der Ausruf: «Warum müssen die Burgen immer so weit oben sein!» Zuerst löste diese Frage Erheiterung aus, doch im Verlauf der Wanderung zur Burg kam es in der Gruppe doch zu angeregter Diskussion um die Lagewahl der Burg in der Landschaft und warum viele mittelalterliche Burgen auf manchmal fast unzugänglichen Felsköpfen errichtet wurden.

Zu den Kriterien, nach denen mittelalterliche Bauherren den Standort für eine Burg auswählten, geben die schriftlichen Quellen bedauerlicherweise kaum Auskunft. Gelegentlich hören wir aus sagenhaften Berichten über die Gründung einzelner

2 Schloss Birseck über Arlesheim. Die Situation zeigt sehr deutlich, dass die Burg sich auf dem einzigen in diesem Gelände günstig gelegenen Platz erhebt. Das Bild verdeutlicht auch die Symbolik der Lage: die Kirche beziehungsweise der Dom in der Siedlung, die Burg über der Siedlung.

Burgen, wie zum Beispiel der Hab(icht)sburg bei Brugg, wo das Auffinden eines verloren gegangenen Jagdvogels den Standort der Burg begründet. Für die Baselbieter Burgen lässt sich leider nirgends eine solche Sage oder Legende finden.[1] In der burgenkundlichen Literatur finden wir deshalb in der Regel nur sehr allgemeine Begründungen wie eine beherrschende, günstige, strategisch wichtige oder sonstwie taktisch vorteilhafte Lage.[2] Dabei wird richtigerweise auf die mehrschichtige und vielfältige Funktionalität einer Burg Bezug genommen; die einer Burg zugedachten Funktionen bestimmen die Standortwahl.

Für die nachfolgende Betrachtung der Lagewahl einer Burg in der mittelalterlichen Landschaft müssen wir grundsätzlich unterscheiden zwischen der (grossräumigen) Lagewahl im herrschaftlich-wirtschaftlichen Raum (geographische Lagewahl) und der (kleinräumigen) Standortwahl im Gelände (topographische Lagewahl).

Lagewahl im Raum

Der geographische Raum, in dem ein Grundherr eine Burg errichten will, ergibt sich aus dem herrschaftlich-administrativen und wirtschaftlichen Geflecht von Grundbesitz und Rechten, die den oft sehr heterogenen und unterschiedlich dimensionierten Güter- und Rechtsverband des Bauherrn bilden. Je nach Ausdehnung, herrschaftspolitischer Gefährdung oder Schirmfunktion kann eine Burg im Zentrum oder ganz am Rand eines solchen herrschaftlichen Raumes stehen. Wenn es sich um ein mehr oder weniger geschlossenes Gebiet handelt, dann genügt eine Burg. Als Beispiel sei die Farnsburg in Ormalingen erwähnt, die die Grafen von Thierstein im Zentrum eines

3 Burg Reichenstein über Arlesheim und Münchenstein. Im laublosen Wald ist gut zu erkennen, dass die Burg auf dem einzigen in diesem Gelände freistehenden Fels-kopf steht.

kompakten Güterkomplexes errichteten. Waren die grundherrlichen Rechte aber sehr verstreut, so war der Grundherr gezwungen, gleich mehrere Burgen zu bauen und mit Lehensleuten zu besetzen (Ministerialburgen). Bestes Beispiel dafür sind im Ober-baselbiet die Herren von Eptingen mit ihren Burgen Bischofstein, Diegten, Gutenfels, Madeln, Pratteln, Wildenstein und den vier Eptinger Burgen samt Riedfluh.[3] Einen anderen Grund für ihre Lagewahl hatten die Grafen von Frohburg, die neben ihren Burgen auf Eigengut (Waldenburg und Homberg) im Birstal mehrere Burgen gründe-ten: Um ihren Anspruch auf das bischöfliche Gebiet deutlich zu machen, erwarben sie die vordere, mittlere und hintere Birseck, Reichenstein und ältere Burganlagen in günstiger Lage wie die drei Burgen auf dem Wartenberg.[4]

Diese Erklärungsmöglichkeiten haben wir aber nur dort, wo anhand historischer Quellen bekannt ist oder vermutet werden kann, wer der Bauherr einer Burg war. Im heutigen Kanton Basel-Landschaft kennen wir rund 80 Burgen, Burgruinen und Burg-stellen.[5] Bei gut einem Drittel davon haben wir aber keinerlei Angaben über den Bau-herrn. Die Geländeforschung weist den Standort nach, und der Archäologe oder Bau-forscher kann allenfalls mit seinen Mitteln die Bauzeit bestimmen. Aber wer sie ge-baut hat – und aus welchem Grunde –, ist mit diesen Methoden nicht zu ermitteln.

Alle uns bekannten Burgen im Baselbiet und Laufental hatten zur Zeit ihrer Grün-dung einen direkten Bezug zu Grundbesitz und Rechten in der näheren oder weiteren Umgebung der jeweiligen Burg. In der regionalen und lokalen Landesgeschichte wird daraus der Umkehrschluss gezogen, dass das Gebiet um eine bestimmte Burg, deren Namen und Gründer bekannt sind, ebendiesem Gründer gehört haben (müsse). Dies gründet sich auf der Feststellung, dass zu einer Burg Güter und Rechte gehören – der moderne juristische Begriff wäre «Pertinenzen» –, die beim Übergang der Burg an

4 Burg Rotberg über Metzerlen im Kanton Solothurn. Schönes Beispiel einer Rodungsburg, zu deren Füssen der Wirtschaftshof liegt.

einen neuen Besitzer weitergegeben werden. Darin liegt nämlich auch ein Grund, warum Burgen wehrhaft eingerichtet wurden: Damit sollte eine gewaltsame Übernahme der Burg und der damit verbundenen Pertinenzen verhindert werden.

Massgebend für die Lagewahl war also im Altsiedelland hauptsächlich die Nähe zu Siedlungen und Ackerland, aber auch die Nähe zu Verkehrsachsen, zur Waldwirtschaft, zum Bergbau und zur Wassernutzung. Daneben gibt es eine Anzahl von Burgen ausserhalb des Altsiedellandes. Es sind dies die so genannten Rodungsburgen wie zum Beispiel Schauenburg oder Ramstein. Im mittelalterlichen Verständnis von Landesherrschaft gehört der Wald als *terra inculta* (unbebautes Land) dem Landesherrn (Kaiser, König). Ein lokaler Adliger konnte sich darin aber eine kleine Herrschaft aufbauen, wenn es ihm gelang, im flächendeckenden Wald eine Rodung einzurichten. Dabei wird eine Waldfläche abgeholzt und zu Weide- und Ackerland umgewandelt. Am Rand oder mitten in einer solchen Rodung errichtet sich dann der Adlige in der damaligen Symbolsprache als Zeichen seiner Herrschaft über diese Rodungsinsel eine Burg. Für das Gebiet des heutigen Kantons Basel-Landschaft zählen wir 15 solcher Rodungsburgen.

Ein erneuter Blick auf die Landschaft zeigt, dass Burgen oft entlang von Tälern stehen und wie eine Perlenkette eine Verkehrsachse begleiten. Die militärische Bedeutung der Verkehrslage darf aber – im Sinne taktischer oder gar strategischer Funktionen – nicht überschätzt werden. Wesentlicher für den Burgherrn war vermutlich das elementare Interesse am Kontakt mit fremden Reisenden, die Unterhaltung und Nachrichten brachten, Waren verkauften oder handwerkliche Dienstleistungen anboten. Zum anderen waren an zahlreiche Burgen Zoll- und Geleitrechte (Pertinenzen) gebunden, die eine Kontrolle des Verkehrs sowie der Strassen, Brücken oder Furten verlangten. Namentlich bei diesen «Zoll- und Geleitburgen» lässt die heutige Lage manchmal auch Rückschlüsse auf eine Verkehrsachse zu, die in moderner Zeit keine oder nur noch geringfügige Bedeutung hat. So liegen zum Beispiel entlang des Diegter Baches die vier Burgen von Eptingen (Wittwald, Ränggen und Riedfluh), die Burgstelle bei der Kirche Diegten, der Zunzger Büchel und ein ehemaliges Weiherhaus in Sissach. Sie stehen alle am Weg zum Übergang über die Challhöchi nach Trimbach und Olten; eine Verbindung, die heute allenfalls noch militärische Bedeutung hat.

Als geographische Lagekriterien kommen also in Betracht:
– Nähe zum Grund- und Rechtsverband,
– Nähe zu den wirtschaftlichen Grundlagen,
– Zentrumsfunktion (Verwaltung, Gericht),
– Schutz- und Geleitfunktionen,
– Repräsentation,
– Anspruch auf noch nicht klar aufgeteilte Räume.

Diese Lagekriterien gelten natürlich nur für die Zeit der Gründung einer Burg. In manchen Fällen erweist sich nämlich die gewählte Lage bei späterer Änderung der Funktion oder der herrschaftlichen Konstellation als ungünstig. Und so kann es vorkommen, dass eine Burg aufgelassen wird, weil sie für die ihr einst zugedachte Funktion später nicht mehr genügt.

Als Beispiel sei hier die Burg Altenberg in Füllinsdorf[6] erwähnt, die im 10. und 11. Jahrhundert von unbekanntem Bauherrn errichtet und offenbar wegen Änderung von Lagefaktoren Ende des 11. Jahrhunderts aufgegeben wurde; weitere Beispiele von bereits im Mittelalter aufgegebenen Burgen sind Burgenrain in Sissach, Burghalden in Liestal, Gerstelfluh in Waldenburg oder Ödenburg in Wenslingen.

Standortwahl im Gelände

Während die grossräumige Lage der Burg von ihren Funktionen und den herrschaftlichen Strukturen bestimmt ist, geht die Standortwahl im Gelände von den Bedingungen an einen Wehrbau aus. Primär sollte der Platz auf natürliche Weise geschützt sein vor ungehindertem Angriff. Im Idealfall findet sich ein Felskopf am Ende eines Felsgrates, auf dem man zur Burg gelangt. So ist nur der (schmale) Zugang besonders zu sichern. Als Beispiel seien genannt Burg Bärenfels in Duggingen oder Bischofstein in Sissach. In der Regel aber muss man das Gelände künstlich überformen: Es werden Gräben ausgehoben und Wälle aufgeschüttet. Als besonders ideal in Bezug auf Sicherheit und gleichzeitige Bequemlichkeit des Zuganges erweisen sich so genannte Spornlagen: dreiseitig mit natürlich abfallendem Hang oder Felswand und nur einer leichter zugänglichen Seite (zum Beispiel Ödenburg). Diese wird dann vom Hinterland durch einen so genannten Halsgraben abgetrennt. Rund 35 Burgen im Baselbiet und

Laufental weisen in ausgeprägter Form einen oder mehrere solcher Gräben auf; aber bei praktisch jeder Burg – rund 75 im Kanton Basel-Landschaft – sind heute noch künstliche Terrainveränderungen zum Schutz der Burg zu erkennen. Eine etwas ungewöhnliche Lage in der Juralandschaft suchten sich die Erbauer der Burg Riedfluh in Eptingen: Sie errichteten ihre Burg in einer Balm. Auf diese Weise waren sie zwar dreiseitig vom Felsen umgeben, dafür gab es bei Belagerungen keine Möglichkeit eines Notausganges (Poterne).[7]

Wesentliche Rollen spielen bei der topographischen Lagewahl auch die praktischen Überlegungen zur Bauausführung: Wo kommt das Baumaterial her? Welches Baumaterial steht überhaupt zur Verfügung? Wie gut ist die Baustelle erreichbar? Bei der Materialwahl ging man offenbar sehr praktisch vor: Das beim Ausbrechen des Halsgrabens gewonnene Gestein wurde an Ort und Stelle vermauert.

Zu jeder Burg gehört in der Regel ein Burggut, das den Burgherrn mit den nötigen Lebensmitteln und Tieren versorgt. Bei der Standortwahl im Gelände muss deshalb auch der Nähe dieses Burggutes Rechnung getragen werden. Ausser beim Bau von Rodungsburgen ist der Bauherr daher gezwungen, auf die vielfältigsten Rechts-, Besitz- und Machtverhältnisse Rücksicht zu nehmen, was seine Planungsfreiheit als Bauherr stark einschränkt.

Bemerkenswert ist die Tatsache, dass bei der Standortwahl im Mittelalter die Wasserversorgung nur eine untergeordnete Rolle spielte. Zahlreiche Burgen im Jura verfügten nur über eine Zisterne mit geringer Kapazität oder einfache Schachtbrunnen.[8] Sodbrunnen, die zur Grundwasserschicht hinunterreichten, sind kaum bekannt – oder kamen erst in nachmittelalterlicher Zeit zum Einsatz.

Die Burgen lassen sich nach topographischen Kriterien grob in *Höhenburgen* und *Niederungsburgen* unterscheiden. Die moderne Burgenforschung unterteilt die Kategorie der Höhenburgen noch in eine grössere Zahl von weiteren Untergruppen, um zumindest im räumlichen Bezug etwas Ordnung in die Vielfalt der Standorte von Burgen zu bringen.[9]

Im Baselbiet und Laufental finden wir bei den Höhenburgen:
– Gipfelburg (zum Beispiel Vorderer, Mittlerer und Hinterer Wartenberg)
– Kammburg (zum Beispiel Pfeffingen, Birseck, Reifenstein)
– Hangburg (zum Beispiel Neu-Homberg, Riedfluh)
– Spornburg (zum Beispiel Ödenburg)

Während bei der Standortwahl für Höhenburgen in der Regel auf natürliche Hindernisse im Gelände wie Abhänge oder Steilwände geachtet wurde, richtete sich die Aufmerksamkeit bei der Standortwahl für Niederungsburgen auf die Möglichkeit, sich zum Schutz mit Wasser zu umgeben. Ein schönes Beispiel einer noch gut erhaltenen Weiherburg ist das Schloss Bottmingen. Als weiteres Beispiel sei Therwil erwähnt, wo das ehemalige Weiherhaus auf zwei Inseln errichtet wurde. Gar auf drei Inseln stand Schloss Zwingen in der sich stark verzweigenden Birs.

Wenn kein Wasser zur Verfügung stand, wurde in selteneren Fällen auch ein Erdhügel künstlich aufgeschüttet: eine Motte. Schönes Beispiel dafür ist der Zunzger Büchel.

Auf der Burgenkarte der Schweiz sind im Kanton Basel-Landschaft 135 Objekte eingetragen. Von diesen sind 83 für unsere Fragestellung interessant. Sie lassen sich in 73 Höhenburgen und 11 Niederungsburgen aufteilen. Das Baselbiet ist also unter dem Aspekt der Kulturlandschaft eine Landschaft der Höhenburgen.

Der Bau einer Burg ist in der Regel ein sichtbares Zeichen des gesellschaftlichen Status des Bauherrn (Repräsentationsfunktion); dieses «Symbol der Macht» wurde in der mittelalterlichen Gesellschaft durchaus verstanden. Damit ist klar, dass die Burg auch in der Landschaft sichtbar sein musste. Und das erreichte man in der Regel durch die Wahl des Standortes auf einem Berg (Fernwirkung).

Das war allerdings nicht immer so. Denn der bevorzugte Standort für ein Herrschafts- und Verwaltungszentrum der Grundherrschaft änderte sich im Laufe des Mittelalters. Bleibt der Grundherr zunächst im Herrschafts- oder Dinghof (curtis) in der Siedlung oder in Siedlungsnähe, so rückt er im Laufe des 11. Jahrhunderts immer mehr von der Siedlung ab und sucht sich Plätze in der Höhe (Vertikalbewegung). Die Wahl des Burgplatzes wird im 13. Jahrhundert immer grotesker – bestes Beispiel im Baselbiet ist Burg Reifenstein über Reigoldswil. Mit der Wahl immer kühnerer Bauplätze für seine Burgen wollte der Adel wohl zum Ausdruck bringen, dass der Bauherr besonders mutig ist, wenn er auf einem fast unzugänglichen Felsklotz wohnt. Mit solch einem Gegner beginne man lieber keinen Streit, wird der eine oder andere sich gedacht haben.

Im 14. Jahrhundert wird der bequemere Zugang zu einem wichtigeren Lagekriterium, und das Herrschaftszentrum verlagert sich wieder näher zur Siedlung. Da sich

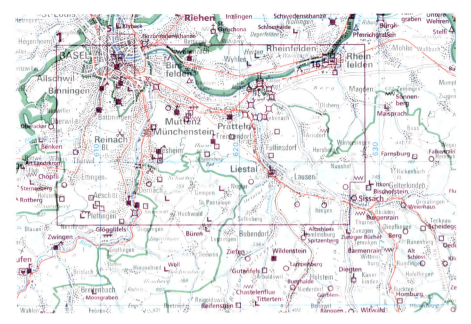

6 Ausschnitt aus der Burgenkarte der Schweiz, Ausgabe 2007.

die Herrschaftsordnung nun auch ohne verteidigungsfähigen Bau durchsetzen kann, verlieren die Höhenburgen an Bedeutung.

Bemerkenswert ist allerdings, dass die Stadt Basel für ihre Landvögte in der Landschaft Basel ab dem 15. Jahrhundert auch weiterhin Höhenburgen unterhält (Münchenstein, Farnsburg, Homburg, Waldenburg).[10] Neben dem militärischen Aspekt – auch eine Burg des 15. Jahrhunderts hat durchaus noch Verteidigungswert – ist die Symbolik der Herrschaft durch die überhöhte Lage weiterhin ein wichtiger Gesichtspunkt; für die damalige Gesellschaft deutlich erkennbar durch das Anbringen eines überdimensionierten Wappenschilds mit dem Baslerstab (zum Beispiel Neu-Homberg in Läufelfingen). Wahrscheinlich ein weiterer Aspekt ist die Sparsamkeit der Stadträte. Wozu denn ein neues Gebäude in der Niederung erstellen, wenn die Höhenburg für die Zwecke der Herrschaft noch genügt! So klagen denn die Stadtbasler Landvögte bis zum Ende der Feudalzeit ständig über die teilweise prekären und unbequemen Verhältnisse auf ihren Burgen Farnsburg, Waldenburg und Homburg.

Anderen Burgvögten gelingt es, ihren Herrn zu überzeugen, dass ein Neubau nötig sei. Bestes Beispiel dafür ist die bischöfliche Landvogtei Pfeffingen, die im 17. Jahrhundert von der Höhe über Pfeffingen in die Niederung neben der Kirche von Aesch wechseln darf: 1604 wird das Blarer-Schloss gebaut (heute Gemeindeverwaltung in Aesch).

Fazit

Die Wahl der geographischen Lage eines Burgherrn ist beeinflusst von der Verteilung seiner Güter und Rechte, aber auch von den Macht- und Herrschaftsstrukturen in diesem Raum. Die Standortwahl im Gelände hingegen wird vorwiegend durch das Kriterium der Wehrhaftigkeit bestimmt, das möglichst den Einbezug natürlicher Hindernisse bevorzugt. Bei jeder Burg ist die individuelle Lagewahl (geographisch und topographisch) jedoch das Resultat einer Summe von Kriterien.

Anmerkungen

1 Vergleiche Paul Suter & Eduard Strübin: Baselbieter Sagen (Liestal 1992).

2 In wenigen Publikationen wird die Frage etwas ausführlicher und unter unterschiedlichen Aspekten diskutiert. Heinrich Boxler & Jörg Müller: Burgenland Schweiz – Bau und Alltag (Solothurn 1990) 30–49; Alexander Antonow: Planung Bau von Burgen im süddeutschen Raum (Frankfurt a.M. 1993) 116–120; Joachim Zeune: Burgen – Symbole der Macht. Ein neues Bild der mittelalterlichen Burg (Regensburg 1996) 159–160; Werner Meyer: Bauablauf. In: Burgen in Mitteleuropa. Ein Handbuch, herausgegeben von der *Deutschen Burgenvereinigung e.V.* durch Horst Wolfgang Böhme (1999) Band 1, 191–195.

3 Zu allen im vorliegenden Text genannten Burgen beziehe ich mich für Topographie, Bauformen und historische Angaben auf die einzelnen Beiträge in Werner Meyer: Burgen von A bis Z. Burgenlexikon der Regio (Basel 1981).

4 Zu Neu-Homberg vergleiche Jahresbericht *Archäologie Baselland* 2010 (Liestal 2011) 68–71.
Zu Birseck vergleiche Reto Marti: Die Birseck bei Arlesheim BL – Bischofsresidenz, Erdbebenburg, Landvogteisitz. *Mittelalter 13*, 2008, Heft 4, 137–158. Zur Auseinandersetzung der Basler Bischöfe mit den Adligen der Umgebung vergleiche Werner Wild: Bischof von Basel gegen Grafen – Burgen im Machtkampf des mittleren 13. Jahrhunderts. Tagung Burgen im mittelalterlichen Breisgau – Aspekte von Burg und Herrschaft im interdisziplinären und überregionalen Vergleich. In: Erich Beck (Hg.): Burgen im Breisgau: Aspekte von Burg und Herrschaft im überregionalen Vergleich. Archäologie und Geschichte. *Freiburger Forschungen zum ersten Jahrtausend in Südwestdeutschland 18*, Ostfildern 2012, 223–228.

5 Für die Betrachtung der Lagewahl von mittelalterlichen Burgen beschränke ich mich aus praktischen Gründen auf die moderne Raumgliederung der Kantonsgrenze. Damit können wir für die Zahlenangaben auf die Angaben in der *Burgenkarte der Schweiz* zurückgreifen. Vergleiche *Burgenkarte der Schweiz* ‹in 2 Blättern› West/Ost. Herausgegeben vom *Generalsekretariat des Eidgenössischen Departementes für Verteidigung, Bevölkerungsschutz und Sport*, dem *Bundesamt für Landestopographie swisstopo* und dem *Schweizerischen Burgenverein* (Wabern 2007).

6 Vergleiche Werner Meyer: Altenberg BL 1982. Vorbericht über die Sondierungen vom Frühjahr 1982. *Nachrichten des Schweizerischen Burgenvereins*, 1982, Heft 6, 98–104; Reto Marti, Werner Meyer, Jakob Obrecht: Der Altenberg bei Füllinsdorf. Eine Adelsburg des 11. Jahrhunderts. *Schriften der Archäologie Baselland 50*, Liestal (erscheint 2013 oder 2014).

7 Vergleiche Thomas Bitterli: Die Höhlenburgen – ein Überblick. In: Burgen im Alpenraum – Tagung der *Wartburg-Gesellschaft* in Hallein/Salzburg 2010 (2012) 123–130.

8 Zur Wasserversorgung vergleiche etwa Thomas Bitterli: Sodbrunnen und Zisternen – eine regionale Übersicht der Wasserversorgung von mittelalterlichen Burgen in der Schweiz. In: Wasser auf Burgen im Mittelalter. *Geschichte der Wasserversorgung 7*, hrsg. von der *Frontinus-Gesellschaft e.V.*, *Landschaftsverband Rheinland* und *Rheinisches Amt für Bodendenkmalpflege* (Mainz 2007), 287–296.

9 Vergleiche dazu Reclam Wörterbuch der Burgen, Schlösser und Festungen. Herausgegeben von Horst Wolfgang Böhme et al. (Stuttgart 2004), 156 (Höhenburg), 190–191 (Niederungsburg).

10 Vergleiche dazu etwa Thomas Bitterli: Zustand der Burgen im wachsenden Territorium der Stadt Basel – Sanieren oder Abbrechen? In: Burgen im 15. Jahrhundert – Tagung des wissenschaftlichen Beirates der *Deutschen Burgenvereinigung e.V.*, in Kronberg 2009. Veröffentlichung der *Deutschen Burgenvereinigung e.V.* Reihe B: Schriften 12 (Braubach 2011) 125–137.

Bildnachweis

1 Aus: Raymond Cazelles & Jean Longnon: Die Très Riches Heures des Jean Duc de Berry im Museé Conde in Chantilly. Einführung und Bilderläuterungen von Jean Longnon und Raymond Cazelles. Vorwort von Millard Meiss. München 1973, 80 *(f. 95r)*.

2–5 Thomas Bitterli, Basel, 2013.

6 Reproduziert mit Bewilligung des *Bundesamts für Landestopografie swisstopo*, Wabern (BA130354).

1 Wie sich in den Baselbieter Böden Gesteine unterschiedlicher Zeitepochen finden, lassen sich auch im Sprachgebrauch Sedimente verschiedener Sprachepochen ausmachen.

Markus Ramseier

Sedimente in der Baselbieter Namenlandschaft

Die Kulturlandschaft von heute ist das Ergebnis eines langen historischen Prozesses, an dem während Jahrtausenden Menschen ganz unterschiedlicher Völker beteiligt waren. Wie die materiellen Spuren im Boden im Verlaufe der Zeit vergehen, so verschwinden auch viele sprachliche Zeichen. Sie werden ersetzt und ergänzt durch neue Bezeichnungen, die der Sprache und den Bedürfnissen der jeweiligen Bewohner entsprechen.

Die meisten Orts- und Flurnamen der deutschen Schweiz stammen aus dem letzten grossen Abschnitt unserer Siedlungsgeschichte, der alemannisch-deutschen Besiedlung. Vordeutsche Namen machen vielleicht ein bis zwei Prozent des Namengutes aus. Wir bewegen uns dabei häufig in einem unsicheren Feld, da die «vorchristlichen» Menschen nicht oder nur sehr wenig geschrieben haben. Ihre Namen wurden also über Jahrhunderte hinweg nur mündlich überliefert, zum Teil von späteren Siedlern entlehnt und in deren eigenes Sprachsystem eingefügt. Sie tauchen folglich erst nach vielen Jahrhunderten in entsprechend entstellter Form erstmals schriftlich auf.

Glänzende Ergolz – schnelle Birs

Die älteste Namenschicht, die in der Nordwestschweiz noch greifbar ist, lässt sich nur schwer bestimmten Völkerschaften zuordnen. Die Namen stammen aus einer Zeit, als die betroffenen Völker – Kelten, Germanen, Italiker und so weiter – sprachlich noch eng verwandt waren. Die vergleichende Sprachwissenschaft hat diese Sprachgruppen im Indogermanischen oder Indoeuropäischen zusammengefasst. Sie hat zum Beispiel herausgefunden, dass deutsch *ist-sind* mit lateinisch *est-sunt* und altindisch *asti-sunti* korrespondieren.

Am eindeutigsten lassen sich bei uns keltische Namen ausgliedern. Es gilt als sicher, dass die Bevölkerung in unserer Gegend um die Zeitenwende, also etwa zur Zeit der Eroberung durch die Römer, eine dem Keltischen zuzurechnende Sprache sprach – nahezu die gleiche wie ihre Nachbarn in Süddeutschland, im Elsass und am Mittelrhein – und dass diese Sprache in den grossen Rahmen der altkeltischen Sprachen gestellt werden kann, der fast ganz Frankreich, die britischen Inseln, das mittlere Norditalien und weite Teile der Pyrenäenhalbinsel umfasst.

Zu erwähnen sind hier verschiedene Flussnamen: Etwa können der *Rhein* der keltischen Wurzel *rei* ‹fliessen›, *Birs* und *Birsig* der Wurzel *bhers* ‹rasch, schnell›, die *Ergolz* *arg* ‹klar, glänzend, weiss› oder der *Orisbach* bei Liestal *or* ‹in Bewegung setzen, erregen› zugeordnet werden. Das Sternchen vor diesen Namen besagt, dass die entsprechenden Formen durch Sprachvergleich erschlossen wurden und in dieser Form nirgends schriftlich belegt sind.

Unter den Ortsnamen sind diejenigen besonders beweiskräftig, die weit verbreiteten Bildungsmustern angehören, allen voran die fast überall in keltischem Gebiet anzutreffenden Zusammensetzungen mit den Wörtern *dunum* ‹pallisadenbestandende Burg›, verwandt mit deutsch *Zaun*, beziehungsweise *durum* ‹mit einem Tor verschliessbare Burgfestung›, verwandt mit deutsch *Tür/Tor*. Hierzu zählt wahrscheinlich *Titterten*, ursprünglich wohl *Tituridunum* – ‹der befestigte Platz des Titurius›.

Von den bisher erwähnten Reliktnamen sind die Reliktwortnamen zu unterscheiden. Hier ist das fremde Namenwort noch im heutigen Gebrauchswortschatz verankert. Dazu kann man etwa den mehrfach belegten Flurnamen *Balm* (Ziefen, Eptingen) zählen. *Balm* bedeutet ‹geschützter Raum unter Felsen, Höhle, überhängende Felswand, felsiger Hügel, kleiner, hervorragender Fels›. *Galms* (Lausen) stellt sich zu *calmis* ‹Bergweide›. Auch der rund ein halbes Dutzend Mal belegte Flurname *Bol* ‹rundlicher, kuppenförmiger Hügel› gehört zu dieser ältesten Schicht.

Steiles Chall und rutschiges Gol

Kurz vor der Zeitenwende beginnt mit dem Bau von *Augusta Raurica* ein neues Kapitel der Geschichte – auch der Namengeschichte unserer Gegend. Die Römer kamen als Besieger der Kelten, aber nicht kriegerisch. Man muss sich vielmehr ein Neben-

2 Die Ergolz, der ‹klare, glänzende› Fluss, tut heute ihrem altehrwürdigen Namen dank moderner Klärprozesse wieder Ehre an.

und Ineinander von Kelten und Römern vorstellen. Es entstand eine Mischkultur, die man in der Sprache elegant als galloromanisch bezeichnet.

Siedlungsnamen, die auf -*ach* enden, sind zu einem grossen Teil aus einer galloromanischen Endung -*akos* gefügt, latinisiert -*acum*, eigentlich Adjektivformen, mit denen das einem Grundbesitzer gehörige Landstück bezeichnet wurde. Da sich die Römer häufig an ursprünglich keltischen Siedlungsplätzen niederliessen und auch zum Teil keltische Verwalter einstellten, bewegen wir uns hier sprachlich und räumlich in einem Zwischenfeld der Völker-Durchmischung.

Zu den galloromanischen Namen zählen in unserer Gegend etwa *Reinach* zu einem Personennamen *Renius* (also ‹das dem Renius gehörende Landgut›), *Giebenach* (*Cavinius, Gabinius*), *Sissach* (*Sisius*), *Brislach* (*Brisius*). Hinzu kommen diverse Namen abgegangener Siedlungen wie *Munzach* (Liestal, *Montius*), *Leinach* (Maisprach, *Lenius*), *Einach* (Maisprach, *Enius*), *Sörzach* (Niederdorf, *Sarcius*).

Im Übrigen sind galloromanische Flurnamen selten. Mehrmals bezeugt ist das aus galloromanisch *callis* ‹Fussweg› übernommene *Chall* für Pässe und Übergänge südlich von Eptingen, am Blauen oder als *Challweg* zwischen Arlesheim und Gempen. Bei der Prattler Flur *Goleten* liegt das Benennungsmotiv in der Bodenbeschaffenheit. *Goleten* geht zurück auf *cōlāda*, was ‹Erdrutsch› bedeutet. *Goleten* bezeichnet also einen Rutschhang mit vielen Wülsten.

Warum nicht Pfratteln?

Augst, als *Augusta Raurica*, stellt sich unter die grosse Zahl jener Orte, bei denen seit der Regierung des Augustus der Kaisername namengebend, der Inhalt des Adjektivs *augustus* ‹geheiligt, ehrwürdig› aber schon verblasst war. Augst/Kaiseraugst und Basel waren auch Handelszentren und Verkehrsknotenpunkte und als solche Basis für die wichtigen Strassen birsaufwärts zur Pierre Pertuis wie frenke- und ergolzaufwärts zum Oberen und Unteren Hauenstein. Das Transportwesen über den nicht leicht zu befahrenden Jura wird dabei lange noch eine Art Privileg der galloromanischen Vorbevölkerung gewesen sein, die ihre Dienste statt den Römern später den Alemannen anbot. So erklärt sich wohl das Nachleben vorgermanischer Orts- und Flurnamen im Bereich der erwähnten Strassen.

Südwestlich von Augst liegt *Pratteln*. Der Ortsname kehrt als Flurname *Bradlitz* in Arisdorf wieder. Die Ursprünge liegen im spätlateinischen *pradella* ‹kleine Wiese›. Von der Bedeutung her also ein sehr alltäglicher Name. Hingegen ist die Form sprachgeschichtlich wichtig, hat sie doch zwei Lautwandel nicht mehr mitgemacht, die in althochdeutscher Zeit zwischen 500 und 700 n. Chr. erfolgten. Ein erstes Lautgesetz besagt, dass in althochdeutscher Zeit alle Verschlusslaute *p (b)* im Anlaut zum Quetschlaut *pf* verschoben wurden. Romanische Lehnwörter, die von den Alemannen übernommen wurden, haben diese Entwicklung weitgehend mitgemacht. *Bradels* müsste folglich *Bfradels* heissen, *Pratteln* entsprechend *Pfratteln*, so wie lateinisch *puteus* in althochdeutscher Zeit zu *pfuzza*, neuhochdeutsch *Pfütze*, wurde. Da dies nicht der Fall ist, muss der Name nach dem 7. Jahrhundert ins Deutsche aufgenommen worden sein, als diese Verschiebung nicht mehr wirksam war.

Ein weiterer Lautwandel jener Epoche betrifft die Verschiebung von weichem *d* im Wortinnern zu hartem *t*, wie sie im Ortsnamen *Pratteln* erfolgt ist. Bei *Bradels* ist sie hingegen ausgeblieben. Die Forschung kann daraus schliessen, dass dieser Name erst nach der ersten Hälfte des 8. Jahrhunderts, in der dieser Lautwandel abgeschlossen war, ins Deutsche übergegangen ist.

In der Gegend Augst, Giebenach, Arisdorf, Liestal finden sich vergleichsweise viele lateinische Namen, genauso wie etwa um Hölstein. Man kann hier von eigentlichen vordeutschen Namennestern reden. Sowohl in Arisdorf wie in Hölstein gibt es etwa einen Flurnamen *Funtelen*, der auf lateinisch *fons* ‹Quelle› zurückgeführt werden kann. Lateinisch *piretum* ‹Birnbaumhain› ergibt den Flurnamen *Bireten* in Hölstein. Hinzu gesellen sich beispielsweise *Finelen* (lat. *fenila* ‹Heuboden›), *Tschabänni* (lat. *campania* ‹Feld›) und *Sapeten* (zu lat. *sapînus* ‹Fichte›, also ‹Fichtenhain›).

Von Leuweren zu Lebere

Die Alemannen haben – unter fränkischer Oberhoheit – unsere Gegend im eigentlichen Sinn erschlossen. Die meisten Orts- und Flurnamen sind in diesem Zusammenhang entstanden. Man unterscheidet dabei primäre Siedlungsnamen, Namen des ersten Landausbaus und Namen des zweiten Landausbaus.

Im Baselbiet sind vor allem die Ortsnamen auf -ingen ab dem 7. Jahrhundert n. Chr. Zeugnisse der ersten alemannischen Siedlungsetappe, die auch Landnahmezeit genannt wird und in kleineren Verbänden erfolgte. Diese Ortsnamen sind aus einem Personennamen und der Ableitungssilbe -ingen zusammengesetzt, die eine verwandtschaftliche oder rechtliche Zugehörigkeit zu der genannten Person ausdrückt. Hierzu zählen beispielsweise: *Binningen, Bottmingen, Ettingen, Läufelfingen, Oltingen, Wenslingen*. *Binningen* etwa bedeutet ‹bei den Angehörigen des Binno, Benno›.

Die so genannten *-inghovun/-ikon*-Namen häufen sich in Zonen, in welche die Alemannen unmittelbar nach der ersten Einwanderung rodend vorstiessen. Dazu zählen unter anderem *Buckten, Böckten, Diegten*. In *Diegten* steckt eine ursprüngliche Form *Dietinghovun* – ‹bei den Höfen der Sippe des Dieto›. Viele dieser Siedlungen sind auch wieder verschwunden. So findet sich unter der Sissacher Fluh ein beschauliches Tälchen, das den geheimnisvollen Namen *Ikten* trägt. 1226 erscheint es als *Itchon*. Die unverfälschte Urform lautet *Itinghovun* – ‹bei den Höfen der Leute des Ito›. Die Frage, wann und warum diese Siedlung verschwand und zur Wüstung wurde, lässt sich bis heute nicht schlüssig beantworten. Ob es vom grösseren Sissach «geschluckt» wurde, zu dem es kirchgenössig war?

Als Ortsnamen des zweiten Landesausbaus, der bis zum 11. Jahrhundert erfolgte, gelten etwa die -*wil*-Namen, zum Beispiel *Reigoldswil, Bretzwil, Anwil*. Sie sind meist auch mit einem Personennamen zusammengesetzt und bezeichnen ursprünglich Gehöfte, Aussensiedlungen, Weiler: *Anwil* – ‹der Weiler des Anno›.

Zusätzlich zu den Siedlungsnamen muss man die vielen tausend alemannischen Flurnamen hinzuziehen, um sich eine Vorstellung von der Erschliessung der Landschaft machen zu können. Sie sind motiviert durch Geländeform *(Horn, Chälen, Chapf)*, Bodenbeschaffenheit *(Leimen, Rötler, Rüchlig)*, Grundstücksform, Grösse, Lage *(Breiti, Gerenacher, Höchi)*, Bewachsung *(Asp, Erli, Chläberen)*, Nutzung *(Wannenreben, Linggenweid, Bleumatt)*, Besitzer *(Ludi, Im Willem, Schuelersboden)*, auffällige Objekte *(Galgenrain, Wätterchrüz, Chlöpfgatter)* oder besondere Ereignisse *(Wolfloch, Hexmatt, Pfaffenchämmerli)*.

Viele heute noch gebräuchliche Flurnamen entstammen einem Sprachbestand, der sonst ausgestorben ist. In Gelterkinden etwa gibt es eine Flur *Leiere*, in Allschwil eine *Läubere*, in Ettingen und Oltingen eine *Lebere*. Alle haben den gleichen Ursprung.

So taucht in Ettingen im Jahr 1585 eine Form *uf den Leuweren* auf. Die gleiche Form findet man auch für die Gelterkinder *Leiere* und die Allschwiler *Läubere*. Zugrunde liegt mittelhochdeutsch *le*, Plural *lewer* ‹Hügel› beziehungsweise althochdeutsch *hleo* ‹Grab, Grabhügel›. *Leweren* heisst also so viel wie: ‹bei den Hügeln, Grabhügeln›. Das uralte Wort kam bereits im Hochmittelalter aus der Mode. Das neue Wort lautete: *Fridhof, Chilchhof*. *Leiere, Lebere, Läubere* blieben nur als verdunkelte Flurnamen an der Sprache haften.

Auf der Ettinger *Lebere* fand man in den 1940er-Jahren alemannische Reihengräber. Man weiss von anderen Fundstellen, dass sich über diesen Gräbern kleine Erdhügel befanden. Im Raum *Lebere* lag möglicherweise das vorchristliche Gräberfeld der alemannischen Ursiedlung von Ettingen. Es hat in jedem Fall etwas Faszinierendes, ja fast Ergreifendes, wenn ein einzelner Flurname, wenn auch verdunkelt, die Erinnerung an die letzte Ruhestätte der Toten über mehr als 1000 Jahre bewahrt. Aneinandergereiht ergeben die Deutungen der rund 55'000 lebenden und abgegangenen Baselbieter Orts- und Flurnamen denn auch einen wichtigen Beitrag zur Erhellung der Siedlungs-, Wirtschafts-, Rechts-, Sozial- und Sprachgeschichte unserer Region.

Anmerkungen

Näheres zu den Baselbieter Flurnamen und zu Flurnamen allgemein unter: http://www.flurnamenbl.ch und http://www.ortsnamen.ch.

Das siebenbändige Baselbieter Wörterbuch mit den Deutungen aller lebenden und abgegangen Orts- und Flurnamen und historischen Belegreihen erscheint voraussichtlich Ende 2015.

Bildnachweis

Barbara Saladin, Thürnen.

1 Baselland ist seit alters her mit einem dichten Strassennetz überzogen. Unser Bild zeigt Spuren der «Römerstrasse» bei Langenbruck, unmittelbar nördlich der Passhöhe.

Dominik Wunderlin

Baselland – ein von Strassen geprägtes Durchgangsland

Heute prägen eine Nationalstrasse (A2), zwei kantonale Schnellstrassen (H2, H18) und einige gut ausgebaute Kantonsstrassen das Gebiet des Kantons Baselland, und der lokale Tourismus konzentriert sich vor allem darauf, die Menschen zum Verweilen und Wandern einzuladen. Früher – bis in die Römerzeit zurück – fand sich auf demselben Gebiet ein dichtes und weitverzweigtes Verkehrsnetz, das rege genutzt wurde, um die Handelsdrehscheibe Basel über die Jurapässe mit dem Süden zu verbinden. Im Folgenden soll gezeigt werden, welch facettenreiches Bild sich noch vor 200 Jahren bot, das inzwischen sogar bei vielen Anrainern fast vollkommen in Vergessenheit geraten ist.

«Reise durch Europa, raste in der Schweiz» war ab 1964 der Slogan der *Schweizerischen Verkehrszentrale* (SVZ; heute *Schweiz Tourismus*). Augenfällig wurde die international geführte Werbung für das Ferienland Schweiz dank eines Plakates, auf dem sehr dominant ein klassischer Luftballon zu sehen war, an dessen Korb eine Schweizer Flagge hing.[1]

Diese Werbekampagne startete im Jahr der «Expo 64», als das Schweizer Volk auch schon erste Abschnitte dieses neuen Verkehrsträgers, dessen Planung durch das Bundesgesetz vom 6. März 1960 beschlossen worden war, in Betrieb genommen hatte. Als Zubringer zur Landesausstellung in Lausanne war bereits 1963 der Abschnitt Genf–Lausanne dem Verkehr übergeben worden. Nachdem dann 1965 auch der Entscheid über den Bau eines Gotthardstrassentunnels gefallen war, mussten sich

für Millionen
die Schweiz
im Nordwesten

*Das sind siebzig Kilometer Autobahn
und vierzig Minuten hinter dem Steuer.*

*Aber nicht für Sie!
Sie lassen die anderen rasen.
Sie zählen nicht zur Masse.*

*Sie wissen:
In der Schweiz sind nicht nur die Alpen schön.*

*Die Schweiz im Nordwesten ist –
abseits der Autobahn –
ein Märchenland.*

2 Nicht nur aus heutiger Sicht etwas provokativ: eine Tourismusdestination mit so viel Teer zu bewerben. Titelbild eines Faltprospektes aus den späten 1960er-Jahren.

auch die Tourismusfachleute der Nordwestschweiz, zusammengeschlossen in der *Nordwestschweizerischen Verkehrsvereinigung*,[2] Gedanken darüber machen, wie man vor allem die ausländischen Touristen davon überzeugen könnte, künftig nicht nur auf dem schnellsten Weg durch die Nordwestecke der Schweiz zu rasen.

Werbung mit der Autobahn

Als dann 1966 der Belchentunnel eröffnet und in den nachfolgenden Jahren die Autobahn auch von der deutschen Grenze bis zum Jura fertiggestellt war, war für die *Nordwestschweizerische Verkehrsvereinigung* der Moment da, einen Faltprospekt mit dem Titel «für Millionen die Schweiz im Nordwesten» in Umlauf zu setzen, auf dessen Titelbild ein Stück Baselbieter Autobahn gezeigt wurde (siehe Abbildung 2).

Mitbeworben wurden damit natürlich nicht nur das Land zwischen Jura und Rhein, sondern auch die Gegend am Jurasüdfuss mit der Ambassadorenstadt Solothurn und Kleinstädte wie Olten, Aarau, Brugg und Baden, die alte Bäderstadt.

In die gleiche Richtung wies ein noch 1983 in zweiter Auflage herausgegebener Flyer «Ihr Etappenort. Die Nordwestschweiz», der diesmal das berühmte Gemälde «Die Gotthardpost» (1873) von Rudolf Koller zeigte.

Auch in Werbemitteln, die vom *Verkehrsverein Baselland* oder heute von *Baselland Tourismus* herausgegebenen wurden und werden, ist immer wieder das Bemühen sichtbar, die Touristen von den Hauptverkehrsträgern in eine erlebnisreiche Landschaft einzuladen:

«So komm auch Du, lieber Wanderfreud, lass Dich von den Bahnen und Autos in die steilen Täler mit ihren schmucken Dörfern und Städtchen führen!» (1952) oder «Wer im Zuge oder auf der Autobahn das Baselbiet durchflitzt, der ahnt kaum, welche Wandermöglichkeiten sich im Tafel- und Faltenjura oder vom Leimental aus bieten» (1974).[3]

Das Baselbiet mit den eigenen Füssen, auf Wanderungen, zu entdecken, zieht sich als Aufforderung durch praktisch alle Imprimate, die vom *Verkehrsverein Baselland* und von lokalen Verkehrsvereinen herausgegeben worden sind. Was seit Beginn des neuen Jahrtausends auch unter dem eher technischen Begriff «Langsamverkehr»,[4] der allerdings auch die anderen Fortbewegungsarten mit eigener Muskelkraft (Fahrrad, Inline-Skates) einschliesst, bekannt ist und gefördert wird, hat somit in der hiesigen Tourismuswerbung schon eine lange Tradition.

Lokale Verbindungen und Strassen für den Fernverkehr

Zu einer Zeit, als es weder Autos noch Eisenbahnen gab, war die Fortbewegung zu Fuss das Normale, nur geschah es nicht zum Vergnügen. Denken wir da nur an fahrende Handwerker und Künstler, an Kleinkrämer und Hausierer, aber auch an

Pilger auf ihren Wegen hin zu und von heiligen Stätten her.[5] Gereist wurde daneben, wenn man es sich leisten konnte, auf dem Pferd, in der Kutsche und ganz selten auch in der Sänfte. Keine Alternativen kannte man für den Warenverkehr: Man trug die Waren auf dem Rücken, man lud sie auf die Saumtiere und transportierte sie mit zwei- oder vierrädrigen Karren und Lastwagen.

Entsprechend war der bauliche Zustand der Verkehrswege: meist schmal und holperig. Auf dem Gebiet des heutigen Kantons Basel-Landschaft gab es wie auch anderswo zur Hauptsache zwei Kategorien von Verkehrswegen: jene, welche die Siedlungen in den Tälern und auf den Anhöhen miteinander verbanden, und jene, welche dem Fernverkehr dienten. Erstere waren in der Ausgestaltung meist sehr einfach und schlecht, wiesen aber gelegentlich schon in der Vormoderne auch einfache Kunstbauten auf, wie zum Beispiel eine Brücke anstelle einer Furt. Viele dieser Strassen dienten vor allem auch den Marktfahrern und dem Botenverkehr zwischen den Posamentern in den Dörfern und den «Syydeheere» in der Stadt.[6] Nicht übersehen dürfen wir aber, dass noch in der frühen Neuzeit stellenweise Fernstrassen auch im Bachbett verliefen.

Bis in die Mitte des 19. Jahrhundert, als die Eisenbahn den Fernverkehr fast schlagartig zum Erliegen brachte, gab es eine beachtliche Zahl von Wegen und Strassen, welche die Beziehungen zwischen dem Oberrheingebiet und dem schweizerischen Mittelland sicherstellten.

Schon die alten Römer …

Dank der Verkehrswegforschungen steht fest, dass fast alle unsere Juraübergänge über eine sehr lange Zeit benutzt wurden, wenn auch nicht immer gleichermassen intensiv. Manche wurden schon zur Römerzeit benutzt, was aber nicht heisst, dass jede Wegspur oder gar Brücke auch römisches Erbe sein muss! Sicher ist aber, dass wir die bedeutende provinzialrömische Zivilstadt *Augusta Rauracorum* als Knotenpunkt eines Strassennetzes bezeichnen dürfen, von der aus nicht nur Wege zu den Villen und Landgütern der weiteren Umgebung führten. Unbestritten strebten wichtige Verkehrsstrassen auch über die Jurapässe gegen Süden. Dabei war wohl die Strasse das Birstal hinauf und über den Pierre Pertuis eher sekundär,[7] während der flache Bözberg und die beiden Hauensteinpässe klar eine grössere Bedeutung hatten.

Dank schriftlicher Quellen bewegen wir uns aber erst seit dem späteren Mittelalter auf sicherem Boden und darum soll diese Skizze auch erst in dieser Zeit einsetzen.

Von der Verkehrsdrehscheibe zu den Jurapässen

Spätestens ab der Eröffnung des Gotthardpasses im 13. Jahrhundert kam dem Verkehr über die verschiedenen Passlücken in unserem Jura eine stets wachsende Bedeutung zu. Basel wurde zur Drehscheibe eines Handels, der auf Landesprodukten basierte, die je nach den natürlichen Gegebenheiten aus dem Norden oder aus dem Süden heran- und weitergeführt wurden. Der Austausch erfolgte somit bedeutend weniger quer durch Europa als in Nord-Süd- und Süd-Nord-Richtung und somit zwangsläufig über unsere Jurapässe. Die Anfahrt zu den Übergängen erfolgte dabei im Allgemeinen durch die Täler, aber es gibt auch andere Wegverläufe, wie nachstehend noch zu sehen sein wird.

Nicht alle Juraübergänge hatten im Laufe der Jahrhunderte zwischen dem späteren Mittelalter und etwa 1850 durchwegs die gleiche Bedeutung. Sicher bestimmten der Strassenzustand und der Wegverlauf die Bevorzugung einer passüberquerenden Verkehrsachse. So erlaubte die geringe Breite der Strasse über den oberen Hauenstein auf weiten Strecken keine Deichselfuhr (paarweise zwei Zugtiere), und starkes Gefälle verlangte bei manchen Übergängen einen grossen Vorspann oder sogar feste Seilzugeinrichtungen, welche zusätzliche Kosten und Zeitverluste verursachten.[8] Ausschlaggebend waren aber oft die Höhe der erhobenen Wegzölle und das oft gestörte Verhältnis zwischen den verschiedenen Obrigkeiten (eidgenössische Orte, Habsburg-Vorderösterreich, Fürstbistum Basel). Auch militärische Überlegungen konnten einen Ausbau beeinflussen.

Aus heutiger Sicht gelten die beiden Hauensteine, der obere und der untere, als die eigentlichen und klassischen Übergänge vom Kanton Baselland ins Mittelland. Seit der Eröffnung der Autobahn A2 durch den Belchentunnel ist es allerdings auf diesen Routen, die vom Ergolztal durch das Waldenburgertal respektive das Homburgertal zu den Einschnitten im Kettenjura führen, ruhiger geworden. Doch für alle, die sich etwas Zeit bei ihrer Fahrt durch unseren Kanton nehmen oder einem Stau ausweichen wollen, sind die Hauensteinpässe ebenso eine Option, wie sie für manchen Schwer- und Sondertransport zwingend sind.

Wer mit wachen Augen durch Dörfer fährt, durch die einst die Fuhrwerke der Kaufleute rollten, entdeckt mühelos Indizien für die existenzielle Bedeutung des Durchgangsverkehrs für die damalige Bevölkerung: Siedlungsgrundrisse, überproportional viele Gasthöfe und Wirtschaften (oft mit dem Namen «Rössli»), Gebäude ehemaliger Hufschmiede oder Wagner …[9]

Die Durchgangsrouten im Einzelnen[10]

Die meisten Handelswege führten von Basel zunächst nach dem Städtchen Liestal, das von den Grafen von Frohburg nach 1200 zu einem festen und sicheren Platz entlang der damals neuen Schwung bekommen habenden Fernroute gemacht worden war. (Dieselbe Funktion erfüllten auch weitere Gründungen dieser Adelsfamilie: Waldenburg, Olten, Falkenstein [Klus-Balsthal], Wiedlisbach, Aarburg, Zofingen und das 1375 zerstörte Fridau bei Fulenbach.)

Gleich oberhalb Liestals kam es zur ersten Gabelung: Der Weg zum *oberen Hauenstein* zweigte dort nach Süden ab und führte ursprünglich über das «steinerne

3 Vorbei an der Burg Alt-Bechburg und dem Schlossgut führte in nachmittelalterlicher Zeit ein viel benutzter Fahrweg von Langenbruck über den Buchsiterberg ins Mittelland.

Brücklein»[11] in Richtung des späteren Bad Bubendorf und weiter ins Tal der vorderen Frenke. Bereits oberhalb Hölsteins war die Strasse während längerer Regenperioden oft überschwemmt, ja verlief vor 1599 bis Niederdorf im Bachbett. Nach dem Felsriegel, in den das Städtchen Waldenburg (mit hilfreicher Infrastruktur für das Fuhrgewerbe) gebaut ist, ging es steil bergan und vorbei an einem Hospiz (heute Spittelhof). Die grösste Herausforderung bildete dann der Kräheckberg kurz vor dem Kulminationspunkt, wo lange eine Abseilvorrichtung zur Talfahrt der schweren Wagen in Betrieb war. Wegen des vernässten Bodens bei Langenbruck musste das Trassee mit Baumstämmen (Bohlen) gesichert werden, die so genannte «lange Brücke».[12] Beim Lochhus an der Kantonsgrenze zog die alte Landstrasse im rechten Talhang abwärts, um bei St. Wolfgang vor Balsthal den Talboden zu erreichen. Die Bedeutung dieser Passroute bestand zu allen Zeiten in der Verbindung des Oberrheingebietes mit dem zentralen und westlichen Mittelland, zum Grossen St. Bernard und zum südlichen Rhonetal.

Um von der Innerschweiz über Zofingen zum oberen Hauenstein zu gelangen, vermied man zwischen dem 16. und 18. Jahrhundert meist den Umweg über die Balsthaler Klus und fuhr von Oberbuchsiten über den Buchsiterberg (heute Egg) am Schlossgut von Alt-Bechburg vorbei zum Lochhus.

Der mangelnde Unterhalt der Strasse im Waldenburgertal und die hohen Basler Zölle veranlassten Solothurn im 18. Jahrhundert zum Ausbau der Passwangstrasse.

Weil aber Basel darauf mit Strassenverbesserungen reagierte, konnte der Schaden in Grenzen gehalten werden. Der letzte Ausbau der Strasse, bevor die Eisenbahn kam, erfolgte 1830 bis 1834 und wurde durch Basel und Solothurn finanziert.

Diese Massnahmen waren gleich jenen gefolgt, die von den beiden Kantonen zwischen 1827 und 1830 an der unteren Hauensteinstrasse vorgenommen worden waren.

Der *untere Hauenstein* wurde von Basel auf einer Talstrasse erreicht, die über Liestal und Sissach ins Homburgertal führte. Hatte sie bis Buckten genügend Raum im allerdings immer wieder überschwemmten Talboden, so verlief die Strasse zwischen Buckten und Läufelfingen streckenweise im Bachbett. Nach der Talwanne von Läufelfingen ging die Strasse in direktem Anstieg zum Kulminationspunkt. Die hernach steile Partie in Richtung Trimbach und Olten war der Grund dafür, dass die einst bevorzugte Verbindung vom Homburgertal nach Olten über *Erlimoos*-Frohburg lief, wobei der Anmarschweg von der Zollstelle Diepflingen über Sommerau–Rünenberg–Zeglingen–Wisen einen zusätzlichen An- und Abstieg als Konsequenz hatte. War dieser jedoch nicht zu anstrengend und gut befahrbar, bildete dies in aller Regel stets das kleinere Übel, wie auch eine im Mittelalter neben der Ergolzroute ebenfalls bedeutende Nord-Süd-Verbindung zeigt: Sie führte von Rheinfelden über die Buuseregg nach Gelterkinden und dann weiter in Richtung Zeglingen, wo es dann entweder über das Erlimoos oder über die Schafmatt ins Mittelland ging.

Seit der Öffnung des Gotthardpasses gewann indes der untere Hauenstein dank verschiedener Ausbauten und auch einer Seilzugvorrichtung kurz nach der ehemaligen Fuhrgewerbesiedlung Hauenstein stets an Bedeutung. Dadurch wurden der Erlimoos-Weg und die vom Diegtertal her benutzte *Challhöchi* zu lediglich noch lokal wichtigen Übergängen. Sie wurden nur noch dann vom Fernverkehr genutzt, wenn die Strasse durch das Homburgertal nach starken Niederschlägen wieder einmal zerstört oder sonst unpassierbar war.

Aus heutiger Warte überraschend mag sein, dass 1499 der Basler Rat und anschliessend auch Solothurn den Beschluss fassten, den *Schafmattübergang*, der schon zu Römerzeit begangen wurde, als Fuhrweg und für Truppenbewegungen wiederherzustellen. Der während des Schwabenkrieges gefällte Entscheid war vom Bedürfnis geleitet, eine Strasse zu eröffnen, die nicht durch vorderösterreichisches Gebiet (und hier namentlich über den Bözberg) in Richtung östliches Mittelland führte und so auch neue Zolleinnahmen sicherte. Diese Erwartung wurde jedoch enttäuscht, denn viel Fernverkehr ging weiterhin über den *Bözberg*. Zudem behinderte ab Anfang 18. Jahrhundert Solothurn den Schafmattverkehr ganz massiv, weil damals ihr primäres Interesse in den lukrativeren Zolleinnahmen am unteren Hauenstein lag und ausserdem konfessionelle Spannungen zwischen den beiden eidgenössischen Ständen bestanden. Basel und der den Aargau beherrschende Stand Bern reagierten, indem sie eine Strasse über das *Bänkerjoch* finanzierten, die nun aber über vorderösterreichisches Gebiet und in vollständiger Umgehung von solothurnischem Territorium Basel und Aarau verband. Der «Schafmatthandel» schädigte somit dauerhaft den Fernverkehr über diesen östlichsten Baselbieter Jurapass, während der Lokalverkehr offenbar kaum behindert wurde. Wichtig war er unter anderem für jene Oberbaselbieter Posamenter, die für Aarauer Bandfabriken tätig waren.

Auf Baselbieter Seite gewährleistete übrigens ein ganzes Bündel von Wegen die Zufahrt zur Schafmatt: Von Gelterkinden ging es über den Rünenberg oder über Tecknau nach Zeglingen und dann zur Schafmatt; eine weitere Route führte von Tecknau nach Wenslingen und Oltingen, das auch von Gelterkinden durch das obere Ergolztal und über Anwil erreicht wurde. Oltingen und Zeglingen waren somit die zwei Passfussorte auf Baselbieter Seite, was sich auch im Siedlungsbild erkennen lässt. In Zeglingen soll es einst auch eine «Ellend Herberg» gegeben haben, die den Pilgern Unterkunft und Verpflegung gewährte, die von Norden gegen Einsiedeln zogen.

Pilgern, Krämern, Viehhändlern und vor allem dem Lokalverkehr diente auch der recht beschwerliche Pass über die *Wasserfalle*.[13] Dem nur zu Fuss oder mit Saumtieren begehbaren Übergang zwischen Reigoldswil und Mümliswil näherte man sich von Norden nicht nur durch das Tal der hinteren Frenke an. Der meiste die Zollstätte in Reigoldswil erreichende Verkehr erfolgte, aus dem Sundgau und dem unteren Birstal kommend, von Dornach über Hochwald und Seewen. Durch einen künstlich erweiterten Durchgang in der Felsrippe des Vogelbergs war es ab 1622 möglich, auf einem über St. Romai und Bürten geführten Weg die Passlücke bei der Rochus-Kapelle zu erreichen. Diesen Pfad bezeichnete Basel damals als «Hùrenweglin», weil die Furcht bestand, er könnte auch für Truppenbewegungen der Solothurner genutzt werden.

Zu diesem Zweck, aber auch für einen effizienteren Handelsverkehr konnte indes ab 1731 der *Passwang* noch besser begangen und befahren werden.[14] Einen entscheidenden Anlass zu dessen Ausbau hatten die hohen Zollforderungen von Basel für die aus Lothringen kommenden Salzfuhren für Solothurn und Bern gegeben. Schon zuvor suchten die Fuhrleute eine Umgehung von Basel, indem sie ihre Salzlastwagen vom Sundgau über fürstbischöfliches Territorium ins Birstal lenkten. Neben der Talstrasse vorbei an der Zollstätte von Angenstein nach Zwingen benutzte man auch die Blauenübergänge vorbei am *Glögglifels* hoch über Angenstein und vor allem den *Plattenpass* mit seinem zeitweise berüchtigten Wirtshaus. Den schon zur Römerzeit benutzten Übergang erreichte man von Norden sowohl aus dem Raum Reinach–Bruderholz wie auch von Ettingen–Leimental her. Wer heute als Wanderer den Plattenpass begeht, braucht viel Fantasie, um sich den hier einst lebhaften Betrieb vorzustellen. Dasselbe gilt auch für die meisten der hier vorgestellten Pässe und Verkehrswege abseits der modernen Verkehrsträger.

Veränderungen

Alle erwähnten Juraübergänge bestimmten also die Form des früheren Strassensystems auf dem Gebiet des heutigen Kantons Basel-Landschaft. Die einstige Bedeutung des Durchgangsverkehrs bildete sich auch im Charakter vieler Siedlungen unseres Kantons ab. Die Topografie des Kantons sowie technische und finanzielle Möglichkeiten veranlassten früher die Eisenbahngesellschaften, die Trassen in den Tälern zu planen, wobei Kunstbauten, die wiederum das Siedlungs- und Landschaftsbild nachhaltig beeinflussten, nie zu vermeiden waren.

Im Vergleich zu heute, wo beim Blick auf eine moderne Verkehrskarte als Dominanten eine Nationalstrasse (A2), zwei kantonale Schnellstrassen (H2, H18) und einige gut ausgebaute Kantonsstrassen in den Tälern sofort ins Auge springen, war noch vor 200 Jahren ein doch facettenreicheres Bild vorhanden. Es stellte – so über die Wasserfalle und über die Schafmatt – auch Beziehungen her, die heute selbst bei vielen Anrainern fast vollständig in Vergessenheit geraten sind.

Anmerkungen

1 Gestaltung Hans Küchler mit einem Foto von Philipp Giegel. Beide waren über lange Jahre für die *Schweizerische Verkehrszentrale* (SVZ) tätig.

2 Die Vereinigung hatte die kantonalen Verkehrsvereine Aargau, Basel-Landschaft, Basel-Stadt und Solothurn als Mitglieder; der Sitz befand sich beim damaligen Verkehrsbüro Basel am Blumenrain 2. Sie wurde 1990 aufgelöst.

3 Dominik Wunderlin: 75 Jahre Verkehrsverein Baselland 1916–1991. In: *Jahresbericht des Verkehrsvereins Baselland* [Liestal] 1991, 16–42.

4 In der Marketing-Sprache auch «Human Powered Mobility» genannt. Vergleiche dazu auch das «Leitbild Langsamverkehr», das Bundesrat Moritz Leuenberger 2001 beim Bundesamt für Strassen ASTRA in Auftrag gegeben hatte (http://www.astra.admin.ch).

5 Dominik Wunderlin: Basel im Schnittpunkt alter Pilgerstrassen. In: Dominik Wunderlin / *Museum der Kulturen Basel* (Hg.): Pilgern boomt. Basel 2013, 22–37.

6 Eneas Domeniconi: Historische Wege als Postverbindungen. Die Botenwagen in der Basler Landschaft – eine «Post» der besonderen Art. In: Bulletin IVS 1998/1.

7 Werner Meyer: Burgenbau, Siedlungsentwicklung und Herrschaftsbildung im Jura in der Zeit um 1000, in: Jean-Claude Rebetez: La donation de 999 et l'histoire médiévale de l'ancien Evêché de Bâle, Porrentruy 2002, 71–100.

8 Die Fahrt vom Rhein bis zur Aare dürfte für schwere Lastwagen etwa eineinhalb Tage gedauert haben. Vergleiche Paul Suter: Beiträge zur Landschaftskunde des Ergolzgebietes. Basel 1926 (Liestal 1971), 152 f.

9 Paul Suter konnte in den 1920er-Jahren auch eine Verbindung zwischen Fernverkehr und Siedlungsdichte beobachten: Im ganzen Ergolzgebiet hatte noch damals die am unteren Hauenstein gelegene Gemeinde Buckten die dichteste Besiedlung. Paul Suter: (wie Anmerkung 7), 181.

10 Zahlreiche Angaben entnahmen wir für diesen Abschnitt Paul Suter: (wie Anmerkung 7); Werner Reber: Verkehrsgeographie und Geschichte der Pässe im östlichen Jura. Liestal 1970.

11 Eneas Domeniconi: «... also genau 10 römische Fuss.» Eine Annäherung an die Steinenbrücke in Liestal, die älteste Steinbrücke im Kanton. In: *Baselbieter Heimatblätter*, 71. Jg., 2006, 1–14.

12 Angedeutet auf dem Gemeindewappen von Langenbruck.

13 Eneas Domeniconi: Über die Wasserfallen. Von Mümliswil nach Reigoldswil – eine Wanderung durch Flurnamen und deren Geschichten. In: Dominik Wunderlin (Hg.): Wasserfallen Passwang, ein Reise(ver)führer. Waldenburg 1998, 110–123.

14 Dominik Wunderlin: Über und durch den Passwang – Von Strassenprojekten und geplatzten Bahnträumen. In: Dominik Wunderlin (Hg.): Wasserfallen Passwang, ein Reise(ver)führer. Waldenburg 1998, 62–73.

Bildnachweis

1 *Baselland Tourismus*, Paul Menz, Arlesheim.
2 Repro aus einem Faltprospekt der *Nordwestschweizerischen Verkehrsvereinigung* (vor 1970).
3 Dominik Wunderlin, Basel.

1 Das Viadukt von Rümlingen im Bau (circa 1856).

Lorenz Degen

Veränderungen der Landschaft, am Beispiel der Eisenbahn

Der Bau eines Verkehrsträgers bedeutet stets einen Eingriff in die vorhandene Landschaft. Der Bau der Eisenbahnlinie von Basel über Liestal, Sissach und Läufelfingen nach Olten (durchgängig befahrbar ab 1858) veränderte erstmals massiv das Aussehen des Baselbiets auf einer Länge von 25 Kilometern.

Baselland und der Verkehr – eine lange Geschichte. Seit urfernen Zeiten sind die Täler des Nordjuras begangen, beritten, befahren worden. Wer nicht in den Tälern bleiben wollte oder musste, versuchte, über den Bergkamm zu gelangen, sei es, um so das dahinter liegende Flachland zu erreichen oder um von dort aus Basel und den Rhein zu erreichen. Zwar hat die archäologische Forschung ermittelt, dass es sich bei der so genannten «Römerstrasse» in Langenbruck wohl um einen mittelalterlichen Fels-durchstich handeln dürfte[1], als sicher gilt jedoch, dass der Obere Hauenstein seit römischer Zeit überquert wurde. Jedenfalls bildet der Einschnitt bei der ‹Chräiegg› ein frühes Beispiel für eine Veränderung der Landschaft durch den Menschen.[2] Bis in die

2 Blick vom Liestaler Aussichtsturm Richtung Altmarkt, circa 1955.

Neuzeit waren die sichtbaren Veränderungen der Landschaft durch Verkehrswege marginal. Zwar wurden Strassen teilweise solide gebaut, aber es wurden mitunter auch Bachbette als Strassen benützt.[3] Bis heute erhaltene Kunstbauten sind hauptsächlich Bachbrücken (aus dem 17. Jahrhundert zum Beispiel das ‹Steinebrüggli› bei Liestal).[4]

Schienen mitten durchs Baselbiet

Umgepflügt wurde die Landschaft des Baselbietes auf beträchtlicher Länge durch den Bau von Eisenbahnlinien. Der Kanalbau, wie ihn Frankreich im 18. Jahrhundert erlebte, war im wasserarmen Jura kein Thema und auch keine wirtschaftliche Notwendigkeit. Die erste Eisenbahn erreichte die Schweiz 1844, als der erste Zug von Strassburg kommend in Basel einfuhr.[5] Schub bekam der Bahnbau mit dem Eisenbahngesetz von 1852, das den Kantonen die Konzessionshoheit übertrug.[6] Damit traten konkurrierende Gesellschaften auf den Plan, die sich bei den Regierungen um die jeweiligen Linienführungen bemühten. Im jungen Kanton Baselland (er bestand zu Beginn des Bahnbaues seit knapp 20 Jahren) war die *Schweizerische Centralbahn*

3 Blick vom Liestaler Aussichtsturm Richtung Altmarkt, 2008.

(SCB) die federführende Eisenbahngesellschaft. Die SCB wurde 1853 von Basler Bankiers gegründet und existierte bis zu ihrer Eingliederung in die *Schweizerischen Bundesbahnen* (SBB) im Jahre 1902. Im Auftrag des Bundesrates erstellten die englischen Eisenbahningenieure George Stephenson und Henry Swinburne 1850 ein Gutachten für die möglichen Streckenführungen. Der nördliche Ast führte von Basel nach Olten, wobei der Juradurchstich bei Läufelfingen vorgesehen war. Acht Jahre später wurde aus der Zeichnung Realität.[7]

Die Strecke von Basel nach Olten

Am Beispiel der Linienführung von Basel nach Olten, die heute noch befahren wird, lassen sich etliche Beispiele des Einflusses von Eisenbahnbauten auf die Landschaft feststellen. Ursprünglich befand sich der Basler Bahnhof in der Nähe des St. Alban-Tores. Bis Liestal verläuft die Strecke über Muttenz, Pratteln und Niederschönthal (Bahnhofname seit 1936 Frenkendorf-Füllinsdorf) in offenem Gelände. Mittlerweile sind die Felder und Wiesen, die noch auf einem Plan von 1854 erkennbar sind, überbaut worden (vergleiche Schneider, Seite 18). Die Steigung schwankt zwischen

4 Blick von der alten Station Lampenberg Richtung Hölstein, circa 1950.

10 und 13 Promille. 1854 wurden die Gleise bis Liestal verlegt und ein fahrplanmässiger Betrieb aufgenommen. Ab Liestal stand der Burghügel im Weg, kurz dahinter das Frenkental. In einer nächsten Bauphase wurde der Burghügel durchschnitten, und man geht wohl nicht fehl in der Annahme, dass das gewonnene Erdmaterial gleich zur Aufschüttung des Dammes verwendet wurde, der fortan das Frenkental abriegelte. Fotografien dieser Bauarbeiten gibt es nicht. Solche Erdverschiebungen waren bis zum Einsatz erster Dampfbagger um 1910 reine Handarbeit mit Schaufeln und Pickeln. Feldbahnen mit Loren, entweder von Hand geschoben oder von Pferden gezogen, linderten die Schwerstarbeit, doch erst ab circa 1860. Bis ins 20. Jahrhundert prägte eine grosse Anzahl Arbeiter (anfangs englischer, später italienischer Herkunft) mit einfacher Ausrüstung die Eisenbahnbaustellen der Schweiz. Über den Bachlauf der Frenke wurde eine zweiteilige Eisenbrücke eingesetzt, die in der nahegelegenen Giesserei Niederschöntal hergestellt wurde. Ein Brückenelement wurde nach 1923 von der *Waldenburgerbahn* (WB), die ein eigenes Trassee bekam, verwendet. Vorher verkehrte die *Waldenburgerbahn* (Spurbreite 75 Zentimeter) seit ihrem Bestehen im November 1880 zwischen Altmarkt und Liestal in den Gleisen der SCB.[8] Heute steht die Eisengitter-Konstruktion als denkmalgeschütztes Objekt ein wenig versetzt vor der neuen Betonbrücke.

5 Blick über die heutige Station Lampenberg Richtung Hölstein, 2013.

Lausen wurde in zwei Kurven durchfahren, wobei sich die heutige Station erst seit 2008 an dieser Stelle befindet. Der Vorgängerbahnhof stand weiter südlich und wurde abgebrochen, da die Strecke begradigt wurde und das Gebäude den neuen Gleisen im Wege stand. In Itingen, auf dem geraden, zwei Kilometer langen Gleisabschnitt, hielten Züge erst ab 1925; nach erfolgreichen Vorstössen seiner Einwohner wurde ein Perron mit Holzhäuschen gebaut. Sissach erhielt 1857 den Bahnanschluss. Damit endete auch die Talstrecke, denn der Abschnitt über Läufelfingen und Trimbach verlangte eine ganz andere Trassierung und damit auch nach speziellen Zusatzfahrzeugen.

Wenn eine Lokomotive einen Zug von Basel nach Sissach brachte, benötigte sie Verstärkung, um über den Berg zu fahren. Eine so genannte Vorspann-Lokomotive musste nicht schnell, dafür kräftig sein, um die Rampe von 23 Promille zu bewältigen. In Läufelfingen wurden diese Maschinen abgekoppelt und zurück nach Sissach geschickt, wo sie den nächsten Zug hochzogen. Fahrtüchtig erhalten geblieben ist die Lokomotive Nummer 2x Ed 2/2 Nummer 196 aus dem Jahre 1893, die nach ihrem Entwickler «Mallet» genannt wird.[9] Die Centralbahn errichtete in Sissach Anlagen für die Dampflokomotiven des Bergdienstes, die mit einem Wasserkran sowie den Depot-, Dienst- und Unterhaltsgebäuden noch weitgehend vorhanden sind.

6 Die Unterführung Altmarkt im Bau, circa 1952.

Bevor 1916 die Strecke über Gelterkinden aufging, existierte für Züge von Basel nach Olten nur die Linie durchs Homburgertal. Die Strecke überquert bei Thürnen die Hauptstrasse, um das Dorf dann in einem weiten Bogen zu umfahren. Seit 1938 ist die Strecke eingleisig, wurde aber ursprünglich auf Doppelspur ausgelegt. Entgegen des sonst in der Schweiz üblichen Linksverkehrs auf Schienen fuhren die Züge bis 1895 am Hauenstein rechts. Dies aus Vorsicht: Ein entgleister Zug sollte nicht die Böschung hinunterfallen, sondern «nur» auf das andere Gleis kippen können. Thürnen hat, trotz verschiedener politischer Anläufe, nie eine eigene Station erhalten. Bei Diepflingen hat sich der Gleiskörper schon recht weit von den Talsiedlungen gelöst, er ruht auf einem mit Mauerwerk befestigten Anschnitt des Berghanges und talseitigen Aufschüttungen.

Noch heute sieht man dem Gebäude der Station Sommerau an, dass es mehr war als bloss eine Haltestelle. Auf Gelterkinder Boden gelegen, verfügte der Bahnhof auch über Weichen und einen bis heute vorhandenen hölzernen Güterschuppen. Das Seitental gegen Rünenberg wurde mit einem leicht gebogenen Damm aufgefüllt. Der Abstand zum Siedlungsbereich im Talboden wird zunehmend grösser. Daran lässt sich auch erkennen, dass die Hauensteinlinie in erster Linie als Transitbahn gebaut wurde und nicht für die lokale Bevölkerung, für die sie heute mit Regionalzügen (dem so genannten ‹Läufelfingerli›) befahren wird.

7 Die Unterführung Altmarkt mit *Waldenburgerbahn*, 2013.

Das Viadukt von Rümlingen kurz nach der Haltestelle hoch über dem Dorf ist das eindrücklichste Bauwerk der ganzen Linie. In acht gleichmässigen Bögen überspannt es das Seitental von Häfelfingen. Das Baumaterial wurde aus einem Steinbruch im nahegelegenen Gisiberg bei Wittinsburg herbeigeschafft. Es handelt sich um einen witterungsbeständigen Kalkstein, wie er im Oberbaselbiet nur selten vorkommt. Von seiner Form her erinnert das Bauwerk an römische Vorbilder. Es wurde vom Mai 1855 bis Oktober 1856 von etwa 90 Arbeitern erbaut. Eine Fotografie aus dem Jahre 1856 zeigt den Viadukt von Rümlingen im Bau (siehe Abbildung 1).

Nach der Station Buckten, zwei kurzen Tunnels (Bucktertunnel, 263 Meter, und Mühlefluhtunnel, 60 Meter) und verschiedenen aufgefüllten Seitengräben wird Läufelfingen erreicht. Die heute ebene Bahnhofsumgebung besteht aus Ausbruchmaterial des 2,5 Kilometer langen Hauenstein-Scheiteltunnes. Dieser baulich anspruchsvollste Teil der Strecke ist gleichzeitig der in der Landschaft unscheinbarste. Bei seinem Bau kam es allerdings im Mai 1857 zur ersten Katastrophe der Schweizer Eisenbahngeschichte, als bei einem Tunnelbrand über 52 Arbeiter und 11 Retter starben.[10] Läufelfingen verfügt heute über ein Ausweichgleis und ist mit seinen 559 Metern über Meer Scheitelpunkt der Linie. Durch den Tunnel führt die Strecke danach über Trimbach hinab nach Olten.

8 Das Barrierenhäuschen beim Übergang Altmarkt (Waldenburgerstrasse), circa 1952.

Der Hauenstein-Basistunnel

Der Eisenbahnbetrieb über die Rampe durchs Homburgertal wurde mit immer mehr, immer schwereren Zügen zunehmend mühsam. Der Vorspannbetrieb war umständlich und teuer. Die 1902 gegründeten *Schweizerischen Bundesbahnen* (SBB), aus den grössten Privatbahnen hervorgegangen, beschlossen, den Jura mit einer so genannten Basislinie schneller und günstiger zu durchqueren. Ziel war es, eine Strecke mit möglichst geringer Steigung zu bauen, damit die Züge ohne Vorspann direkt verkehren konnten. Als Varianten lagen 1909 vor: Eine Lüsseltalbahn von Laufen durch den Passwang nach Solothurn, eine Wasserfallenbahn durchs Reigoldswilertal und durch die Wasserfallen nach Mümliswil, eine Kellenbergbahn durchs Waldenburgertal und durch den Oberen Hauenstein, ebenfalls nach Mümliswil, ein Hauensteintunnel ab Sommerau, eine Hauenstein-Basislinie durchs Eital und bei Tecknau einen Tunnel nach Olten sowie eine Schafmattbahn von Gelterkinden nach Rothenfluh und durch die Schafmatt nach Aarau. Gewählt wurde schliesslich die Linienführung über Tecknau, mit einer Steigung von rund 8 Promille. Die anderen Linien schieden massgeblich deshalb aus, weil sie nicht auf Olten, den Hauptknotenpunkt im Schweizer Eisenbahnnetz, zuliefen.[11]

9 Das ehemalige Barrierenhäuschen hinter Lärmschutzwand, 2013. Foto: Lorenz Degen.

Die Bauarbeiten am 8,1 Kilometer langen Hauenstein-Basistunnel begannen 1912. Der Ausbruch des Ersten Weltkrieges erschwerte die Fortschritte massiv, da die meisten italienischen Arbeiter eingezogen wurden. Erst 1916 konnte der Tunnel eröffnet werden. Bei der Zufahrtsstrecke kam es zu grossen Erdverschiebungen. Das Ergolztal wird zweimal geteilt, einmal durch den S-förmigen Damm unterhalb von Böckten, einmal durch das geschwungene Steinbogenviadukt am Dorfrand von Gelterkinden gegen Ormalingen. Der anschliessende Einschnitt wurde mit einem Dampfbagger ausgehoben. Auf einem Damm führt das Trassee bis zum Bahnhof Tecknau und überquert dabei die Hauptstrasse und den Eibach. Tecknau wurde durch den Bahnbau völlig verändert. Zu den 140 Einwohnern gesellten sich im März 1914 rund 800 Arbeiter ins Tunneldorf. Rasch wurden Holzbaracken und Häuser erstellt, es gab manchmal fast zwanzig Wirtschaften in «Neu-Tecknau».[12]

Unscheinbare Lokalbahnen

Lokalbahnen, also Bahnen von regionaler Bedeutung, sind oftmals mangels grosser Bauwerke in der Landschaft weit weniger präsent als Transit-Verkehrswege. So er-

10 Kirche bei St. Peter bei Oberdorf (BL) mit Hauptstrasse und *Waldenburgerbahn*, circa 1950.

innert beispielsweise nur noch eine Betonbrücke über die Ergolz bei Böckten an die ehemalige *Sissach-Gelterkinden-Bahn* (SGB), welche mit der Eröffnung des Basistunnels 1916 eingestellt wurde.

Gänzlich «unsichtbar» war der Gleiskörper der *Waldenburgerbahn* (WB) in ihren ersten Betriebsjahrzehnten. Die WB verfügte nicht über ein eigenes Trassee, sondern folgte ausschliesslich der so genannten Landstrasse vom Altmarkt nach Waldenburg, ja, ihr Gleis war ein Teil davon, wie die Konzession von 1870 bestimmte. Abgesehen vom kurzen Abschnitt von Oberdorf nach Waldenburg wurde erst nach dem Zweiten Weltkrieg mit der Trennung von Schiene und Strasse begonnen. Die Elektrifizierung 1953 wurde schon auf dem neuen, geraden Trassee vom Altmarkt nach Bad Bubendorf ausgeführt. Etappenweise wurde die Strasse in den folgenden Jahrzehnten talaufwärts verbreitert und begradigt. Die WB behielt dabei bis Hölstein ihre Lage auf der rechten Strassenseite, um dort bis zur Kirche St. Peter auf der linken Seite (Blickrichtung Waldenburg) zu fahren. Eine massive Begradigung wurde 1967 durch den zweigeteilten Felskopf «Spitzburg» unterhalb von Hölstein gelegt. Damit verbunden war der Neubau der Station Lampenberg-Ramlinsburg. Steigungen und enge Kurvenradien fielen im unteren Streckenabschnitt vollständig weg.[13]

Ähnlich den Trambahnen nach Aesch und Dornach sowie der Birsigtalbahn nach Rodersdorf verfügte die WB nie über Tunnelbauten oder bedeutende Brücken. Die Veränderung der Landschaft entlang ihres Trassees vollzog sich zusammen mit einem

11 Kirche bei St. Peter bei Oberdorf (BL) mit Hauptstrasse und *Waldenburgerbahn*, 2013.

neuen Verständnis von Strassenbau, wie es mit dem Aufschwung des Automobils nach 1945 aufkam.

Autobahnbau

Im 20. Jahrhundert gewann eine neue Bahn an Bedeutung, die Autobahn. Ihr Platzbedarf mit vier Fahrspuren, zwei Pannenstreifen und einer Mittelleitplanke beträgt mehr als das Doppelte eines doppelspurigen Bahntrassees. Auch das Baumaterial ändert sich: Es werden nicht mehr gehauene Steinquader für Mauern und Viadukte verwendet, sondern Beton. Ein Material, das nach dem Ersten Weltkrieg immer mehr Verwendung fand und sich zum wichtigsten Baumaterial der Gegenwart entwickelte.

Hundert Jahre nach der ersten Bahnlinie hat sich der politische Prozess stark gewandelt. Konnte Mitte des 19. Jahrhunderts eine Bahn in wenigen Jahren geplant und gebaut werden, dauerte ein solches Grossvorhaben wie eine Autobahn bedeutend länger. Auch gab es keine privaten Gesellschaften mehr, die den Bau finanzierten und den Betrieb leiteten. Die Autobahn war Bundessache.

Der Baselbieter Landrat diskutierte ab 1954 über mögliche Linienführungen. Im Landrat prallten die unterschiedlichen Meinungen aufeinander. Landrat Samuel Oberer schrieb in einer Motion vom 14. Mai 1956: «Die geplante Strassenführung durch wertvollstes Kulturland, unmittelbar an den Dorfsiedlungen vorbei, würde in wirtschaftlicher und kultureller Hinsicht äusserst tiefe Wunden schlagen.»[14]

Rechtsstreite wegen Linienführungen gab es auch schon in der Zeit des Eisenbahnbaues. Doch handelte es sich dabei um einzelne Fälle von Landbesitzern, die ihr Eigentum durch eine Strecke tangiert sahen oder gar verkaufen sollten. Ein übergeordnetes Landschaftsbewusstsein und daraus abgeleitet ein Schutzbedürfnis lässt sich nicht nachweisen, im Gegenteil: Der Bahnbau wurde als Zeichen des Fortschrittes begrüsst. Mit dem Aufkommen des Heimatschutzes nach dem Ersten Weltkrieg und der zunehmenden Industrialisierung erwachte die Erkenntnis von der Einmaligkeit des Landschaftsbildes, das durch stetigen Siedlungsbau zunehmend sein landwirtschaftlich geprägtes Aussehen verlor: Wiesen wurden mit Häusern, Fabriken und Strassen überbaut. Die Mechanisierung der Landwirtschaft nach dem Zweiten Weltkrieg führte dazu, dass Obstbäume und Baumgärten verschwanden, im Zuge der Feldregulierung wurden kleine Ackerflächen zu grossen Landstücken zusammengelegt. Vorherrschend waren in den Debatten aber landwirtschaftspolitische Aspekte, die selbst von linker Seite besonders gewichtet wurden. SP-Landrat Paul Wagner schrieb in einer Interpellation vom 12. März 1956:

> «Die Autobahn benötigt ca. 70 Jucharten Land, wodurch unsere Landwirtschaft schwer in Mitleidenschaft gezogen wird. Beim Eingang ins Diegtertal wird sehr wertvolles Kulturland in Anspruch genommen, und zwar in einem Umfange, der es gestatten würde, einen Landwirtschaftsbetrieb von 30 Stück Vieh zu erhalten. Keinesfalls sollte man deshalb die vom baulichen Standpunkt aus billigste Variante in den Vordergrund stellen, sondern diejenige, die für die Landwirtschaft am tragbarsten ist. (...) Im Übrigen wird der Nutzen einer solchen Durchgangsstrasse für uns nicht so gross sein, wie allgemein angenommen wird. Die Autobahn bauen wir ja nur für die Ausländer!»[15]

Ähnlich wie beim Eisenbahnbau wurden verschiedene Varianten geprüft, die sehr der «Auslegeordnung» des SBB-Verwaltungsrates 1909 ähnelten.

Es gab je zwei Projekte für die Wasserfallen und den Oberen Hauenstein (Waldenburgertal) und je eines für Diegtertal-Bölchen, Unterer Hauenstein (Homburgertal) sowie für die Schafmatt. Den Entscheid fällte die Eidgenössische Planungskommission. Im Gespräch blieben schliesslich die Varianten über Hölstein oder durchs Diegtertal. Lange Diskussionen entstanden um die Strassenführung im Raum Liestal. Als sich abzeichnete, dass ein Tunnel durch den Schleifenberg vom Bund nicht unterstützt würde, wies Landrat Paul Brodbeck in einer Interpellation vom 28. September 1958 darauf hin, dass die Autobahn bei Arisdorf «viel Kulturland vernichten» werde.[16]

Doch auch Waldgebiete waren von der neuen Strassenart betroffen. Zwischen Schweizerhalle und Birsfelden war es der Hardwald, der von der Autobahn durchtrennt wurde. Der Nord-Süd-Fahrweg wurde schliesslich durchs Violental gelegt, um nach dem Arisdörfertunnel das Ergolztal bei Sissach zu überqueren und durch den Ebenraintunnel ins Diegtertal einzumünden. Spätere Strassenprojekte, die das Baselbieter Landschaftsbild prägten, waren die Umfahrung von Liestal (eröffnet 1975) sowie die J18 im unteren Birstal (eröffnet 1982).

Projekte

Möglichkeiten zur Landschaftsveränderung hätten sich noch zahlreiche geboten. Eine Reihe von Eisenbahnprojekten wurde nie gebaut. Zwei Beispiele: Begonnen wurde 1873 mit dem Wasserfallen-Tunnel zwischen Reigoldswil und Mümliswil. Die Bauarbeiten wurden jedoch bereits ein Jahr später nach dem Konkurs der Baufirma eingestellt. Reigoldswil wäre von Ziefen her auf einem hohen Damm umfahren worden, um die nötige Höhe für den Tunneleingang zu erreichen. Planerisch in Grundzügen vorhanden, aber immer wieder hinausgeschoben wurde die Kellenbergbahn, eine Normalspurbahn durchs Waldenburgertal mit einem Tunnel unter dem Oberen Hauenstein. Vor Oberdorf wäre ein grosses Viadukt quer über das Tal gebaut worden.[17]

Das Werk der Zeit

Anzumerken ist, dass Verkehrsbauten mit fortschreitendem Alter zunehmend «unsichtbarer» werden. Das Bild von der klaffenden Narbe durchs Diegtertal kurz nach der Eröffnung der Autobahn ist einem friedlichen, ja beinahe harmonischen Eindruck gewichen. Pflanzen und Verwitterung lassen das Bauwerk optisch zurücktreten, ohne dass dieses seine Funktion einbüssen würde. Markante Bauten wie für sich stehende Viadukte und Brücken fallen immer auf, doch ein Gleis oder eine Fahrbahn entlang eines Berghanges wird nahezu unsichtbar. Nur der periodische Lärm von Zügen und die konstanten Geräusche von Autos lassen den Verkehrsbau hörbar hervortreten. Fürs Auge verschwindet aber der ursprüngliche Kontrast zwischen Bauwerk und Landschaft zusehends. Bauwerke wie das Viadukt von Rümlingen haben sich so in die kollektive Wahrnehmung eingeprägt, dass das Ortsbild ohne die Steinbögen im Hintergrund viel von seiner Einmaligkeit verlieren würde.

Anmerkungen

1 *Archäologie Baselland*, Liestal (http://www.archaeologie.bl.ch/Pages/News/news_0013.html, Stand: 2. Juni 2013).
2 *Archäologie Baselland*, Liestal (http://www.archaeologie.bl.ch/Pages/News/news_0013.html, Stand: 2. Juni 2013).
3 *Archäologie Baselland*, Liestal (http://www.archaeologie.bl.ch/Pages/News/news_0013.html, Stand: 2. Juni 2013).
4 *Archäologie Baselland*, Liestal (http://www.archaeologie.bl.ch/Pages/News/news_0042.html, Stand: 2. Juni 2013).
5 Boris Schneider (1996), 18.
6 Boris Schneider (1996), 20.

7 Boris Schneider (1996), 21.

8 Boris Schneider (1996), 85.

9 Alfred Moser (1964), 194 ff.

10 Boris Schneider (1996), 109 ff.

11 Lorenz Degen (2004), 42 ff.

12 Gemeinde Tecknau (http://www.tecknau.ch/xml_1/internet/de/application/d8/f231.cfm, Stand: 2. Juni 2013).

13 Hans Leupin (1980), 62.

14 Landratsprotokolle Basel-Landschaft (http://www.landratsprotokolle.bl.ch/htm/381/de/Detail.htm?Beschluss=12226, Stand: 2. Juni 2013).

15 Landratsprotokolle Basel-Landschaft (http://www.landratsprotokolle.bl.ch/htm/381/de/Detail.htm?Beschluss=12152, Stand: 2. Juni 2013).

16 Landratsprotokolle Basel-Landschaft (http://www.landratsprotokolle.bl.ch/htm/381/de/Detail.htm?Beschluss=13192, Stand: 2. Juni 2013).

17 Lorenz Degen, 40 ff.

Literaturverzeichnis

- Lorenz Degen: Die Kellenbergbahn Liestal–Waldenburg–Balsthal, 1899–1909. Niederdorf 2004.
- Hans Leupin: 100 Jahre Waldenburgerbahn. Waldenburg 1980.
- Alfred Moser: Der Dampfbetrieb der Schweizerischen Eisenbahnen 1847–1966 (4.). Stuttgart 1967.
- Boris Schneider: Unterwegs zur Eisenbahn, in: Bahnsaga Schweiz. 150 Jahre Schweizer Bahnen. Zürich 1996.

Internetseiten (letztmals konsultiert am 2. Juni 2013)

- *Archäologie Baselland*, Liestal: http://www.archaeologie.bl.ch.
- Gemeinde Tecknau: http://www.tecknau.ch.
- *Staatsarchiv des Kantons Basellandschaft*, Landratsprotokolle: http://www.landratsprotokolle.bl.ch.

Bildnachweis

1 Archiv Heinz Spinnler, Tecknau.

2+3 Sammlung Urs G. Berger, Eiken AG.

4 Eduard Degen, Sammlung Urs Degen, Oberwil.

5 Lorenz Degen, Liedertswil.

6 Eduard Degen, Sammlung Urs Degen, Oberwil.

7 Lorenz Degen, Liedertswil.

8 Eduard Degen, Sammlung Urs Degen, Oberwil.

9 Lorenz Degen, Liedertswil.

10 Eduard Degen, Sammlung Urs Degen, Oberwil.

11 Lorenz Degen, Liedertswil.

1 Tecknau 1912 bei Baubeginn der neuen Bahnlinie.

Heinz Spinnler

Der Bau der Hauenstein-Basislinie Sissach–Olten 1912 bis 1916

Im Jahr 1910 zählt Tecknau gerade mal 16 Häuser. Doch in den Jahren 1911 bis 1915 werden für den Bau der Hauenstein-Basislinie 2933 ausländische Gastarbeiter in die winzige Gemeinde strömen. Und mit ihnen und für sie entsteht kurzfristig eine entsprechende Infrastruktur: Kantinen, Unterkünfte und sogar ein Kino, ein eigener Polizeiposten und eine Arrestzelle auf dem Dorfplatz werden gebaut. Bis zum Jahre 1918 sind – mit wenigen Ausnahmen – fast alle Spuren wieder verschwunden.

Tecknau vor dem Ausnahmezustand

Um 1910 war Tecknau eine der kleinsten Gemeinden im Bezirk Sissach. Die etwa 120 Einwohner standen vor einer Invasion von südländischen Gastarbeitern, die eine neue Bahnverbindung durch den Jura bauen sollten. Tecknau bestand aus 16 Häusern, die meisten Bewohner waren Bauern und nebenbei noch Posamenter. Handwerker gab es keine im Dorf. Trotzdem bestanden zwei Wirtschaften, das «Eithal» und

Tunnel mit Bruchstein

Gruß aus Tecknau

Restaurant Coletti

Venezia

Arbeiter Cantine
E.Coletti-Wagner

2 Arbeiter-Cantine «Venezia»
von Ercole Coletti, 1912.

die «Post». Verkehrstechnisch lag die Gemeinde an der Strasse von Gelterkinden nach Oltingen/Schafmatt. Die Strasse durch das Eital nach Zeglingen wurde im Jahre 1900 ausgebaut.

Keine Planung der Unterkünfte

In den Dokumenten zum Bau der neuen Hauenstein-Basisline finden sich keine Hinweise, die etwas über die Planung von Unterkünften für die Gastarbeiter aussagen. Auch die Tunnelbaufirma hat sich nicht darum bemüht. Geschäftstüchtige Italiener

3 Feldbahnzug auf der Fahrt Richtung Gelterkinden, bei Tecknau 1912.

waren rasch vor Ort, um die Baracken zu erbauen. Diese kamen im Jahr 1911 direkt von der Tunnelbaustelle am Lötschberg, aus Kandersteg oder Goppenstein.

Als Erster in Tecknau war Ercole Coletti-Wagner. Er kaufte bereits 1910 ein Grundstück in der Nähe des geplanten Nordportals und erbaute seine Arbeiter-Kantine «Venezia». Coletti kam von der Baustelle des Rheinkraftwerkes Augst-Wyhlen, wo er bereits eine Kantine betrieben hatte. Als im Januar 1912 der Spatenstich zur neuen Bahnlinie zelebriert wurde, standen bereits einige Arbeiter-Unterkünfte.

Über 50 Baugesuche eingereicht

In den Jahren 1911 bis 1913 wurden in der Gemeinde Tecknau über 50 Baugesuche für Baracken und Kantinen eingereicht. Die meisten Bauten sollten nach dem Bahnbau wieder abgebrochen werden. Es wurden Unterkünfte für mindestens 500 Tunnelarbeiter gebaut. In 15 Baracken wurden auch Kantinen und Tavernenwirtschaften mit Patenten geführt, weitere 13 boten Kost verbunden mit Unterkünften an. Auch ein Bau für das Betreiben eines Kinos wurde erstellt. Während etwa eines Jahres wurden viele Stummfilme vorgeführt.

4 Baracke der Brauerei Warteck in Tecknau an der Eitalstrasse, geführt von Adolfo Georgi, 1913.

Keine Goldgrube

Mit bei den Erbauern waren auch die Brauerei Warteck (2 Baracken), Emil Gerber aus Gelterkinden und Jacques Martin aus Böckten, der einige Häuser und Baracken erbaute. Die Kantiniers hatten sich bereits beim Bau der Unterkünfte teilweise hoch verschuldet. Es dauerte bei den meisten Betreibern nicht lange, und sie mussten bepfändet werden. Viele Kantinenbetreiber beendeten ihre Tätigkeit bereits im Jahre 1915 und zogen von Tecknau weg, wohl meist ohne alle Forderungen eingelöst zu haben. Schlussendlich kaufte dann Jacques Martin einige Baracken wieder zurück und verwertete die Gebäude.

Aus der Aufenthaltskontrolle der Gemeinde geht hervor, dass in den Jahren 1911 bis 1915 insgesamt 2933 ausländische Gastarbeiter in Tecknau waren. Anzahlmässig sind im Jahr 1913 am meisten registriert, es waren 1920. Das rasche Voranschreiten der Bauarbeiten (die Arbeit verlief 300 Tage schneller als geplant) und der Ausbruch des Ersten Weltkrieges 1914 brachten ebenfalls unerwartet negative Veränderungen für die Kantinenbetreiber.

In Gelterkinden hielten sich auch sehr viele Gastarbeiter auf. Insgesamt waren es 1585. Im Gegensatz zu Tecknau wohnten diese aber nicht in speziell erbauten Baracken, sondern waren in den Gaststätten und viele auch bei privaten Schlafstellenanbietern untergebracht.

5 Tunnel-Nordportal, Lorenzug mit benzinbetriebener Lokomotive, 1914.

Einheimische und Italiener

Wie die Beziehung der einheimischen Bevölkerung zu den südländischen Bauarbeitern war, lässt sich nur schwer ermitteln. Anders als in Olten-«Tripolis», der Barackensiedlung auf der Südseite der Baustelle, scheint die Arbeitersiedlung in Tecknau weniger starke Aufmerksamkeit erregt zu haben. «Neu-Tecknau» war vom alten Dorfkern abgetrennt und für auswärtige Besucher ziemlich abgelegen. An schönen Sonntagen gab es aber auch hier zahlreiche Besucher auf der Baustelle und im Barackendorf. Das Quartier «Neu-Tecknau» wurde auch als «Balkan-Quartier» bezeichnet. Das Bild, das man aus den Medien der damaligen Zeit über die Südländer ablesen kann, zeigt, dass man schnell bereit war, bei auftretenden Problemen die Schuld bei den Italienern zu suchen. Dies ist auch teilweise verständlich, wenn dies auch in unserer Lokalpresse nicht so stark betont wurde. In Olten scheint die Situation in den Zeitungen etwas ausgeprägter negativ dargestellt worden zu sein, nachdem es im Jahre 1912 zu einem Tötungsdelikt gekommen war.

Bei den Beschuldigungen ging es oft um das Stehlen von Hühnern, so im Jahr 1914 in Tecknau, wo beim Gemeindepräsidenten 15 und in Rünenberg deren 25 verschwanden. Die Vermutung über die Täterschaft lag in beiden Fällen bei den Tunnelarbeitern oder Kantiniers, obwohl dies noch nicht belegt werden konnte. In Tecknau und Gelterkinden wurde zudem das Tragen von Waffen (Schusswaffen, Dolchen,

6 Arbeiten an der Tunnelbrust auf der Baustelle Nord. Im Bildvordergrund wird die Schutterung der letzten Sprengung weggeräumt, 1913.

Messern und so weiter) verboten. Es wurden auch entsprechende Razzien zur Kontrolle durchgeführt.

Während der Bauzeit wurde in Tecknau ein ständiger Polizeiposten eingerichtet und auf dem Dorfplatz ein Arrestlokal gebaut.

Wenig erinnert heute an die Bahnbauzeit

Einige wenige Bauten sind aus der Zeit des Barackendorfes stehen geblieben. Zwei Bauten sind echte Barackenbauten, welche eigentlich hätten abgebrochen werden sollen. Sie blieben stehen, befinden sich heute am Zelgliweg, direkt beim Bahnhof Tecknau und werden als Wohnhäuser genutzt. Auch die vom erfolgreichen Kantinenbetreiber Ercole Coletti erbauten Gebäude stehen heute noch. Coletti war der einzige Kantinier, der in Tecknau Wohnsitz nahm und auch hier geblieben ist. Seine Nachkommen wohnen heute noch in der vierten Generation in Tecknau. Es gab auch noch weitere Namen, die einstmals beim Tunnelbau hier Arbeit fanden. Es sind dies die Namen Rossi, Botta, Argenton oder Strutz, aber keine dieser Nachkommen sind noch in Tecknau wohnhaft.

7 Bau des Einschnittes beim Kirchrain in Gelterkinden, 1913.

Bis zum Jahre 1918 waren alle Barackenbauten abgebrochen und die Grundstücke wieder der landwirtschaftlichen Nutzung zugeführt.

Die täglich über 400 Züge auf der Hauenstein-Basislinie bezeugen immer wieder die geniale Linienführung der nun 100-jährigen Bahnstrecke.

Anmerkung

Weit umfassendere Angaben zum Bau der Hauenstein-Basislinie Sissach–Olten finden sich in:
Luigi Coletti & Heinz Spinnler [Hg.]: Der Bau der Hauenstein-Basislinie Sissach–Olten 1912–1916,
Eital-Verlag, Tecknau 2013. Siehe auch: http://www.eital-verlag.ch.

Bildnachweis

1   Archiv André Weibel, Lausen.
2   Archiv Heinz Spinnler, Tecknau.
3   *Staatsarchiv Basel-Landschaft*, Liestal (STABL_VR_3317_B12_003d).
4   Archiv Heinz Spinnler, Tecknau.
5   *Historisches Museum Olten*, Sammlung Friedrich Aeschbacher, Olten.
6   Archiv Heinz Spinnler, Tecknau.
7   *Historisches Museum Olten*, Sammlung Friedrich Aeschbacher, Olten.

1 Zeughausplatz mit Viehmarkt vor dem Restaurant Bären. Am linken Bildrand das Zeughaus (ehemaliges Kornhaus).

Dorothee Rippmann

Liestal: Stadtstatus und Zentralität

Als Baselland nach der Kantonsgründung einen Kantonshauptort brauchte, fiel die Wahl ohne grosse Diskussion auf Liestal. Die Vorrangstellung dieser kleinen Stadt ergab sich offenbar ganz selbstverständlich. Im Folgenden sollen die Geschichte Liestals und die Umstände dieser Wahl etwas näher erklärt werden.

Liestal, Lausen-Bettenach (auf dem rechten Ergolzufer bei der Kirche gelegen) und Munzach verbindet ihre Frühgeschichte: Alle drei Siedlungen gehen auf die Antike zurück: Lausen-Bettenach und Munzach waren römische Gutshöfe, die Kirchen beider Orte entstanden auf spätantiken Mauern. Dagegen hatte sich auf dem Geländesporn in Liestal wahrscheinlich ein spätantikes Kleinkastell befunden, ein Hinweis auf römisches Fiskalgut. Spätestens ab dem frühen Mittelalter kann Liestal als zentraler Ort gelten; Reto Marti bezeichnet ihn als «kleinregionales Machtzentrum im Hinterland des *Castrum Rauracense*» (Marti 2000, 195). Denn es beherbergte eine Martinskirche, die heutige Stadtkirche im Kastellinneren, und einen königlichen Hof, den Freihof (an der Stelle des heutigen Regierungsgebäudes), in dem der König mit

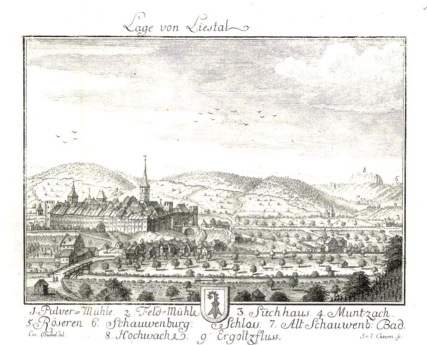

Lage von Liestal

1. *Pulver=Mühle.* 2. *Feld=Mühle.* 3. *Stich haus.* 4. *Muntzach.*
5. *Röseren* 6. *Schauwenburg:* *Schloss.* 7. *Alt Schauwenb: Bad.*
Em: Büchel del. 8. *Hochwach.* 9. *Ergoltzfluss.* *Joh: I: Choven fe.*

2 Ansicht von Liestal. Lithographie nach Emanuel Büchel.

seinem Gefolge jeweils auf seinen Italien-Fahrten, auf dem Weg vom Rheintal zu den Alpenpässen, absteigen konnte. Damit ist die Zentralität einerseits religiös, von der kirchlichen Organisation her bestimmt, andererseits herrschaftlich, ohne dass die ansässige Bevölkerung selbst einen Sonderstatus besessen hätte (Tauber 2009). Später fand Liestal als Kleinstadt in seiner wechselvollen Geschichte bis zum 19. Jahrhundert nie aus der Abhängigkeit von dem jeweiligen Stadtherrn heraus. Das bedeutete, dass die Einwohner der Herrschaft gegenüber zu Treue und zur Bezahlung von Steuern verpflichtet waren und dass der Schultheiss nicht nur Vorsitzender des Stadtgerichts war, sondern gleichzeitig immer auch im Auftrag der Herrschaft handelte. Das waren zuerst die Grafen von Frohburg, dann der Bischof von Basel, der das Amt im Jahr 1305 gekauft hatte, und schliesslich ab 1400 die Stadt Basel. Unter baslerischer Herrschaft erfüllte der Schultheiss in den Dörfern des Amts und im Städtchen die gleiche Funktion wie die Landvögte in den anderen Ämtern Farnsburg, Homburg und Waldenburg. Liestal ist bis heute ein Ort hierarchisch zweitrangiger beziehungsweise nachgeordneter Zentralitätsstufe geblieben.

Doch kehren wir zurück, in die Zeit der Stadterhebung, die auf die Grafen von Frohburg zurückgeht. Dieses mächtige Hochadelsgeschlecht war im Buchsgau und erst ab den 1220er-Jahren im Sisgau begütert und hatte dort die landgräflichen Rechte inne. Die Grafen von Frohburg verliehen dem Ort in der ersten Hälfte des 13. Jahrhunderts Stadtstatus, sie nannten ihn *«burgus»* und *«munitio»*; durch die Zusicherung von Privilegien konnten sie Menschen zum Zuzug an diesen schon vormals besiedelten Ort gewinnen. Sie verlegten den alten Markt (heute: Altmarkt) ins Stadtinnere, in die auf den Freihof zulaufende Hauptgasse. Intensive archäologisch-historische Forschungen brachten neuerdings Licht in die Siedlungsgeschichte des Raums Liestal–Lausen–Munzach. Sie lieferten starke Argumente für die Ballungstheorie: Liestal dürfte auf Kosten der Entwicklung der benachbarten Dörfer gewachsen sein (Tauber 2009, 212). So wurde die aus einem Königshof hervorgegangene frühmittelalterliche Siedlung Lausen-Bettenach nahe der Nikolauskirche aufgelassen (über den Ortsteil am anderen Ergolzufer wissen wir weniger). Das Dorf Munzach, einst ein Gerichtsort mit der spätmerowingischen Laurentiuskirche, ging im Spätmittelalter ab. Seit dem 9. Jahrhundert hatte sich in einiger Entfernung, in Munzach-Röserntal, zudem eine Gewerbesiedlung befunden, in der spezialisierte Eisenwerker Eisenerze verhütteten und Schmiede das Eisen weiterverarbeiteten. Die gewerblichen Aktivitäten endeten im 12. Jahrhundert, lange vor der Stadterhebung Liestals. Wir dürfen annehmen, dass die Bewohner Munzachs ebenso wie jene aus Lausen-Bettenach nach Liestal zogen. Die enge Verbindung Liestals mit Lausen und Munzach wird im Jahrzeitenbuch von St. Martin ersichtlich: Einmal, weil in diesem Gotteshaus auch die Kirchenpatrone von Munzach und Lausen, Laurentius und Nikolaus, verehrt wurden. Zum andern wurden in St. Martin Gedenkmessen (Anniversarmessen) für die frohburgische Grafenfamilie gefeiert. Ebenso gedachte man der frohburgischen Ministerialen wie der Marschalken von Wartenberg, der Herren von Bubendorf und des Meiers in Lausen und betete für ihr Seelenheil. Übrigens war der Pastor von Lausen noch im 16. Jahrhundert gleichzeitig Schuldiener in Liestal.

Nach den Bevölkerungsverlusten, die durch die Pestpandemie von 1349 bis 1352 und die in der Folge auftretenden Epidemien zu beklagen waren, ist die Tendenz der Landleute feststellbar, in die Stadt abzuwandern, und so erholte sich die Liestaler Bevölkerung im 14. und 15. Jahrhundert dank der Aufnahme von Landleuten aus benachbarten Herrschaften. Daraus entstanden Konflikte: Liestal musste beispielsweise dem Grafen Sigmund von Thierstein zugestehen, seine Eigenleute nicht zu entfremden, das heisst, sie blieben dem Grafen weiterhin zu Leistungen verpflichtet. Auch der Bischof von Basel beschuldigte 1366 die Liestaler, sie hätten seine Eigenleute rechtswidrig ins Bürgerrecht aufgenommen. Durch ihre Abwanderungsverbote setzten die benachbarten Herrschaften der Entwicklung der Liestaler Bürgerschaft gewisse Grenzen.

Nun lag seit dem 13. Jahrhundert die Zukunft gewerblicher Entwicklung in dem neu gegründeten Städtchen, sie wurde durch eine kolonisatorische Leistung der Grafen von Frohburg befördert: Die Schaffung eines hydrographischen Netzes auf dem erhöhten und vermutlich schon befestigten Geländesporn, auf dem sich zu Beginn der Freihof und Sankt Martin befanden.[1] Die vom Orisbach abgeleiteten, parallel laufenden Stadtbäche speisten die Laufbrunnen und bestimmten den Verlauf der Gassen und die Anlage der Hausparzellen. Ein von der Ergolz abgeleiteter Kanal bildete das Herzstück der alten Vorstadt am Gestadeck, wo multifunktionale Mühlen und ein Sägewerk eingerichtet wurden. In den Urkunden des 13. Jahrhunderts werden die Mühlen – in der Mühlegasse und im Gestadeck – als Pfeiler der städtischen Brotversorgung häufig erwähnt. In den grosszügig angelegten Teichen wurde Fischzucht betrieben, sie leistete einen Beitrag zur Nahrungsversorgung der Städter. Einer der Teiche wurde wohl im Spätmittelalter zugeschüttet, damit ein Rebgarten angelegt werden konnte («Im Weier»). Zu den stadtspezifischen Institutionen gehörten ein Hospital und ein im städtischen Vorfeld gelegenes Siechenhaus, später auch ein Salzhaus und ein Kornhaus, das heutige *Museum.BL* (Rippmann 2009).

Rollen wir die Geschichte von 1831 her auf: Am 6. Januar 1831 wählte eine Versammlung von Patrioten im Wirtshaus Engel eine provisorische Regierung, Liestal ist – neben dem Bad Bubendorf – sozusagen die Wiege des Kantons. Indes fiel in den Trennungswirren anscheinend niemandem ein, einen anderen Ort als Liestal als Hauptort des künftigen Landkantons vorzuschlagen. Seine Vorrangstellung ergab sich offenbar ganz selbstverständlich, und so ist zu fragen: Wie kommt das, und worin bestand damals der Bedeutungsüberschuss dieses Orts? Als Erstes wäre sein im 13. Jahrhundert begründeter Stadtstatus zu nennen – einen solchen besassen im linksrheinischen Basler Hinterland auch Waldenburg, Olten, Rheinfelden und seit 1295 auch Laufen. Allerdings hatte die Basler Obrigkeit nach dem Grossen Bauernkrieg 1653 ihrer Untertanenstadt in einer demonstrativen Strafaktion diesen Stadtstatus vorübergehend abgesprochen, den Liestaler Rat aufgelöst, die Bezeichnung der Gerichtsleute als Ratsherren verboten und das Stadtsiegel kassiert!

Als Zweites fiel seit dem Ende des *Ancien Régime* das geistige Klima und die fortschrittliche Gesinnung führender Liestaler Köpfe ins Gewicht. Liestaler Gewerbetreibende wie der Uhrenmacher Wilhelm Hoch und der Orismüller Johann Jakob Schäfer spielten eine führende Rolle in der Revolutionsbewegung. Sie waren von der in Frankreich herrschenden Umbruchsituation begeistert und kämpften nun zusammen mit fortschrittlichen Baslern für die Abschaffung der Leibeigenschaft und die Gleichstellung von Land und Stadt. Als erstes «Freiheit zeichen in der Schweiz» kündete im Januar 1798 in Liestal der von Neugesinnten errichtete Freiheitsbaum von der revolutionären Stimmung. Endlich fanden die Interessen der Landschaft in Basel Gehör, und am 20. Januar übergaben Basler Ratsdelegierte den 120 Landausschüssen anlässlich einer Feier in der Liestaler Stadtkirche das «Freiheitspatent», das den Auftakt für die Verfassungsänderung im Stand Basel gab. Durch ihr finanzielles Engagement sorgten die Patrioten in der Mediationszeit dafür, dass in Liestal Schulen eingerichtet wurden. Nun amteten nicht mehr nur der Pfarrer und seine Helfer als Schulmeister. Während 1801 eine private Realschule ihre Tore öffnete – unterhalten mit Mitteln patriotisch gesinnter Privater, im Sinne von Freiheit, Kinderzucht und Sittlichkeit –, wurde die erste öffentliche Realschule erst 1820 eingerichtet. 1809 wurde der neue Unterlehrer nach Yverdon gesandt, um die Methoden Pestalozzis zu erlernen. Daneben führten

Liestal 1824–1826
Urkataster

Massstab 1:2500

Urkataster der Altstadt und Parzellenstruktur im Umland nach
dem ersten modernen Vermessungsplan der Stadt Liestal.
Auf der Grundlage der Katasterpläne von Friedrich Baader von
1824–1826 (Dichter- und Stadtmuseum Liestal; KP 5003 C 263
[ohne die Altstadt], KP 5003 C 259 und KP 5003 C 1213 im
Staatsarchiv Basel-Landschaft)

Legende:

fett   Gassen- und Flurnamen nach F. Baader und Bodenehr

leicht   heutige Strassennamen

blau   Gewässer

1	Costenzerturm	8	Statthalterei	15	Stab
2	Thomasturm	9	Pfarrhaus	16	Schlüssel
3	Wasserturm	10	Schulhaus	17	Berrisches Gut
4	Bezirksschreiberei	11	Schützenhaus	18	Feldmühle
5	Rathaus	12	Zeughaus	19	Säge-Mühle
6	altes Spital	13	Ziegelhütte	20	Landarmenspital
7	Stadtmühle	14	Engel	21	Rathausstrasse 1–3

Liestal vor der Kantonsgründung: Die Stadt liegt in Spornlage auf einem Hügel.
Sowohl die Befestigung als auch die langstreifige Parzellierung der Gewannflur
gehen auf das Mittelalter zurück. Lebensader der Stadt sind die von Orisbach und
Ergolz abgeleiteten Kanäle, die so genannten Teiche, und der «See» am Fuss der
Altstadt.

Während die Mehrheit der Bevölkerung in den Häusern im Stadtkern Platz findet,
sind für die Lebensmittel- und Baumaterialversorgung wichtige Mühlen- und
Sägerei-Betriebe in der Gewerbesiedlung am unteren Gestadeck ausserhalb des
Mauerrings angesiedelt. An den Landstrassen nach Basel und Lausen beginnt die
Vorstadtbildung. Im offenen Feld, an den Wegen beidseits der Ergolz, besitzen die
Liestaler kleine Scheunen und «Heuhäuslein». Schon 1770 war der ehemalige
Stadtgraben aufgefüllt und für die Anlage von Küchengärten genutzt worden.
Auch das obere Gestadeck wird als Gartenland genutzt.

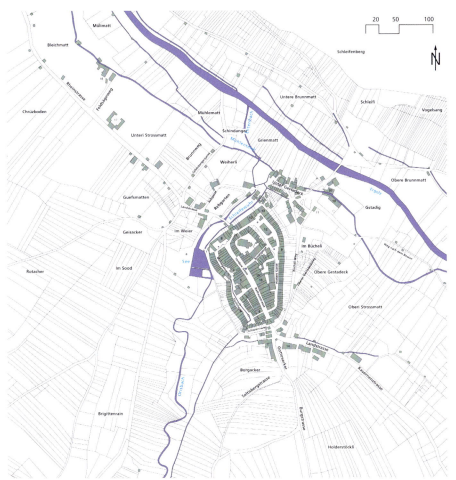

einige Frauen in ihren Privathäusern so genannte Nachtschulen, so die Gattin des Schullehrers Pfaff und die Witwe Brodbeck. Bei Mademoiselle Juillerat lernten Mädchen Französisch (Rippmann 2009, 30–34).

Als dritter Faktor von Liestals zentraler Stellung ist seine Bevölkerung von Bedeutung: 1774 lebten etwas mehr als 1700 Menschen in 389 Haushalten, verteilt auf 276 Häuser. Um 1830 standen im ummauerten Stadtareal etwa 260 Häuser, die Menschen lebten nun auf engerem Raum, nachdem sich die Bevölkerung durch Zuzug vermehrt hatte. 1860 zählte Liestal 3368 Bewohnerinnen und Bewohner. Acht Prozent der Bevölkerung lebten gemäss der Erhebung von 1774 als Bauern und Tauner auf den Aussenhöfen der Gemarkung. Bei diesen Höfen errichteten sich wohlhabende Persönlichkeiten aus Liestal und Basel ihre ersten Landgüter, beispielsweise auf dem Schillingrain oder auf dem Bienenberg, den der Basler Forcart-Iselin 1822 innehatte. Auf der Alt-Schauenburg besassen Hans Emanuel La Roche und später Philipp Merian ein Landhaus. Bis zum frühen 19. Jahrhundert waren die Handwerker die dominierende Sozialgruppe, was sich mit dem Beginn der Fabrikindustrialisierung änderte. Als die ersten Fabriken vor den Toren der Stadt im Nieder-Schönthal, in der Mühlematt und im Benzbur, später auch am See und im Oristal, entstanden, waren die räumlichen Kapazitäten in dem von den Stadtmauern begrenzten Areal längst erschöpft. Lokale Bürger gründeten Manufakturbetriebe; so baute 1824 der Färber Jakob Rosenmund eine unbenutzte Walkmühle zu einer neuen Tuchwalke um. Investoren aus Basel mit klingenden Namen wie Alioth, Merian und Iselin siedelten zwischen Liestal und Frenkendorf die ersten Fabriken an. So erhob sich im Nieder-Schönthal auf dem Gelände der alten Hammerschmiede 1823 «ein neües Spinnerei-Gebäude», dessen Wert auf 40'000 und wenig später auf 50'000 Franken geschätzt wurde, dazu gehörte ein weiteres Gebäude mit Magazinen und Werkstatt mit einem Schätzwert von 9500 Franken (Merian, dann ab 1823 Boelger & Iselin). Dass hier draussen mit ganz anderen Raumdimensionen und mit erheblichen Investitionen gerechnet wurde als im Städtchen selbst, zeigt der Vergleich der Schätzwerte im ersten Drittel des 19. Jahrhunderts. In jedem Haus der Altstadt war ein Handwerksbetrieb angesiedelt, den Wert der Liegenschaften stuften die eidgenössischen Beamten indes weit unter 1000 Franken ein. Die Sägemühle Stohler beim unteren Gestadeck hinwiederum schätzten sie auf 13'375 Franken (Rippmann 2009, 59–61, und *Brandlagerbuch I*).

Mit den ersten Textilfabriken entstanden viele Arbeitsplätze vor allem für Frauen, von denen ein guter Teil aus den Nachbardörfern stammte; sie nahmen jeden Morgen den Weg in die Fabrik unter die Füsse. Da es noch kein Fabrikgesetz und folglich keine amtliche Fabrikzählung gab, wissen wir leider sehr wenig über diese Arbeitskräfte. Mit der weiteren Industrialisierung schliesslich veränderte sich das Zuwanderungsprofil: Es kamen nicht mehr nur Pendler und Pendlerinnen, sondern Menschen aus anderen Kantonen und aus dem Ausland, darunter Katholiken aus dem Birseck, und die Anziehungskraft Liestals strahlte geographisch weit über das Baselbiet hinaus. Um 1860 waren 19,7 Prozent der Einwohner im Baselbiet geboren, 1941 gar

23,3 Prozent. Demgegenüber stieg die Zahl der ‹Tschamauchen›, jener «Fremden», die aus anderen Kantonen stammten, im gleichen Zeitraum von 13,2 auf 25,7 Prozent. Hingegen blieb die Zahl der im Ausland Geborenen etwa gleich (Rippmann 2009, 61–63). Man kann somit sagen, dass Liestal im Zuge der Industrialisierung zwischen 1860 und 1941 durch seine Menschen weniger baselbieterisch und dafür etwas schweizerischer geprägt wurde.

Anmerkung

1   Dorothee Rippmann, Liestal (Historischer Städteatlas der Schweiz), Plan 1; Tauber 2009, 206, 209, 212: Funde aus dem 10. bis 12. Jh., Annahme einer älteren Befestigung.

Quellen

Staatsarchiv Basel-Landschaft, Liestal:
- Altes Archiv: Altes Archiv, 1002, Jahrzeitbücher 2c.
- Neues Archiv: NA 2075: Brandversicherung Liestal 1.0, 1807–1830 *(Brandlagerbuch I)*.

Literaturverzeichnis

- Karl Gauss: Schulgeschichte der Stadt Liestal. Gedenkschrift zur Einweihung des Rotackerschulhauses. Illustrationen von Wilhelm Balmer, Zeichnungslehrer in Liestal, Liestal 1918.
- Niklaus Landolt: Untertanenrevolten und Widerstand auf der Basler Landschaft im sechzehnten und siebzehnten Jahrhundert (*Quellen und Forschungen zur Geschichte des Kantons Baselland*, Band 56), Liestal 1996.
- Martin Leuenberger: 1830–1833: Der neue Kanton, in: Nah dran, weit weg. Geschichte des Kantons Basel-Landschaft, 6 Bände (*Quellen und Forschungen zur Geschichte des Kantons Baselland*, Band 73), Liestal 2001, Band 5: Armut und Reichtum. 19. und 20. Jahrhundert, 171–182.
- Reto Marti: Zwischen Römerzeit und Mittelalter. Forschungen zur frühmittelalterlichen Siedlungsgeschichte der Nordwestschweiz (4.–10. Jahrhundert), 2 Bände (*Archäologie und Museum*, Band 41 A und 41 B), Liestal 2000.
- Nah dran, weit weg. Geschichte des Kantons Basel-Landschaft, 6 Bände (*Quellen und Forschungen zur Geschichte des Kantons Baselland*, Band 73), Liestal 2001.
- Dorothee Rippmann: Liestal. Historischer Städteatlas der Schweiz – Atlas Historique des Villes suisses – Atlante storico delle città svizzere, herausgegeben vom *Kuratorium Historischer Städteatlas der Schweiz*, Zürich 2009.
- Jürg Tauber: Das Mittelalter – Siedlungsgeschichte und Herrschaftsbildung, in: Tatort Vergangenheit, Ergebnisse aus der Archäologie heute, herausgegeben von Jürg Ewald und Jürg Tauber, Basel 1998, 481–530.
- Jürg Tauber: Eisenwerker im Röserntal, in: Tatort Vergangenheit, Ergebnisse aus der Archäologie heute, herausgegeben von Jürg Ewald und Jürg Tauber, Basel 1998, 241–266.
- Jürg Tauber: Lausen-Bettenach – ein Sonderfall, in: Tatort Vergangenheit, Ergebnisse aus der Archäologie heute, herausgegeben von Jürg Ewald und Jürg Tauber, Basel 1998, 221–240.
- Jürg Tauber: Liestal – Annäherung an die Entstehung einer Kleinstadt, in: Die mittelalterliche Stadt erforschen – Archäologie und Geschichte im Dialog. Beiträge der Tagung «Geschichte und Archäologie: Disziplinäre Interferenzen» vom 7. bis 9. Februar 2008 in Zürich, herausgegeben von Armand Baeriswyl et al. *(Schweizer Beiträge zur Kulturgeschichte und Archäologie des Mittelalters 36)*, Basel 2009, 203–214.

Bildnachweis

1 *Staatsarchiv Basel-Landschaft*, Liestal, *Sammlung Seiler*, PA 6292, Nr. 248.

2 Daniel Bruckner: Versuch einer Beschreibung historischer und natürlicher Merkwürdigkeiten der Landschaft Basel, Basel 1748–1763, Teil 9.

3 Rippmann 2009, Plan 1, digitale Umsetzung: Roland Büchi.

1 Das Liestaler Gewerbe zählt auf die Magnetwirkung der neuen *Manor*.

Matieu Klee

Die Rückeroberung der Baselbieter Hauptstadt

Lange fristete ausgerechnet die Kantonshauptstadt ein Mauerblümchendasein. Von zu hohen Ansprüchen angetrieben, ging sie oft leer aus, während andere Städte Kompromisse einzugehen bereit waren und sich Schritt für Schritt weiterentwickelten. Liestal verharrte in diesem Zustand, verbiss sich zum Beispiel jahrelang in das am Ende unrealisierbare Projekt des tief gelegten Bahnhofs. – Doch inzwischen blüht Liestal auf. Ein Sinnbild dieser Entwicklung ist die Eröffnung des ersten Einkaufszentrums der Kantonshauptstadt durch die *Manor*. Denn obwohl noch immer Läden aufgeben müssen, beginnt die Kundschaft zurückzukehren. Und Liestal wächst wieder.

Wenn irgendwo in der Schweiz ein neues Einkaufszentrum ein Eröffnungsfest vor der offiziellen Türöffnung feiert, kommen vielleicht 1000 Menschen. In Liestal kamen drei Mal so viel: Über 3000 Interessierte stiessen am Vorabend auf die Neueröffnung des Einkaufszentrums an. Das ist kein Zufall. Liestal ist hungrig, hungrig nach Neuem: *Manor*-Angestellte, die zwischendurch draussen rauchten, wurden von Passanten gefragt, ob sie vielleicht nicht doch schon einkaufen könnten.

Das neue Einkaufszentrum, das allererste überhaupt in der Baselbieter Kantons-hauptstadt, ist so etwas wie ein Sinnbild für das neue Selbstverständnis Liestals. Aus-gerechnet jene Kleinstadt, die vorher in einen jahrzehntelangen Dornröschenschlaf gefallen war, in der zwar viele Projekte angerissen, aber kaum welche umgesetzt wurden, ist plötzlich der Inbegriff einer dynamischen Entwicklung.

Aus dem Dornröschenschlaf erwacht

Vorbei die Zeiten, als das Liestaler Gewerbe in den 1970er-Jahren geschockt war, weil plötzlich die Kundschaft ausblieb, die lieber im damals neu eröffneten *Migros Schönthal* einkaufte. Vorbei die Zeiten, als mit dem Niedergang der Textilindustrie 2000 Arbeitsplätze vernichtet wurden. Vorbei die Zeiten, als die stolze Kantonshaupt-stadt häufig Maximal-Lösungen beanspruchte und am Ende leer ausging, während andere sich auf Kompromisse einliessen und vorwärts kamen.

Und es scheint kein Strohfeuer zu sein, das die *Manor* da entfacht hat. Michael Bischof, Vorstandsmitglied des *Gewerbevereins KMU Liestal*, registrierte zwei Monate nach der Eröffnung, dass Kundinnen und Kunden wieder nach Liestal zurückkehren, die vorher einen Bogen um das Städtchen gemacht haben. «Liestal wird nicht mehr umfahren. Es kommen wieder Kunden, die vorher nicht mehr in Liestal eingekauft haben und die jetzt sagen, es lohne sich wieder, nach Liestal zu kommen.» Diese Einschätzung teilen auch die Teilnehmer einer Online-Umfrage auf der Website von *KMU Liestal*: Fast zwei Drittel glauben, dass die Eröffnung des *Büchelizentrums* wieder mehr Kundinnen und Kunden nach Liestal bringen wird.

Eine solche Magnetwirkung des neuen Einkaufscenters registriert auch Stadtpräsi-dent Lukas Ott: «Die neue Manor hat voll eingeschlagen. Davon profitiert auch das Gewerbe. Wer alles und wie stark von dieser Magnetwirkung profitieren kann, wird sich noch zeigen.»

Nicht alle können noch profitieren

Nicht mehr von dieser Magnetwirkung profitieren konnte die Papeterie und Buch-handlung *Lüdin*. Sie musste keinen Monat nach der Eröffnung der neuen *Manor* die Schliessung bekannt geben. Betroffen sind 18 Mitarbeitende, die sich 12,3 Vollzeit-stellen teilten. Der Umsatz sei in den letzten Jahren massiv zurückgegangen, das Un-ternehmen habe anhaltend Verluste geschrieben. «Aus Sicht des Verwaltungsrats ist eine Weiterführung des Handels nicht mehr zu verantworten», schrieb die *Lüdin AG* Anfang April 2013 in einer Mitteilung an die Medien. Damit bleiben vom einst prä-genden Familienbetrieb nur noch die beiden Abteilungen «Digitaldruck» und «Lie-genschaften» übrig. Die *Basellandschaftliche Zeitung* hatte die *Lüdin AG* bereits im Jahr 2007 an die *AZ Medien* verkauft.

2 *Manor*-Chef Bertrand Jungo: «Endlich hat die Hauptstadt des Kantons Baselland das Warenhaus, das sie verdient.»

Gewerbevertreter Bischof und Stadtpräsident Ott bedauern die Schliessung von Papeterie und Buchhandlung, betonen aber gleichzeitig auch, dass dies auf den Strukturwandel zurückzuführen sei. Den Laden bereits Ende Dezember 2012 dicht gemacht hat das *Elektrofachgeschäft Rechsteiner*.

Überleben würden vor allem Läden, die Waren anböten, die man gerne in die Hand nehme, bevor man sie kaufe, ist Gewerbevertreter Michael Bischof überzeugt. Kinderbücher etwa, auf die sich die *Buchinsel* spezialisiert hat. Läden mit Dutzendware aber, die Versandhäuser im Internet günstiger anbieten, dürften es schwer haben zu überleben. Und die Veränderungen halten an: Weitere neue Geschäfte werden demnächst ihre Pforten öffnen. Bereits geöffnet hat der *Zottelbär*, ein Laden für Kinderkleider.

Hungrig nach Neuem

Die neu gestaltete Achse vom Bahnhof zur *Manor* gibt der Stadt ein komplett neues Gesicht. Der Durchgangsverkehr fliesst schon länger nicht mehr über den Bahnhof. Auf der Poststrasse gilt Tempo 20, der Wasserturmplatz ist saniert und wirkt zum ersten Mal wie ein solcher, selbst vor den Toren der *Manor* ist ein neuer Platz entstanden.

Manor-CEO Bertrand Jungo erklärte anlässlich der Eröffnung des neuen Einkaufszentrums vor versammelter Presse: «Endlich hat die Hauptstadt des Kantons Baselland das Warenhaus, das sie verdient.» Unabhängig von politischen Überzeugungen habe er hier gespürt: «Man wollte etwas realisieren, nicht etwas verhindern.»

Doch das neue Shoppingcenter ist weit mehr als ein neues Warenhaus. Vom unterirdischen Parkhaus mit über 300 Plätzen ist es ein Katzensprung ins ‹Stedtli›. Die

3 Das gab es vorher in Liestal nicht: Lebensmittelabteilung von *Manor*.

Manor rechnet mit einer Verdreifachung des Umsatzes, vor allem auch dank der neu eröffneten Food-Abteilung. Dort backen nicht nur Bäckerinnen und Bäcker vor den Augen der Kunden Brot, grosse Erwartungen setzt die *Manor* auch in einen Take-away mit hausgemachten Salaten. Auch die Warenhausmanager rechnen damit, dass Liestal einen grossen Nachholbedarf hat und eben diesen Hunger nach Neuem: Ihre Umsatzprognosen gehen von täglich rund 5000 bis 6000 Kundinnen und Kunden aus.

Der Hunger nach Neuem zeigt sich auch auf der politischen Bühne: Der im Sommer 2012 gewählte Stadtpräsident Lukas Ott ist ein Grüner. Auch das ist ein Novum. Und im Stadtrat neu eingezogen ist die Baselbieter Staatsarchivarin Regula Nebiker (SP)[1]. Damit regiert jetzt eine links-grüne Mehrheit.[2]

Vorsprung der Rückständigkeit

«Liestal hat den Vorsprung der Rückständigkeit», sagt Regula Nebiker. Anders gesagt: Weil Liestal nicht mit der Zeit Schritt hielt und jahrzehntelang stillstand, sind jetzt grössere Würfe möglich. All die Brachen, die nicht mehr genutzten Gebäude wie das Ziegelhof-Areal[3] oder nicht überbaute Flächen, etwa beim Bahnhof, sind plötzlich attraktiv für Investoren.

Insgesamt bauen diese in Liestal für über 200 Millionen Franken, hat Michael Bischof, Fraktionspräsident der FDP im Liestaler Einwohnerrat, ausgerechnet. Auch

4 Zum ersten Liestaler Einkaufzentrum gehört auch eine Tiefgarage mit über 300 Parkplätzen.

er registriert den Hunger nach Neuem und stellt fest, dass dank des Generationen-wechsels alte Verkrustungen aufbrechen. «Ich bin überzeugt, dass Liestal einen Riesensprung machen wird», sagt er.

Zwanzig Jahre verloren

Sinnbild für das alte Liestal ist das chancenlose Projekt[4] des tief gelegten Bahnhofs. Jahrelang hielt eine politische Mehrheit an dieser Luxuslösung fest, eine fatale Selbst-überschätzung. Die ganze Stadtentwicklung war damit blockiert, denn fast alles war mit der künftigen Entwicklung des Bahnhofs verknüpft.

«Die kategorischen Forderungen und die völlige Fehleinschätzung der damaligen Generation führten zu einem Stillstand in der Stadtentwicklung. Damit verloren wir zwei Jahrzehnte», sagt Stadtpräsident Lukas Ott. Das alte Liestal hatte den Ruf, immer alles zu wollen und deshalb am Ende fast nichts zu bekommen.

Investoren angelockt

Jetzt bläst Liestal zum Aufbruch, um den Anschluss zu schaffen. «Manor ist ein typisches Beispiel dafür, dass die Stadt investiert und private Investoren nachziehen können», sagt Ott und meint die aufgewertete Achse vom Bahnhof bis zum Einkaufszentrum.

In Liestal wartet keiner mehr darauf, dass man ihm den Hof macht. So traf sich der Stadtpräsident mit Wirtschaftsförderern von *BaselArea*, um zu besprechen, wie der Stadtrat die Entwicklung fördern könne. Das war neu für die Wirtschaftsförderer. Er sei der erste Stadtpräsident, der auf sie zugekommen sei, sagten sie ihm.

Die Hauptstadt wächst wieder

Und Liestal wächst wieder, und zwar um rund hundert Einwohner pro Jahr. Darunter sind überdurchschnittlich viele junge Familien. «Viele Weltoffene kehren zurück nach Liestal, entdecken die Kleinstadt wieder. Das beschleunigt die Dynamik», sagt Ott. Bereits stehen nächste Projekte an: In einer Volksabstimmung[5] hiess die Bevölkerung den neuen Quartierplan für das Ziegelhof-Areal gut. Grösster Investor dort ist *Coop*.

Anmerkungen

1 http://www.tageswoche.ch/de/2012_40/basel/466443/diese-lust-am-gestalten.htm.

2 http://www.tageswoche.ch/de/2012_47/basel/484731/rot-gruen-uebernimmt-baselbieter-hauptstadt.htm.

3 http://www.tageswoche.ch/de/2012_38/basel/463922/ja-zu-quartierplanung-ziegelhof-in-liestal.htm.

4 http://www.liestal.ch/dl.php/de/20030911161041/03-142+BPK+Quartierplanerarbeitung+Bahnhof.pdf.

5 http://www.tageswoche.ch/de/2012_38/basel/463922/ja-zu-quartierplanung-ziegelhof-in-liestal.htm.

Bildnachweis

Stefan Bohrer, Basel.

1 Wasserfallen, Ätmenegg Bretzwil.

Tobias Eggimann

Tourismus im Baselbiet

Nein, im Baselbiet gibt es kein Matterhorn, keine Kappelerbrücke und keinen Lago Maggiore. Und trotzdem könnte der Landstreifen zwischen Schönenbuch und Ammel wohl einen ganzen Postkartenständer von schönen Sujets füllen. Als Tourismusorganisation hat sich *Baselland Tourismus* zur Aufgabe gestellt, diese landschaftlichen Schönheiten bekannt und erlebbar zu machen.

Im Buchhandel werden sie «Bestseller» genannt, im Musikjargon redet man von «Charts» und im Tourismus von «Top-Sights». Was sind sie, diese populärsten und meistbesuchten Sehenswürdigkeiten im Baselbiet? Wenn der Autor (und Tourismusdirektor) eine Hitparade der schönsten Flecken im Kanton, der «Top Ten», aufstellen müsste, würde sie folgendermassen aussehen:

1. Die Kirschblütenzeit im Oberbaselbiet (‹Bluescht›)
2. Die Belchenfluh
3. Die Ermitage in Arlesheim
4. Die Römerstadt *Augusta Raurica*
5. Das Tafeljura-Dorf Oltingen
6. Die Luftseilbahn Reigoldswil–Wasserfallen

7. Der Giessen-Wasserfall

8. Das Schloss Wildenstein

9. Der ‹Chienbäse›-Umzug

10. Das Froburger-Städtchen Liestal

Keine Hitliste soll unkommentiert dahingestellt werden. Aus diesem Grund werden die touristischen Sehenswürdigkeiten im folgenden Beitrag auf einer Tour durch das Baselbiet sorgfältig begründet! Es versteht sich von selbst, dass 10 Plätze für eine so schöne Region eigentlich nicht ausreichen …

2 Kirschbäume.

Platz 1 – Die Kirschblütenzeit im Oberbaselbiet (‹Bluescht›)

Die Blütenpracht, die das Baselbiet dank seiner Kirschbäume im Frühling bietet, ist einzigartig. Darum steht das prächtige Naturspektakel auch an erster Stelle. Zuverlässig locken die weiss geschmückten Bäume jährlich scharenweise Besucher in den oberen Kantonsteil. Als Einheimische vergessen wir gerne, dass die hiesige Blütenlandschaft schweizweit ihresgleichen sucht und seit Langem ein touristischer Magnet ist. Am besten lässt sich die Blütenzeit auf einer so genannten ‹Blueschtfahrt› erleben. Wer im April eine Spritztour durch die Dörfer oberhalb Liestals, Sissachs und Gelterkindens macht, entdeckt das Baselbiet im Brautkleid. Dass es mittlerweile nicht mehr ganz so viele Hochstammbäume hat wie vor einigen Jahrzehnten, tut dem Vergnügen keinen Abbruch. Durch die in letzter Zeit eingekehrte Sensibilisierung für dieses landschaftliche Juwel wird es hoffentlich gelingen, Massnahmen zu treffen, damit auch kommende Generationen diese einmalige Szenerie bewundern werden können.

3 Belchenfluh, Blick Richtung Hauenstein und Olten.

Platz 2 – Die Belchenfluh

Neben einer ganzen Schar von Türmen – Liestal, Wisenberg, Remel – gibt es im Baselbiet je nach Zählweise über 50 Fluhen: Geissfluh, Lauchfluh, Sissacherfluh, Schauenburgerfluh und wie sie alle heissen. Die bekannteste ist sicher die Belchenfluh, deren felsiger Gipfelkopf auf 1099 Metern über Meer liegt. An klaren Tagen präsentiert sich ein fantastisches Panorama über die halbe Schweiz, den Schwarzwald und die Vogesen. Auch die Alpen sind zum Greifen nahe und die Weitsicht ist spektakulär: Von österreichischen Berggipfeln reihen sich Kuppe, Spitze, Horn und Piz aneinander bis zum Grössten von allen: dem Montblanc in Frankreich. Die Belchenfluh übte seit jeher eine besondere Faszination auf die Menschen aus. Den mythischen Charakter unterstreicht die Tatsache, dass die drei Belchen (es gibt zwei gleichnamige Brüderberge im Schwarzwald und im Elsass) den Kelten als Merkpunkte für kalendarische Richttage gedient hatten. So kann man, beispielsweise auf dem Ballon d'Alsace stehend, anlässlich der Tagundnachtgleichen (am 21. Juni) den Sonnenaufgang über dem Badischen Belchen beobachten. Am 21. Dezember, der Wintersonnenwende, ist er über der Belchenfluh zu sehen. Bezeichnenderweise steht der Name «Belchen» im Keltischen für *Belenus*, den Sonnengott.

4 Ermitage,
Arlesheim.

Platz 3 – Die Ermitage in Arlesheim

Die Belchenfluh ist einer der wenigen so genannten «Kraftorte» im Kanton – auch die Ermitage in Arlesheim ist ein solcher: Ein Ort der Stille, Ruhe, und Besinnung. Der grösste englische Landschaftsgarten der Schweiz aus dem 18. Jahrhundert wurde liebevoll mit Natur- und Kulturobjekten angelegt. Höhlen, Felsklippen und Grotten bilden zusammen mit dem Schloss Birseck und den Weihern die Kulisse für ein romantisches Naturerlebnis. Ein Spaziergang durch den Garten vermittelt viele unterschiedliche Eindrücke und Stimmungen und weckt Assoziationen zur Sagenwelt, zum Leben in Frömmigkeit und zur Ritterromantik.

Es wäre falsch, an dieser Stelle nicht auch noch eine Klammer für die anderen unweit der Ermitage gelegenen Pärke aufzumachen. Für viele überraschend, bergen sich zwischen Münchenstein, Aesch und Bottmingen nämlich auch noch andere Trouvaillen, welche in völligem Kontrast zum sonst dicht besiedelten Raum stehen. Direkt unterhalb des industriell geprägten Dreispitz-Areals beziehungsweise hinter der St. Jakobshalle erstrecken sich auf 18 Hektaren die «Merian Gärten». Der weiträumige Park ist ein Erbe des Basler Grossgrundbesitzers Christoph Merian und wurde im 19. Jahrhundert angelegt. Es lohnt sich, ohne Eile durch die Gärten zu schlendern und die mannigfachen Naturphänomene auf sich wirken zu lassen. Der romantischste Ort ist wohl der englische Landschaftspark. Zu seinen typischen Elementen gehören die Baumgruppen, der unregelmässig geformte Weiher und die ausgedehnte Rasenfläche. Aber auch die botanischen Sammlungen und Magerwiesen gehören zu den Besonderheiten dieses Kleinods der Natur. Im Mai blüht als besonderer Höhepunkt Europas grösste öffentlich zugängliche Irissammlung. In unmittelbarer Nachbarschaft der «Merian Gärten» liegt mit dem «Park im Grünen» – vielen auch bekannt als «Grün80» – der grösste Park der Nordwestschweiz. Die Anlage ist seit über drei Jahrzehnten einer der beliebtesten Ausflugsorte der Region Basel. Zu entdecken gibt es viele gepflegte blühende Gärten, lauschige Plätzchen und verspielte Spazierwege um den See.

Platz 4 – Die Römerstadt *Augusta Raurica*

Rund ein Fünftel der historischen Stadt, in der einst bis zu 20'000 Römerinnen und Römer wohnten, ist mittlerweile ausgegraben. Das grösste römische Theater nördlich der Alpen ist eine der meistbesuchten Gästeattraktionen weit und breit. Das Museum und spannende thematische Führungen bringen Besucherinnen und Besucher mit den Römern auf Tuchfühlung. Jährlicher Höhepunkt in *Augusta Raurica* ist das Römerfest Ende August, wenn über 20'000 Menschen die Römerstadt in einem lebendigen und bunten Fest auferstehen lassen. Wenn es in den kommenden Jahren gelingen sollte, mit der Römerstadt den Status einer UNESCO-Welterbestätte zu erlangen, würde sich deren Strahlkraft nochmals deutlich erhöhen.

6 Oltingen.

Platz 5 – Das Tafeljura-Dorf Oltingen

Welches ist das schönste Dorf im ganzen Land? Natürlich haben alle der 86 Baselbieter Gemeinden ihre charmanten Ecken und Winkel. Denken wir an Allschwil mit
den Sundgauer Riegelhäusern; oder an den reizenden Dorfkern von Arlesheim; und
natürlich an all die vielen schmucken Dörfer im Oberbaselbiet mit ihren prächtigen
Bauerngärten und gepflegten Posamenterhäusern. Kaum eine Ortschaft ist aber so
urtümlich geblieben wie die Gemeinde Oltingen im Tafeljura. Dort sind die (Sonnen-)
Uhren stehen geblieben – ein Spaziergang durch das Dörfchen versetzt einen in eine
längst vergangene Zeit. Allein der neu angelegte Pfarrgarten lässt die Herzen von
Kulturliebhabern höher schlagen. Im Innern der Kirche sind dann wertvolle Fresken zu
sehen, welche 1956 freigelegt wurden, allen voran das berühmte Wandbild des
Jüngsten Gerichts. Jährlicher Höhepunkt ist der ‹Oltiger Määrt›, der Dorfmarkt im
Monat Mai, der das pittoreske Dorf in eine bunte, lebendige Jahrmarktsstimmung
versetzt.

Platz 6 – Die Luftseilbahn Reigoldswil–Wasserfallen

Als einzige ihrer Art weit und breit bringen einen die Panoramagondeln der Wasser-fallenbahn in acht Minuten hinauf in luftige Höhen. Bergbahnen sind immer noch eines der Wahrzeichen des schweizerischen Tourismus, und so ist es für die Region Wasserfallen ein Glücksfall, dass es vor nunmehr sieben Jahren gelungen ist, die Luft-seilbahn komplett zu erneuern. In der warmen Jahreszeit kann auf einer Wanderung das Panorama in Richtung Alpen, Schwarzwald und Vogesen genossen werden. Ruhesuchende gönnen sich eine Erfrischung in einem der zahlreichen Bergrestaurants und Wagemutige erproben den neuen Waldseilpark. Zum Schluss eine rasante Tal-abfahrt mit dem Trottinett ist ein Spass für alle! Und im Winter kann die weiss glitzernde Hügellandschaft am besten mit Schneeschuhen oder auf den Winter-wanderwegen erkundet werden.

Die Wasserfallenbahn ist ein touristischer Leuchtturm, aber es gibt noch weitere touristische Transportanbieter im Baselbiet. Denken wir an die Personenschifffahrt auf dem Rhein mit gemütlichen Schleusen- oder Erlebnisfahrten, an die Sonntagsaus-flüge mit dem altehrwürdigen ‹Waldenburgerli›, die Ausfahrten der modernen Dampflokomotive «Modern Steam» am Hauenstein oder schlicht an all die Linien des öffentliches Verkehrs, in denen ein Fensterplatz für die Fahrten über ‹Bärg und Täli› geboten wird.

8 Kilchberger Giessen.

Platz 7 – Der Giessen-Wasserfall

Im Baselbiet fehlt ein See – so viel ist bekannt. Ein See bringt aber nicht nur Positives mit sich, ganz im Gegenteil, wenn man an die vernebelten Herbst- und Wintertage in Seeregionen denkt. Deshalb ist die Baselbieter Geografie vielleicht ganz gut so, wie sie eben ist. Wir behalten unsere legendäre Nebelfreiheit an kalten Tagen und geniessen die Wintersonne und baden gehen wir dafür in den Gartenbädern. Aber halt! Auch im Baselbiet gibt es einige versteckte Badestellen, welche gerade an heissen Tagen zur angenehmen Abkühlung einladen. Eindrücklich ist besonders der Wasserfall «Kilchberger Giessen». 18 Meter stürzt das Wasser dort in die Tiefe. Dank der Flusserosion, die sich über Jahrmillionen in den Fels eingefressen hat, offenbaren sich zig Kalk- und Mergelschichten, die Hauptgesteine des Tafeljuras. Der gleichnamige Bruder des Kilchberger Giessens liegt am Ende des Eitals: Zwar ist der «Zeglinger Giessen» nur neun Meter hoch, aber aufgrund seiner malerischen Lage fast noch bekannter. Auch der Ibach im Chaltbrunnental ist ein bezaubernder Ort, um während einer Wanderung die Füsse zu kühlen. Vorbei an verrauchten Höhlen mit Spuren aus der Steinzeit sucht der Ibach im Chaltbrunnental über Seitenäste, Staustufen und kleine Wasserkaskaden seinen Weg zur Birs. Apropos Birs: Birs, Birsig, Frenke und Ergolz sind die grössten Flüsse im Kanton, und sie alle bieten geheime, versteckte Badestellen, bevor sie in den Rhein münden. Der Rhein? Oft wird vergessen, dass der Kanton Baselland auch noch einen neun Kilometer langen Rheinanstoss aufweist. Dieser lädt ein zu Erkundungen, sei es zu Wasser, per Kanu, per Schlauchboot oder auch auf dem interessanten Rheinpfad entlang dieser Lebensader der Schweiz.

Platz 8 – Das Schloss Wildenstein

Dass in Baselland immer schon gerne gebaut wurde und die Region auch schon im tiefen Mittelalter ein beliebter Flecken war, bezeugen rund 60 teilweise besterhaltene Burgen und Schlösser. Das Schloss Wildenstein ist nicht nur wegen seiner Besitzverhältnisse in aller Munde, sondern auch, weil es ein Schloss ist, das einem Märchen hätte entsprungen sein können. Allein der Weg über den Murenberg entführt einen in andere Zeiten. Die mächtigen, knorrigen alten Eichen sind Zeitzeugen von vergangenen Jahrhunderten – hier findet sich der älteste Eichenbestand der Schweiz und er ist als solcher einzigartig und geschützt. Das Schloss selber ist die einzige gut erhaltene Höhenburg und besteht aus einem Wohn- und Wehrturm. Erstaunlicherweise blieb der Wohnturm nach dem Verlust der Wehrfunktion im 15. und der Wohnfunktion im 17. Jahrhundert weiterhin stehen und geriet nicht wie andernorts in Zerfall.

Burgenfreunde können auch beim Besuch weiterer Burgen auf ihre Rechnung kommen: so zum Beispiel der drei Burgen zu Wartberg mit ihrer sensationellen Panoramasicht auf die Rheinebene, der erst kürzlich vollständig restaurierten Ruine Homburg bei Läufelfingen oder des gepflegten Wasserschlosses Bottmingen mit seinem wunderschönen Park, einem der meistgeknipsten Fotosujets überhaupt. Nicht mehr ganz so viel ist vom Schloss Rifenstein in Reigoldswil stehen geblieben. Dafür führt der zum Schloss führende Sagenweg durch eine dunkle Schlucht, wo einen im gedämpften Tageslicht ein Hauch mittelalterlicher Mystik überkommt.

10 ‹Chienbäse›,
Liestal.

Platz 9 – Der ‹Chienbäse›-Umzug

Der grösste Event im Baselbiet und unbestrittener jährlicher Höhepunkt in Liestal ist der ‹Chienbäse›-Umzug. Dem feurigen Brauch, der immer am Sonntagabend um 19 Uhr vor dem Basler ‹Morgestraich› startet, wohnen über 50'000 Besucher bei. Wenn die Lichter im Stadtkern erlöschen und die ersten Träger mit ihren bis zu 90 Kilo schweren brennenden Holzbesen auf den Schultern die Burgstrasse herunterkommen, besteht kein Zweifel, dass der Winter bald vertrieben sein wird. Bilder der lichterloh brennenden Feuerwagen, die mit 10 Meter hohen Feuerlanzen durchs ‹Törli› gezogen werden, tragen «Liestal» und «Baselland» in die Welt hinaus – jedes Jahr sind mehrere Fernsehstationen präsent.

Der Baselbieter Veranstaltungskalender darf aber nicht lediglich auf den ‹Chienbäse› reduziert werden. Eine Vielzahl von spannenden Anlässen sorgt für Unterhaltung und kulturelle Höhepunkte. So ist es beispielsweise bemerkenswert, dass die 2000 Plätze für das ‹Wy-Erläbnis›, das Weinfest der Gemeinden Maisprach, Wintersingen und Buus, stets in weniger als einer Viertelstunde ausverkauft sind. Die kulinarische Weinwanderung zählt viele Wiederholungstäter, begeistert aber auch Erstteilnehmende. Die Liste der Anlässe ganz unterschiedlicher Ausprägungen könnte noch lange fortgeführt werden: von künstlerisch hochstehenden Produktionen im römischen Theater über Musikklänge auf internationalem Niveau mit den «Baselbieter Konzerten» und «Solsberg» über das familienorientierte «Römerfest» bis hin zum sportlichen Gemeinschaftserlebnis beim «Slow-up».

11 Liestaler ‹Törli›.

Platz 10 – Das Froburger-Städtchen Liestal

Das ‹Stedtli›, wie Liestals historische Altstadt liebevoll im Volksmund genannt wird, weist die typische Struktur einer mittelalterlichen Stadt auf. Eine Hauptgasse und zwei Nebengassen, deren äussere Bauten zugleich die Stadtmauer bildeten, sind noch heute weitgehend erhalten. Das ‹Törli› ist die Eintrittspforte zur Fussgängerzone, welche ein vielfältiges Einkaufserlebnis bietet. In den letzten Jahren ist Liestal in touristischer Hinsicht aus seinem Winterschlaf erwacht: Der Verkehr hat in der Rathausstrasse zwar schon lange den Fussgängern Platz gemacht. Aber auf einmal spriessen die Strassencafés aus dem Boden. Mit den ersten Frühlingsstrahlen wird herausgestuhlt, und ein gemütliches Flair macht sich breit, weshalb der 10. Platz gerechterweise an die Kantonshauptstadt geht!

Nein, Baselland ist kein typischer Tourismuskanton wie Graubünden oder das Wallis. Dennoch zählt die Hotellerie beachtliche 60 Betriebe und mindestens ebenso viele Anbieter in der Parahotellerie. Dazu kommen über 400 Gastronomiebetriebe und einige dutzend Erlebnisanbieter. Für diese Unternehmen und ihre Gäste ist *Baselland Tourismus* ein Anlaufpunkt und bietet als solcher Basisdokumentationen und -informationen an. Mit der Öffentlichkeitsarbeit werden aber nicht nur weitgereiste Touristen angesprochen – *Baselland Tourismus* hat auch das hohe Potenzial des regionalen Binnentourismus erkannt. Die einheimische Bevölkerung wird explizit angesprochen, den Naherholungsraum auszukosten, vermeintlich Altbekanntes zu besuchen und verborgene Trouvaillen zu entdecken. Ganz nach dem Motto: Wer sind die besseren Botschafter des Baselbiets als die Baselbieterinnen und Baselbieter selber?

1 Begradigter und kanalisierter Flusslauf der Birs zwischen Industriegebiet Münchenstein und Autobahn.

Matthias Rapp

Birspark-Landschaft – die «Landschaft des Jahres 2012»

Das Birstal von Angenstein bis zur Birsmündung wurde von der *Stiftung Landschaftsschutz Schweiz* SL als «Landschaft des Jahres 2012» ausgezeichnet. Matthias Rapp, der für die Stiftung tätig ist, zeigt im folgenden Beitrag die Besonderheiten dieser Natur-und-Kultur-Landschaft auf.

Die Birspark-Landschaft umfasst den Birsraum zwischen Angenstein und der Birsmündung, mit der zum Teil revitalisierten Birs und ihren Uferbereichen mit der Reinacherheide, dem Park im Grünen und der Brüglinger Ebene. Der Raum ist topografisch gegliedert in eine Hochterrasse, wo die Dorfkerne und die traditionellen Wohngebiete der Gemeinden Pfeffingen, Aesch, Dornach, Reinach, Arlesheim und Muttenz liegen, und eine Niederterrasse, wo ein Mix von Industrie- und Gewerbegebieten, Sportanlagen, Naturschutzgebieten, Auenwäldern und in jüngster Zeit vermehrt grössere Wohnkomplexe anzutreffen sind (Abbildung 1). Erst im untersten Teil bis zu Mündung grenzen die traditionellen Wohngebiete von Birsfelden und Basel auf der Niederterrasse direkt an den Flusslauf (Abbildung 2).

2 Birsufer Birsfelden.

Der Birsraum zeichnet sich aus durch Uferlandschaften, Auenwälder und Heide-
gebiete, die von Wohngebieten, Industrie- und Gewerbegebieten und Sportanlagen
umsäumt sind. Die Birs ist auf grösseren Abschnitten revitalisiert und deren Ufer sind
zu einem grossen Teil zugänglich. Das Potential für natur- und landschaftsschütze-
rische Aufwertungen ist jedoch längst nicht ausgeschöpft. Der Druck durch die Er-
holungssuchenden führt mitunter zu Konflikten mit der angestrebten ökologischen
Aufwertung. Grosse Verkehrsbauten (insbesondere die Autobahn und ihre Zubringer)
sind zum Teil rücksichtsvoll und zum Teil weniger rücksichtsvoll in die Landschaft
eingebettet. Zwei Kleinwasserkraftwerke wurden in den 1990er-Jahren landschafts-
schonend realisiert.

Schutz der Landschaft durch kluge Raumplanung und bauliche Verdichtung

In der Birspark-Landschaft sind die typischen Nutzungsansprüche eines Agglomera-
tionsgürtels zu befriedigen. Sorgfältige Nutzungsplanungen in den betroffenen Gemeinden, gestützt auf eine nachvollziehbare Richtplanung des Kantons, haben zu
einer klaren Zuordnung der Nutz- und Schutzgebiete geführt. Besonders hervor-
zuheben sind die Reinacherheide (Abbildung 3) und die Birsufer im Abschnitt Arles-
heim-Reinacherheide als Naturschutzgebiet (Abbildung 4), die Brüglinger Ebene in
Münchenstein mit dem Park im Grünen und dem Botanischen Garten als Intensiv-
erholungsgebiete und die aufgewerteten Uferzonen beidseits der Birs zwischen St. Jakob

3 Naturschutzgebiet Reinacherheide und angrenzende Wohn- und Gewerbegebiete.

und der Mündung in den Rhein. Besonders in Arlesheim und Birsfelden ermöglichten die Nutzungsplanungen der jüngsten Zeit die Entstehung von attraktiven und familienfreundlichen Wohnbauten, von verdichteter Bauart, in unmittelbarer Nähe der Uferlandschaft.

Die linksufrige Reinacherheide konnte beim Bau der kantonalen Autobahn geschont werden, weil die Gemeinde Reinach die Mehrkosten für eine gegenüber dem ursprünglichen Projekt wesentlich teurere Tunnellösung übernahm. Auf den Bau des Autobahnzubringers von Arlesheim zur H18 (Sundgauer-Viadukt) wurde aus Gründen der Umweltschonung vorerst verzichtet.

Laufende Projekte zum Schutz oder zur Aufwertung der Landschaft

Die Defizite bei den Gewässern und Verbesserungsmöglichkeiten wurden im *Regionalen Entwässerungsplan Birs* (REP Birs) mit einem Entwicklungskonzept und Aktionsplänen untersucht. Die im REP Birs formulierten Massnahmen werden vom Kanton Baselland in Zusammenarbeit mit den Gemeinden und weiteren interessierten Kreisen schrittweise umgesetzt.

Die Gemeinden und die Kantone Basel-Landschaft, Basel-Stadt und Solothurn liessen in den Jahren 2008 und 2009 im Rahmen eines Modellvorhabens des Bundesamtes für Raumentwicklung ein Freiraumkonzept «Birsstadt» ausarbeiten. Kern dieses Konzeptes bildet der Birspark, der sich von Terrassenkante zu Terrassenkante aus-

4 Revitalisierte Birs (Arlesheim/Reinach).

dehnt. Als Startprojekt liessen die Gemeinden einen rechtsufrig durchgehenden Birsuferweg mit einheitlicher Signalisation und zusätzlichen Uferzugängen entwickeln.
Eine wichtige Pendenz ist jedoch ein überkommunales griffiges Besucherlenkungs-
konzept, damit die zahlreichen und teilweise neu geschaffenen Naturwerte vor dem
Erholungsdruck gezielt geschützt werden können.

Wie in der ganzen Schweiz ist der Siedlungsdruck auch im unteren Birstal enorm.
In den acht Gemeinden Aesch, Arlesheim, Birsfelden, Dornach, Muttenz, Münchenstein, Reinach und Pfeffingen leben heute fast 90'000 Einwohner, und die Einwohnerzahl wird in den nächsten Jahrzehnten um weitere 10'000 Menschen zunehmen.
Um dieser Entwicklung zu begegnen, sollen Verdichtungsgebiete rund um die Birspark-Landschaft definiert werden. Der Reinacherheide und der Brüglinger Ebene als
zentrale und verbindende Grünflächen wird eine entscheidende Rolle für die Er-
holungsqualität zukommen. Die grosse Herausforderung bildet die gezielte Entwicklung dieses Agglomerationsgebietes unter grösstmöglicher Schonung und Förderung
der Natur und Landschaft in diesem Raum (Abbildungen 5 und 6).

Sichtbares Engagement der Menschen vor Ort

Dass sich die Birspark-Landschaft heute in diesem guten und lebendigen Zustand
präsentiert, ist das Verdienst verschiedener Behörden, Umweltverbände, Firmen und
Privatpersonen. Zweifellos gab die Gartenbauausstellung *Grün 80* einen grossen

Basel-Stadt

Park Birskopf
Wohnen am Birsufer

Renaturierte Birs
mit Ufern als Erholungsraum

Birsfelden

Naturschutzgebiet Hagnau

Bildungszentrum „Grün"
Merian Gärten

Botanischer Garten

Migros Park Im Grünen

Auenwälder

Muttenz

Kleinkraftwerk Neuewelt

Naturschutzgebiet Rütihardhof

Neu-Münchenstein

Münchenstein

Auenwälder

Freigelegter Dorfbach Arlesheim

Arlesheim

Tunnel H18
Reinacherheide

Wohnen am Birsufer

Naturschutzgebiet Schappe

Reinach

Kleinkraftwerk Dornachbrugg

ÖV-Knotenpunkt Bhf. Dornach

Hallo Biber!

Renaturierte Birs
mit Ufern als Erholungsraum

Dornach

Aesch

Schloss Angenstein

Pfeffingen

Grafik SL (Grundlagenkarte Umland, Zürich)

5 Prägende Elemente der Birspark-Landschaft.

Impuls, und die Engagements der *Christoph Merian Stiftung* und des *Migros-Genos-senschafts-Bundes* ermöglichten die bleibende Nachnutzung der entstandenen Park-landschaften. Die Gemeinde Reinach erkannte den Wert der Reinacherheide früh-zeitig und setzte sich erfolgreich für deren bestmögliche Schonung beim Autobahn-

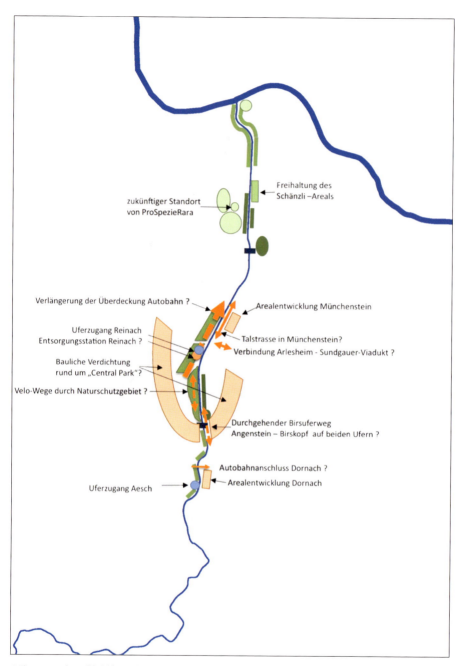

Freihaltung des
Schänzli –Areals

zukünftiger Standort
von ProSpezieRara

Verlängerung der Überdeckung Autobahn ?

Arealentwicklung Münchenstein

Uferzugang Reinach
Entsorgungsstation Reinach ?

Talstrasse in Münchenstein?
Verbindung Arlesheim - Sundgauer-Viadukt ?

Bauliche Verdichtung
rund um „Central Park"?

Velo-Wege durch Naturschutzgebiet ?

Durchgehender Birsuferweg
Angenstein – Birskopf auf beiden Ufern ?

Autobahnanschluss Dornach ?

Uferzugang Aesch

Arealentwicklung Dornach

6 Chancen und Konfliktfelder in der Birspark-Landschaft.

LANDSCHAFT DES JAHRES

2012

7 Die Auszeichnung «Landschaft des Jahres» wurde 2012 erst zum zweiten Mal vergeben.

bau in den 1970er-Jahren ein. Private Bauträger entwickelten hochwertige verdichtete Wohnbauprojekte, welche im interessanten Dialog mit der sie umgebenden Landschaft stehen.

Die Birspark-Landschaft ist Teil der raumplanerischen Vision «Birsstadt». Die «Birsstadt»-Gemeinden formalisierten ihre Zusammenarbeit an regelmässigen Sitzungen der Gemeindepräsidenten und an einmal jährlich stattfindenden «Birsstadt»-Tagungen aller Gemeinderäte. An diesen Tagungen werden gemeinsame Projekte erörtert und Arbeitsgruppen gebildet, in denen Themen wie Trinkwasserversorgung, öffentlicher Verkehr, Sport- und Freizeitanlagen, Tagesstätten für Betagte, Spitex und so weiter behandelt werden.

Der Preis der *Stiftung Landschaftsschutz Schweiz* SL ging an acht Gemeinden: die basellandschaftlichen Gemeinden Aesch, Arlesheim, Birsfelden, Münchenstein, Muttenz, Pfeffingen und Reinach und die Solothurner Gemeinde Dornach. Ausgezeichnet wurde die Zusammenarbeit dieser Gemeinden bei der Pflege und Weiterentwicklung der Birspark-Landschaft.

Literaturverzeichnis
- Regierungsratskonferenz Nordwestschweiz: Regionaler Entwässerungsplan – REP Birs. Grundlagen, Entwicklungskonzept und Massnahmenplanung, Liestal, 2003.
- Brigitte Nyffenegger: Freiraumkonzept «Birsstadt», *anthos* Nr. 4, 2010.
- *SKK Landschaftsarchitekten*: Freiraumkonzept Birsstadt – Startprojekt Birsuferweg, ausgewählte Massnahmen, Schlussbericht und 7 Objektblätter, Wettingen, 2011.
- Martin Huber: Verdichten braucht Qualität, *Heimatschutz/Patrimoine* Nr. 1, 2012.

- *Nissen & Wentzlaff Architekten*: Verdichtungsstudie Baselland – Potenziale und Visionen. Im Auftrag des Kantons Basel-Landschaft, Liestal, 2011.
- Matthias Rapp: Birspark-Landschaft – eine Landschaft im Spannungsfeld der Schutz- und Nutz-interessen einer Agglomeration, *Natur und Mensch*, Nr. 4, 2012.

1 Vor Jahrtausenden eingeschleppt, heute bedroht: der Acker-Wachtelweizen *(Melampyrum arvense)*.

Marc Limat und Guido Masé

Biber gut, Ambrosie böse?

Sie machen Schlagzeilen und Karriere: Luchs und Biber, Buchsbaumzünsler, Asiatischer Laubholz-Bockkäfer und Ambrosie. Die einen kehren zurück, die anderen erobern unsere Region von Asien und Amerika her. Bereichern diese migrierenden Arten unsere Landschaft?

Bühne frei für Einwanderer

Die Natur ist stetig im Fluss. Seit 15'000 Jahren blieb in Europa und damit auch in unserer Region kaum ein Stein auf dem anderen. Die eiszeitliche Kältesteppe mit Rentier und Lemming lösten natürliche Waldgesellschaften ab. Wenige eiszeitliche Arten wie die Silberwurz *(Dryas octopetala)* harren in der Nordwestschweiz auf Felsköpfen aus. Alle anderen heute wildlebenden Pflanzen- und die meisten Tierarten sind seither in die Region eingewandert.

Vor rund 7500 Jahren begann der Mensch bei uns, durch Ackerbau und Viehwirtschaft die umgebende Natur für seine Zwecke zu verändern. Bald bereicherten neue

Tier- und Pflanzenarten diese Kulturlandschaft. Die ersten eingeführten Arten waren Nutztiere und Getreide wie Einkorn (*Triticum monococcum*; Jacomet 2007). Viel später wurden Wiesen aktiv mit ertragreichen Arten verändert. Die Aufrechte Trespe (*Bromus erectus*), das dominante Gras der Halbtrockenrasen, wurde wohl zur Keltenzeit eingeführt, der Glatthafer (*Arrhenatherum elatius*) erst im Mittelalter. Die meisten pflanzlichen Einwanderer aber waren blinde Passagiere. Sie reisten in der Wolle von Schafen, im Dreck zwischen Hufen oder mit verunreinigtem Saatgut. Die dem Wald abgerungenen Äcker und Siedlungen wurden die neue Heimat von Arten wie dem Schmalblättrigen Hohlzahn (*Galeopsis angustifolia*).

Trotz Phasen mit Wiederbewaldung nahm in der Region die Fläche der offenen Kulturlandschaft bis in das Hochmittelalter stark zu. Dies erlaubte Tieren wie Feldhase (*Lepus europaeus*) und Feldlerche (*Alauda arvensis*) aus den Steppen des Ostens, bis zu uns vorzudringen. Die meisten Alteinwanderer unter den Pflanzen stammen aus dem Mittelmeerraum, so die Orchideengattung *Ophrys* und viele «Unkräuter» der Getreideäcker. Nach einer Bilanz von Landolt (2001) sind über 40 Prozent der heute wild wachsenden Pflanzenarten der Stadt Zürich durch den Menschen eingeführt oder eingeschleppt worden, gesamtschweizerisch sind es rund 30 Prozent. 12 Prozent sind nach 1500 n. Chr. eingewandert (Gigon 2005). Nach 1950 beschleunigte sich der Wandel in der Zusammensetzung der Pflanzendecke und der regionalen Tierwelt nochmals beträchtlich.

Wie bewerten wir neu ankommende Arten in Bezug auf unsere regionale Natur? Das Thema ist emotional aufgeladen und wird kontrovers diskutiert. Je nach Standpunkt werten wir diese Arten als schädlich oder bereichernd. Das geschieht exotischen Arten ebenso wie zurückkehrenden Arten wie dem Luchs (*Lynx lynx*) gegenüber. Letzteren beäugen Jäger kritisch. Naturschützer bekämpfen Exoten, weil sie sich auf bedrohte Lebensräume auswirken.

Rückkehrer

Luchs, Wolf (*Canis lupus*), Bär (*Ursus arctos*), Biber (*Castor fiber*), Rothirsch (*Cervus elaphus*), Kormoran (*Phalacrocorax carbo*) und andere wurden von unseren Vorfahren im 18. und 19. Jahrhundert aus der Region vertrieben. Nun kehren einige dieser Tiere wieder zu uns zurück. So besiedelten vom westlichen Jura her Wildkatze (*Felis silvestris*) und Luchs wieder die Region. Ihre Beute, Feinde und Parasiten sind immer noch dieselben, deshalb werden sich die Rückkehrer relativ problemlos wieder in die regionalen Lebensgemeinschaften einfügen. Sobald das Verhalten der Tiere mit menschlichem Tun in Konkurrenz steht, ist allerdings Schluss mit lustig, wie Konflikte mit Jägern, Bauern und Kleintierhaltern zeigen.

Ebenfalls zurückgemeldet hat sich der Biber in der Ergolz bei Füllinsdorf oder in der Birs. Seine Aktivitäten sind in lauen Nächten gut zu beobachten. Auch der Biber bereitet nicht allen Freude. Die von ihm gefällten Bäume sorgen für Gesprächsstoff.

2 Dieser junge Luchs aus dem Bestand des *Museum.BL* wurde 2004 in Muttenz überfahren.

Der Kormoran illustriert Konflikte besonders deutlich: Seit 2001 wuchs eine Kolonie in einem Reservat am Neuenburgersee von zwei Brutpaaren auf mehr als 250 Tiere. Heute leben rund 1600 Kormorane in der Schweiz (Stand 2011, *Schweizer Vogel-warte Sempach*). Der *Schweizerische Fischereiverband* hat 2008 eine Petition lanciert, um den Kormoran- und Fischreiherbestand auch in Schutzgebieten zu begrenzen.

Verschollene Pflanzenarten können lange unbemerkt als ruhende Knollen oder Samen überdauern. So tauchte um 1990 die Behaarte Malve *(Malva hirsuta)* in einer gerodeten Grünfläche der H2 bei Sissach kurz auf, ebenso der Nickende Zweizahn *(Bidens cernua)* auf einer neuen Kiesinsel in Augst. Vor knapp 20 Jahren erschien die im Baselbiet verschollene Einorchis *(Herminium monorchis)* wieder bei Diegten und behauptet sich seither. Direkte Hilfe erhält dagegen der Frauenschuh *(Cypripedium calceolus)*. Im *Botanischen Garten Basel* wird er aus regional gewonnenen Samen ge-züchtet und an sicheren Orten ausgepflanzt. Der Erfolg dieser Auswilderung steht noch in den Sternen.

Neulinge

Die Neueinwanderung von Arten beschleunigte sich enorm, nachdem um 1500 der Handel per Schiff mit Asien und Amerika einen epochalen Aufschwung erlebte. Auf Entdeckungsreisen fuhren oft Botaniker mit. Ihre Aufmerksamkeit galt nicht nur der Beschreibung exotischer Arten. Sie suchten auch nach attraktiven Gehölzen und Stauden, welche zuhause vermehrt und in Gärten zum letzten Schrei wurden. Wegen dieses sprunghaften Anstiegs eingeführter Arten wird die Grenze zu den Alt- (Archäobiota) und Neueinwanderern (Neobiota) bei 1500 n. Chr. gezogen. Dampfschiffe und Eisenbahn steigerten die Anzahl eingeschleppter Arten nochmals stark.

Rund 12'000 Pflanzenarten (Neophyten) wurden in den letzten 500 Jahren aus aller Welt in Europa eingeführt. Die meisten haben ausserhalb menschlicher Obhut keine Überlebenschance. Etwa 10 Prozent aber verwilderten dauerhaft. In Basel sind dies über 320 Neophyten (Stöcklin 2003). Rund ein Dutzend davon wurde bisher zu einem ernsthaften Problem, sie breiten sich sehr schnell aus (UMWELT 1/04). Nach Weber (2000) stammen etwa 20 Prozent der etablierten Neophyten aus Nordamerika, gut 18 Prozent aus Zentral- und Ostasien und 2,5 Prozent aus Südamerika. Bei den Neozoen ist eine Bilanz schwieriger.

Die einsetzenden klimatischen Veränderungen beeinflussen zusätzlich die Lebensgemeinschaften. So dringen südliche Tierarten aus dem Mittelmeerraum rasch gegen Norden vor, so die Feuerlibelle *(Crocothemis erythraea)*.

Ausgebüxt

Die in botanischen Gärten gehegten exotischen Pflanzen fanden bald den Weg in die Parks begüterter Gartenbesitzer, wie zum Beispiel die Platane *(Platanus x hybridus)*. 1732 wurden versuchsweise Rosskastanien *(Aesculum hippocastaneum)* auf dem Münsterplatz gepflanzt (Rieder 1979). Ihren Erfolg als robuster Stadtbaum stellt in den letzten Jahren ein weiterer exotischer Neuankömmling in Frage, die Miniermotte *(Carmeraria ohridella)*. Sie lässt befallene Blätter bereits im Sommer verdorren. Zwei Parkbäume entwickelten sich in der Region zu Problemarten, die Robinie *(Robinia pseudacacia)* und der Götterbaum *(Ailanthus altissimus)*. Dank Flugsamen und Ausläufern vermehren sie sich schnell und überwinden grosse Strecken. Sie bilden lokal dichte Bestände, wo sie andere Arten weitgehend verdrängen.

Auch viele Krautpflanzen wurden zu Gartenflüchtlingen. So nennt C. F. Hagenbach im frühen 19. Jahrhundert Arten wie den Winterling *(Eranthis hyemalis)* oder den Nickenden Milchstern *(Ornithogalum nutans)*, welche aus Ziergärten entwichen und bei Basel bald massenhaft verwildert zu finden waren (Meier 1992). Die Nachtkerze *(Oenothera biennis)* verdankt ihre Einführung in die Region dem Stadtarzt und Botaniker C. Bauhin. Er zog ihre Samen erstmals im Jahr 1614 in seinem Garten (Christ 1913).

Auch spätere Pflanzenliebhaber «bereicherten» ihre Umgebung mit Arten, welche hier in historischer Zeit nie heimisch waren. So findet sich im Herbar des *Museum.BL* Edelweiss *(Leontopodium alpinum)* vom Rehag bei Waldenburg. Dorthin hatte sie F. Heinis 1905 ausgepflanzt. Nach Storl (2012) sind fast 63 Prozent der heute wildlebenden Neophyten von Botanikern und Gärtnern als Kultur- oder Ziergewächse eingeführt worden. Der Rest kam unbeabsichtigt mit verunreinigtem Saatgut oder Warenlieferungen nach Europa.

Auch Tiere können ausbüxen. Im Herbst finden sich Asiatische Marienkäfer *(Harmonia axyridis)* jeweils zu Hunderten an unseren Hausfassaden. Dort suchen sie Winterquartiere. Dieser Käfer wurde Ende letztes Jahrhundert zur biologischen Schädlingsbekämpfung gegen Blattläuse in einigen europäischen Ländern eingesetzt. Der Bund verbot dies aufgrund der negativen Auswirkungen auf die einheimische Tierwelt. Trotzdem hat sich der Käfer bei uns in Rekordzeit vermehrt. Sein massenhaftes Auftreten macht ihn zur erbitterten Konkurrenz heimischer Marienkäfer.

Wo ist das Problem?

«Invasive Neophyten» sind nach Gigon (2005) gebietsfremde, wildlebende Pflanzenarten, die sich effizient ausbreiten und Schäden in den Bereichen Biodiversität, Gesundheit oder Ökonomie verursachen oder das Potential dazu besitzen. Momentan sind das rund 40 Arten, davon sind einige erst regional verbreitet. Analog zu diesen gibt es auch «invasive» Neozoen, also eingewanderte Tierarten.

Manche «Problem-Arten» sind in ihrer Heimat beliebt. So werden Staudenknöterich *(Reynoutria japonica)* und Drüsiges Springkraut *(Impatiens glandulifera)* traditionell als Heilpflanzen verwendet (Storl 2012). «Invasive» Arten verursachen aber quantifizierbare Schäden. Deutlich ist dies bei Ambrosia *(Ambrosia artemisifolia)* oder Tigermücke *(Stegomyia albopicta)*, welche gesundheitliche Probleme verursachen können. Der Kartoffelkäfer *(Leptinotarsa decemlineata)* und der Ostasiatische Beifuss *(Artemisia verlotiorum)* verursachen Schäden in der Landwirtschaft. Der Asiatische Laubholz-Bockkäfer *(Anoplophora glabripennis)* schädigt Laubbäume. Staudenknöterich und Bisamratte *(Ondatra zibethicus)* untergraben die Stabilität von Ufern.

Auf der «Schwarzen Liste invasiver Arten» landen meist Pioniere, welche offene Böden dynamischer Standorte wie Auen, Ufer, Deponien, Bahndämme oder Rodungen in Rekordtempo besiedeln. Dort verdrängen sie einheimische Pflanzenarten und damit viele Tiere, so die Goldrute *(Solidago canadensis)* in der Reinacherheide. Bautätigkeit, intensive Landwirtschaft und Klimaschwankungen destabilisieren Ökosysteme und fördern diese konkurrenzstarken Pioniere. Dereinst werden sich auch bei den Neobiota angepasste Erreger und Fressfeinde entwickeln. Eine Miniermotte, welche die Robinie schädigt, erreichte beispielsweise Europa vor 20 Jahren, also 360 Jahre nach ihrem Wirt (Storl 2012).

3 Der Staudenknöterich bildet dichte Monokulturen.

Via Frankreich wurde die nordamerikanische Aufrechte Ambrosie in unsere Region eingeschleppt. Der erste Beleg stammt aus dem Herbar des *Museum.BL*, gefunden 1950 beim Bahnhof Liestal. Verladeplätze waren europaweit Ausgangspunkte für diese Art. Vor etwa 15 Jahren breitete sie sich bei uns stark aus. Ihre Pollen können massive Allergien mit Asthma auslösen. Ohne Bekämpfung könnten Gesundheitskosten von jährlich über 300 Millionen Franken auf die Schweiz zukommen (http://www.acw.admin.ch).

Das Drüsige Springkraut *(Impatiens glandulifera)* stammt aus dem Himalaja. 1839 trat die Art erstmals in Europa auf, seit 1904 ist sie für die Region Basel verbürgt (Lenzin 2001). Die frühesten Belege im Herbar des *Museum.BL* stammen von Langenbruck (1919) und von der Birs bei Münchenstein (1921), wo sie «in Mengen» vorkam. Regina Ruckli und Katharina Hesse *(Universität Basel)* konnten 2011 zeigen, dass diese Art den Wirkstoff Naphtochinon ausscheidet, welcher das Wachstum zumindest der Buche *(Fagus sylvatica)* verlangsamt und Jungbuchen schädigt.

Die «Flora von Basel und Umgebung» (Brodtbeck 1999) ist voll von Belegen für das aktuelle Auswildern von Gartenpflanzen wie dem mittelamerikanischen Leberbalsam *(Ageratum houstonianum)* oder dem Sonnenhut *(Rudbeckia sp.)* aus Nordamerika. Welche davon im wohl wärmeren Klima der Zukunft zum Problem werden, kann nicht vorhergesagt werden.

4 Ein neuer Gartenflüchtling im Naturschutzgebiet Reinacherheide: *Anemone hupehensis*.

Wenn die Welt bei uns vorbeischaut

Global verfrachtete Container, Früchte, Pflanzenerde, Holzgebinde und Ballasttanks von Schiffen bringen immer mehr Arten zu uns, welche unseren Ökosystemen gänzlich fremd sind. Diese sind sicher anders zu bewerten als Arten, welche, einst ausgerottet, wieder einwandern, oder südeuropäische Arten, die langsam ihren Lebensraum erweitern. Auch Alteinwanderer haben ihre Unschädlichkeit bewiesen. Nur eine Handvoll exotischer Arten hat Folgen für die Gesundheit, bringt ökonomische Einbussen oder bedroht die bestehende Vielfalt. Diese dürfen laut Freisetzungsverordnung nicht weiter verbreitet, etablierte Bestände müssen bekämpft werden. Handeln müssen Kanton und Gemeinden.

Über die bekannten Effekte dieser Arten hinaus ist das Wissen über die Auswirkung eingeführter und eingeschleppter Arten gering (Sukopp 2003). Nur Langzeit-Studien ermöglichen Prognosen zum Gefährdungspotential wandernder Arten. Umso dringender ist es, die Anzahl neu eingeführter Arten präventiv zu begrenzen.

Die allermeisten exotischen Arten haben den Sprung in die freie Wildbahn nicht geschafft, andere haben sich unauffällig in unsere Ökosysteme eingegliedert. Bei welchen wir aktuell konsequent handeln müssen, ist bekannt. Dies und die bewegte Geschichte unserer regionalen Natur bieten Raum für eine gewisse Gelassenheit und Neugier gegenüber Neuankömmlingen.

Literaturnachweis

- Thomas Brodtbeck, Michael Zemp, Martin Frei, Ulrich Kienzle & Daniel Knecht: Flora von Basel und Umgebung 1980–1996, Liestal 1999.
- Hermann Christ: Eine Basler Flora von 1622. *Basler Zeitschrift für Geschichte und Altertumskunde.* XII. Band, Basel 1913, 1–15.
- Andreas Gigon & Ewald Weber: Invasive Neophyten in der Schweiz: Lagebericht und Handlungsbedarf. *Geobotanisches Institut ETH Zentrum Zürich* 2005.
- Stefanie Jacomet: Flora-Geschichte der Region. In: UNI NOVA 107/2005. Basel 2007.
- Elias Landolt: Flora der Stadt Zürich (1984–1998). Basel 2001.
- Heiner Lenzin, Jessica Kohl, Roland Muehlethaler, Muriel Odiet, Nathalie Baumann & Peter Nagel: Verbreitung, Abundanz und Standorte ausgewählter Neophyten in der Stadt Basel (Schweiz). In. BAUHINIA 15. 39–56. Basel 2001.
- Hans Meier-Küpfer: Pflanzenkleid im Wandel – Entwicklung in und um Basel seit 1600. In Verhandl. Natf. Ges. Basel. Basel 1992.
- Wolfgang Nentwig (Hrsg.): Unheimliche Eroberer. Invasive Pflanzen und Tiere in Europa. Bern 2011.
- Marilise Rieder, Hans Peter Rieder & Rudolf Suter: Basilea botanica. Basel 1979.
- Jürg Stöcklin, Patrick Schaub & Olli Ojala: Häufigkeit und Ausbreitungsdynamik von Neophyten in der Region Basel: Anlass zur Besorgnis oder Bereicherung? BAUHINIA 17. 11–23. Basel 2003.
- Wolf-Dieter Storl & Frank Brunke: Wandernde Pflanzen. Neophyten, die stillen Eroberer. Ethnobotanik, Heilkunde und Anwendungen. Aarau 2012.
- Herbert Sukopp: Neophyten. In: BAUHINIA 15 / 2001. 19–37. Basel 2003.
- Ewald Weber: Switzerland and the invasive plant species issue. Bot. Helv. 110: 11–24. Basel 2000.

Bildnachweis

1   Guido Masé, Riehen.
2   Andreas Zimmermann, *Museum.BL*, Liestal.
3+4 Guido Masé, Riehen.

1 Kompakter, wenig zersiedelter Dorfkern von Liestal im Vordergrund. Die Zersiedelung breitet sich an den Dorfrändern und Hängen aus. Auch deutlich sichtbar in Abbildung 3.

Christian Schwick

Zersiedelung in Basel-Landschaft

«Die Zersiedelung des Landes und die Zerstörung von Kulturland sind ungelöste Probleme der Raumplanung.» Diese Aussage der Bundesrätin Doris Leuthard und der Bundeskanzlerin Corina Casanova aus dem Jahr 2010 ist weiterhin und insbesondere auch für den Kanton Basel-Landschaft gültig. Die Zersiedelung in Basel-Landschaft hat seit 1885 um 1800 Prozent zugenommen, und Basel-Landschaft ist heute der am stärksten zersiedelte Kanton der Schweiz. Mit nur wenigen Ausnahmen finden sich zersiedelte Gebiete im ganzen Kantonsgebiet. Ohne starke Gegenmassnahmen ist bei einem weiteren Bevölkerungswachstum und weiter steigenden Ansprüchen an die Grösse von Wohnraum eine weiter zunehmende Zersiedelung unvermeidbar. Zu den wichtigsten Massnahmen gehört eine sehr restriktive Handhabung des Wachstums der Siedlungsflächen, keine neuen Bauzonen und eine massvolle und quartierverträgliche Verdichtung. Mit diesen und begleitenden Massnahmen ist es machbar, den Anstieg der Zersiedelung im Kanton Baselland nicht nur zu stoppen, sondern die Zersiedelung sogar wieder zu reduzieren.

Landschaftsveränderungen

Landschaften sind einem permanenten Wandel unterworfen. Diese Prozesse können augenfällig sein, wie bei einem Bergsturz oder bei einem Fluss, der nach einem Hochwasser ein neues Bett gefunden hat. Oftmals erfolgen die Veränderungen der Landschaft jedoch langsam und in Zeiträumen, die einen direkten Vergleich schwierig machen. Beispiele dafür sind die allmähliche Ausdehnung der Wälder oder der Rückzug der Gletscher. Diese Prozesse sind Teil der Natur. Viele der Veränderungen der Landschaft werden jedoch durch den Menschen und seine Ansprüche an die Landschaft verursacht. Veränderungen in der Wirtschaftsweise, technologische Neuerungen und gesellschaftliche Veränderungen wirken sich direkt oder indirekt auf die Landschaft aus. Entsprechende Beispiele sind das fast vollständige Verschwinden der hochstämmigen Obstbäume, der Bau von Autobahnen im Zusammenhang mit der starken Verbreitung des Autos und der erhöhte Bedarf an Wohnungen wegen der Zunahme an Singlehaushalten. Das grosse Wachstum der Siedlungsflächen und die damit einhergehende Zersiedelung haben zahlreiche negative Folgen: Wertvolles Landwirtschaftsland geht verloren, Tiere und Pflanzen verlieren ihren Lebensraum, es entstehen grosse räumliche Distanzen zwischen Wohnen, Arbeiten und Freizeit und eine wachsende Verkehrsbelastung. Zusätzlich zu diesen ökologischen und sozialen Folgen hat die Zersiedelung auch negative ökonomische Folgen. Beispiele dafür sind hohe Kosten für die Infrastruktur, wie die Erschliessung von Wasser und Strom, die Abfallentsorgung und hohe ungedeckte Kosten im öffentlichen Verkehr. Und genau im Bereich der Wohnungen, Häuser und Siedlungen hat der Kanton Basel-Landschaft in den letzten 100 Jahren eine sehr starke Entwicklung erfahren.

Von der Siedlung zur Zersiedelung

In Basel-Landschaft haben sich die Siedlungsflächen seit dem Ende des 19. Jahrhunderts stark ausgedehnt (Abbildung 2). Um die alten Dorfkerne herum sind sukzessive neue Gebiete überbaut worden. Die ehemals klar abgegrenzte Stadt Basel ist dabei mit den umliegenden Gemeinden zusammengewachsen. Heute ist der Unterschied zwischen den einzelnen Gemeinden in der Landschaft oft nicht mehr sichtbar. Nur in den abgelegenen und zum Teil noch ländlich geprägten Gemeinden des Kantons hielt sich das Wachstum der Siedlungsflächen in Grenzen. Das Wachstum der Siedlungsflächen alleine ist jedoch nur ein Aspekt des Landschaftsverbrauchs. Grosse Siedlungsflächen allein entsprechen nicht automatisch der Definition von Zersiedelung. So bezeichnet man zum Beispiel alte, kompakte Dorfkerne oder die Innenstadt von Basel nicht als zersiedelt. Um die Zersiedelung zu messen und darzustellen, braucht es also weitere Faktoren, die berücksichtigt werden müssen.

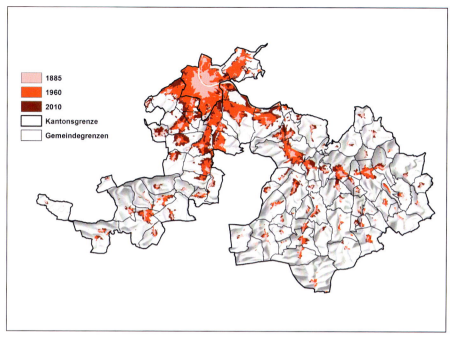

■	1885
■	1960
■	2010
□	Kantonsgrenze
□	Gemeindegrenzen

2 Wachstum der Siedlungsflächen in Basel-Landschaft und Basel-Stadt 1885 bis 2010.

Die gewichtete Zersiedelung

In der Literatur gibt es viele verschiedene Definitionen der Zersiedelung. Den meisten ist gemeinsam, dass sie die Zersiedelung als ein unkontrolliertes, grossflächiges und verstreutes Wachstum der Siedlungsflächen beschreiben. Im Rahmen eines Forschungsprojektes des *Nationalen Forschungsprogramms 54* «Nachhaltige Siedlungs- und Infrastrukturentwicklung» wurde eine neue Messgrösse zur Zersiedelung entwickelt. Diese Messgrösse geht davon aus, dass die Zersiedelung ein Phänomen ist, das in der Landschaft optisch wahrnehmbar ist. Eine Landschaft ist umso stärker zersiedelt, je stärker sie von Gebäuden durchsetzt ist, je weiter die Gebäude gestreut sind und je höher der Flächenbedarf pro Einwohner oder Arbeitsplatz ist. Somit setzt sich die neue Messgrösse aus drei Teilen zusammen:

- Die urbane Durchdringung misst nicht nur, wie gross die Siedlungsflächen sind, sondern auch deren Streuung.
- Die Dispersion misst die Streuung der Siedlungsflächen. Diese Messgrösse verwendet die Distanzen zwischen allen Siedlungsflächen und mittelt sie.
- Die Flächeninanspruchnahme misst, wie viel Siedlungsfläche für einen einzelnen Bewohner oder Arbeitsplatz verwendet wird.

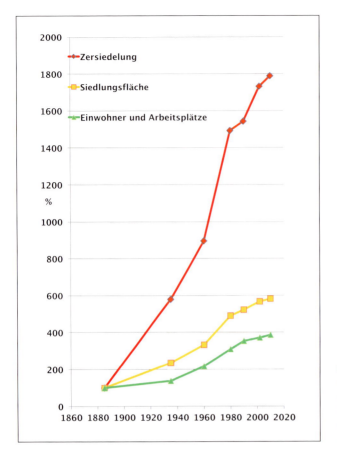

3 Entwicklung der Siedlungsflächen, der Anzahl Einwohner
und Arbeitsplätze und der
Zersiedelung im Kanton
Basel-Landschaft 1885 bis
2010. (1885 = 100%)

Die Dispersion und die Flächeninanspruchnahme werden zusätzlich mit Gewichtungs-
funktionen gewichtet, um die Unterschiede zwischen geringer und starker Streuung
einerseits und schlecht und gut ausgenützten Siedlungsflächen andererseits besser
zum Ausdruck zu bringen. Bei der Flächeninanspruchnahme bedeutet diese Gewich-
tung beispielsweise, dass Innenstädte nicht als zersiedelt gemessen werden, obwohl
hier sehr viel Siedlungsfläche vorhanden ist. Wegen dieser beiden Gewichtungsfunk-
tionen wird die Messgrösse als *gewichtete Zersiedelung (Z)* bezeichnet. Die Einheit der
Messgrösse ist «Durchsiedelungseinheiten pro Quadratmeter Landschaft» (DSE/m^2).
Für weitere Informationen zur Messgrösse und Resultate zur Zersiedelung, siehe die
Literaturliste am Ende dieses Artikels (Christian Schwick et al. 2010, 2011, 2013). Seit
2010 wird mit dieser Methode die Zersiedelung in der Schweiz vom *Bundesamt für
Umwelt* (BAFU) beobachtet und im Rahmen der *Landschaftsbeobachtung Schweiz* ge-
messen und analysiert (Ulrich Roth et al. 2010).

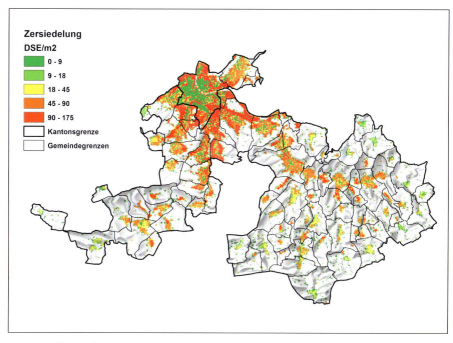

Zersiedelung
DSE/m2

- 0 - 9
- 9 - 18
- 18 - 45
- 45 - 90
- 90 - 175
- Kantonsgrenze
- Gemeindegrenzen

4 Die Zersiedelung in den Kantonen Basel-Stadt und Basel-Landschaft im Jahr 2010. Die Auflösung der Darstellung beträgt 100 mal 100 Meter.

Entwicklung der Zersiedelung in Basel-Landschaft von 1885 bis 2010

Von 1885 bis 2010 hat die Zersiedelung in Basel-Landschaft von 0,37 DSE/m^2 auf 6,77 DSE/m^2 zugenommen. Dies entspricht einer Steigerung um über 1800 Prozent (Abbildung 3). Die stärkste Zunahme der Zersiedelung erfolgte dabei in der Zeit von 1960 bis 1980, als im Zuge der Suburbanisierung grosse Gebiete des Kantons mit Siedlungsflächen von geringer Dichte überbaut wurden. Von 1885 bis 2010 hat die Anzahl der Einwohner und Arbeitsplätze im Kanton um 385 Prozent zugenommen, die Siedlungsfläche aber um 583 Prozent. Jedem Einwohner und Arbeitsplatz steht heute also eine grössere Siedlungsfläche zur Verfügung. Dies bedeutet aber, dass die Ausnützung der Siedlungsflächen schlechter geworden ist, die Flächeninanspruchnahme also gestiegen ist. Zusammen mit der weiter angestiegenen Dispersion erklärt dies die massive Zunahme der Zersiedelung in Basel-Landschaft. Dies zeigt deutlich, dass sowohl die Zunahme der Einwohner, das überproportionale Wachstum der Siedlungsfläche pro Einwohner (steigender Wohnflächenbedarf) und die grosse Ausdehnung der Siedlungsflächen als auch die damit einhergehende höhere Dispersion Faktoren der Zersiedelung im Kanton sind.

Die Mehrzahl der Gemeinden nahe an Basel-Stadt und in den Ebenen des Fricktals und des Laufentals ist mittel bis stark zersiedelt. Die im Jahr 2010 am stärksten zersiedelten Gemeinden sind Bottmingen und Münchenstein mit jeweils 31 DSE/m^2, gefolgt von Binningen (30 DSE/m^2) und Birsfelden (24 DSE/m^2). Gering bis mittel zersiedelt sind am Rand des Kantons gelegene Gemeinden, die noch ländlich geprägt sind. Entsprechende Beispiele sind die am wenigsten zersiedelten Gemeinden Rothenfluh, Roggenburg, Eptingen und Zeglingen mit Werten der gewichteten Zersiedelung von 0,5 DSE/m^2. 20 Gemeinden besitzen einen hohen bis sehr hohen Grad der Zersiedelung von über 10 DSE/m^2. Weitere 19 Gemeinden Werte zwischen 5 und 10 DSE/m^2, was ebenfalls eine deutliche Zersiedelung bedeutet. In 36 Gemeinden liegt der Wert der Zersiedelung zwischen 1 und 5 DSE/m^2. In diesen Gemeinden ist besonderes Augenmerk nötig, um zu verhindern, dass in Zukunft das weitere Wachstum zu einem Anstieg der Zersiedelung führen wird. Nur in elf Gemeinden liegt der Wert unter 1 DSE/m^2. Hier ist die Zersiedelung unproblematisch.

Aufschlussreich ist auch die Betrachtung der Zersiedelung in einer feineren Auflösung als auf Gemeindeebene. In einer solchen Darstellung können Aussagen zur Zersiedelung bis auf die Ebene der einzelnen Quartiere gewonnen werden. Abbildung 4 zeigt die Zersiedelung der Kantone Basel-Landschaft und Basel-Stadt mit einer Auflösung von 100 Metern. Deutlich zu sehen sind die dicht bebauten Gebiete in der Stadt Basel mit einer geringen Flächeninanspruchnahme pro Person oder Arbeitsplatz. Somit resultiert hier eine geringe Zersiedelung, und diese Flächen erscheinen in der Abbildung dunkelgrün. Weitere grüne Flächen mit geringer Zersiedelung finden sich in einzelnen Gemeinden des Kantons Basel-Landschaft in den historischen Dorfkernen. Auch hier finden sich relativ hohe bauliche Dichten. Beispiele dafür sind die Gemeinden Laufen, Liestal oder Sissach. Rund um diese dichten Kernbereiche finden sich fast in allen Gemeinden Flächen mit einer ausgeprägten Zersiedelung. In der Abbildung 4 sind diese Gebiete orange und rot eingezeichnet. Diese Gebiete zeichnen sich dadurch aus, dass sie meistens grössere Siedlungsflächen umfassen, die wenig dicht bebaut sind und oftmals auch eine hohe Streuung besitzen. Dies sind zum Beispiel grosse Einfamilienhausquartiere oder ausgedehnte Industrieareale oder Infrastrukturanlagen.

Zersiedelung in der Schweiz und den Kantonen

Die Zersiedelung in der Schweiz im Jahr 2010 betrug 2,48 DSE/m^2 (Abbildung 5). Höhere Werte als im schweizerischen Durchschnitt finden sich in den Kantonen des Mittellandes. Der am stärksten zersiedelte Kanton im Jahr 2010 ist Basel-Landschaft mit einem Wert von 6,77 DSE/m^2. Fast exakt gleiche Werte der Zersiedelung von annähernd 7 DSE/m^2 finden sich auch in den Kantonen Aargau und Zürich. Die geringsten Werte der Zersiedelung finden sich in den Bergkantonen. Hier ist aber zu berücksichtigen, dass grosse Anteile der Fläche dieser Kantone gar nicht besiedelbar

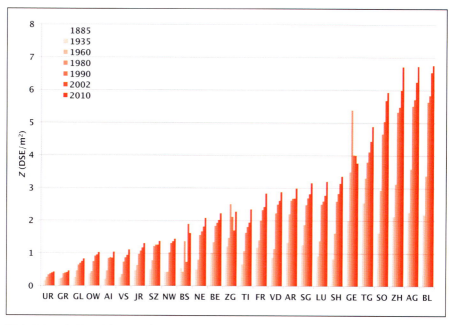

5 Entwicklung der Zersiedelung 1885 bis 2010 in der Schweiz und den Kantonen.

sind, zum Beispiel das Hochgebirge, die Gletscher oder Felswände. Ein ebenfalls relativ geringer Wert der Zersiedelung findet sich in Basel-Stadt. Hier drückt die dichte Besiedlung und somit die geringe Flächeninanspruchnahme den Wert der Zersiedelung.

Seit 1885 hat die Zersiedelung in allen Kantonen stark zugenommen. Im Allgemeinen ist die Zersiedelung in den Kantonen am stärksten angewachsen, die bereits im Jahr 1885 einen relativ hohen Wert der Zersiedelung besassen. Die stärksten relativen Zunahmen finden sich aber in den Kantonen Neuenburg, Wallis und Appenzell-Innerrhoden. Seit 2002 hat sich die Zunahme der Zersiedelung in der Schweiz wieder stark beschleunigt, in zehn Kantonen ist die jährliche Zunahme der Zersiedelung zwischen 2002 und 2010 die höchste aller Zeiten. Dies im Gegensatz zu Basel-Landschaft, wo ein Maximalwert der Zersiedelung langsam erreicht zu sein scheint. Mit Ausnahme von Basel-Stadt, Zug und Genf ist dabei in allen Kantonen eine kontinuierliche Zunahme der Zersiedelung während der Zeitperiode 1885 bis 2010 zu beobachten. Im Kanton Basel-Stadt erfolgte in den Perioden 1935 bis 1960, 1980 bis 1990 und 2002 bis 2010 jeweils eine Abnahme der Zersiedelung. In diesen Perioden wuchsen die Bevölkerung und die Anzahl der Arbeitsplätze im Kanton schneller als die Siedlungsfläche. Somit verringerte sich die Flächeninanspruchnahme, und die Zersiedelung reduzierte sich. Im Kanton Genf ist seit dem Höhepunkt um 1980 eine Abnahme der Zersiedelung erfolgt. Im ganzen Kanton wird nur sehr restriktiv neu eingezont. Auch wurde es ermöglicht, Siedlungsflächen deutlich zu verdichten. Beide Massnahmen führten dazu, dass sich der Wert der Zersiedelung seit seinem Höhepunkt um 30 Prozent reduziert hat. Im Kanton Zug führten gesetzliche Bestimmungen über klare Siedlungsbegrenzungen und hohe bauliche Dichten in den Zentren zwischen 1980 und 2002 zu einer deutlichen Reduzierung der Zersiedelung. Diese drei Beispiele zeigen, dass es mit klaren Massnahmen und deren konsequenter Durchsetzung nicht nur möglich ist, die Zersiedelung zu bremsen oder zu stoppen, sondern sie sogar zu reduzieren.

Wie weiter?

Das Unbehagen in der Bevölkerung angesichts der zunehmenden Zersiedelung der Schweiz hat sich in den letzten Jahren deutlich gezeigt. Die Annahme der Zweitwohnungsinitiative oder die deutliche Zustimmung zur Teilrevision des Raumplanungsgesetzes auf nationaler Ebene sind deutliche Zeichen dafür. Auch im Kanton Basel-Landschaft mit seiner sehr hohen Zersiedelung ist dieses Gefühl des Unbehagens weit verbreitet. Zwar wurden in den letzten Jahren schon erfolgreiche Massnahmen eingeführt, die dazu geführt haben, dass die Zunahme der Zersiedelung seit 2002 relativ gering ausgefallen ist. Diese Massnahmen sind bei einer wohl weiter ansteigenden Bevölkerungszahl jedoch noch nicht ausreichend, um die Zersiedelung zu stoppen oder sogar deutlich zu reduzieren wie zum Beispiel im Kanton Genf. Weitere konkrete Massnahmen sind somit unumgänglich.

Als erster Schritt sollte eine kontinuierliche Beobachtung der Zersiedelung im Kanton mittels der Messmethode der gewichteten Zersiedelung erfolgen. Geplante Bauprojekte können schon im Voraus auf ihren Einfluss auf die Zersiedelung hin untersucht und gegebenenfalls angepasst werden. Allgemein sollte aber darauf geachtet werden, dass sich die Siedlungsflächen im Kanton nur noch minim ausdehnen. Das weitere Wachstum der Anzahl der Bewohner und Arbeitsplätze muss also über eine Nutzung von Baulücken, eine massvolle Innenverdichtung und eine nur minimale Ausdehnung der Siedlungsflächen abgefangen werden. Mit diesen Massnahmen sollte es dem Kanton Basel-Landschaft möglich sein, den Beispielen von Genf und Zug zu folgen und in Zukunft den Grad der Zersiedelung zu reduzieren.

Eine weitere Möglichkeit, die Zersiedelung zu begrenzen, besteht in der Einführung eines Grenzwertes. Grenzwerte sind in der Schweiz in verschiedenen Umweltbereichen, wie zum Beispiel dem Gewässerschutz oder bei der Reinhaltung der Luft, erfolgreich eingeführt worden. Seitdem diese Grenzwerte bestehen, hat sich in den allermeisten der betroffenen Umweltbereiche eine deutliche Verbesserung der Situation eingestellt. Als von der Zersiedelung stark betroffener Kanton könnte hier Basel-Landschaft mit kantonalen Grenzwerten der Zersiedelung eine Vorreiterrolle einnehmen. Solch ein Grenzwert und auch die Verdichtung von Siedlungsflächen können dem einzelnen Bürger als ein Eingriff in die persönliche Freiheit vorkommen. Auf der anderen Seite wird dadurch aber das weitere Überbauen der Landschaft verhindert, und die negativen Folgen der Zersiedelung werden reduziert.

Literaturverzeichnis

- Ulrich Roth, Christian Schwick & Florian Spichtig: Zustand der Landschaft in der Schweiz. Zwischenbericht *Landschaftsbeobachtung Schweiz* (LABES). Umwelt-Zustand Nr. 1010, *Bundesamt für Umwelt*, Bern 2010, 64.
- Christian Schwick, Jochen Jaeger, René Bertiller & Felix Kienast: Zersiedelung der Schweiz – unaufhaltsam? Quantitative Analyse 1935–2002 und Folgerungen für die Raumplanung. Zürich, *Bristol-Stiftung*; Bern, Stuttgart, Wien 2010, Haupt. 114 Seiten + 4 Karten.
- Christian Schwick, Jochen Jaeger & Felix Kienast: Zersiedelung messen und vermeiden. Merkblatt für die Praxis 47. WSL, Birmensdorf 2011, 12.
- Christian Schwick, Jochen Jaeger, Anna Hersperger & Felix Kienast: Stark beschleunigte Zunahme der Zersiedelung in der Schweiz. *Geomatik Schweiz*, 2/2013. 6.

Bildnachweis

1   Martin Stohler, Basel.
2–5 Christian Schwick, *Die Geographen schwick + spichtig*, Zürich.

1 Das steigende Verkehrsaufkommen hat zur Umfahrungsstrasse von Sissach geführt. Der etwa 2 Kilometer lange, gut 300 Millionen Franken teure Kienbergtunnel mündet oberhalb Sissachs ins Kulturland, das erheblich umgestaltet wurde. Wo sind die Ergolz und wo der schöne «Galeriewald» geblieben? Links 1981, rechts 2008.

Klaus Ewald

Landschaftswandel – wohin?

Die Verbauung und Verstrassung binnen weniger Jahrzehnte hat das Baselbiet von der «Basel-Landschaft» in einen «Basel-Agglopolypen» verwandelt. Wucherndes Wachsen und Verdichten vergrössern den ökologischen Fussabdruck und die Abhängigkeit von weltweiten Importen zu Lasten Dritter und der Umwelt. Die «Hors-sol-Gesellschaft» lebt in Bezug auf die Umwelt immer risikoreicher. Im Folgenden werden die sichtbaren Auswirkungen skizziert.

Einstieg

Ein Artikel über Landschaftsveränderungen muss augenfällig sein, das heisst mittels Bilder und Karten zeigen und belegen, was in Raum und Zeit vollzogen wurde. Das ist hier aus Platzgründen nicht möglich; daher sei bereits hier auf die Literaturliste am Ende dieses Artikels[1] und die dort ebenfalls aufgeführten virtuellen Quellen verwiesen.

Zum 175-Jahr-Jubiläum 2013 stellte das *Bundesamt für Landestopografie* (in der offiziell dreisprachigen Schweiz zwar «swisstopo» genannt) Land(es)karten der Jahre 1938 bis 2006 im Internet zur Verfügung, und zwar so, dass man die Landschaftsveränderungen aufgrund der nachgeführten Karteninhalte jeder Gegend der Schweiz am Computer verfolgen kann.[2] Ebenfalls zu diesem Jubiläum hat Dr. Martin Rickenbacher einen 2011 publizierten Artikel mit Sissach als Beispielsgebiet erweitert und im Internet zugänglich gemacht.[3]

2 Hülften bei Pratteln in den 1950er-Jahren. Landwirtschaftlich und gartenbaulich genutzte Landschaft.

Landschaft

Landschaft ist die Kampfzone zwischen Mensch und Natur an der Erdoberfläche. Fachlich ist Landschaft ein beliebig grosser, dreidimensionaler Teil der Erdoberfläche samt der dort vorhandenen Substanzen, wie geologische Schichten, Sand oder Humus, Wasser, Pflanzen, Kleinlebewesen, Menschen und Zivilisationsprodukte. Dieser Landschaftsbegriff ermöglicht das ökologische Verstehen, also das Begreifen der Zusammenhänge zwischen natürlichen und menschgemachten Verhältnissen, wie zum Beispiel die Regenwasserüberschüsse aus versiegelten, das heisst betonierten, geteerten und bedachten Siedlungen in die Gewässer oder die nach wie vor bestehenden (nur aus den Medien verschwundenen) Waldschäden oder die wegen mangelnder Reinigung mit Hormonen, Kosmetika, Antibiotika, Nanopartikeln und Ähnlichem belasteten Fliessgewässer.

Die Landschaft im Begriff «Basel-Landschaft» stammt aus der Zeit vor der Trennung, denn für die Stadt Basel war die «Landschaft Basel» ihr Komplementärraum, wo die Untertanen Nahrung, Handwerk und so weiter für die Stadt produzierten. Stadt und Land oder städtisch und ländlich gelten auch heute noch als Gegensätze, obwohl bei genauerer Betrachtung nur noch geringe Unterschiede bestehen.

3 Dieselbe Sicht wie in Abbildung 1 im Jahr 2008. Autobahnen und deren Infrastruktur beanspruchen grosse Landflächen, die in der Regel vorher Landwirtschaftsland waren.

Landschaftswandel oder Landschaftsveränderungen

In Mitteleuropa sind natürliche Veränderungen durch Vulkanausbrüche oder gross-räumige Bergstürze seltene Ereignisse. Daher sind nahezu alle Landschaftsverände-rungen nicht Schicksal, sondern von Menschen verursacht, und die meisten so ge-nannten Naturkatastrophen sind Folgen kurzsichtigen und unökologischen Pfusch-werks in der Landschaft.

Landschaftswandel im Zeitraffer

0,1 Millionen Kubikmeter Kies ist durch die eiszeitliche Kiesbildung entstanden. Heute verbraucht man in der Schweiz pro Jahr etwa 30 Millionen Kubikmeter Kies.[4] Die Verwertung dieser kaum vorstellbaren Menge hat verschiedene Auswirkungen. So ist eine riesige Lastwagenflotte im Einsatz und erzeugt Verkehr, Lärm, Erschütterungen, Abgase, Abrieb, Hoch- und Tiefbau. Aber auch Aushub, Abtransport, Umlagerung, Versiegelung, Kulturlandverlust, Landschaftszerschneidung und Biotopzerstörungen sind Folgen des Bauens. Die Veränderungen durch Hausbauten aller Art sowie durch

Gebäudekomplexe bis hin zu Shoppingcentern sowie Verkehrsanlagen (wie zum Beispiel Autobahnen, Strassen, Trassen, Verkehrskreisel, Lärmschutzwände, Autosilos, Parkplätze) fallen am ehesten auf. Ein Blick auf die Zeitreihe der Internetkarten des Birstales zeigt, wie sich eine Agglomerationswelle von Basel aus nicht nur ins Baselbiet, sondern auch in andere Gebiete ergiesst.[5] Der «Beton-Tsunami» ist in allen Tälern zu beobachten, wobei das Ergolztal und die Frenkentäler unterschiedliche Bebauungsgeschwindigkeiten zeigen. In der «Bandstadt» von Frenkendorf/Füllinsdorf bis Ormalingen gibt es heute auf der Hauptstrasse kaum mehr «Ausserortsgeschwindigkeiten»; Gleiches gilt auch im Häusermeer von Sissach bis Diegten.

Noch bis in die 1950er-Jahre waren die Dörfer und auch grössere Ortschaften samt Wegenetzen quasi als Individuen zu erkennen, da fast jedes Dorf eigene, typische Merkmale aufwies: Krummes war und blieb krumm, und Miststöcke wie Obstbäume gehörten zum Dorf und prägten das Landschaftsbild. Diese Eigenheiten und Charaktere sind den stupiden und nivellierenden Normen von Hoch- und Tiefbau einschliesslich der so genannten Sicherheitsvorschriften des Verkehrs ersatzlos geopfert worden.

Doch es sind nicht nur der Kulturlandfrass und das Bauen bis zu den Waldrändern, die einem ins Auge springen. Kommt hinzu, dass es kaum mehr Komplementärräume gibt. Um dies zu illustrieren, folgendes Gedankenexperiment: Die Fläche des Kantons Basel-Landschaft beträgt 518 Quadratkilometer. Die etwa 278'000 Einwohner, auf diese Fläche verteilt, ergeben eine Volksdichte von 537 Einwohnern pro Quadratkilometer. Aber weder im Wald noch im Kulturland wohnt jemand (ausser Landwirtschaftspersonal und Ähnliches). Also müsste man eigentlich die 17 Prozent Siedlungsfläche der Totalfläche von 518 Quadratkilometer als Basis für die Berechnung der Volksdichte nehmen, was gerade mal 88 Quadratkilometer sind. Unter diesen Voraussetzungen ergibt sich eine Dichte von etwa 3159 Einwohnern pro Quadratkilometer! Vor 60 Jahren noch gab es im Kanton Basel-Landschaft 21 Gemeinden mit stagnierender oder abnehmender Volksdichte.[6]

Mit der Verbauung und Verstrassung geht Kulturland unwiederbringlich verloren. Daher ist die Studie von Moser zur Ernährungsfläche der Agglomeration Basel äusserst aktuell. Die Ernährung der Basler und Baselbieter Bevölkerung bräuchte das offene Ackerland, das Grasland und die Obstbaufläche bis weit über die Kantonsgrenzen hinaus: im Westen weiter als Delsberg; im Süden bis gegen Solothurn, und im Osten bis gegen Baden.[7]

Der ökologische Fussabdruck eines Einwohners der Schweiz beträgt gegenwärtig (inklusive fossile Energie und Meeresprodukte) etwa 5 globale Hektaren.[8] Die Bevölkerung von Baselland fusst dementsprechend auf einer Fläche von 13'900 Quadratkilometern, was etwa dem 27-Fachen der effektiven Kantonsfläche entspricht.

Wo sollen sich die Leute erholen und den Stress abbauen? Die Wälder sind nur für einen geringen Anteil der Bevölkerung ein Ort der Erholung. Das Kulturland dient der Landwirtschaft. Also flüchtet ein Grossteil in die und via die Mobilität, das heisst von Stau zu Stau, was zusätzliche Probleme schafft. Noch mehr Strassen und Wachstum gehen in jedem Fall auf Kosten von «Etwas», und dieses Etwas ist in der Regel die sprach- und wehrlose Umwelt oder Landschaft. Nur ein Beispiel: Die Umfahrung von Liestal ist – im Blick auf die Landschaft – nicht nur eine Fehlplanung sondern eine Katastrophe, denn die Ergolz und deren schon vor Jahrzehnten gestohlenes Pendelband als Verkehrsachse zu missbrauchen, war und ist ein «ökologisches Verbrechen».

Die gebetsmühlenartig wiederholten Beteuerungen über die Wichtigkeit erneuerbarer Ressourcen verschweigen beziehungsweise übersehen die Endlichkeit sowohl des möglichen Landschaftsverbrauchs als auch der Naturausbeutung. Der Umgang mit Landschaft und Natur muss neu konzipiert werden.[9]

Anmerkungen

1 In zeitlicher Reihenfolge: Ewald 1978 (mit LK 1067, 1068, 1069); Ewald 1982 (mit Kartogrammen 1917, 1956, 1977); Tanner; Ewald/Klaus 2009, 2010 (mit 29 Abbildungen zum Thema aus Baselland); Weber.

2 *Bundesamt für Landestopografie swisstopo* 2013.

3 Rickenbacher 2013.

4 Ewald/Klaus 2010, 358.

5 Ewald 1982.

6 Ewald 1966.

7 Moser 2012.

8 *Bundesamt für Statistik* 2013.

9 Ewald/Klaus 2010, 590 ff.

Literaturverzeichnis

- *Bundesamt für Landestopografie swisstopo*, Wabern, 2013; siehe http://s.geo.admin.ch/9b465c83 und http://www.swisstopo.admin.ch/internet/swisstopo/de/home/175/timetravel.html.
- *Bundesamt für Statistik*, Neuchâtel, 2013: www.bfs.admin.ch: Thema 21: nachhaltige Entwicklung.
- Klaus C. Ewald: Veränderungen der Volksdichte, der Hausdichte und der Behausungsziffer von 1950 auf 1960 in den Kantonen Baselland und Basel-Stadt, in: *Baselbieter Heimatbuch* 10, 1966, 184–192.
- Klaus C. Ewald: Der Landschaftswandel. Zur Veränderung schweizerischer Kulturlandschaften im 20. Jahrhundert. Berichte der Eidgenössischen Anstalt für das forstliche Versuchswesen, Birmensdorf, Nr. 191, 1978; als SA NFG 30, 1978, 55–308; mit 11 Karten und 3 Kartenausschnitten im Schuber. Diese Publikation samt Karten ist beim Autor gratis (CHF 9.00 für Porto und Verpackung) erhältlich.
- Klaus C. Ewald: Natur- und Landschaftsschutzprobleme der Basler Agglomeration, in: *Regio Basiliensis* 23, 1+2, 1982, 70–87.
- Klaus C. Ewald und Gregor Klaus: Die ausgewechselte Landschaft. Vom Umgang der Schweiz mit ihrer wichtigsten natürlichen Ressource. Bern, Stuttgart, Wien, Haupt, (1. Auflage) 2009, 752, Schuber mit 8 Karten. (2. Auflage) 2010, 660, ohne Karten.
- Adrian Moser: Ernährungsfläche der Agglomeration Basel. Ein Versuch der Visualisierung. Masterarbeit Umwelttechnik und -management, *Fachhochschule Nordwestschweiz*, 2012, 69.
- Martin Rickenbacher: Zeitreihen – eine neue Herausforderung für das Bundesamt für Landestopografie swisstopo, in: *Cartographica Helvetica* 44, 2011, 35–41.
- Martin Rickenbacher: Zeitreihen bei *swisstopo*. 2013. http://www.swisstopo.admin.ch/internet/ swisstopo/de/home/topics/geodata/historic_geodata/key_dat/tim_se.html.

- Karl Martin Tanner: Augen-Blicke. Bilder zum Landschaftswandel im Baselbiet, *Quellen und Forschungen zur Geschichte und Landeskunde des Kantons Baselland* 68, 1999, 264; 2. Auflage 1999; 3. Auflage 2001.
- Urs Max Weber: brennpunkt ortskern. «bild geschichten bl» 2, *Verlag des Kantons Basel-Landschaft*, Liestal, 2010, 120.

Bildnachweis

1   Klaus Ewald, Gerzensee.
2   Edith Bader (-Rausser), Binningen.
3   Klaus Ewald, Gerzensee.

Ueli Mäder

Baselland: eine kleine Utopie

Wer eine Zeitreise durch die vergangenen Jahrhunderte der Baselbieter Siedlungsgeschichte unternimmt, stellt fest, dass in den letzten Jahrzehnten viele Gemeinden sich enorm ausgedehnt haben und die Zahl der Gebäude stark zugenommen hat. Wird das immer so weitergehen, bis die ganze Landschaft mit Häusern und Strassen zugebaut ist? Wir haben Ueli Mäder, Professor für Soziologie an der Uni Basel mit Sissacher Wurzeln, gebeten, für uns einen Blick in die Zukunft zu werfen. Mit seinem utopischen Fernrohr hat er «vo Schönebuech bis Ammel» Erstaunliches gesehen. – Im Anschluss an seinen Bericht aus der Zukunft hat ihm das *Baselbieter Heimatbuch* fünf Fragen gestellt.

Baselland ist im Jahr 2030 eine Föderation mit etwa zwanzig politischen Gemeinden. Die eine oder andere Gemeinde umfasst mehrere Dörfer. Eine Gemeinde zählt durchschnittlich 15'000 Personen.

Wirtschaftlich kooperiert Baselland eng mit dem erweiterten Verbund Nordwest und der Regio Basiliensis. Ebenso mit dem Elsass, dem Südbadischen und dem Jura. Alle wollen möglichst viel regional produzieren und austauschen. Und das aus ökologischen und sozialen Gründen.

Konstruktiv und widerständig

Baselland verfügt über viel Grün. Die biologische Landwirtschaft erzeugt die Grundnahrung für die rund 300'000 Ansässigen. Zudem reichlich Eier, Gemüse, Fleisch und Früchte für die städtischen Agglomerationen. Die Landwirtschaft basiert auf traditionellen Familienhöfen und genossenschaftlichen Kleinbetrieben. Das Kultivieren des Landes ist für junge Familien attraktiv. Etliche arbeiten und leben zusammen. Sie bieten auch Gästen stilvoll eingerichtete Zimmer an. Ferien auf dem Bauernhof sind beliebt. Gäste reisen von weithin an. Die Mansarden im Dachgeschoss sind für Sozialdienstleistende reserviert. Nach ihrer ersten Ausbildung leisten alle Jugendlichen einen sechsmonatigen Zivildienst. Auf dem Hof kümmern sie sich um Kinder, Betagte und Randständige, die freiwillig mitarbeiten. Das ausgebaute Stöckli ist für Angehörige und weitere Ältere aus der Umgebung. Das Angebot ergänzt die attraktiven Pensionen der *Pro Senectute*, die – mit Kindergärten, Spielplätzen, Werkstätten und Tiergärten kombiniert – auch Jüngeren offenstehen.

Die Landwirtschaft ist eng mit dem verbreiteten Kleingewerbe verknüpft. Ebenso mit industriellen Unternehmen, die viele regionale Ressourcen nutzen und verarbeiten. Die Zyklen sind fein aufeinander abgestimmt. So lassen sich auch fast alle Abfälle verwerten. Die Larven der Seidenraupen, die auf den Feldern mitgezüchtet werden, dienen beispielsweise als Nahrung für die Fischzucht. Die Abfälle der Fischzucht kommen wiederum der Schweinemast zugute. Und die Schweinemast erzeugt – nebst Fleisch – viel Dung für die Pflanzen und für die Gewinnung von Biogas. In jedem

Quartier wird in einem grossen Glasbehälter Biogas aus organischen Resten und getrocknetem Dung verwertet. Hinzu kommen weitere erneuerbare Energien. Helle Solarzellen zieren Hausdächer sowie die Verschalungen der Eisen- und Autobahn. Und leichte Windräder kreisen auf dem Bölchen, der Hinteren Egg und auf weiteren geeigneten Höhen. Viel Energie generieren auch ausgeklügelte Dynamos. Sie sind an Fahrrädern, Fitnessgeräten sowie an privaten und öffentlichen Tretmühlen montiert, die sehr beliebt sind. Auch, weil sie – nebst Energie – die körperliche Beweglichkeit und Gesundheit fördern. Die Dynamos verwandeln die Energie direkt in Strom, den kleine Batterien ohne grossen Verlust lange speichern können. Die Fahrräder sind leicht und schnell. Ein Teil der selbst erzeugten Energie speist den Elektromotor. Wer in Zunzgen wohnt und in Eptingen die Kraftorte der Mineralquellen besucht, fährt in der Regel mit dem Velo hin. Der Weg geht dem Diegterbach entlang durchs Grün. Bäume verkleiden die parallel geführte Autobahn. Die Elektrofahrzeuge sausen schier lautlos durch die Gegend. Dank Forschung. Sie hat enorme Fortschritte gemacht und ist ein wichtiger Erwerbszweig in Baselland. Auch im IT-Bereich und in der Medizin. Moderne Technologien ergänzen traditionelle Verfahren, die neu kultiviert werden. Wie in der (Natur-)Heilkunde, die ganzheitliche Lebensformen unterstützt. Baselland verknüpft die Tradition mit der Moderne und die Subsidiarität mit der Solidarität. Die neue Subsistenz ist ökologisch sinnvoll und macht unabhängig. Baselland tickt einfach, konstruktiv und widerständig.

Partizipativ und innovativ

Die durchschnittliche Erwerbszeit liegt in Baselland im Jahr 2030 bei 30 Wochenstunden. Der Anteil für Selbstverwaltung und demokratische Mitbestimmung ist dabei integriert. Auch in Betrieben, die privatisiert sind. Sie praktizieren die Mitsprache und Mitbestimmung der Mitarbeitenden ebenfalls recht ausgeprägt. Die Beteiligung fördert die Motivation und das Betriebsklima. Die intensive Weiterbildung regt die Kreativität an. Sie qualifiziert die Arbeitsprozesse und erhöht die Produktivität. Verbreitet sind gemeinwirtschaftliche Unternehmen. Mit einheitlichen Löhnen. Eine Stunde Arbeit gilt als eine Stunde Arbeit. Egal, ob jemand etwas langsamer ist. Dieses Verständnis unterstützt die Solidarität untereinander. Etwas höher darf der maximale Lohn für Personen mit besonderen Verpflichtungen sein, aber höchstens doppelt so hoch wie der minimale Lohn im Unternehmen. Das Prinzip heisst miteinander und füreinander. In Wirtschaft und Gesellschaft. In Quartieren engagieren sich Familien und Wohngemeinschaften für Mittagstische, Aufgabenhilfen und Freizeitanlässe. Sie organisieren soziale und kulturelle Aktivitäten. Beliebt sind philosophische Lesezirkel, gemeinsame Theateraufführungen und Austauschprogramme mit andern Gemeinden. So etwa mit Partnergemeinden in Osteuropa und sogar in südlichen Kontinenten. Ein wichtiges Ziel ist der soziale Ausgleich. Er reicht weit über den eigenen Gartenzaun und regionale Grenzen hinweg. Das globale Bewusstsein will eine Welt-

gemeinschaft, in der alle Menschen ihre existenziellen Bedürfnisse befriedigen und sich weiter entfalten können.

Aber zuhause muss beginnen, was international gelten soll. *Global denken, lokal handeln*. So lautet das alte Motto, das Baselland neu belebt und verwirklicht. Baselland nutzt seine Ressourcen so, dass sie sich wieder erholen können. Baselland orientiert sich auch an einem konkret gefassten und verständlich kommunizierten Imperativ. Alle sollen sich so verhalten, dass Erde und Gemeinschaft nicht geschädigt werden. Ja, einer Gesellschaft geht es gut, wenn es möglichst allen gut geht. Diese einfache Sicht wirft auch die Frage auf, was eigentlich wichtig ist im Leben. Geht es primär darum, alles schneller drehen zu lassen und permanent angstbesetzt die Effizienz zu optimieren? Oder geht es um mehr: um Zufriedenheit, Sinn und ein bisschen Weisheit? Baselland hält diese Werte hoch. Als Grundlage dient die garantierte Existenzsicherung. Wer mit eigener Tätigkeit zu wenig Einkommen erzielt, erhält Ergänzungsleistungen. Das macht Menschen unabhängig und stärkt ihnen den Rücken. Sie können so einfacher etwas ausprobieren und zum Beispiel einen eigenen Betrieb gründen, eine Näherei für Theaterkostüme oder eine Werkstatt für Fahrräder. Die Ergänzungsleistungen lohnen sich jedenfalls, auch wirtschaftlich. Renten rentieren. Sie schaffen über Konsum- und Mietausgaben viele Arbeitsplätze und haben eine höhere Wertschöpfung als viele andere Investitionen. Aber das soll hier kein zentrales Argument sein. Denn die soziale Sicherung ist vor allem wichtig, weil sie Menschen darin unterstützt, zufrieden und glücklich zu leben. So weit meine kleine Utopie. Sie ist eigentlich simpel und deutet nur an, was real möglich sein könnte. Ob es dann so oder etwas anders herauskommt, ist keine Frage der Prognose. Wichtig sind partizipative und innovative Prozesse. Baselland hat dazu günstige Möglichkeiten und Perspektiven. Um sie zu verwirklichen, ist kein grosser, genialer Wurf erforderlich. Vielmehr ist jeder Schritt ein Schritt, der in die richtige Richtung führt. Dabei hilft es, bestandene Traditionen stets kritisch zu reflektieren und eine dialogische Kultur offener Auseinandersetzung zu pflegen. Dazu gehören unabdingbar Konflikte, die verbinden, sowie geruhsame Pausen und Gelassenheit. Manchmal müssen wir eine Schlaufe drehen und uns genug Zeit gönnen, um besser ‹fürschi› zu kommen. Und ab und zu hilft es auch, ein wenig zurückzuschauen und das Einfache zu entdecken, das uns – im Sinne der Bescheidenheit – wieder mehr leiten sollte.

Nachgefragt

Baselbieter Heimatbuch: *In Ihrem Blick in die Zukunft scheint es im Baselbiet keine nennenswerte Industrieproduktion mehr zu geben. Schreiben Sie hier einfach den Deindustrialisierungstrend der letzten Jahrzehnte fort?*

Ueli Mäder: Die industrielle Produktion konzentriert sich stark auf lokale Güter, die sich regional verwerten lassen. Und da ist ja das ansässige Kleingewerbe stark. Dies auch wieder bei den Textilien. Was darauf hinweist, wie aufgefächert die neue Produktion ist. So lassen sich Energie sparen und einseitige Abhängigkeiten vermeiden. Schon früher hätte die Schweiz die Textilprodukte vom vorab industrialisierten England haben können. Und zwar zu extrem günstigen Preisen. Die Schweiz legte aber Wert darauf, die eigenen Produktionsmittel zu entfalten. Das ist auch heute wieder sinnvoll. Auch, um die Umwelt mehr zu schonen. Und das keineswegs nationalistisch motiviert. Die regionale Produktion setzt sich vielmehr weltweit durch. Hoch zentralisierte Industrien, die ihre Waren primär für globale Märkte produzieren, sind nicht einfach passé. Aber sie konzentrieren sich künftig auf wenige Produkte, bei denen spezifische Standortvorteile ganz wesentlich sind und komparative Kostenvorteile klar zum Tragen kommen.

Baselbieter Heimatbuch: *Was werden wir künftig exportieren, was importieren?*

Ueli Mäder: Der internationale Austausch wird selektiver. Auch, weil andere Regionen ihre Güter mehr lokal produzieren und verwerten. Aber wir bleiben selbstverständlich auf den Import wichtiger Rohstoffe angewiesen. Denn diese fehlen ganz einfach in der ganzen Schweiz. Wir werden ab und zu auch weiterhin Bananen und

Orangen essen; wobei wir wohl ganz andere Preise dafür bezahlen müssen, nämlich viel höhere. Zumal die Energie- und Transportpreise realer veranschlagt werden. Zudem werden die Preise für Primärgüter und für Rohstoffe an die Preise für industriell gefertigte Güter angepasst, die wir aus der Schweiz exportieren. Und damit meine ich jetzt nicht primär die Schokolade. Wir exportieren sonst, was bei einer nachhaltigen Nutzung als Überschuss entsteht und über die lokale Verwertung hinausreicht. Wichtige Exportprodukte sind – nebst Maschinen, Medikamenten und Uhren – vor allem Humankapital und Wissen. Sie sind im Baselbiet reichlich vorhanden. Denn der Kanton kultiviert seine bereits beachtlichen Ausbildungs- und Forschungsstandorte weiter. Eine hohe Bedeutung kommt dabei auch dem Know-how stark spezialisierter KMUs zu.

Baselbieter Heimatbuch: *Stichwort Wohnen – sind Einfamilienhäuser-Quartiere mit den von Ihnen beschriebenen Wohn- und Lebensformen vereinbar?*

Ueli Mäder: Viele Bürgerinnen und Bürger bevorzugen gemeinschaftliche Wohnformen. Sie entsprechen mehr dem neuen Ideal. Auch, weil sie vielfältige soziale Vorteile haben, gerade beim Betreuen von Kindern. Aber Einfamilienhäuser bleiben selbstverständlich erhalten. Und neue kommen da und dort noch hinzu. Im Sinne pluralisierter Lebensformen. Da sind vielfältige Angebote gefragt. Die üblichen Wohnquartiere ändern sich allerdings schon sehr. Im Aussehen und auch vom Geist her. Das zeigt sich an den Garten- und Heckenzäunen. Sie sind nur noch ganz vereinzelt vorhanden. In der Regel ist der gesamte Umschwung offen und gemeinschaftlich gestaltet. Mit Spielwiesen, Steinhügeln, Tümpeln, Feuerstellen und Gemüse-beeten. Wer ein Haus besitzt und selbst schon etwas in die Jahre gekommen ist, vermietet freie Zimmer günstig an Lehrlinge und Studierende, sofern der eigene Nachwuchs kein Interesse daran hat.

Baselbieter Heimatbuch: *Der Staat hat doch schon jetzt kein Geld mehr. Ist ein Ge-meinwesen, wie Sie es beschreiben, überhaupt finanzierbar?*

Ueli Mäder: Ja, auf jeden Fall! Das gemeinschaftliche Nutzen von Gütern und Räu-men senkt die Kosten. Geld verliert an Wert für soziales Ansehen. Und das Lebens-glück hängt nur beschränkt von den Konsummöglichkeiten ab. So geben sich viele Menschen mit weniger Prestigeprodukten zufrieden. Zudem steigert sich die Produk-tivität weiter dank forschungsbedingten Innovationen. Und die bessere Verteilung der Einkommen und Vermögen erhöht die staatlichen Einnahmen. Das ist ja heute ab-surd. Noch nie hat es historisch eine Gesellschaft gegeben, die so reich war wie die Schweiz heute. Und in kaum einem andern Land ist der Reichtum heute so einseitig verteilt wie in der Schweiz. In der Schweiz haben nach dem «Global Wealth»-Bericht der *Credit Suisse* (2010) weniger als 1 Prozent der privaten Steuerpflichtigen mehr Nettovermögen als die übrigen 99 Prozent. Und obwohl der Reichtum nach der Finanz- und Wirtschaftskrise wieder steiler denn je ansteigt, sinken die Anteile der sozialen Ausgaben am Brutto-Inlandprodukt. Das ist schon seit dem Jahr 2004 der Fall und eigentlich seltsam. Denn die Renten rentieren ja. Sie haben über Miet- und Konsumausgaben eine deutlich höhere Wertschöpfung als viele andere Investitionen. Zudem senken sich die Gesundheitskosten vor allem dann, wenn sich die soziale Stellung der Menschen verbessert. Je tiefer die Einkommen, desto höher sind heute die gesundheitlichen Beeinträchtigungen. Es lohnt sich also, den Reichtum besser zu verteilen, statt ihn bei einzelnen Wenigen zu horten. Besser verteilt, lassen sich mehr öffentliche Dienstleistungen und Güter finanzieren. Und davon könnte ja die ganze Bevölkerung profitieren.

Baselbieter Heimatbuch: *Denken wir nicht immer alle zuerst an uns? Die von Ihnen beschriebene Utopie kann doch schon deshalb nicht funktionieren – oder sehen Sie konkrete Erfahrungen, an denen wir anknüpfen könnten?*

Ueli Mäder: Menschen sind soziale Wesen. Wenn wir zur Welt kommen, sind andere schon da. Das ist vielleicht eine erste narzisstische Verletzung. Aber ohne andere Menschen könnten wir ja nie überleben. Und diese Erfahrung ist in uns gespeichert. Sie nährt sich ständig weiter. So verhalten sich heute unzählige Menschen in vielen Lebensbereichen sehr sozial. Das ist erfreulich. Und oft sind es gerade so genannt ein-fache Leute, die sich so verhalten. Und sie tun das, ohne sich damit zu brüsten. Ohne diese bescheidene Selbstverständlichkeit könnten die Schweiz und der Kanton Baselland kaum existieren. Viel Gemeinsinn kommt auch in Familien, im Vereins-wesen und bei ehrenamtlichen oder freiwilligen Tätigkeiten zum Tragen. Bei uns sind

jedenfalls die Anteile der unbezahlten Arbeit höher als die Anteile der bezahlten Arbeit.

Aber auch bei der bezahlten Arbeit ist eine Kultur möglich, die keineswegs auf purem Eigennutz gründet. Das zeigen viele genossenschaftliche Projekte. Bei etlichen Jugendlichen fällt mir zudem auf, wie sie sich zum Beispiel für Gemeinschaftsgärten und nicht an Profit orientierten Organisationen engagieren. Das ist ihnen offenbar ein grosses Bedürfnis. Sie entdecken hier einen sozialen Sinn, den sie sonst vermissen in einer Welt, die immer hektischer wird. Ich sehe heute also interessante gegenläufige Entwicklungen. Und das ist spannend. Es gibt Studierende an der Universität, die mich fragen, wie viele Kreditpunkte sie für ihre Ausbildung angerechnet bekommen, wenn sie ein zusätzliches Buch lesen. Das irritiert mich jeweils, ist aber verständlich in einem Umfeld, das sich pragmatisch an eng gefasster Nützlichkeit orientiert. Für Leistung gibt es ein Entgelt. Und weitere Anreize. Diese dienen dazu, noch mehr zu leisten. Was dabei zu kurz kommt, ist die Frage nach dem Sinn und das freiwillige Engagement. Dabei geht etwas verloren. Das nehmen jedoch etliche Jugendliche wahr. Sie wollen kein beliebiges Rädchen in einem kalten Funktionsmodell sein, das primär darauf abzielt, das ökonomische Wachstum weiter zu steigern. Daran lässt sich anknüpfen.

In früheren Gemeinschaften dominierte eine enge soziale Kontrolle. Das motivierte viele, mehr Freiheit in der Anonymität zu suchen. Die erstrebte «Coolness» erweist sich allerdings allmählich als allzu «cool». Damit erhöht sich da und dort die Bereitschaft, mehr soziale Verantwortung zu übernehmen. Und das ist wichtig.

Solidarität bedeutet Zusammengehörigkeit und Verbundenheit. Sie lebt davon, Verbindlichkeiten gemeinsam und demokratisch zu vereinbaren. Das sehen auch einzelne Reiche so. Sie plädieren für eine freiwillige Umverteilung. Sie befürchten, dass sonst der Arbeitsfrieden und der gesellschaftliche Zusammenhalt in die Brüche gehen könnten. Beim sozialen Ausgleich ist allerdings auf Freiwilligkeit kein Verlass. Die Existenzsicherung ist gesellschaftlich zu verankern. Sie stärkt Menschen den Rücken, die dann eher neue Formen sozialer Ökonomie ausprobieren und sich für eigene Interessen engagieren können. Noch sind diese alternativen Ansätze marginal. Aber jeder Schritt ist ein Schritt. Und Menschen sind hoffentlich lernfähig.

Bildnachweis

Fotografie: Severin Furter, Arboldswil. Idee & Konzept: Martin Stohler, Basel.
Grafische Umsetzung: Yves Binet, Basel.

1 Das stille Waldtal am Fusse des Burghügels (1787).

Brigitte Frei-Heitz

«Die Kunst folgt mit reinem Geschmacke den Winken, welche die Natur zur Verschönerung darbiethet»[1]

Die Arlesheimer *Ermitage* gab schweizweit den Impuls für den neuen landschaftlichen Gartenstil. In der Folge sind einige Landschaftsgärten im Baselbiet entstanden, die heute leider grossenteils verschwunden sind. Diese Trouvaillen sollen hier vorgestellt werden.

Die Natur als Vorbild

Mit der Eröffnung der *Ermitage* im Juni 1785 können die Zeitgenossen die erste, grössere Anlage im neuartigen Landschaftsgartenstil besuchen. Angeregt durch verschiedene gartentheoretische Schriften wie auch literarische Werke, wird die Natur als Ort von Schönheit und Wahrheit erlebt, die in vorbildlicher Weise auf das Gemüt des Menschen einwirken kann. So versteht sich der neue Gartenstil als künstlerische Grundhaltung, bei der die vorgefundene Landschaft als begehbares Gemälde erlebt wird, welches mit möglichst wenigen und raffinierten Kunstgriffen in seinem Ausdruck vervollständigt werden soll. Während in den benachbarten europäischen Ländern schon in der Mitte des 18. Jahrhunderts Gärten im «englischen Stil» überformt oder neu angelegt wurden, fand in der Schweiz dieser Wandel vom Barockgarten zum Landschaftsgarten vergleichsweise spät statt.

Die *Ermitage* als frühes Vorbild

Die Erbauer der ersten Anlagen nutzten die natürlichen Gegebenheiten des Orts aus und legten die Wege so kunstvoll an, dass der Ort in seiner ganzen Schönheit für den Spaziergänger erlebbar wurde. In der *Ermitage* lässt sich dieses Vorgehen beispielhaft nachvollziehen. Zu Beginn der «künstlerischen Leistung» liegt jedoch das Erkennen des stillen Waldtales mit Weiher und Grotten als Ganzheit und das Wissen um deren gestalterische Potentiale (Abbildung 1). Sukzessive wird die Anlage durch die beiden Erbauer Balbina von Andlau und Heinrich von Ligertz erweitert und ergänzt mit Gartenszenen, welche Ereignisse aus Literatur und Mythologie aufgreifen. Schon bald nach ihrer Eröffnung gehörte die *Ermitage* zu den bekanntesten Gartenanlagen des damaligen Europas. Die *Ermitage* in ihrer gestalterischen Qualität, Vielfalt und beachtlichen Grösse blieb zwar ohne direkte Nachfolge, doch war sie Vorbild für zahlreiche Gartenanlagen auf der Landschaft.

Gartenparadiese mit Weitsicht

Sensibilisiert für die bis anhin verhüllten Schönheiten der Natur, entdeckten die gebildeten Zeitgenossen die künstlerischen Qualitäten der landwirtschaftlich genutzten Wiesen und Felder. Manche Basler Familie besass ein landwirtschaftliches Gut, auf dem sie die Sommermonate verbrachte. Obwohl ganz auf den ökonomischen Nutzen ausgerichtet, lagen diese «Alphöfe» meist in schöner Aussichtslage, eingebunden in eine traditionelle Kulturlandschaft. Ihr ästhetischer Reiz wurde vielfach durch landschaftsverschönernde Massnahmen gesteigert und zum Anlass für die Erstellung eines Landschaftsgartens genommen. Dabei blieb oft, wie bei den englischen Vorbildern, der Übergang vom gartenkünstlerisch gestalteten zum landwirtschaftlich kultivierten Bereich fliessend. Der Seidenbandfabrikant Johann Rudolf Burckhardt-de Bary vervollständigte so 1794 auf seinem neu erbauten Gutshof *Erndhalde* (heute *Ärntholden*) oberhalb von Gelterkinden das malerische Ensemble von Gutshof, Weiden, Baumgruppen und Wäldchen mit einer kleinen Ermitage, die Zeitgenossen euphorisch beschreiben:

> «… Eine Art Wildniss – zu welcher man in einer kleinen Entfernung von des Eigenthümers Wohnung über lachende Fluren gelanget – erhöht um vieles das Reizende dieses interessanten Orts. Hohe Fichten und Tannen beschatten diesen einsamen Aufenthalt. Täuschend hat der Eigenthümer hier eine Kapelle angebracht, zu welcher man durch

2 Die Einsiedelei der *Erndhalde* oberhalb von Gelterkinden (1799).

verwildertes Gesträuch auf schicklich angelegten Fusspfaden gelangt. Unten an derselben trift man auf einen Weiher, der das Romantische dieser Stätte noch vermehrt. Die Kapelle selbst, deren Aussenseiten künstlich bemoost sind, ist mit Simplicität im gothischen Geschmacke erbaut. Der Eingang zu derselben hat zwey Fensteröffnungen zur Seite, die dem Geschmacke des Ganzen entsprechen. Auf der hintern Aussenseite dieser Kapelle fällt das Auge auf das in Lebensgrösse gemahlte Bild des in der Schweizer Geschichte so bekannten Eremiten, den Bruder Clauss aus Unterwalden. Von disem romantischen Orte hinweg führen belaubte Gänge und durch das Dickicht des Waldes gebahnte Spazierwege beynahe um das ganze Guth herum; hin und wieder sind dann an den Stellen, wo man eine freye Aussicht geniesst, Ruhebänke zur Bequemlichkeit und Erholung angebracht, so dass man hier nichts vermissen wird, was nur immer den Aufenthalt auf diesem Landsitz angenehm machen kann.»[2] (Abbildung 2)

J. R. Burckhardt-de Bary gehörte zu den vermögendsten Baslern seiner Zeit und schuf sich als Erbauer des eleganten Stadtpalais *Haus zum Kirschgarten* einen Namen. Die Familie wohnte oft auf der *Erndhalde* und empfing dort zahlreiche Gäste. So auch Johann Caspar Lavater, einen langjährigen Freund der Familie. «Unvergesslich wird mir Erndhalden, u. unvergesslich die Bewohner desselben seyn», schrieb Lavater nach seiner Rückkehr nach Zürich und entwarf als Dank ein «Erndthalden Lied».

Wie von der Ermitage der *Erndhalde* haben sich auch von jener des Alphofes *Bilstein* bei Langenbruck nur vereinzelte Spuren erhalten. Die spektakuläre Lage des Alphofes, in der Nähe der schroff abfallenden Felshänge des Schällenbergs gelegen,

3 Felsengarten des Alphofes
Bilstein bei Langenbruck
(1828).

bildete 1822 für den damaligen Besitzer Emanuel Burckhardt-Sarasin, Seidenbandfabrikant und Basler Ratsherr, den Ausgangspunkt zur Anlage eines Felsengartens mit
Einsiedelei (Abbildung 3). Steile Holztreppen und eine *Teufelsbrücke* führten die Besucher dem Wasserlauf entlang durch die Felsen. Denkmäler von Helden und Staats-
männern der Eidgenossenschaft und künstliche Turmruinen verwiesen auf die ruhm-
reiche Vergangenheit und Gegenwart des Landes, und Lusthäuschen luden die
Spaziergänger zur Rast ein.

Im Verlauf des 19. Jahrhunderts wurde der Garten vermehrt als weitläufige Anlage mit markanten Gehölzgruppen gestaltet. Auf eigentliche szenische Inszenie-
rungen wurde weitgehend verzichtet. Christoph Merian-Burckhardt, Agronom,

4 Der Garten des Alphofes *Mapprach* oberhalb von Zeglingen.

Grossgrundbesitzer und Privatier, liess in diesem Sinne auf seinem 56 Hektaren umfassenden Landgut *Brüglingen* bei Münchenstein einen landschaftlichen Garten in unmittelbarer Nähe der Villa anlegen (1839). Mit Ausnahme des Denkmals zu Ehren seiner früh verstorbenen Schwester Susanna Merian wurden hier keine Kleinbauten errichtet. Zahlreiche einheimische und fremdländische Baumarten und weite Wiesen prägen das Erscheinungsbild des Gartens bis heute.

Auf dem *Mapprach* bei Zeglingen, einem Alphof der Familie Zaeslin, bildete ein Sumpfgebiet in einer Hangmulde den Ausgangspunkt der gartenkünstlerischen Intervention (um 1870). Die neu gepflanzten Bäume spendeten an diesem sonst baumlosen Ort im Sommer kühlen Schatten, und ein kleines Rindenkabinett richtete den Blick auf den Weiher am Fusse einer mächtigen Esche. Der Garten, zum Schutze vor dem Vieh mit einer Hecke eingefasst, vermittelt bis heute Ruhe und Geborgenheit, ganz im Kontrast zur atemberaubenden Fernsicht an diesem Ort (Abbildung 4).

Landschaftsgärten für Fabrikanten

Neben Handel und Landwirtschaft wurde im Verlauf der Industrialisierung des 19. Jahrhunderts verstärkt die industrielle Produktion zur Einnahmequelle vermögender Gartenliebhaber. Die Werksareale, die nun entstanden, umfassten in der Regel neben den Fabrikationsbauten auch eine Fabrikantenvilla und Arbeiterhäuser. Da der neue

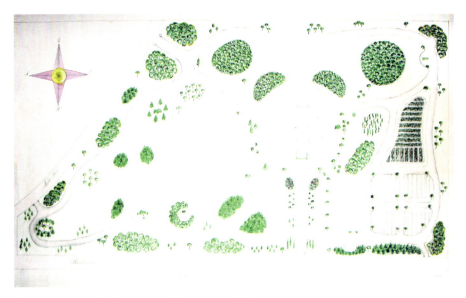

5 Der Gartenplan für die Villa Merian in Münchenstein (1834).

«Industrieadel» bestrebt war, seinem Wohnsitz einen repräsentativen Ausdruck zu verleihen, wurden oftmals nicht nur angesehene Architekten engagiert, sondern auch grosszügige Gartenanlagen im landschaftlichen Stil angelegt.

Der Textilfabrikant Ludwig August Sarasin-Merian liess sich so 1831 oberhalb seiner Baumwollspinnerei in der *Neuen Welt* (Münchenstein) an der Landstrasse ein Landhaus nach Plänen des Basler Architekten Melchior Berri erbauen. Ein Entwurf aus dem Jahr 1834, der mit den Initialen D.K. signiert ist, zeigt den dazugehörigen Landschaftsgarten. Gewundene Wege führen den Spaziergänger an kompakten Gehölzpflanzungen und lockeren Baumgruppen vorbei und geben den Blick auf die Rasenflächen und die Villa frei. Auch ein Nutzgarten ist in die Anlage integriert. Neben der landschaftlichen Komposition weist der Garten formale Elemente auf, beispielsweise die achsial auf das Haus zulaufende Zufahrt oder die davon sternförmig ausstrahlenden Wege. Gemäss Gartenplan waren verschiedene Laub- und Nadelbäume, darunter Pappeln, Fichten und eine Trauerweide, vorgesehen (Abbildung 5). Heute ist die *Villa Ehinger*, benannt nach der zweiten Besitzerfamilie, Teil der Schulanlage Gymnasium Münchenstein. Der einstige Garten ist zu grossen Teilen aufgehoben, und der Nutzgarten und die verschiedenen Wirtschaftsgebäude sind der heutigen Turnhalle gewichen.

Eine lange Standorttradition hat die vorindustrielle Anlage *Nieder-Schönthal* am Ufer der Ergolz bei Füllinsdorf. Für den von Eisenwerkbesitzer Samuel Merian-Frey um 1750 erbauten *Mittelhof* liess dessen Sohn Philipp Merian, Kaufmann und Unternehmer in Paris und den Niederlanden, nach 1822 einen Landschaftsgarten anlegen.

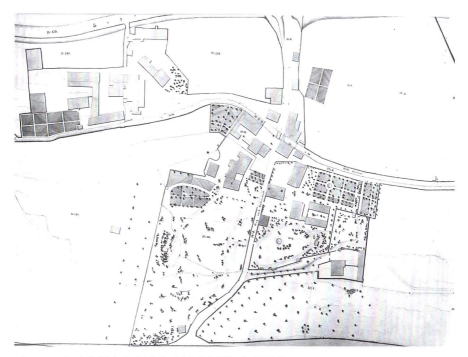

6 Der grosse landschaftliche Park *Nieder-Schönthal*, Füllinsdorf (1836).

Ein Situationsplan von 1836 dokumentiert die Anlage, die sich beidseitig der Strasse nach Füllinsdorf bis an die heutige Rheinstrasse erstreckte. Attraktionen waren neben den fremdländischen Bäumen und verschiedenen Weihern eine Grotte sowie das «Belvedere», ein Gartenpavillon am höchsten Punkt des Gartens. Bis auf einen sehr bescheidenen Rest ist die Gartenanlage im Zuge von Strassenbau und Zersiedelung jedoch zerstört worden (Abbildung 6).

In grösseren Teilen erhalten ist hingegen – bis auf einen eingefügten Verwaltungsbau von 1982 – der Garten der *Villa Glenck* in Pratteln. Der Salinendirektor der aufstrebenden *Saline Schweizerhalle*, Otto von Glenck, liess hier um 1860 eine Villa mit grosszügiger Gartenanlage errichten. Das Wohnhaus wirkt durch seine Situierung und Architektur im neogotischen Stil wie ein Staffagebau im Park. Bis heute ist der einst private Bereich des Fabrikherrn durch die Strasse von den Produktionsanlagen räumlich getrennt. Frühe Ansichten bilden die Gartenanlage zwischen Strasse und Rheinufer ab. Spazierwege führten von der Villa durch das leicht abfallende Gelände mit kleinräumlich angeordneten Baum- und Strauchgruppen. Vom Rheinufer aus konnte man bis 1914 mit einer Seilfähre ans gegenüberliegende deutsche Ufer übersetzen.

Anmerkungen

1 Beschreibung der romantischen Anlage des Freyherrn von Andlau Birsek, zu Arlesheim ohnweit Basel. Aus dem Bade daselbst an einen Freund. Freyburger Wochenblatt 1814; in: Vanja Hug: Die Ermitage in Arlesheim, Teil 2, Worms 2008, 81.

2 Taschenbuch der Geschichte, der Natur und Kunst des Kantons Basel. 2. Bändchen, Basel 1980, 44 ff.

Bildnachweis

1 *Denkmalpflege des Kantons Basel-Landschaft*, Liestal, Bildarchiv. Radierung: Johann Baptist Stuntz.

2 *Denkmalpflege des Kantons Basel-Landschaft*, Liestal, Bildarchiv.
Radierung: Friederich Christian Reinermann.

3 *Denkmalpflege des Kantons Basel-Landschaft*, Liestal, Bildarchiv.
Lithographie: Andreas Merian und Johann Rudolf Follenweider.

4 *Denkmalpflege des Kantons Basel-Landschaft*, Liestal, Bildarchiv. Aufnahme 2010.

5 *Denkmalpflege des Kantons Basel-Landschaft*, Liestal, Bildarchiv. Aquarellierter Plan.

6 *Denkmalpflege des Kantons Basel-Landschaft*, Liestal, Bildarchiv.
Aquarellierter Plan: Heinrich Siegfried.

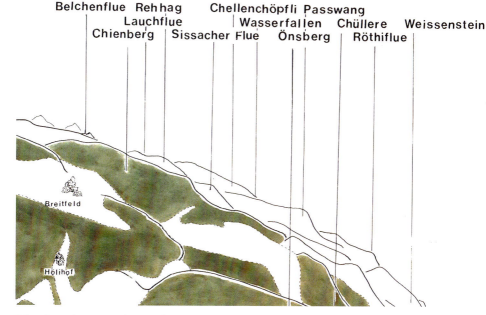

Belchenflue Rehhag   Chellenchöpfli Passwang
         Lauchflue   Wasserfallen   Chüllere   Weissenstein
   Chienberg | Sissacher Flue   Önsberg | Röthiflue

Breitfeld

Hölihof

1 Hans Dürrenberger, Ausschnitt aus dem Ovalpanorama vom Sunnenberg (vergleiche Abbildung 4), Siebdruck 1989.

Brigitte Meles

Liestaler Panorama-Sammlungen

Auf Gipfeln des Juras finden Wanderer zur Orientierung Panoramatafeln vor. Der Beitrag beschäftigt sich mit Panoramen, die sich in Baselbieter Sammlungen befinden.

Wer kennt sie nicht, die Panoramatafeln, die an markanten Aussichtspunkten installiert sind und in zeichnerisch vereinfachter Umsetzung die Ortschaften, Täler und Berge wiedergeben und benennen, die sich zu Füssen der Besucher ausbreiten? Ob das Panorama als «Allsicht oder Allschau» – so die Übersetzung des griechisch-lateinischen Begriffs –, im vollen Zirkelschlag von 360 Grad oder als Halbrundsicht von 180 Grad konzipiert ist, immer vergegenwärtigt es, was die «Gipfelstürmer» bei klaren Sichtverhältnissen bis zum entfernten Horizont wahrnehmen.

Dieser Beitrag richtet das Augenmerk auf zwei öffentlich zugängliche Panorama-Sammlungen in Liestal und auf Panoramen von geographisch herausragenden oder bemerkenswerten Punkten des Baselbiets sowie der näheren Region. Da beide Sammlungen unterschiedlich strukturiert und kaum im Bewusstsein der Öffentlichkeit verankert sind, werden sie hier vorgestellt.

Die *Kunsthistorische Sammlung (Archäologie und Museum Baselland)* beherbergt etwa 40 Panoramen, welche Aussichten von bekannten Bergkuppen und Fluen des Juras wiedergeben.[1] Eine zweite Sammlung befindet sich im Staatsarchiv des Kantons Basel-Landschaft.[2] Sie verzeichnet 425 Einträge, die jedoch nicht alle Panoramen betreffen, sondern auch Vogelschau- und Eisenbahnkarten.[3]

Die Entstehung und der Bestand der Sammlungen

Im Unterschied zu der auf das Baselbiet und die Aussichtspunkte im Aargau konzentrierten Kunsthistorischen Sammlung enthält der Bestand des Staatsarchivs Panoramen, die weit über die Region hinausgreifen.[4] Aus der Schweiz sind bekannte Ausblicke vertreten – vom Säntis[5] bis zum Gornergrat[6], vom Eggishorn[7] bis zum Monte Lema[8]. Manche wurden in den Jahrbüchern des *Schweizerischen Alpenclubs* reproduziert. Ausserdem ist ein Panorama der Schlacht von Murten[9] neben der Aussicht vom Denkmal auf der Forch[10] und vom Üetliberg[11] darin zu finden. Europäische Gipfel ausserhalb der Schweiz sind unter anderem präsent mit Panoramen vom Feldberg[12], vom Montblanc[13], aus den Dolomiten[14] und aus Kärnten[15], aussereuropäische Gebiete durch solche aus dem Himalaya[16] und aus Ägypten[17].

Diese erstaunliche geographische Spannweite ist einer ungewöhnlichen Sammler-Persönlichkeit zu verdanken. Der Basler Buchhändler Max Bider (1935–2012) führte bis 1997 ein Geschäft an der Heuwaage, das auf Reiseliteratur und Landkarten spezialisiert war (Abbildung 2). Ein Besuch auf dem Monte Generoso weckte seine Leidenschaft für Panoramen.[18] Das Erlebnis der grandiosen Aussicht liess ihn zum Sammler und Verleger von Panoramen werden. Der Austausch mit anderen Sammlern motivierte ihn zu einer eigenen geographisch weit ausgreifenden Sammlertätigkeit. Zuweilen konnte Max Bider besser erhaltene Doubletten von bereits vorhandenen Aussichten erwerben, weshalb berühmte Aussichtspunkte wie der Montblanc[19] oder der Gipfel des Faulhorns[20] mehrfach vorhanden sind. Zudem interessierte er sich für Landschaftsdarstellungen in allen Medien, was erklärt, dass seine Sammlung auch ein Relief des Wallis enthält.[21] Bider sorgte eigenhändig für die Präsentation seiner Bilder. In der Werkstatt seines Ferienhauses in Himmelried rahmte er seine Kostbarkeiten. Es erstaunt nicht, dass er auch Panoramen verlegte. In Peter Schmid-Ruosch (1927–2011) fand er einen begabten und engagierten Zeichner, mit dem er die Panoramen von der Belchenflue 1982, von der Hohen Winde 1984, vom Kirchturm der St. Chrischona-Kirche 1986 sowie die Aussicht von Himmelried-Dorf 1988 herausgab.[22] Der ehemalige Möbelschreiner war erst nach seiner Pensionierung zum Panoramisten geworden. Er schuf mehr als zwölf Streifenpanoramen. Im Begleittext zum Chrischona-Panorama schilderte er die mühevolle Herstellung eines solchen Rundbildes. Oftmals bestieg er den Turm des Chrischonakirchleins vergebens, wenn die Sichtverhältnisse wider Erwarten trüb waren oder ein plötzlicher Wetterumschwung eintrat.[23]

2 Max Bider 1990 auf einer Reise in Südafrika.

Auch der bescheidenere Bestand in der Kunsthistorischen Sammlung trägt den Stempel einer Baselbieter Persönlichkeit. Ihr Konservator, der Lehrer und Heimatforscher Dr. Paul Suter (1899–1989) äufnete die Sammlung mit zahlreichen eigenen Schenkungen,[24] weitere Donatoren waren der Basler Volkskundler Albert Spycher-Gautschy (geboren 1932) sowie der Liestaler Architekt und Panoramamaler Max Schneider (1916–2010). Die aus heutiger Sicht bedeutsamste Vergabung stammt von Pfarrer Fritz LaRoche-Gauss und seiner Gattin Magdalena. Sie übereigneten 1981 dem Kanton Basel-Landschaft das 1813 von Samuel Birmann (1793–1847) geschaffene Panorama vom Wisenberg. Das vor 200 Jahren entstandene Aquarell hält die Aussicht vom damals fast waldfreien Gipfel fest. Im Vordergrund türmen sich graue Steinblöcke. Der 20-jährige Künstler Samuel Birmann befand sich im Gefolge des Geologen Peter Merian (1795–1883) und des Mathematikers Daniel Huber (1768–1829), die den Wisenberg aus wissenschaftlichem Interesse aufsuchten. Daniel Huber begann 1813 mit der ersten trigonometrischen Vermessung des Kantons Basel. Peter Merian betrieb im Jura geologische Studien, die später ihren Niederschlag in seiner 1821 erschienenen «Übersicht der Beschaffenheit der Gebirgsbildungen in den Um-

3 Peter Schmid-Ruosch
auf dem Wisenberg-Turm
anlässlich der Einweihung
seiner Panoramatafeln am
1. Juni 2002.

gebungen von Basel mit besonderer Hinsicht auf das Juragebirge im Allgemeinen»
fanden. Samuel Birmann hielt auf seinem Rundbild den Mathematiker bei der Arbeit
fest und gab auch zwei für dessen Vermessung errichtete Signale auf der Belchenflue
und auf der Hohen Stelli wieder.[25] Sein Panorama dokumentiert in schönster Weise
die wissenschaftlichen Anstrengungen zur Erforschung und genauen Vermessung der
Basler Umgebung am Beginn des 19. Jahrhunderts.[26]

Ganz andere Voraussetzungen motivierten den Zeichner des jüngsten Panoramas
vom Wisenberg, den gebürtigen Emmentaler Peter Schmid-Ruosch (Abbildung 3). Er
schuf in dreijähriger Feinarbeit ein topographisch genaues Panorama, auf dem alle Er-
hebungen, die fernen Alpengipfel sowie die zu Füssen des Wisenberges sichtbaren
Höfe, Dörfer und Siedlungen benannt sind. Die Besucher des Aussichtspunktes finden
heute dieses Panorama in eine Metallplatte graviert auf dem Gipfel vor.

Die beiden zu unterschiedlicher Zeit entstandenen Panoramen vom Wisenberg
regten Karl Martin Tanner dazu an, die landschaftlichen Veränderungen am Wisenberg zu erforschen. Er liess die Streifen übereinander in einem schönen Mappenwerk
reproduzieren (Abbildung 5). Dies ermöglicht dem Leser, selbst ans Vergleichen zu
gehen.[27]

Das Massenmedium im Taschenformat

Zu Birmanns Zeit war nicht absehbar, dass im Verlauf des 19. und 20. Jahrhunderts
Kleinpanoramen zu einem beliebten Massenmedium werden sollten.[28]

Die mechanischen Verkehrsmittel, vorab Eisen-, Zahnrad- und Seilbahnen, be-
günstigten diese Entwicklung. Die erwachende Wanderbewegung, der Alpinismus
und der Fremdenverkehr beschleunigten sie. Rationelle Vervielfältigungs- und Druck-
techniken, vor allem Lithographie, Tief- und später Offsetdruck liessen höhere Auf-

lagezahlen der handlichen Klein- oder Streifenpanoramen zu. So konnten Panoramen zu günstigen Preisen in Bergrestaurants, SAC-Hütten und auf Aussichtspunkten angeboten und zu einem beliebten Souvenir und Sammelobjekt werden, denn in ihnen fand die Erinnerung mehr Anhaltspunkte als im abstrakten Kartenbild. Zudem eignete sich ihr Streifenformat zum Leporello gefaltet für die Mitnahme in Rucksack oder Wandertasche. Die heutige Museumssammlung besteht ebenso wie die Sammlung im Staatsarchiv zum überwiegenden Teil aus solchen Streifenpanoramen.

Spezialitäten in der Kunsthistorischen Sammlung

Die Kunsthistorische Sammlung enthält als Konvolut 13 Panoramen, die in den Jahren 1940 und 1941 von verschiedenen Fliegerbeobachtungsposten der Basler Umgebung aufgenommen wurden.[29] Sie unterscheiden sich von den handelsüblichen Kleinpanoramen durch den Verzicht auf Schraffuren und damit auf Tiefenwirkung und weisen grösstenteils die Signatur «Karl Dietschy» auf.[30] Die Höhenangaben auf der Horizontlinie dienten während des Zweiten Weltkriegs der Positionsmeldung feindlicher Flugzeuge. Von der Genauigkeit dieser nüchternen Silhouetten hing unter Umständen das Leben vieler Menschen ab. Der Ernst und die Bedrohung der Kriegsjahre werden anhand dieser Dokumente spürbar.

Der Gegensatz zu den im Offsetdruck veröffentlichten Panoramen des Liestaler Architekten Max Schneider könnte nicht grösser sein.[31] Dort nachvollziehbare Präzision, hier genialisch-grosszügige Wiedergabe der Landschaft. «Augenblicke der Leidenschaft» nannte das *Dichter- und Stadtmuseum Liestal* eine Ausstellung zu seinem Gedenken, die aus mehreren 1000 grossformatigen Zeichnungen schöpfen konnte.[32] Dass es einen zweiten Landschaftsmaler gibt, der wie er den Fernblick von so vielen Höhenzügen, Hügeln und Gipfeln im Jura festgehalten hat, ist zu bezweifeln. Unermüdlich muss er im Jura auf der Suche nach neuen Tiefblicken unterwegs gewesen sein. Seine Panoramen von der Ruine Farnsburg 1985, dem Chellenköpfli 1986 oder dem Lauwilerberg (ohne Jahr) in der Kunsthistorischen Sammlung veranschaulichen die grosszügige Struktur der Juralandschaft.[33] Wer jedoch darin die Namen der Orientierungspunkte sucht, greift besser zur Landeskarte. Denn Max Schneiders Landschaftsbilder sind nur im begrenzten Sinn als Panoramen zu bezeichnen, auch decken sie selten die vollständige Rundsicht ab.

Es sei noch erwähnt, dass die Sammlung auch eine höchst ungewöhnliche «Einzelanfertigung» in Form eines Ovalpanoramas birgt, dessen Schöpfer der Basler Lehrer Hans Dürrenberger (geboren 1933) ist (Abbildungen 1 und 4). Da die übliche Legende «Panorama vom …» fehlt, musste die Landeskarte zu Rate gezogen werden. Die Linien der bezeichneten Berge und Ortschaften treffen im Sunnenberg, nördlich von Maisprach, zusammen. Tatsächlich entstand das Rundbild auf dem Turm des 631 Meter hohen «Fricktaler Rigi».[34] Es zeigt im Norden die Rheinebene mit dem Schwarzwald und im Süden und Osten den Alpenkranz. Wie sich der Schöpfer dieses

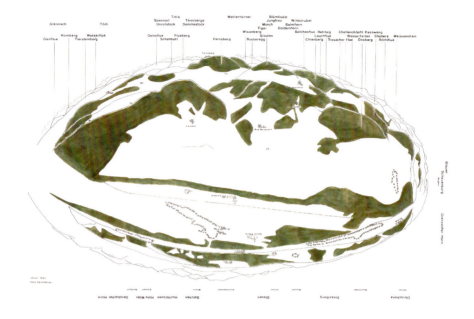

4 Hans Dürrenberger, Ovalpanorama vom Turm des 632 Meter hohen Sunnenbergs nördlich von Maisprach, Siebdruck 1989.

Panoramas erinnert, wurde er während seines Geologiestudiums beauftragt, das Rundbild für den Aussichtsturm auf dem Sunnenberg anzufertigen.[35]

Schlusswort

Der Einblick in die beiden Liestaler Sammlungen zeigt, dass für mehrere Aussichtspunkte im Jura seit dem 19. Jahrhundert eine Panoramatradition besteht.[36] Es gibt eigentliche «montagnes de résistance», Berge, an denen sich über mehrere Generationen eine Panoramatradition festmachen lässt.[37] Häufig sind dies Aussichtspunkte, die entweder einen freien Rundblick oder eine gute Sicht nach Süden auf die Alpenkette gewähren. Der Passwang gehört ebenso dazu wie der Bienenberg, die Schauenburger die Sissacher oder die Gempen-Flue. Andere Aussichtspunkte wurden bisher nur einmal mit einem Panorama «geehrt», so der Wasserturm bei Schönenbuch[38] und der Remel[39], die einzig von Peter Schmid-Ruosch aufgenommen wurden.

Anhand der Panoramen, die im Abstand von mehreren Jahrzehnten von demselben Aussichtspunkt verfertigt wurden, lässt sich heute verfolgen, wie sich die land- und waldwirtschaftliche Nutzung sowie die Siedlungsstruktur und Bebauung wandelten.[40] Damit einher ging ein Wandel der Darstellungsmodi. Vom farbig in Aquarell

5 Oberer Streifen: Ausschnitt aus dem 1813 von Samuel Birmann aufgenommenen Panorama vom Wisenberg. Unterer Streifen: derselbe Ausschnitt im Panorama von Peter Schmid-Ruosch, gezeichnet 1989–1991.

oder Gouache angelegten Original führt die Entwicklung über die in den Sammlungen nicht vertretenen photographischen Rundsichten bis zum Digirama, wie es der Baselbieter Martin Rickenbacher von der Sissacher Flue in einem elektronisch speicherbaren Format angefertigt hat und das sich dort oben den Besuchern präsentiert.[41]

Gesamthaft zeugen die Liestaler Sammlungen von der Vielfältigkeit des Mediums Panorama. Es stand anfangs im Dienste der wissenschaftlichen Erforschung der Juralandschaft. Später diente es wissbegierigen Spaziergängern und Wanderern aus Stadt und Land als Orientierungshilfe.

Anmerkungen

1 *Archäologie und Museum Baselland*, Liestal, Amtshausgasse 7, Öffnungszeiten auf Anfrage. Grössere Formate sind aus Platzgründen ausgelagert.

2 *Staatsarchiv Basel-Landschaft*, Wiedenhubstr. 35, Liestal, PA 6289 (Sammlung Max Bider).

3 *Staatsarchiv Basel-Landschaft*, PA 6289, 01385, 01386, 01388 und 01389.

4 Das Privatarchiv PA 6289 wurde 2003 von Karl Martin Tanner, der mit einer Nichte von Max Bider verheiratet ist, dem *Staatsarchiv Basel-Landschaft* als Depositum übergeben.

5 *Staatsarchiv Basel-Landschaft*, PA 6289, 01.001.

6 *Staatsarchiv Basel-Landschaft*, PA 6289, 01.015.

7 *Staatsarchiv Basel-Landschaft*, PA 6289, 01.065.

8 *Staatsarchiv Basel-Landschaft*, PA 6289, 01.097.

9 *Staatsarchiv Basel-Landschaft*, PA 6289, 01.403.

10 *Staatsarchiv Basel-Landschaft*, PA 6289, 01.398.

11 *Staatsarchiv Basel-Landschaft*, PA 6289, 01.210.

12 *Staatsarchiv Basel-Landschaft*, PA 6289, 01.283.

13 *Staatsarchiv Basel-Landschaft*, PA 6289, 01.062, 01.063, 01.218, 01.236, 01.337, 01.338.

14 *Staatsarchiv Basel-Landschaft*, PA 6289, 01.041.

15 *Staatsarchiv Basel-Landschaft*, PA 6289, 01.034.

16 *Staatsarchiv Basel-Landschaft*, PA 6289, 01.310, 01.313.

17 Wadi Natron: *Staatsarchiv Basel-Landschaft*, PA 6289, 01.326.

18 Für zahlreiche gern gewährte Auskünfte danke ich herzlich Frau Christine Bider-Wackernagel, Basel, und Dr. Karl Martin Tanner, Seltisberg.

19 Siehe Anmerkung 13.

20 *Staatsarchiv Basel-Landschaft*, PA 6289: 01.060, 01.061, 01.172, 01.256.

21 *Staatsarchiv Basel-Landschaft*, PA 6289: 01.364.

22 Vergleiche Karl Martin Tanner: Die Wisenberg-Panoramen von Samuel Birmann (1813) und Peter Schmid-Ruosch (1990), Mappe mit Begleittext. *Quellen und Forschungen zur Geschichte und Landeskunde des Kantons Basel-Landschaft* 59, 1996, 12.

23 Peter Schmid-Ruosch: Panorama vom Kirchturm auf St. Chrischona, Basel 1986.

24 Verdienstvollerweise publizierte er als Erster die regionalen Panoramen. Paul Suter in: *Baselbieter Heimatblätter* 1946, Nr. 2, 21–27; 1965, Nr. 3/4, 366–372.

25 Beobachtung von Karl Martin Tanner a.a.O. 16.

26 Yvonne Boerlin-Brodbeck: Frühe «Basler» Panoramen: Marquard Wocher (1760–1830) und Samuel Birmann (1793–1847) in: Blick auf Basel. Panoramadarstellungen von Basler Kleinmeistern. Ausstellung im Stadt- und Münstermuseum Basel 1986/1987, 10.

27 Karl Martin Tanner: a.a.O.

28 Siehe Stephan Oettermann: Das Panorama: die Geschichte eines Massenmediums, Frankfurt 1980.

29 *Archäologie und Museum Baselland*, Inv. 2310.

30 Der Basler Goldschmied Karl A. Dietschy (1897–1970) leitete die *U. Sauter Goldschmied AG* in Basel.

31 Max Schneider: Juralandschaften 1 und 2.

32 Der Nachlass befindet sich im *Max Schneider Werkarchiv* (MSA), Depot Kulturgüterschutzräume der Stadt Liestal, *Frenkenbündtenschulhaus*.

33 *Archäologie und Museum Baselland*, Inv. D1, ohne Nr.

34 Bestätigt von Hans Dürrenberger, dem die Autorin für die gewährten Auskünfte sehr herzlich dankt.

35 Es konnte noch nicht überprüft werden, ob es sich noch auf dem Turm befindet.

36 Siehe etwa: *Öffentliche Kunstsammlung Basel*, Kupferstichkabinett; Universitätsbibliothek; Kartensammlung: *Eidgenössische Technische Hochschule Zürich*, Graphische Sammlung.

37 Vergleiche Karl Martin Tanner: a.a.O. 9 f.

38 *Archäologie und Museum Baselland* D1, 2331.

39 *Archäologie und Museum Baselland* D1, 2310.

40 Vergleiche dazu Karl Martin Tanner: a.a.O. 8., 18 ff.

41 Beschreibung des Verfahrens siehe Martin Rickenbacher: Das digitale Baselbiet, in: *Baselbieter Heimatbuch*, Band 22, Es geht gleich weiter … – Das Baselbiet an der Schwelle zum 3. Jahrtausend, 1999, 45–59.

Bildnachweis

1 *Archäologie und Museum Baselland*, Kunsthistorische Sammlung C 332, Liestal.

2 Christine Bider Wackernagel, Basel.

3 Karl Martin Tanner, Seltisberg.

4 *Archäologie und Museum Baselland*, Kunsthistorische Sammlung C 332, Liestal.

5 Karl Martin Tanner: Blatt 4, in: Jürg Ewald & Kaspar Rüdisühli (Hrsg.): Die Wisenberg-Panoramen von Samuel Birmann (1813) und Peter Schmid-Ruosch (1990) – Band 59 von *Quellen und Forschungen zur Geschichte und Landeskunde des Kantons Basel-Landschaft, Verlag des Kantons Basel-Landschaft*, Liestal 1996.

1 Die Karte als Kriegswaffe und als Instrument zur Beherrschung des Raumes: Napoleon bei der Vorbereitung der Schlacht von Austerlitz von 1805 nach einem Gemälde von Jean-Jacques Scherrer (um 1907).

Martin Rickenbacher

Napoleons Ingenieur-Geografen im Baselbiet

Wussten Sie, dass französische Ingenieur-Geografen bereits drei Jahrzehnte vor Dufours Topografen das Baselbiet kartiert haben? Im Fokus hatten sie allerdings nicht nur unsere Gegend, sondern das ganze Land, wie aus dem im Herbst 2011 erschienenen Buch über *Napoleons Karten der Schweiz* hervorgeht.[1] Diese im Jahrzehnt nach 1803 entstandenen Karten waren bisher nicht bekannt. Sie nehmen in der rund 500-jährigen Kartengeschichte der Region Basel[2] eine Sonderstellung ein, weil sie durch landesfremde Ingenieure aufgenommen wurden.

Vor der Französischen Revolution: Vermessungen westlich der Birs

Das absolutistische Frankreich war sich der Bedeutung einer zuverlässigen Landesvermessung für die Verwaltung bewusst, weshalb die Könige solche Bestrebungen mit staatlichen Mitteln förderten. Innerhalb der 1666 gegründeten *Académie des sciences* wurde das für derartige Grossprojekte nötige Fachwissen erarbeitet. Die Erstellung der *Carte de France 1:86'400*, die von César François Cassini (III) de Thury geleitet wurde und deren Koordinatensystem sich auf das Observatorium von Paris bezieht, gilt als erste moderne Landesvermessung Europas. Das 1765 erschienene 70. Blatt *Bâle* enthält auch das Gebiet nordwestlich der Linie Muttenz–Angenstein–Blauen–Movelier.

1775 wurde die genaue Vermessung der Ostgrenze des Königreichs angeordnet, welche durch Genieoffiziere unter Leitung von Jean Claude Eléonore Le Michaud d'Arçon durchgeführt wurde. Die dabei in unserer Gegend 1781 aufgenommene *Carte géométrique de la frontière* gibt das Gebiet westlich der Birs im relativ grossen Massstab von 1:14'400 wieder. Obwohl diese Arbeiten diplomatisch abgesprochen und geregelt waren, kam es dabei im Herbst 1781 in Bottmingen zu einem Zwischenfall, bei dem der aufnehmende französische Genieoffizier drei Stunden lang im Schloss festgehalten wurde. Dieses Vorkommnis zeigt, dass die Vermessungstätigkeit französischer Genieoffiziere auf baslerischem Territorium von der einheimischen Bevölkerung aufmerksam beobachtet und als nicht selbstverständlich empfunden wurde.

Das ‹Bureau topographique français de l'Helvétie›

Nach wiederum zwei Jahrzehnten erreichte eine dritte französische Kartierungswelle die Schweiz: Napoleon Bonaparte verstand es wie kein zweiter Machthaber seiner Zeit, die Kartografie als massgebliches Instrument zur Beherrschung des Raumes zusetzen (Abbildung 1). Er liess mehrere *Bureaux topographiques* ausserhalb Frankreichs einrichten. Im August 1801 erteilte er den Auftrag, die *Carte de France 1:86'400* nach Osten auszudehnen und auch das Gebiet der heutigen Schweiz zu kartieren. Die Franzosen schlugen den Behörden der Helvetischen Republik ein gemeinsames Vermessungsprojekt vor, doch wegen der politisch instabilen Lage dieses kurzlebigen Staatsgebildes kamen die Verhandlungen nicht richtig vom Fleck.

Als der Astronom und Oberst Maurice Henry Ende Februar 1803 mit drei Ingenieuren in Bern eintraf, um hier das *Bureau topographique français de l'Helvétie* zu errichten, stand der helvetische Einheitsstaat bereits kurz vor dem Zusammenbruch. Die «Schweiz von Napoleons Gnaden», die an seine Stelle trat, verfügte über praktisch keine zentralen Strukturen mehr, war sehr föderalistisch zusammengesetzt und hatte kein Interesse mehr an einer landesweiten Vermessung. Der *Empereur* beschloss in der Folge, die *Confédération des cantons suisses* allein auf Kosten der französischen Republik zu vermessen. Henry verlegte sein *Bureau topographique* zuerst nach Basel, dann im Spätherbst 1803 nach Strassburg.

1804 wurde in der Oberrheinischen Tiefebene die so genannte *Base d'Ensisheim* gemessen, eine 19 Kilometer lange Strecke als Grundlinie für das französische Dreiecksnetz, das als geometrisches Gerippe für die Kartierung der Schweiz diente. Kurz darauf setzten auch die topografischen Aufnahmen ein, und zwar in erster Linie längs des Rheintals, das als Verschiebungsachse für die französischen Truppen gegen Osten, also gegen den Hauptfeind Österreich, von grosser strategischer Bedeutung war, sowie in den unmittelbar daran angrenzenden südlichen Tälern.

Die Baselbieter Kartenmanuskripte aus napoleonischer Zeit

Die Bestände des ehemaligen *Dépôt de la Guerre*, das die Oberleitung der französischen Kartierung Helvetiens innehatte, werden heute im *Service historique de la défense – Département de l'armée de terre* (SHD-DAT) im Schloss Vincennes östlich von Paris aufbewahrt. Unter den rund 30'000 vorwiegend von Hand gezeichneten Karten (so genannte Manuskriptkarten) befinden sich auch drei aus napoleonischer Zeit, die das Baselbiet betreffen. 1805 entstand die *Carte d'une partie du Jura, sur la rive droite de la Birse* im Massstab 1:28'800.[3] Sie umfasst das Birstal südwestlich der Linie Blauen–Reinach–Dornach–Himmelried und stammt vom Ingenieur-Geografen Didier-Georges, der in jenem März nach Helvetien abkommandiert worden war. Laut Beschreibung des Basler Mathematikprofessors Daniel Huber, der auch Kontakte zu anderen französischen Ingenieur-Geografen pflegte, war Didier-Georges «ein sehr artiger humaner Mann, der bald darauf, da er der Armee ins Feld folgen musste, im Kriege [Deutschlandfeldzug] umkam».[4]

Ebenfalls im März 1805 wurde der aus Toulouse stammende 27-jährige Jean Joseph Cabos nach Helvetien befohlen. Bis zu seiner Abkommandierung in die *Grande armée* vom Januar 1807 nahm er unter anderem ein Blatt der *Carte du pays situé sur une partie de [...] la rive gauche du Rhin, de Stekborn à Rheinfelden* in 1:50'000 auf, welches das Gebiet zwischen Rhein und Jura östlich der Linie Giebenach–Liestal–Oberdorf enthält.[5] Auch Cabos starb früh im Dienst, nämlich am 14. November 1813 in Mainz – ein typisches Schicksal für einen napoleonischen Ingenieur-Geografen: Ausgebildet in der Umgebung seines Geburtsortes, wurde er bereits als junger Offizier in Italien eingesetzt, wo er sich mit einer Einheimischen verheiratete. Anschliessend wurde er wieder von der Familie weg in ein anderes Land abkommandiert, in dem er, erst 35-jährig, verstarb.

Bei Cabos' Tod stand auch Napoleons Kaiserreich vor dem Zusammenbruch: Nach der Völkerschlacht bei Leipzig im Oktober 1813 mussten sich dessen Armeen endgültig auf das ursprüngliche französische Staatsgebiet zurückziehen. In der Folge lassen sich denn auch nach diesem Zeitpunkt keine Tätigkeiten französischer Ingenieur-Geografen in der Schweiz mehr nachweisen.

Mit einer Ausnahme: Das dritte Baselbieter Kartenmanuskript soll nämlich erst drei Jahre nach Napoleons endgültiger Verbannung nach Sankt Helena entstanden sein. Die Karte *Levé d'une partie des Cantons de Bale et de Soleure, fait en l'Automne de 1818, levé et dessiné par Desmadryl ainé* hatte eine Lücke zwischen den Aufnahmen Didier-Georges' und Cabos' südlich der Linie Dornach–Muttenz–Liestal–Hölstein–Waldenburg zu schliessen (Abbildung 2).[6] Das *Dépôt de la Guerre* hatte bereits im

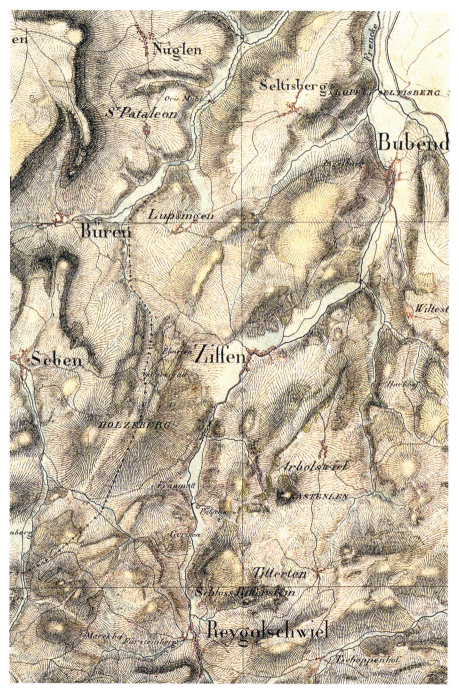

2 Das Reigoldswilertal 1:50'000 im dritten französischen Kartenmanuskript von 1818. Das obere Koordinatenkreuz bei Lupsingen liegt genau 405'000 Meter östlich und 140'000 Meter südlich des Observatoriums von Paris.

September 1809 angeordnet, dass der Ingenieur Etienne Auguste Chevrier diese Zone kartieren müsse. Anfang Januar 1810 wurde diese Ergänzungsaufnahme nach Paris gesandt. Entweder muss sie dort verloren gegangen sein, so dass sie 1818 wiederholt werden musste, oder Desmadryl hat bloss Chevriers Aufnahmen ins Reine gezeichnet und dies nicht korrekt vermerkt. Für letztere These spricht, dass sich in den Protokollen des Basler Kleinen Rates keine Hinweise darauf finden lassen, dass in jenem Jahr bei der Basler Regierung um eine Bewilligung für Ergänzungsaufnahmen nachgesucht worden wäre. In einer Zeit, in der Grenzüberschreitungen durch französische «Mauth Garden» beziehungsweise «Zoll-Gardes» als «Violatio Territorii» (Verletzung des Hoheitsgebietes) aufgefasst und von den Basler Behörden beim Präfekten des Departements Haut-Rhin gerügt wurden, so dass ein betreffender Zöllner bestraft und die anderen verwarnt wurden,[7] hätten unbewilligte topografische Aufnahmen auf Basler und Solothurner Gebiet aus heutiger Sicht eine noch viel bedeutendere Verletzung des Hoheitsgebietes dargestellt.

Die ‹Carte topographique de l'ancienne Souabe 1:100'000›

Die Kartierung Helvetiens, die anfänglich eine hohe Priorität genoss, verlor angesichts Napoleons ständig wechselnder Kriegsziele rasch an Bedeutung. Insgesamt lassen sich dabei die Namen von vierzehn Ingenieur-Geografen nachweisen, die aber meistens nach kurzer Zeit wieder anderswo eingesetzt wurden. Immerhin war es ihnen im Jahrzehnt vor 1813 gelungen, 5800 Quadratkilometer der heutigen Schweiz im Massstab 1:50'000 zu kartieren.

Das 3660 Quadratkilometer grosse Gebiet nördlich der Linie Basel–Biel–Jurasüdfuss–Bodensee, also auch die ganze Region Basel, wurde vom *Dépôt de la Guerre* nach Napoleons Sturz 1818/1819 in Form der *Carte topographique de l'ancienne Souabe 1:100'000* als Kupferstich veröffentlicht (Abbildung 3). Diese schöne Karte wurde in der einschlägigen schweizerischen Literatur bisher nicht erwähnt und findet sich mit Ausnahme der Kartensammlung von swisstopo auch in keiner hiesigen Bibliothek.

Dies ist gleichzeitig ein Sinnbild dafür, wie die Leistungen der Franzosen hierzulande bisher verkannt wurden. «Jene Fremdlinge, nachdem sie eine Weile in der Schweiz herum randaliert hatten, verschwanden wieder, wie sie gekommen waren, und von ihrer Thätigkeit oder Unthätigkeit blieb keine Spur übrig»,[8] schrieb 1877 beispielsweise Emil Zschokke, der zweite Sohn des Schriftstellers und Kulturhistorikers Heinrich Zschokke, der zwischen 1833 und 1845 als Pfarrer in Lausen und Liestal gewirkt hatte. Noch 1969 war eine derart krasse Fehlbeurteilung in den *Aarauer Neujahrsblättern* zu lesen. Doch wer dies hinterfragt und sich die Mühe nimmt, den Sachverhalt in den einschlägigen Pariser Archiven zu erforschen, kommt zum Schluss, dass Napoleons Ingenieur-Geografen unter anderem auch das ganze Baselbiet in bester Qualität kartiert hatten.

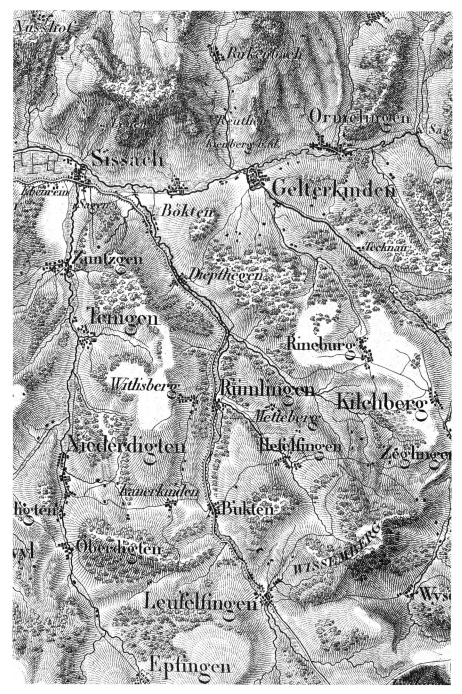

3 Ergolz- und Homburgertal in der ‹Carte topographique de l'ancienne Souabe 1:100'000› von 1819 (1,5-fach vergrössert).

Anmerkungen

1   Martin Rickenbacher: Napoleons Karten der Schweiz. Landesvermessung als Machtfaktor 1798–1815. Baden, 2011. Es wurde darauf verzichtet, sämtliche Aussagen dieses Kurzbeitrags in obiger Quelle zu referenzieren.

2   Martin Rickenbacher: Fünfhundert Jahre Kartengeschichte der Region Basel. In: André Salvisberg et. al.: Historischer Atlas der Region Basel – Geschichte der Grenzen. Basel, 2010.

3   *Service historique de la défense – Département de l'armée de terre* (SHD-DAT), Vincennes/France, 6 M, N 14.3.C.70.

4   UB BS, Handschriften, L I b 1a, (Tagebuch I), *Nachtrag zur Geschichte des Planes zur Unternehmung einer trigon. Mess. des Cantones Basel* vom 25.1.1815, Nr. 31.

5   SHD-DAT, Vincennes/France, 6 M, N 14.3.C.113 [.1].

6   SHD-DAT, Vincennes/France, 6 M, N 14.3.C.76.

7   *Staatsarchiv Basel-Stadt*, Protokolle Kleiner Rat Bd. 187 (1818), fol. 94 und 143.

8   Emil Zschokke: Ingenieur F. R. Hassler von Aarau. Aarau, 1877, 4.

Bildnachweis

1   Postkarte aus der Sammlung Martin Rickenbacher, Bern.

2   SHD-DAT, Vincennes/France, 6 M, N 14.3.C.76.

3   *Bundesamt für Landestopografie swisstopo*, Wabern, Kartensammlung, 110 S100: T-26, 1819.

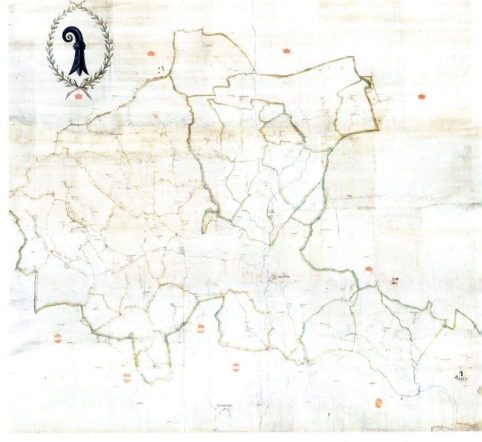

1 Digitalisierte grosse Basler Karte von G. F. Meyer circa aus dem Jahr 1680. Die Karte hat eine Dimension von etwa drei auf drei Meter und ist südorientiert (Stadt Basel in der rechten unteren Ecke).

Stephan Nebiker

Digitale Landschaft Baselbiet
Entstehung, Nutzung – heute und morgen

Viele politische, wirtschaftliche und private Entscheide haben einen Raumbezug und sind ohne digitale Geoinformation kaum mehr denkbar. Durch die fortschreitende Digitalisierung historischer Kartendaten und eine zunehmend detaillierte Modellierung der aktuellen Umwelt entsteht eine immer reichhaltigere digitale Landschaft. An deren Aufbau und Nutzung wird auch im Baselbiet aktiv gearbeitet.

Die Frage nach dem höchsten oder dem tiefsten Punkt[1] im Kanton Baselland konnte mit entsprechenden Fachkenntnissen schon lange vor dem digitalen Zeitalter beantwortet werden. Aktuelle, gesellschaftlich und politisch relevante Fragestellungen, beispielsweise nach der Entwicklung der Waldfläche, nach der Länge des zu unterhaltenden Strassennetzes oder nach geeigneten Dachflächen für Solarenergie-Anlagen, lassen sich nicht mehr mit traditionellen Messungen oder Karten beantworten. Dazu werden digitale Geodaten beziehungsweise ein digitales Landschaftsmodell benötigt. In der Folge wird an Beispielen aufgezeigt, wie die digitale Landschaft des Baselbiets entsteht und wozu diese heute und in Zukunft eingesetzt werden kann.

Die Entstehung digitaler Landschaften

Zwei- oder dreidimensionale digitale Landschaften bestehen aus verschiedenen Arten von Geodaten. Dazu gehören digitalisierte Karten, entzerrte Luft- und Satellitenbilder, Höhenmodelle, vektorielle Daten – bestehend aus vermessenen Punkten, Linien oder Flächen – und neuerdings auch 3D-Modelle von Gebäuden, Brücken und Ähnlichem. So unterschiedlich wie diese Geodaten sind auch die Methoden zu deren Erfassung respektive Digitalisierung. Eine wichtige und seit Jahrzehnten eingesetzte Erfassungsmethode ist das Scannen von Karten und Plänen mit Hilfe von Spezialscannern. Ebenfalls eine wichtige Rolle spielen Luft- und Satellitenbilder. Luftaufnahmen sind seit hundert Jahren ein unentbehrliches Mittel, um Gebiete – ursprünglich für militärische, heute primär für zivile Zwecke – flächendeckend zu kartieren. Die Digitalisierung der umfassenden Bildarchive und die Auswertung der modernen digitalen Luft- und Satellitenaufnahmen liegen meistens in den Händen von spezialisierten Photogrammetrie- und Fernerkundungsfachleuten, wie sie beispielsweise an der *Fachhochschule Nordwestschweiz* FHNW ausgebildet werden. Neben diversen weiteren Verfahren und Datenquellen spielen vor allem Satellitennavigationssysteme eine immer wichtigere Rolle. So wird etwa das am besten bekannte *Navstar Global Positioning System* (GPS) in der Vermessung seit etwa 30 Jahren für hochgenaue Messaufgaben eingesetzt. Neuerdings enthält sogar jedes Smartphone einen GPS-Empfänger, mit welchem Positionen auf einige Meter genau bestimmt werden können. Damit können heute auch Laien Kartendaten sehr einfach selbst erfassen.

Vom hoheitlichen Machtinstrument ...

Von den frühesten Karten bis zu den heutigen Kartenportalen im Internet gilt: Karten sind ein wichtiges politisches und wirtschaftliches Machtinstrument. Dies galt schon für die von G. F. Meyer erstellte grosse Basler Karte von circa 1680. Diese ist die älteste auf einer eigentlichen Vermessung beruhende detaillierte Karte des damaligen Basler Hoheitsgebiets. Die Karte mit ihren eindrücklichen Dimensionen von etwa drei auf drei Metern befindet sich im Staatsarchiv Basel und ist gemeinsames Eigentum der beiden Halbkantone. Um eine bessere Zugänglichkeit und eine wissenschaftliche

Auswertung zu ermöglichen, wurde die Karte 2004 auf Initiative des Kartenhistorikers Martin Rickenbacher im gemeinsamen «DigiMeyer»-Projekt des Staatsarchivs Basel und der FHNW in einem aufwendigen Verfahren digitalisiert. Dazu wurden 36 Aufnahmen mit einer Spezialkamera zu einer genauen digitalen Karte zusammengesetzt (Abbildung 1). Damit ist diese digitale Karte sozusagen die digitale Ur-Landschaft der Region mit einer bereits beachtlichen Genauigkeit von circa 200 Metern in der Realität (Rickenbacher, 2005).

... zur frei zugänglichen Karte 2.0

Am offiziellen und hoheitlichen Charakter von Karten – einmal abgesehen von Karten für den Freizeitbereich – änderte sich über 300 Jahre nur wenig. Doch mit dem Aufkommen des World Wide Web, der Verbreitung von Autonavigationssystemen und seit ein paar Jahren von Smartphones mit integrierten GPS-Empfängern änderte sich dies radikal. Denn plötzlich war ein guter Teil der Bevölkerung in der Lage, Geoinformation in fast jeder Lebenslage abzurufen und zu nutzen – oder sogar selbst zu erfassen. Die Bedeutung dieser Entwicklung haben die grossen Informatikunternehmen wie *Google, Microsoft* oder *Apple* früh erkannt und sich innert weniger Jahre zu den dominierenden Kartenanbietern entwickelt – ganz nach dem Motto: Karten bedeuten Macht. Der zunehmend alltägliche Umgang mit digitalen Karten hat auch seine Auswirkungen auf die Gesetzgebung. So verabschiedeten Bund und Kantone Gesetze und Verordnungen für den Umgang mit digitalen Geodaten. Der Kanton Baselland verfügt seit Kurzem über eine sehr fortschrittliche Geoinformationsgesetzgebung[2], welche den Zugang zu den kantonalen Geodaten ganz bewusst fördern und erleichtern will.

Mit dem Web-Kartendienst *GeoView* BL (http://www.geoview.bl.ch) der GIS-Fachstelle BL können die unterschiedlichen Aspekte der digitalen Landschaft des Baselbiets erkundet werden, von A wie archäologische Schutzzonen bis W wie Wald. Interessierte haben zudem die Möglichkeit, über den Webdienst *GeoShop* BL die unterschiedlichsten Daten wie Luftbilder oder Höhenmodelle kostenlos herunterzuladen und anschliessend frei zu nutzen.

Eine dritte, besonders interessante Entwicklung der letzten Jahre, welche die kommerziellen und hoheitlichen Geoinformationsangebote ergänzt, sind Karten, die von Freiwilligen erfasst und aktualisiert werden. Das bekannteste solche Kartenprojekt ist *OpenStreetMap* (http://www.openstreetmap.org), an welchem mittlerweile weltweit über eine Million Personen, Firmen und Organisationen unentgeltlich mitwirkt. Auch im Baselbiet leisten viele freiwillige Kartographinnen und Kartographen einen Beitrag zu einer aktuellen, offenen digitalen Karte.

Am Beispiel dreier identischer Kartenausschnitte (Abbildungen 2 oben, Mitte, unten) rund um das Gymnasium Liestal, welche alle zeitgleich im Februar 2013 gespeichert wurden, kann gezeigt werden, dass sowohl die freiwillige Karte *(Open-*

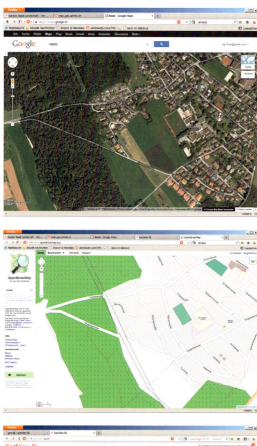

2 Aktualitätsvergleich anhand eines Kartenausschnitts rund um das Gymnasium Liestal (Stichdatum 10. Februar 2013).

StreetMap) als auch der offizielle Kartendienst des Kantons deutlich aktueller sind als der wohl bekannteste kommerzielle Dienst *Google Maps*, in welchem vor zwei bis drei Jahren gebaute Strassen und natürlich auch die frisch eingeweihte neue Turnhalle des Gymnasiums noch fehlen. Dafür besticht die kommerzielle Karte durch andere Vorteile wie eine sehr komfortable Nutzung auf Mobiltelefonen.

3 Landschaftsveränderung im Raum Birsfelden (1938–1967: Aufhebung des Flugplatzes Sternenfeld, Schleusenbau, Bau des Hafens und von Industrieanlagen; 1967–2010: Autobahnbau am Westrand des Ausschnitts und Zubringer Birsfelden sowie Ausbau und Verdichtung des Wohn- und Industriegebiets).

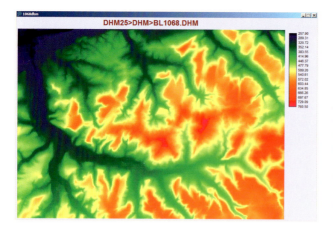

4 Digitales Höhenmodell
der Gegend um das Ergolztal,
im Zentrum die Sissacherfluh.
Höhendaten im Abstand von
25 Metern, Einfärbung nach
Höhenwerten (Minimalwert:
257,9 Meter dunkelblau,
Maximalwert: 760,5 Meter
dunkelrot).

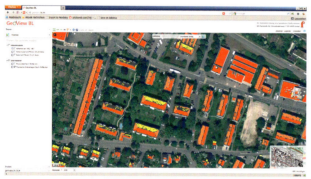

5 Kantonaler Solarkataster BL
am Beispiel eines Mehr-
familienhausquartiers in
Muttenz (rot: sehr gut
geeignete Dachflächen;
orange: gut geeignet; gelb:
geeignet).

Landschaft im Wandel

Vermessungsfachleute werden oft gefragt, ob denn unser dicht besiedeltes Land nicht bereits vermessen sei. Dabei geht oft vergessen, dass einerseits unsere Umwelt einem stetigen Wandel unterliegt, der oft erst durch wiederholte (Ver-)Messungen und Karten sichtbar wird, und dass sich andererseits auch die technischen Möglich-keiten und Anforderungen laufend verändern. Mit der zunehmenden Digitalisierung historischer Karten und mit deren Einbindung in Web-Kartendienste lässt sich das Ausmass der Veränderungen analysieren und visualisieren. Im Rahmen des 175-Jahr-Jubiläums der *Eidgenössischen Landestopographie* Swisstopo[3] wurde 2013 auf dem Geodatenportal des Bundes (http://map.geo.admin.ch) eine interaktive Zeitreise für beliebige Stellen in der Schweiz realisiert. Die Abbildungen 3, oben, Mitte, unten, zeigen Ausschnitte aus dieser Zeitreise, welche die eindrücklichen Landschaftsver-änderungen in der Gegend von Birsfelden illustrieren.

6 3D-Modell der Schloss-
anlage Zwingen, BL.

Höhenmodelle – von der Orientierungshilfe zum Analyseinstrument

Für viele aktuelle Abklärungen und Entscheidungen sind nicht nur zweidimensionale Karten, sondern auch Höhendaten erforderlich. Während Höhenangaben in der Form von Höhenkurven in der Vergangenheit vor allem als Orientierungshilfe dienten, erlauben digitale Höhendaten mächtige Analysen für unterschiedlichste Anwendungszwecke. Abbildung 4 zeigt das digitale Höhenmodell für den Ausschnitt des Landeskartenblattes 1068, Sissach, mit der gut erkennbaren Hochebene des Tafeljuras (orange Flächen).

Mit Hilfe digitaler Höhenmodelle lassen sich beispielsweise die Einzugsgebiete von Flüssen und Bächen bestimmen und so Niederschlags- und Hochwassersimulationen durchführen. Detaillierte Höhenmodelle, welche nicht nur das Gelände, sondern auch den Wald und Gebäude beinhalten, werden als Oberflächenmodelle bezeichnet. Diese werden verwendet, um potenzielle Windkraftstandorte oder geeignete Gebäude für Solarenergieanlagen zu eruieren. Abbildung 5 zeigt einen Ausschnitt aus dem Kantonalen Solarkataster BL, in welchem ein digitales Oberflächenmodell verwendet wurde, um mittels vollautomatischer Analysen potenziell geeignete Dachflächen zu bestimmen.

3D-Landschaftsmodelle – ein Forschungs- und Ausbildungsschwerpunkt an der FHNW

Über die Verbesserung von Höhenmodellen hinaus wird seit einigen Jahren intensiv an vollständig dreidimensionalen Landschaftsmodellen geforscht. Das *Institut Vermessung und Geoinformation*[4] der *Fachhochschule Nordwestschweiz* FHNW in Muttenz ist in diesem Bereich seit Jahren an vorderster Front aktiv (Nebiker & Wüst, 2006). Am Institut werden auch die angehenden FH-Geomatik-Ingenieurinnen und

7 Interaktives realitätsnahes 3D-Modell der Umgebung des FHNW-Hauptgebäudes in Muttenz in der hochschuleigenen *OpenWebGlobe*-Technologie.

-Ingenieure aus der gesamten Deutschschweiz ausgebildet. Im praxisorientierten Studium werden dabei immer wieder Praxisprojekte im Baselbiet bearbeitet, von denen der Standortkanton direkt profitiert. So wurden von Studierenden mittlerweile verschiedene Schlösser, Burgen und andere Kulturgüter im Kanton dreidimensional vermessen und damit sozusagen digital konserviert. Als Beispiel erhielt die Gemeinde Zwingen ein vollständiges, sehr präzises 3D-Modell ihrer Schlossanlage (Abbildung 6), welches als Instrument für Planungs- und Konservierungsaufgaben dient.

Aktuell werden an der FHNW neue Technologien für die rasche Generierung sehr genauer und realitätsnaher digitaler 3D-Landschaften und deren einfache Nutzung über das Internet entwickelt. Dabei kommen mobile Messfahrzeuge mit Stereokameras und Laserscanner zum Einsatz. Damit können auch Objekte wie Bäume, Sträucher, Beleuchtungskandelaber und Ähnliches in die digitale Landschaft integriert werden, für die eine rationelle Erfassung und Modellierung früher undenkbar gewesen wäre. Abbildung 7 zeigt eine interaktive Ansicht der Umgebung des FHNW-Hauptgebäudes in Muttenz im hochschuleigenen virtuellen *Globus OpenWebGlobe*[5]. Die Abbildung vermittelt einen Eindruck vom Detailreichtum zukünftiger dreidimensionaler Landschaften und beflügelt die Phantasie für neue Anwendungen der digitalen Landschaft des Baselbiets.

Anmerkungen

1 Höchster Punkt: Waldenburg, *Hinteri Egg*, 1169 Meter über Meer und tiefster Punkt: Birsfelden, Birsmündung in den Rhein, 246 Meter über Meer (gemäss http://www.statistik.bl.ch).
2 Kantonale Verordnung über Geoinformation (GeoVO), SGS 211.58.
3 Website zum Jubiläum 175 Jahre swisstopo: http://www.swisstopo.ch/175 (14. Februar 2013).

4   Homepage Institut Vermessung und Geoinformation der *Fachhochschule Nordwestschweiz* (FHNW): http://www.fhnw.ch/habg/ivgi (14. Februar 2013).

5   Open-Source-Projekt *OpenWebGlobe* der *Fachhochschule Nordwestschweiz* (FHNW): http://www. openwebglobe.org (14. Februar 2013).

Literaturverzeichnis

- Stephan Nebiker & Thomas Wüst: 3D GIS Concepts and Technologies supporting the Integrated Management of Large and Complex Cultural Heritage Sites, in: Emmanuel P. et al., eds. Recording, Modeling and Visualization of Cultural Heritage. 22.–27. Mai 2005, Ascona: Taylor & Francis, 2006, 263–276.

- Martin Rickenbacher: DigiMeyer A digitizing project for the large-size map of the Basel territory from the 1680s. Internationale Konferenz zur Geschichte der Kartographie ICHC2005 in Budapest; Bern 2005.

Bildnachweis

1   Institut Vermessung und Geoinformation (IVGI), *Fachhochschule Nordwestschweiz* (FHNW) und *Staatsarchiv Basel-Stadt*, Muttenz/Basel.

2   Oben: *Google Maps* (Grafiken © 2013 *DigitalGlobe, Flotron / Jermann, GeoContent, GeoEye*, Kanton Solothurn, Kartendaten © 2013 *Google*); Mitte: Daten von *OpenStreetMap* – © *OpenStreetMap contributors*, veröffentlicht unter *Open Database License*; unten: Geodaten BL (http://www.geo. bl.ch).

3   Swisstopo Zeitreise: http://www.swisstopo.admin.ch/internet/swisstopo/de/home/175/timetravel. html. Reproduziert mit Bewilligung des *Bundesamts für Landestopografie swisstopo*, Wabern (BA130354).

4   Institut Vermessung und Geoinformation (IVGI), *Fachhochschule Nordwestschweiz* (FHNW), Geo-daten DHM25. Reproduziert mit Bewilligung des *Bundesamts für Landestopografie swisstopo*, Wabern (BA130354).

5   Solarkataster BL, Geodaten BL (http://www.geo.bl.ch).

6+7 Institut Vermessung und Geoinformation (IVGI), *Fachhochschule Nordwestschweiz* (FHNW), Muttenz.

1 Schauenburg, o.J. [Ende 1970er-Jahre?]. Tusche, Kreide, Gouache auf Papier, 30 × 40 cm, (MSA 1913).

Ingeborg Ströle Jegge

Max Schneider – Zeichner der Baselbieter Juralandschaft

Max Schneider hat sich wie kein Zweiter in seinem langen Leben zeichnend mit der vielfältigen Landschaft des Baselbiets auseinandergesetzt. In seinen Zeichnungen verband er gekonnt zwei Bedürfnisse: Landschaftliches zu dokumentieren und dies künstlerisch stimmig umzusetzen.

Max Schneider ist als *der* Zeichner der Regio Basiliensis anzusehen. Er selbst sah sich in der Nachfolge von Emanuel Büchel (1705–1775), dessen Werk er mit seinen Zeichnungen im 20. Jahrhundert fortzusetzen bestrebt war. Es ging ihm aber nicht nur darum, im dokumentierenden Sinne die Landschaft mit ihren charakteristischen Strukturen festzuhalten, vielmehr verknüpfte sich dieses Bestreben in den Zeichnungen untrennbar mit der individuellen Sichtweise Schneiders, seinem subjektiven Empfinden und künstlerischen Interpretieren einer Landschaft in einem bestimmten Augenblick.

2 Läufelfingen (Standort Kirchweg 17), 1982. Bleistift, Graphit, laviert auf Papier, 51 × 72,5 cm, (MSA 78).

Dies schlägt sich einerseits im gewählten Bildausschnitt, dem Betrachterstandpunkt, in extremen Verkürzungen, Übersteigerungen oder Auslassungen nieder, andererseits aber unmittelbar in der zeichnerischen Linienführung und dem Farbauftrag.

Im Laufe seines jahrzehntelangen Zeichnens lassen sich verschiedene künstlerische Phasen feststellen, die mit den jeweils gewählten Themen und Landschaftsmotiven einhergehen. Immer wieder fällt die Tendenz zu Reduktion und Konzentration auf. Ganz im Sinne von Mies van der Rohes «less is more» war auch Max Schneiders künstlerische Maxime: Zeichnen heisst weglassen.[1]

Auf die Landschaftszeichnungen bezogen heisst das auch, dass seine Darstellungen menschenleer sind und ganz auf die landschaftliche Erscheinung beschränkt bleiben. Menschen oder auch deren zivilisatorische Spuren in der Natur sind nur in ganz seltenen Fällen gezeigt. Ähnliches gilt auch für die Darstellung von Tieren.

Schneider war dezidiert Zeichner, das heisst, er ging immer von der zeichnerischen Linie aus. Wie er im Gespräch beschrieb, setzte er die ersten Striche nur wie einen Hauch über die Fläche. Erst dann wurde die Zeichnung mit definitivem, bedeutendem Strich ausgestaltet. Überflüssige Striche liess er grundsätzlich stehen, radiert wurde nicht – «jeder Strich gilt». Er zeichnete schnell, dem Zeichnen ging aber erst eine Phase des Beobachtens und Überlegens voraus.

3 Oltingen, 1985. Bleistift, Farbstift, Tusche, Gouache auf Papier, 35 × 150 cm, (MSA 578).

Der Anspruch des Dokumentarischen lässt sich besonders bei Dachlandschafts- und Panoramazeichnungen der 1980er-Jahre daran ablesen, dass er zuweilen der Zeichnung ein feines Bleistift-Raster zugrunde legte, das ihm zur Orientierung diente (vergleiche Abbildungen 2 und 3). Dies spielte aber nur auf einer ersten Ebene eine Rolle. Max Schneider betonte, dass «ein Panorama zeichnen nicht abzeichnen» heisst. Entscheidend für die gesamte Wirkung einer Zeichnung ist die weitere Ausgestaltung des Blattes, die Komposition, der gezeigte Ausschnitt und die Schwerpunkte, die der Künstler mit seinen Mitteln – Linie und Farbe – setzt.[2]

Max Schneider wurde am 16. Februar 1916 in Reigoldswil geboren, machte eine Lehre als Bauzeichner bei *Brodtbeck & Bohny*, Liestal, und studierte am Technikum in Burgdorf Architektur (Diplom 1944). Berufsbegleitend besuchte er Vorlesungen über Städtebau und Denkmalpflege an der ETH Zürich. Seit 1946 arbeitete er bei der Inventarisation der Kunstdenkmäler des Kantons Baselland mit. Von 1949 bis 1987 hatte er in Liestal ein eigenes Architekturbüro und war von 1978 bis 1988 Präsident des Baselbieter Heimatschutzes, der ihm 1988 die Ehrenmitgliedschaft verlieh. Auch die *Geographisch-Ethnologische Gesellschaft Basel* ernannte ihn 1988 zum Ehrenmitglied. 1991 erhielt er den Kulturpreis der *Basellandschaftlichen Kantonalbank* und wurde 1996 zum Ehrenbürger von Reigoldswil ernannt.

Seine Zeichnungen zeigte er bei Ausstellungen in der Region und im benachbarten Ausland. Zudem veröffentlichte er sie in diversen Kunstmappen.

Schneider zeichnete bis ins hohe Alter; noch 2009 entstand etwa eine Reihe von Zeichnungen zur H2-Baustelle in Liestal. Er starb in Liestal am 25. August 2010. Sein zeichnerischer Nachlass – etwa 2000 Zeichnungen – wurde 2010/2011 im *Max Schneider Werkarchiv Liestal* wissenschaftlich inventarisiert und archiviert.[3]

Bei Schneiders frühen künstlerischen Arbeiten der 1940er-Jahre handelt es sich häufig um reine Bleistiftzeichnungen, die einen Landschaftsausschnitt relativ detailliert wiedergeben. Aufgrund seiner beruflichen Tätigkeit entstanden in den 1950er- und 1960er-Jahren kaum Zeichnungen. Erst ab den späten 1970ern beginnt er sich wieder künstlerisch mit der ihn umgebenden Landschaft auseinanderzusetzen.

Das undatierte Blatt «Schauenburg»[4] (Abbildung 1), das vermutlich Ende der 1970er-Jahre entstand, zeigt eine verschneite Winterlandschaft mit Blick auf die Schauenburger Flue. Die wesentlichen Landschaftselemente – der Weg, die Flue und die bewaldeten Hügelformen links im Hintergrund – sind mit wenigen Kreide- und Tuschelinien skizziert. Die weitere Ausarbeitung erfolgt ganz malerisch, er fügt grosse dichte Farbflächen in Weiss- und Blau-Tönen aneinander. Den Vordergrund markieren einige Zaunpfosten, zwischen denen – Bildtiefe schaffend und den Blick lenkend – ein Weg über die karge weisse Schnee-Weidefläche ins Bild hineinführt. Im weitgehenden Verzicht auf Details und durch die Reduktion auf grosse Farbflächen hebt Max Schneider die weich geschwungene, markante Form der Schauenburger Flue plastisch und eindrücklich hervor.

In den frühen 1980er-Jahren setzt sich Max Schneider, angeregt durch seine Tätigkeit für den Baselbieter Heimatschutz, intensiv mit den Dachlandschaften der Baselbieter Dörfer auseinander. Von einem leicht erhöhten Standpunkt aus hält er die je individuelle Dorfstruktur mit ihren ineinander gestaffelten, charakteristischen Dachformen fest. Zeichnungen zu diesem Thema veröffentlicht er ab 1981 sukzessive in vier Kunstmappen als «gezeichnete Bestandesaufnahme der Ortsbilder im Baselbiet … [aber auch als] Aufforderung: zur Behutsamkeit im Umgang mit der vorhandenen Bausubstanz oder einfach zum aufmerksamen Betrachten schöner Dächer»[5].

Bei den Dachlandschaft-Zeichnungen Max Schneiders steht für ihn das Dokumentierende im Vordergrund, entsprechend notiert er bei der Zeichnung «Läufelfingen (Standort Kirchweg 17)» von 1982 (Abbildung 2) exakt Datum und Standpunkt, von dem aus er aufs Dorf blickt. Trotzdem ist die Darstellung als künstlerische Zeichnung komponiert. Der Zeichner befindet sich an leicht erhöhtem Standpunkt dicht über dem Dorf. Den Vordergrund markiert rechts ein angeschnittenes Dach, das ins Leere ausläuft. Schneider suggeriert damit einen aufs Dorf gerichteten Betrachterblick, der an den unteren Rändern ins Unscharf-Leere übergeht. Der Fokus ist damit auf das Dorf und die mit hellbrauner Lavierung hervorgehobenen Dachflächen gelegt. Die dicht an- und ineinander gestaffelten Dächer des alten Dorfkerns vermitteln eine gewachsene Dorfstruktur, gerade Strassenzüge sind kaum erkennbar. Als Kontrast zu den strengen Dachflächen der Häuser deutet Max Schneider mit raschem Strich, lebhafter Schraffur und kräftigen Graphit-Tupfern Bäume an, die die Zeichnung beleben und auflockern. Die Silotürme der Gips-Union im Hintergrund links sind nur mit schwachem Strich als Quader angedeutet. Das Dorf wird in die umgebende Landschaft eingebettet gezeigt und als Teil der Landschaft wahrgenommen.

Neben den Dachlandschaften ist Max Schneider in der Region vor allem wegen seiner Panorama-Zeichnungen bekannt, die er auch in diversen Kunstmappen veröffentlichte.[6] Ab Mitte der 1980er- und bis in die 1990er-Jahre entstanden etwa 250 Zeichnungen im extremen Querformat – circa 35 Zentimeter hoch und bis zu 3 Meter breit.

Charakteristisch ist bei den Panorama-Zeichnungen, besonders der späten 1980er-Jahre, die sichere und freie Linienführung. Mit feinen, lockeren Tuschestrichen gibt Max Schneider die Landschaftsstruktur wieder, Dörfer werden auf sparsam angedeutete Dachformen oder auch nur einige rote Tupfen reduziert, die bewaldeten Hügel und Kuppen mit lockeren Tusche-Schraffen und dunkler Lavierung hervorgehoben. Die Kolorierung beschränkt sich ansonsten auf wenige lavierte Bereiche in zarten Farben. Sie fassen die kleinteilig angelegte Juralandschaft in grössere Abschnitte zusammen und tragen zur duftigen Atmosphäre dieser gross angelegten Landschaftsüberblicke bei. Werner A. Gallusser beschreibt ein Panorama Schneiders «als objektiv nachvollziehbare und interpretierbare Partitur der Landschaft», [die aber auch] «ebenso als persönliche Expression des Landschaftserlebnisses verstanden werden kann».[7]

Die Panorama-Zeichnung «Oltingen» von 1985 (Abbildung 3) zeigt den Blick von der Geissflue aus Richtung Nordwesten auf eine weite Hügellandschaft. Der Vordergrund ist bis auf einige kleine Tannen leer belassen, einzelne Linien deuten ein leicht abfallendes Gelände an. Im Mittelgrund erhebt sich eine bewaldete Hügelkette (links der Wisenberg). Die runden Hügelformen sind mit mehrfach gezogenen Tusche-Konturlinien definiert und mit blauer Lavierung hervorgehoben, intensiviert zudem durch mit der Farbstiftspitze gesetzte blaue Punkte. Dahinter fügen sich in deutlicher Entfernung eine Vielzahl hintereinander gestaffelter Hügel an. Als einzige Spur der Zivilisation ist im mittleren Bildhintergrund ein Dorf zu erahnen – angedeutet mit einigen schwarzen Tupfen. Links am Horizont erhebt sich, weiss gehöht, eine Bergkette (Schwarzwald-Belchen), rechts verschwindet der Horizont im vagen Dunst.

Das dem Blatt zugrunde liegende Bleistiftraster lässt die Entstehung des Blattes nachvollziehen und belegt den Anspruch von exakter Dokumentation der Landschaft, die bei Schneider gekonnt mit der künstlerisch frei geführten Linie einhergeht – man achte etwa auf die kringeligen Linien, mit denen er den Vordergrund charakterisiert, oder auch die energisch-markanten Striche, mit denen er kurz und knapp die Bergformen am Horizont festhält.

Einen ganz anderen Akzent setzt die Zeichnung «Auf dem Humbel» von 1989 (Abbildung 4), die mit Hilfe der Farbe die Stimmung der Landschaft vermittelt. Mit fast expressionistisch zu nennender, türkisblauer Farbgebung und pastos gesetzten Farbakzenten tritt bei diesem Blatt die zeichnerische Linie zu Gunsten der Farbe in den Hintergrund. Ein lebhafter Akzent ist mit dem Baum links im Vordergrund gesetzt, der kahl und mit krummem Stamm die wenigen Äste wie Arme ausstreckt. Der geschwungene Baumstamm wie auch ein Teil der Äste sind – Bewegung suggerierend – mit kräftigem Rot akzentuiert. Hinter dem hügeligen Weideland im Vordergrund erscheinen im Mittelgrund des Bildes die schroffen Felsgrate der Gerstelflue, die Schneider mit pastos aufgetragenem Weiss hervorhebt. Links und rechts schliessen sich runde Hügel an, deren Bewaldung mit blauen Schraffuren angedeutet ist. Die freie Wolkenform mit ihren kräftig gesetzten weissen Rändern korrespondiert mit den dramatischen Felsgebilden in der Bildmitte.

Ein zentrales Motiv in Max Schneiders Œuvre ist, sicher auch biografisch bedingt, der Wasserfall.[8] Diesem Thema widmete er sich besonders in den 1990er-Jahren. Als Beispiel, bei dem er in ganz anderer Weise als bei der Humbel-Zeichnung Farbe als expressives Mittel einsetzt, sei die Zeichnung «Grellingen. Einlauf Seebach in Birs» von 1998 genannt (Abbildung 5).

4 Auf dem Humbel, 1989. Bleistift, Tusche, Farbstift, Gouache auf Papier, 42 × 58 cm, (MSA 947).

Das Blatt vermittelt eine lebhafte Frühlingsstimmung und ist von einer sehr freien, quirligen Tusche-Linienführung geprägt. Pastos gesetztes Deckweiss (am Aufprall des Wasserfalls) wie auch die kräftigen gelben Farbtupfer links und rechts des Wasserfalls – direkt aus der Tube aufs Papier gesetzt – beleben das Blatt ebenso wie die freien Tuschkringel und Punkte, die Bäume, Sträucher und Steine andeuten. Der lichte Frühlingswald ist summarisch mit heller gelbgrüner Lavierung wiedergegeben. Farbe wie Linie stehen hier ganz im Dienste einer lebhaft-leichten Atmosphäre.

Wie die exemplarisch ausgewählten Zeichnungen vermitteln können, verfügte Max Schneider über ein vielfältiges zeichnerisches «Vokabular», mit dem er souverän die jeweilige Landschaft interpretierend wiedergab und damit immer neben der mehr oder weniger treuen Dokumentation des Landschaftsausschnittes seine individuellen Gedanken und Empfindungen, seine Faszination und Begeisterung angesichts der landschaftlichen Schönheiten des Baselbiets in der Darstellung zum Ausdruck brachte.

5 Grellingen. Einlauf Seebach in Birs, 1998. Tusche, Gouache auf Papier, 42 × 29,5 cm, (MSA 1627).

Anmerkungen

1 So hob Max Schneider im Gespräch hervor: «Das Wichtigste beim Zeichnen ist, was lässt man weg. […] Die leere Fläche ist so wichtig wie das Gezeichnete oder noch mehr.» (Gespräch mit der Autorin am 18. Mai 2010 in Liestal)

2 Alle vorausgehenden Zitate beziehen sich auf das Gespräch der Autorin mit Max Schneider am 18. Mai 2010 in Liestal.

3 Vergleiche zur Biografie Max Schneiders: Beat Eggenschwiler: Max Schneider-Martin, Liestal, in: *Oberbaselbieter Zeitung*, 9. September 2010, veröffentlicht auch im *Baselbieter Heimatschutz Pressespiegel* Nr. 38 2010. (Ohne Autor:) Schneider Max, Architekt und Zeichner, in http://www.reigoldswil.ch/rw/Schneider_Max_neu.pdf (26. Januar 2013).

4 *Max Schneider Archiv*, Inventarnummer MSA 1913. Die zeitliche Einordnung dieses Blattes erfolgt im Vergleich mit dem datierten Blatt MSA 1361 von 1979, das den gleichen, etwas weiter gefassten Bildausschnitt in ähnlich malerischer Auffassung zeigt.

5 Max Schneider: Die Sprache der Dächer II. 40 Zeichnungen aus dem Baselbiet. Vorwort von Max Schneider, Liestal (im Eigenverlag) 1983.

6 «Juralandschaften», 1985–1991; «Regio Basiliensis», 1989; «30 Panoramen zwischen Rhein + Aare + Doubs», 1991; «Horizonte», 1995.

7 Werner A. Gallusser: Das Panorama als Darstellung und Erlebnis der Landschaft gezeigt am Beispiel des Panoramas «Eggflue» von Max Schneider (November 1986), in: *Baselbieter Heimatblätter* Band 17, 61. Jahrgang, 1996, 110 f.

8 Auch zu diesem Thema veröffentlichte Max Schneider Mappenwerke im Eigenverlag: «Die Wasserfalle», 1996; «Wasserfälle und Weiher: im Einzugsgebiet der Birs, Laufenbecken, Birseck, Schwarzbubenland und des Birsig», 1999.

Bildnachweis

Max Schneider Werkarchiv, Liestal.
Als Vertreter der Erbengemeinschaft Max Schneider:
Florian Schneider, Dellenstrasse 9, 4458 Eptingen. Tel. 079 209 39 65, E-Mail: florian.schneider@eblcom.ch

1 Die ehemalige romanische Klosteranlage, der nationale Bedeutung zukommt.

John Schmid und Noemi Savoldelli

Skulpturenpark Kloster Schönthal
Ein Dreiklang von Geschichte,
Natur und Kunst

Das ganz besondere Konzept des Klosters Schönthal verlockt heute Gäste aus aller Welt, auf 750 Metern über Meer durch die typische Topografie des basellandschaftlichen Juras zu streifen und 28 Skulpturen – subtil platziert auf einem Gebiet von 100 Hektaren Wald und Wiesen – wandernd zu entdecken. Schönthal ist nicht nur Bauernhof, Seminarort, Kunstgalerie, Ausstellungsraum oder Skulpturenpark, sondern in erster Linie auch ein Ort zum Verweilen, ein Ort, der Dinge sichtbar und im Besonderen die Natur erlebbar macht. Heute entfalten die Anstrengungen der letzten Jahrzehnte durch verschiedene engagierte Beteiligte ihre Wirkung und machen das Ensemble zu einem harmonischen Ort. – Das war jedoch nicht immer so.

Das ehemalige Benediktiner-Kloster Schönthal bei Langenbruck blickt auf eine jahrhundertelange bewegte und wechselvolle Geschichte zurück. Diese ist im prämierten Buch von René Salathé mit dem Titel «Das Kloster Schönthal. Kultur und Natur»

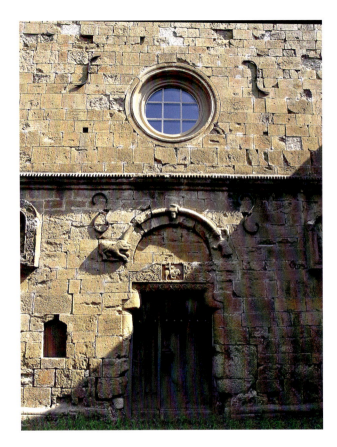

2 Das romanische Westportal
der Klosterkirche von 1187.

wunderbar nachzulesen: Das älteste noch erhaltene romanische Westportal der
Schweiz ziert die Westfassade von 1187. Wie an vielen religiösen Orten findet sich
auch hier eine Entstehungslegende, welche die Darstellung des Reliefs mit dem
Lamm, den Löwen und der thronenden Madonna an der Aussenfassade zu erklären
versucht. Des Weiteren bietet die Legende einen Hinweis auf den Stifter Graf Adal-
bero von Frohburg, der in einer Urkunde aus dem Jahre 1146 erwähnt wird, in der
ebenfalls festgehalten wurde, dass die Klosterbrüder den Regeln des heiligen Bene-
dikt von Nursia zu gehorchen hätten und dass niemand das Kloster besteuern dürfe.

Die Legende erzählt von einem Jagdausflug des Grafen mit seinem Gefolge,
darunter sein bester Freund, der sich in den dichten Wäldern verirrte. Schon völlig
ermattet vor Hitze, Durst und Hunger hörte der Verirrte eine Quelle sprudeln und
folgte diesem Geräusch. Da sah er unter einer Eiche eine Frau sitzen, die einen Kna-
ben an ihrer Brust trug. Diese erhob sich und bedeutete ihm schwebend, ihr zu folgen
und führte ihn zurück zu den Seinen. Als er sich aber nach der Gestalt umsah, erhob
sich diese mit ihrem Sohn in einem Rosenwagen, der von einem Lamm und einem

Die Skulpturengruppe «Häutung und Tanz» von Martin Disler aus dem Jahre 1990. Im Dialog mit ihrem Landschaftsraum.

Löwen gezogen wurde, in die Lüfte. Der Graf war froh über die Rückkehr seines Freundes und stiftete mit seiner Frau Sophia daraufhin an ebendiesem Ort der Erscheinung der Muttergottes ein Kloster.

Die harte körperliche Arbeit der Urbarmachung in der Gründungsphase vor 1145 wurde von Laienbrüdern ausgeführt. Die der heiligen Maria geweihte Klosterkirche war erst 40 Jahre nach der urkundlichen Erwähnung beendet. Schon vor der Kirchweihung 1187 diente eine kleine Marienkapelle als Andachtsort.

Neben frommen Gründen – im klösterlichen Gottesdienst wurde für die Stifter und ihre verstorbenen Familienangehörigen gebetet – spielten vor allem auch politische und wirtschaftliche Komponenten eine Rolle für die Stiftung des Klosters: Das Geschlecht der Frohburger gehörte zu den einflussreichsten Familien in der Nordwestschweiz, ihre Stammburg oberhalb von Olten geht zurück auf eine Zeit um 950. Ihr Herrschaftsgebiet umfasste grosse Teile des Kantons Basel-Landschaft und der nördlichen Kantone Solothurn und Aargau, also ein Gebiet von Muttenz bis zum Sempachersee. Auch stellten die Frohburger jeweils einen Bischof. Der Bekannteste kam 1149 mit Reliquien des heiligen Lazarus vom Kreuzzug aus dem Heiligen Land zurück. Diese und andere Reliquien wurden im Kloster Schönthal aufbewahrt und machten es zu einem Wallfahrtsort.

Die Sicherung der viel befahrenen Hauensteinpässe bescherte den Frohburgern besonders nach Eröffnung des Gotthardpasses reiche Einkünfte durch Zölle. Es wird auch vermutet, dass im Raum Langenbruck im 11., 12., und 13. Jahrhundert Eisenerz abgebaut wurde, eine weitere mögliche Einkommensquelle der Frohburger.

Doch im Jahr 1367 starb das Geschlecht der Frohburger aus, und daraufhin verlor das einsame Kloster seinen Schutz. Trotzdem blieb Schönthal weitere 160 Jahre ein bäurisches Berg- und Waldkloster mit einem weit verstreuten Ökonomiebetrieb, zum Beispiel einem Rebberg in Grenzach oder Mühlen in Sissach und Holstein. Zahlreiche Höfe mit Ackerland, Wäldern und Weiden mussten beaufsichtigt werden.

Warum es ab Mitte des 13. Jahrhunderts mit dem Kloster bergab ging, lässt sich nicht belegen, vermutlich sind die Gründe in der bröckelnden Macht der Frohburger zu suchen. Diese hatten schon gut 100 Jahre zuvor, 1265, aus machtpolitischen Gründen die gesamte Herrschaft Waldenburg an den Basler Bischof abtreten müssen.

Zur Zeit des Niedergangs diente das Kloster Schönthal nur noch als Frauenkloster, nachdem es zuvor gut 80 Jahre als Doppelkloster funktioniert hatte. Um 1400 lebten lediglich noch sechs ältere Nonnen im schönen Tal, und die gesamte Anlage befand sich in desolatem Zustand. Das Kloster war nahe daran, aufgegeben zu werden. Doch der in Deutschland weit verbreitete Orden der Augustiner betrieb das Kloster als Filiale des Mutterklosters weitere 120 Jahre lang. Die Gebäude wurden wiederhergestellt, und 1511 wurden Chor, Kirche und Kreuzgang erneut geweiht. Doch kurz darauf, am 1. Mai 1525, dem jährlichen Kirchweihtag, zerstörten die einheimischen Bauern der Umgebung den Kirchenraum und vertrieben die Augustinermönche. Soziale Forderungen der wütenden Bauern, die ihren Zehnten nicht mehr abgeben wollten, vermischten sich mit reformatorischen Protesten. Mit dem Sieg der Reformation in Basel kam 1529 auch das juristische Ende für das Kloster, und dessen gesamte Besitztümer samt Vermögen wurden an das Spital Basel abgegeben, um es als Sennhof zu nutzen.

Nach der gewaltsamen Säkularisierung durchlebte das Baudenkmal eine wechselvolle und mehrheitlich unwürdige Geschichte: 1645 hielt eine Ziegelei im Kirchenraum Einzug. Hier stellten die Langenbrucker nun für Basel Dachziegel, Back- und Kaminsteine her. Der dafür erforderliche Lehm wurde im nahe gelegenen Teich ausgehoben. Gegen Ende des 17. Jahrhunderts wurde die Ziegelei wieder ausgelagert, da der Kirchenraum sich offensichtlich nicht als optimal erwiesen hatte. Der Dachstock wurde verstärkt und das Dach mit Ziegeln gedeckt, die noch heute in Gebrauch sind. Im gleichen Zuge wurde eine Decke in den Kirchenraum eingezogen; dabei wurde das kunsthistorisch wertvolle Christophorus-Fresko verstümmelt. Ausserdem wurden die drei Apsiden beseitigt.

Danach verwendete man den Kirchenraum bis Mitte des 20. Jahrhunderts als Holzschopf und Lagerraum. Die Höfe ums Schönthal hatten dem Basler Spital als Sennhöfe gedient, alles wurde jedoch im Jahr 1833 bei der Kantonstrennung vom Spital Basel an einer Gant abgestossen und war danach im Privatbesitz verschiedener Basler Familien.

Geschichtlich war das Kloster Schönthal in den Anfangszeiten wie bereits erwähnt eng mit dem Geschlecht der Frohburger verknüpft und unterstand deren Schutz. Auch heute könnten das ehemalige Kloster und sein Skulpturenpark nicht bestehen ohne das Engagement eines Einzelnen, der hier seine Idealvorstellung von Kultur im Dialog mit der Natur verwirklicht sehen möchte. Nach umfassenden Renovierungsarbeiten konnte die Anlage mitsamt den umliegenden Landwirtschaftsflächen im Jahr 2000 seiner neuen Bestimmung zugeführt werden: Es wurde zu einer in der Schweiz einmaligen Stätte für internationale Skulpturenkunst.

Ziel war jedoch nicht der Aufbau einer privaten Sammlung. Entlang der Wege und Pfade der intakten Juralandschaft sollten vielmehr neue künstlerische Positionen eine Beziehung zur Natur herstellen und dem öffentlichen Publikum eine neue Dialogkultur vor Augen führen. Auch in den Werkaufträgen an die Künstler soll der respektvolle und sensible Umgang mit der Natur ein zentraler Gedanke sein. Die Künstler entwickeln an Ort ein Werk für den Ort. Dass die Landschaft ums Schönthal eine ganz eigene Sprache besitzt, ist auch eine Herausforderung für die Künstler. So hat David Nash während seines Aufenthalts im Kloster einmal festgehalten:

«Den Rahmen setzt die besondere Umgebung von Schönthal. Die Menschen, die über Jahrhunderte hier lebten – die Landschaft – das Dorf und die Kirche – die Strassen und Wege und Baumgruppen – der Zyklus der Jahreszeiten. All diese Aspekte haben zur Schaffung einer eigenen Sprache beigetragen, ein besonderer Dialekt dieses Ortes, der meines Erachtens im Vordergrund stehen und bewusst wahrgenommen werden muss und nicht, ob absichtlich oder nicht, in den Hintergrund gedrängt werden darf.»

Projekte dieser Art fördern den Respekt der Öffentlichkeit vor den Ressourcen der Natur. Aber auch Landschaften sind nicht universal verfügbar. Jedes Stück Erde ist ein Stück individuelles Universum für sich, mit teils versteckten, teils sich offen präsentierenden Räumen. Und anders als in städtischen Museen kann man den Schönthaler «Ausstellungsraum» nie in seiner Gesamtheit sehen. Im Wechsel der Jahreszeiten und Witterungen erschliessen sich dem Besucher immer neue, bisher unentdeckte Räume.

Willkommen im «schönen Thal»!

Bildnachweis

1   John Schmid, Langenbruck.
2   Christian Lichtenberg, Basel.
3   Heinz Dürrenberger, Liestal.
4   Heiner Grieder, Langenbruck.

1 Im August 2007 überflutete die Birs grosse Teile von Laufen.

Peter Walthard

Wo das Baselbiet gefährlich ist

Von 2009 bis 2011 untersuchten Geologen und Ingenieure das ganze Kantonsgebiet auf Spuren vergangener Naturkatastrophen und erstellten aufgrund der gesammelten Daten und mit Hilfe moderner Computermodelle die Naturgefahrenkarte Baselland, die den Kanton in rote, gelbe und blaue Zonen einteilt. Sie gibt Hinweise auf potenzielle Gefahren, die Grundbesitzer eingehen, wenn sie in einer der jeweiligen Zonen bauen wollen.

Überschwemmungen, Erdrutsche, Steinschlag – Naturgefahren wie diese bringt man normalerweise eher mit Gebirgsregionen wie den Alpen in Verbindung als mit der lieblichen Hügellandschaft des Baselbiets. Doch auch hier zeigt die Natur immer wieder ihre harte Seite, besonders eindrucksvoll im Jahr 2007, als die Birs die Altstadt von Laufen überflutete, und das wirtschaftliche Leben für Wochen zum Stillstand kam. Geht es nach den Prognosen von Klimatologen, werden sich solche Extremereignisse in Zukunft häufen – und da immer mehr Menschen in der Region wohnen und arbeiten, werden sie potenziell immer höhere Schäden mit sich bringen.

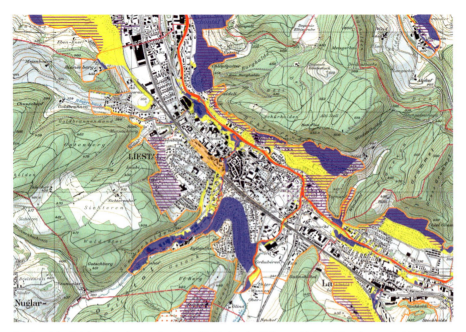

2 Anhand der Gefahrenkarte können Private und Behörden das Risiko von Naturgefahren besser abschätzen.

Gefahrenkarte warnt vor

Dies stellt Behörden und Versicherungen vor grosse Herausforderungen. Wo liegen die Gefahren? Wie gross ist das Risiko, das sie eingehen? Und was kann man dagegen tun? Erste Antworten gibt die Naturgefahrenkarte des Kantons Baselland. Von 2009 bis 2011 untersuchten Geologen und Ingenieure das ganze Kantonsgebiet auf Spuren vergangener Naturkatastrophen, analysierten im Feld und mit modernen Computermodellen rutschende Hänge, brüchige Felswände, gefährlich enge Bachbetten. Die Resultate liegen seit 2012 in Form der Naturgefahrenkarte Baselland vor, die nun in allen Gemeinden aufliegt und für Interessierte auch im Internet zugänglich ist (http://geoview.bl.ch). Sie teilt das Kantonsgebiet in rote, blaue und gelbe Flächen ein. Jede Farbe steht für eine Gefahrenstufe und gibt damit Hinweise auf das Risiko, das Grundbesitzer eingehen, die in der jeweiligen Zone bauen wollen. Im roten Bereich, dem so genannten Verbotsbereich, ist die Gefährdung erheblich, im blauen besteht eine mittlere Gefährdung, im gelben Bereich ist das Risiko gering. Im blauen Bereich soll künftig nur noch mit Einschränkungen gebaut werden dürfen, im roten überhaupt nicht mehr.

Keine gesetzliche Verpflichtung

Gesetzlich verbindlich ist dies aber noch nicht. «Die Naturgefahrenkarte ist ein Fachgutachten, kein Gesetz», erklärt Yves Dürig von der Basellandschaftlichen Gebäudeversicherung, unter deren Ägide das Projekt vollendet wurde. Nun sei es an den Gemeinden, die Erkenntnisse aus der Karte im Rahmen ihrer Siedlungsplanung umzusetzen. Wann dies so weit sein wird, hängt vom Willen der Gemeindebehörden ab. Zwar hat der Kanton empfohlen, die Angaben der Karte innerhalb dreier Jahre in die Siedlungsplanung umzusetzen, Gesetz ist dies jedoch nicht. Und nicht überall ist man über die Resultate der Forscher erfreut: Liegt unbebautes Bauland im roten Bereich, kommt eine Gemeinde kaum um eine kompensationslose Auszonung herum. Für die Eigentümer ein Verlust, der höchstens mit aufwendigen Schutzmassnahmen wie Dämmen oder anderen Verbauungen vermieden werden kann. Einfacher ist es in der blauen Gefahrenzone. Hier reichen oft einfachere bauliche Massnahmen, um der Gefahr Herr zu werden. Wer sein Haus in einer roten Zone stehen hat, braucht jedoch nicht um sein Eigentum zu fürchten: Zwar sind Neubauten dort verboten, bestehende Gebäude sind aber weiterhin versichert. «Erst wenn ein Schadensereignis tatsächlich eintritt, kann sich die Gebäudeversicherung überlegen, in Zukunft einen Deckungsvorbehalt geltend zu machen», so Dürig.

Wasser und Erdrutsche am gefährlichsten

Gefahr Nummer eins ist im Baselbiet das Wasser. Durch Überschwemmungen besonders gefährdet sind die Gebiete entlang der Birs, deren Einzugsgebiet weit in den Jura hineinreicht und die bei starkem Regen entsprechend viel Wasser führen kann. Im Falle eines 300-jährlichen Hochwassers, also einer Überschwemmung, die im Durchschnitt nur alle 300 Jahre zu erwarten ist, verwandeln sich grosse Teile des Laufentals in einen einzigen See, mittendrin die Altstadt von Laufen.

Doch auch das Oberbaselbiet ist gegen Gefahren nicht gefeit: Hier sind es besonders Rutschungen, die den Bewohnern das Leben schwer machen können. Aber auch Überschwemmungen können in den Tälern vorkommen. Vergleichsweise wenige Gefahrengebiete zeigt die Karte im unteren Kantonsteil, wo das Gelände flacher wird. Aber auch im Leimental muss mit Überschwemmungen und Rutschungen gerechnet werden.

Relativ sicher sind oft die alten Dorfkerne – wenn auch nicht überall. «Wo dieselben Familien über viele Generationen lebten, wurde das Wissen um die Gefahrengebiete weitergegeben», sagt Dürig. Diese Stellen habe man gemieden. Während des Baubooms der letzten Jahrzehnte sei dieses traditionelle Wissen aber oft in Vergessenheit geraten, Neuzuzüger hätten oft etwas blauäugig gebaut.

Dies gilt besonders für ein Phänomen, von dem im Gegensatz zu Hochwasser, Steinschlag und Erdrutschen wenig die Rede ist, wenn es um Naturgefahren geht: So

3 Hänge, die ins Rutschen kommen, sind im Baselbiet nichts Ungewöhnliches.

genannte permanente Hangrutschungen. Die Geologen erkennen sie an Wülsten im Erdreich, die davon zeugen, dass der Boden hier ständig in Bewegung ist. Oft liegt unter dem Humus Hanglehm, ein Gemisch aus feinem Sand und Steinen, das sich während der letzten Eiszeit an den Hängen der damals kahlen und starkem Frost ausgesetzten Felsflanken gebildet hat. Dem Gewicht moderner Bauten hält dieser Untergrund oft nicht stand, die Wände bekommen Risse, ganze Häuser geraten in Schieflage. Die Gefahrenkarte zeigt auch hier, welche Gebiete gefährdet sind. Letztlich liege die Verantwortung aber beim Bauherrn, so Dürig: «Es braucht immer eine seriöse Abklärung durch einen Geologen, bevor man baut.»

Gefahrenlage verändert sich

Nicht überall aber heisst alt auch sicher. Die Altstadt von Laufen etwa war wohl niemals gegen Überschwemmungen gefeit und liegt laut Gefahrenkarte mitten im Überschwemmungsgebiet. Die Gründe dafür dürften historisch sein: Bis ins 13. Jahrhundert hinein siedelten die Laufner nämlich in gebührendem Abstand zur Birs bei der etwas erhöht gelegenen St. Martinskirche. Erst später wurde mitten in der Flusslandschaft, wo heute das Amtshaus steht, eine Wasserburg gebaut, die den Fluss als

Schutz vor fremden Truppen nutzte. Aus ihr entstand im Laufe der Jahrhunderte das ‹Stedtli› – das sich nun erneut mit seiner Nachbarschaft zur manchmal wilden Birs auseinandersetzen muss.

In Stein gemeisselt sind die Ergebnisse der Naturgefahrenkarte nicht. «Die Untersuchungen müssen regelmässig revidiert werden», sagt Dürig. Denn manchmal verändern neue Bauprojekte die Gefahrenlage. Hochwasserschutzbauten etwa können ein Gebiet sicherer machen, Dämme für Strassen oder Eisenbahnen hingegen das Wasser umlenken und so neue Gebiete gefährden. Dazu kommen neue Erkenntnisse der Wissenschaft, die bestehende Beurteilungen umstossen können. Und nicht zuletzt ist auch immer offen, wie und wo sich die Gefahrenlage im Zuge des Klimawandels verändern wird.

Bildnachweis
1 Peter Walthard, Laufen.
2 Geodaten BL (http://www.geo.bl.ch).
3 Barbara Saladin, Thürnen.

1 Vom Winde verweht wird diese kleine Wolke. Doch mithilfe von Sonne, Luftdruck, Wind und Feuchtigkeit, richtig gemixt, entstehen vielleicht bald schon mächtige Wolken. Von einem nicht minder mächtigen Wind ergriffen und übers Baselbiet getrieben, wird bald mehr als nur dies kleine Gewölk bewegt. Viel mehr.

Charles Martin

Klima und Luft im Grossraum Basel – die Zukunft geht uns alle an

Die Zeiten sind längst vorbei, da sich der Einzelne für sich selbst und für seine Familie um nichts weiter als das tägliche Essen, Trinken und Schlafen zu kümmern hatte. In unserer globalen Welt sind wir alle mitverantwortlich für all die Umwelteinflüsse, die durch unser wirtschaftliches und gesellschaftliches Treiben entstehen und deren Auswirkungen weder Landesgrenzen noch nationale Gesetzgebungen berücksichtigen, sondern sich ungeniert überallhin exportieren. Der Stoff, der für unser Leben am wichtigsten ist, umgibt uns zwar sanft und meist, ohne dass wir uns des sensiblen Gemischs überhaupt bewusst sind. Nur wenn sie uns wegbleibt, können wir ihre ultimative Notwendigkeit kaum mehr verleugnen: die Luft, die wir atmen, tagein tagaus, 24 Stunden lang.

Das Klima im Baselbiet ist stark beeinflusst von der Oberrheinischen Tiefebene, die via Burgundische Pforte eine Verbindung zum Mittelmeerraum hat. Die Folge ist für gewöhnlich eine Erwärmung, welche im Frühjahr am deutlichsten erkennbar ist, dann nämlich, wenn die Kirschbäume nahe der Birs und am Rhein sehr früh aufblühen. Auch die Rebe als wärmeliebende Pflanze profitiert von dieser Klimagunst. Hinzu kommt, dass das ganze Gebiet an der Nordabdachung des Juras im Herbst viel weniger Nebel kennt als das schweizerische Mittelland. Diese Sonnenstunden helfen beim Ausreifen der Trauben, bergen aber auch die Gefahr von frühem Nachtfrost, welcher die Blätter schädigen kann.

Der Wind macht den Boden

Sind die Böden der nach Süden orientierten Hänge im Tafel- und Faltenjura aufgrund der Ablagerungen der urzeitlichen Jurameere mehrheitlich von kalkhaltigen Ablagerungen und Gestein sowie von einem hohen Anteil an Ton geprägt, so sind im Gegensatz dazu die Rebberge von Biel-Benken, Oberwil, Ettingen sowie Bottmingen kaum von Steinen durchzogen, da sie aus Staub gewachsen sind. Während der Eiszeiten hat der Wind massenweise Staub herbeigeweht und hier über die Jahrhunderte abgelagert. (Die Landschaft links der Birs wird dem Sundgau zugerechnet, das sich, grob gesehen, ungefähr über das Gebiet zwischen dem elsässischen Jura und den Kantonen Basel, Jura und Solothurn erstreckt.) Die Böden sind sehr fruchtbar und weich und erlauben es den Reben, ihre Wurzeln tief ins Erdreich zu versenken, wo auch in trockenen Sommern noch Wasser zu finden ist.

Wie jede Region hat auch das Baselbiet seine Besonderheiten, was das Klima oder die Luft, die wir atmen, angeht. Und wie jede Region, so ist auch unser Klima von unzähligen Faktoren abhängig, die teilweise weit vor unseren Grenzen und ohne unser Zutun entstehen. Die Luft, die uns umgibt, kennt keine Landesgrenzen, keine Einreisebestimmungen, keine gesetzlichen Vorgaben. Sie kommt, wie sie vom globalen Wetterlabor zusammengestellt wird, und beeinflusst unser Wetter ebenso wie unsere Wirtschaft und unser Wohlbefinden.

Der «Möhlin-Jet»

Eine dieser Besonderheiten ist der «Möhlin-Jet», jene Wetterlage, die den Nebel im Rheintal regelmässig vertreibt, sobald er vom Jura hinunter ins Tal weht. Die richtigen «Zutaten» für diese aussergewöhnliche Wetterlage liefern sowohl die Ausläufer des Schwarzwaldes und der Rhein auf der einen als auch die Jurahöhen und die Aare auf der anderen Seite. Im Winter, wenn die Tage kürzer und die Nächte länger werden und die Sonne nur noch einen mittleren Hochstand am Himmel einnimmt, bildet sich bei hohem Luftdruck zwischen den Alpen und dem Jura eine Art Kaltluftsee und

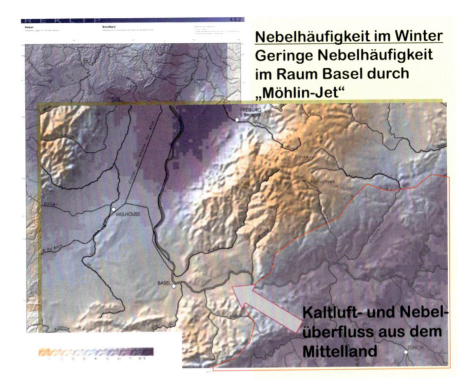

Nebelhäufigkeit im Winter
Geringe Nebelhäufigkeit
im Raum Basel durch
„Möhlin-Jet"

Kaltluft- und Nebel-
überfluss aus dem
Mittelland

2 Wie bei einer überdimensionalen Wanne schwappt die überfliessende Kaltluft aus dem Mittelland über den Jurakamm und schiesst als «Möhlin-Jet» hinunter ins Baselbiet, wo er den Nebel buchstäblich über Nacht fortbläst. Damit sorgt er in unserer Region für viele zusätzliche Sonnenstunden.

sammelt sich im Mittelland wie in einer riesigen Badewanne. Die Luft, die mehrheitlich nach Nordosten fliesst, der Fliessrichtung der Aare folgend, schwappt, sobald der See aus Kaltluft höher ist als die begrenzende Kette der Juragipfel, über und strömt aufgrund der Enge des Durchlasses mit steigender Geschwindigkeit (darum Jet = Jetstream = Strahlstrom: ein dynamisches Starkwindband, das vor allem in Europa von Bedeutung ist) ins Rheintal hinunter, was die Luft zusätzlich erwärmt. In der Ebene «überschwemmt» er das Möhliner Feld zwischen Wallbach und dem Drei-Kirchen-Dorf Möhlin und beeinflusst das Wetter bis in den Grossraum Basel und weiter. Resultat dieses so genannten Starkwind-Systems: Der Nebel löst sich bis nach Basel hin auf, was unter anderem für die im Vergleich zur übrigen Schweiz zahlreichen Sonnentage im Winter sorgt. Endgültig und im Einzelnen ist aber noch nicht geklärt, welche weiteren Faktoren für dieses genussvolle Sonnenklima sorgen.

Sonnenarme Ausnahme

Allerdings gibt es auch Ausnahmen von dieser ansonsten angenehmen Regel, wie der Winter 2012/2013 beweist. In diesem Jahr war die Sonnenscheindauer vor allem im zweiten Winterquartal und in den ersten Frühjahrswochen auch im Baselbiet unterdurchschnittlich. Werden normalerweise von Januar bis April im Grossraum Basel durchschnittlich um die 300 bis 350 Stunden Sonne gemessen (in Spitzenjahren wurden auch schon weit über 400 Sonnenstunden registriert), so konnten in den ersten vier Monaten 2013 nur gerade knapp deren 250 verzeichnet werden.

Basler Klima erforscht

Das Klima rund um Basel ist schon lange Gegenstand der Forschung. Mehr durch Zufall entdeckte beispielsweise Christian Friedrich Schönbein, in Basel Professor für Chemie in der ersten Hälfte des 19. Jahrhunderts, bei einer Untersuchung der elektrokatalytischen Abscheidung von Sauerstoff einen merkwürdigen Geruch. Schönbein, nach dem die Schönbeinstrasse in Basel benannt ist, schloss auf eine neue Substanz und nannte sie bald darauf Ozon (griechisch: riechen, übelriechend). Er entwickelte später gar eine Nachweismethode für die Ozonkonzentration in der Luft, die heute noch Anwendung findet. Ozon, ein leicht toxisches Gas, bildet einen wirksamen Schutz gegen die hohen ultravioletten Strahlendosen, die uns die Sonne sonst verpassen würde. Es wirkt auch antibakteriell, doch in hohen Dosen ist es für den Menschen schädlich, darum hoch oben in der Atmosphäre erwünscht, bei uns unten am Boden jedoch nur in geringen Dosen. In den Sommermonaten sind zu hohe Ozonwerte in der Stadt deshalb ein Problem, dessen Herr zu werden nach wie vor nottut.

Klima, ein sensibles System

Basel mit seinen grossflächigen Wärmequellen bildet vor allem in der Nacht eine Wärmeinsel, die sich ebenfalls auf die klimatischen Verhältnisse der Region auswirkt. Professor Dr. Eberhard Parlow setzt sich seit den späten 1980er-Jahren mit der Erforschung des Klimas im Grossraum Basel auseinander. Mit seinen Forschungen und in zahlreichen Vorträgen versucht Eberhard Parlow das sensible Gleichgewicht des Klimas sowie den verantwortungsbewussten Umgang mit klimabeeinflussenden Ressourcen sowohl der Politik wie der Wirtschaft als auch der breiten Bevölkerung, allen voran der nachfolgenden Generation, bewusster zu machen. Das Klima, sagt Professor Dr. Parlow, geht uns alle etwas an. Durch vernünftigen Umgang mit unseren Heizungen, dem Abfall, den Autos und vielen anderen menschlichen Errungenschaften und Einflüssen kann auch der «Normalbürger» viel zur Verbesserung des Klimas bei-

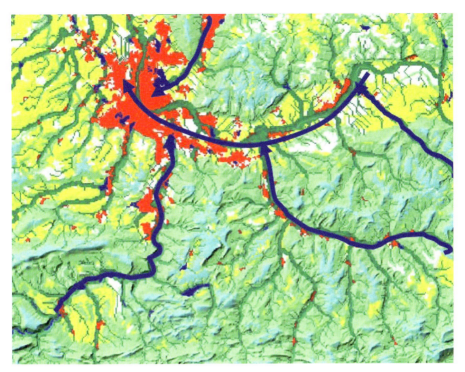

3 Die blauen Linien zeigen die Kaltluftströme in Richtung Basel nach. Die warme Luft der Stadt (rot) wird so etwas abgekühlt. Teilweise strömt sie aber auch zurück in die stadtnahen Baselbieter Gemeinden, so geschehen im Hitzesommer 2003, wo die kühlende Ventilation zumindest im unteren Baselbiet weitgehend neutralisiert worden ist.

tragen, auch wenn die nötigen grossen Veränderungen ein regionales, europäisches und letztlich globales Mitwirken aller erfordert.

Feinstaub und andere Unreinheiten

Obwohl die Sonne im Grossraum Basel und im Baselbiet ein gern und ebenso oft gesehener Gast ist, darf gerade in der industriebeladenen Region die Bedeutung regelmässiger Niederschläge nicht unterschätzt werden. Diese sorgen nämlich, wie die Messungen der niederschlagsreichen Wintermonate Januar und Februar 2007 zeigen, für ein Reinwaschen der Luft, die wir atmen. So waren in besagten Wintermonaten die Feinstaubkonzentrationen nur halb so gross wie im selben Zeitraum anderer Jahre, zum Beispiel im Vorjahr. Die Feinstaubbelastung ist im Grossraum Basel (und dank des Windes bis hinab ins Baselbiet) trotz der deutlichen jährlichen Reduktion seit den verschärften Grenzwerten vom 1. Januar 1998 nach wie vor zu hoch und müsste darum weiter reduziert werden. Und noch immer fühlen sich die Baslerinnen und Basler an besonders heissen Sommertagen bezüglich der Ozonkonzentrationen in der Luft auf dem Bruderholz wohler als im Stadtzentrum, wo die erhöhte Konzentration des unsichtbaren Gases die Atemwege reizt, was vor allem Kleinkinder und ältere oder in dieser Hinsicht sensiblere Menschen zu spüren bekommen.

Die besonderen klimatischen Verhältnisse in Basel führen im Sommer ausserdem des Öfteren zu so genannten tropischen Nächten (von einer Tropennacht spricht man, wenn die Temperatur in der Nacht nicht unter 21 Grad Celsius sinkt). Im Baselbiet hingehen, wo der Luftstrom wegen seiner leichten Auskühlung talabwärts fliesst, sind Tropennächte seltener, auch wenn im Hitzesommer 2003 dieser wohltuende Luftstrom auch hier kaum mehr zu spüren war, ausser vielleicht in Ortschaften wie Tecknau oder Reigoldswil. Kaltluftabflüsse, die aus dem umliegenden Land in die Stadt strömen, treten bei windschwachen Wetterlagen im Sommer lokal auf und wirken wie eine überdimensionale Klimaanlage. Sie kühlen die bodennahe Luft und transportieren Schadstoffe und Feinstaub aus der Stadt ab. Leider finden sich diese dann durch den Rückfluss im nahen Umland wieder, was der Baselbieter Luftreinheit nicht gerade zuträglich ist.

Klima für alle von allen

Fazit: Das Klima geht uns alle etwas an. Mag der Wind auch viele unserer «Umweltsünden» in weite Ferne tragen und dort deren Konzentration verdünnen, die Winde tragen auch «Umweltsünden» anderer Regionen unerfreulicherweise wiederum zu uns. Und wer weiss, vielleicht sind viele davon gar «Heimkehrer», sprich: Folgen unserer eigenen Verantwortungslosigkeit? Es ist also sicher sinnvoll, bereits die Kinder für diese Zusammenhänge zu sensibilisieren und ihnen gewisse umwelttechnische Regeln zu einer vernünftigen und sparsamen Nutzung klimabeeinflussender Ressourcen nahezubringen. Ihnen schon früh die Schönheiten der Natur ausser Haus bewusst zu machen, ist sicher ein wichtiger Beitrag für die Zukunft – unsere eigene und die unserer Kinder. Strom zu sparen und das Auto, wo immer möglich, durch die Benutzung des öffentlichen Verkehrs oder des Fahrrades zu ersetzen und in allem als gutes Beispiel voranzugehen, ist für uns Erwachsene sicher ein weiterer bedeutender Beitrag, den die künftigen Generationen zu schätzen wissen werden. Und wie schon unsere Grossmütter mit viel weniger Wissen um die komplexen Zusammenhänge und unsere mannigfaltigen Einflüsse wussten: Die Zukunft beginnt jetzt!

Professor Dr. Eberhard Parlow

Jahrgang 1952, verheiratet, zwei Kinder. Seit 1989 Professor für Meteorologie und Klimaökologie am *Geographischen Institut Basel*, Leiter der gleichnamigen Abteilung, Institutsdirektor. Er hat unter anderem zahlreiche Projekte zur Erforschung der Klimaökologie im Grossraum Basel geleitet und arbeitet international mit führenden Wissenschaftlern und Universitäten zusammen. Eines seiner ganz grossen Anliegen ist die Sensibilisierung der Politik, der Wirtschaft und der Bevölkerung, namentlich der nachfolgenden Generation, für die Anliegen der Klimaökologie und des bewussten und sinnvollen Umgangs mit den diese beeinflussenden Ressourcen. Er hat zahlreiche Publikationen veröffentlicht, die im Internet einsehbar sind: http://www.mcr.unibas.ch/typo3/?id=21.

Quellen Internet

- *Weinproduzentenverband Baselland* (WVB): http://www.baselbieterwein.ch.
- Wikipedia – Die freie Enzyklopädie: http://de.wikipedia.org/wiki/Wikipedia: Hauptseite.
- *Landwirtschaftliches Zentrum Ebenrain:* http://www.baselland.ch/fileadmin/baselland/files/docs/vsd/lze/organigramm.pdf.
- *Basler Zeitung* vom Februar 2000: http://bazonline.ch.
- M. Oertli, Diplomarbeit *Universität Basel* (in: *Basler Zeitung*, Februar 2000): http://www.hcnw.ch/downloads/1087-04122009160429-M%C3%B6hlin_Jet.pdf.
- Prof. Dr. rer. nat. Axel Zenger: Analyse und Bewertung von Kaltabflüssen, *Fachhochschule Mainz*, Umweltschutz im Bauwesen: http://www.axel-zenger.de/hlit/24_KALTLUFT.pdf.

Literaturverzeichnis

- Hans-Rudolf Moser: diverse Artikel, in: *Regio Basiliensis*, Basel.
- Daniel Hernández Rodríguez & Eberhard Parlow: Die Änderung der winterlichen Niederschläge von Basel – Untersuchungen der Basler Klimareihe, 1901–2007, in: *Regio Basiliensis*, Band 50, Basel 2009, 43–51.
- Vorträge von Prof. Dr. Eberhard Parlow.

Bildnachweis

1 Yves Binet, Basel.
2+3 Von Prof. Dr. Eberhard Parlow zur Benutzung freundlicherweise zur Verfügung gestellt.

1 Schönes Baselbiet aus der Vogelperspektive.

Charles Martin

Segelfliegen – im Baselbiet und anderswo

Segelfliegen ist die ursprünglichste Form des Fliegens, der sich die Menschen widmen. Die Ruhe und die Schönheit weit oben unter dem Himmelszelt hat etwas Romantisches und etwas Abenteuerliches – einst wie heute.

Das Baselbiet ist ein attraktiver Ausgangspunkt für ausgedehnte Segelflüge. Allerdings ist es auch relativ klein, so dass man es bei Streckenflügen rasch verlässt und erst am Abend zum Landen wieder überfliegt. Im Norden begrenzt die weitreichende Sicherheits-Kontrollzone des *EuroAirports Basel Mulhouse Freiburg*, in die nur mit einer Bewilligung eingeflogen werden darf, einen ausgedehnten Segelflug. Im Süden hingegen wird es erst ab dem Mittelland so richtig spannend. Dann nämlich, wenn die Segelflieger die zahlreichen Äcker und Hügel der tiefer liegenden Ebenen überflogen haben und endlich den Alpen mit ihren von den Piloten heiss begehrten Aufwinden nahe kommen. Zudem sind der Jura im Westen und die Schwäbische Alb im Nordosten regelrechte Rennstrecken für Segelflieger. Für ein gutes Segelflugerlebnis braucht es starke Aufwinde, eine gute Sicht und sehr viel dreidimensionalen Raum. Optimal sind Flugstrecken von gegen 500 Kilometern und mehr.

2 Peter Allegrini im Cockpit einer «Antares 20E».

*

*Es ist spät am Nachmittag, als ich im Auftrag einer regionalen Zeitung den grasbewach-
senen kleinen Flugplatz in Schupfart betrete. Es ist Schnuppertag für Möchtegern-Segel-
flieger. Ich schreite auf die kleine Gruppe Piloten auf dem Feld zu, im Schlepp meine
Partnerin, die sich fasziniert umsieht. Mich faszinieren vor allem die Geschichten der
Piloten und Flugbegeisterten, das Fliegen selber ist mir nicht ganz geheuer. Darum ver-
neine ich die Frage, die man mir schon telefonisch gestellt hat. Nein, ich werde nicht
mitfliegen, und wenn die Reportage dadurch noch so erlebnisnah sein könnte. Endlich
akzeptiert mein Gegenüber meine Ablehnung, und wendet sich prompt an meine
Begleiterin. Aber sicher, gerne, höre ich sie sagen. Und schon sehe ich sie mit einem
Fluglehrer davongehen, sich in die Montur zwängen und den Fallschirm umschnallen.
Ein letztes Winken, ein Handkuss – und schon schliesst sich die transparente Haube
des Cockpits. Halb verärgert, halb gestresst blicke ich dem Flugzeug nach, das mittels
Seilwinde rasch hinauf in die Fricktaler Atmosphäre gezogen wird.*

*

«Ziel eines jeden Fluges ist es, den Flieger so lange wie möglich in der Luft zu halten
und dabei eine möglichst grosse Strecke zurückzulegen. Darum sind ausgedehnte
Flüge die eigentliche Freude beim Segelfliegen. Im Baselbiet ist ein solch herrliches

Flugerlebnis nur bedingt und aufgrund der Platzverhältnisse nur für kurze Zeit möglich.» Der Mann, der mir dies erklärt, ist ein äusserst geübter Segelflugpilot mit zig Tausenden Flugkilometern Erfahrung. Dr. Peter Allegrini, verheiratet, Vater zweier Kinder, Biochemiker, Wissenschaftler und seit 2003 auch Segelfluglehrer, hat viele faszinierende Flüge im In- und Ausland erlebt. Bereits in jugendlichen Jahren hat sich Peter Allegrini mit dem Fliegen auseinandergesetzt, immerhin wuchs er in unmittelbarer Nähe des von der Segelfluggruppe Freiburg benutzten Flugplatzes Bellechasse (FR) auf und war Schüler eines segelfliegenden Lehrers, der in beredten Worten seine Erlebnisse zu schildern pflegte. In den 1980er-Jahren machte er sich schliesslich mit dem Segelfliegen in Schupfart vertraut. Die 1931 gegründete Segelfluggruppe beider Basel, die aus zirka 50 bis 70 Mitgliedern besteht, wurde zu seinem zweiten Zuhause.

*

Unsicher schaue ich dem kleiner werdenden Segelflieger nach. «Möchten Sie vielleicht doch fliegen?» Ein kurzes Ringen, ich gegen Goliath Angst, und schon höre ich mich zu meinem Schrecken sagen: «Ja, warum nicht.» Jeder Schritt wird zur kleinen Folter, ich scheine zentnerschwer. Dann den Fallschirm, wie eine Zwangsjacke umgeschnallt, schliesslich die kurzen, aber klaren Instruktionen, und schon schliesst sich auch über mir dieser transparente Deckel. Vor mir die Instrumente, die Steuerung und – schwups, verliere ich den Boden unter den Füssen oder besser gesagt unter dem Hintern. Das Erlebnis ist ebenso schrecklich wie schön, und als ich endlich meine verkrampften Muskeln etwas locker machen kann, hört auch das Hämmern in meinem Kopf auf. Leiden für die Zeitung. Nur kreative Leidenschaft bringt so etwas zuwege. Oder auch die Weigerung, mich Feigling schimpfen zu lassen. Verdammter Mut. Tatsächlich wird der Flug dann doch etwas entspannter, und ich kann mich dem faszinierenden Erlebnis Segelflug etwas hingeben.

4 Schatten eines Segelfliegers
über dem Baselbiet.

*

Das Segelfliegen ist die klassische und ursprüngliche Art des Fliegens, den Vögeln ab-
geguckt, die aber immer noch um Welten besser fliegen können. Allein den Steigflug
beherrschen die Vögel wesentlich besser, fliegen sie doch in viel engerem Bogen den
thermischen Strömungen entlang in höhere Luftschichten. Flüge, wie die vom Montblanc ins Südtirol, die Peter Allegrini bestens kennt, locken einen Segelflieger wie die
märchenhaft bunten Blüten einer Orchidee einen Kolibri. 700 Kilometer weit fliegt der
Segelfliegerpilot in seinem zwischen 600 und 660 Kilo schweren Karbon-Keflar-Flug-
zeug, ein absolutes High-Tech-Produkt, über die wunderschönen, aber auch tücki-
schen Alpen mit ihren teilweise überraschend heftigen Aufwinden. Diese Thermik gilt
es zu erkennen und richtig zu nutzen, ein Unterfangen, das höchste Konzentration
erfordert, besonders wenn der Pilot mit andern Segelfliegern im Verband unterwegs
ist und sich alle auf dieselbe Thermik stürzen. «Wir sind auch schon mit Raubvögeln,
zum Beispiel mit Geiern, aufwärtsgeflogen, ein faszinierendes Erlebnis», erzählt Peter
Allegrini. Hatte nicht schon Ikarus versucht, die Vögel nachzuahmen? Mit den Segelfliegern, deren Technik den motorisierten Flugzeugen immer um eine Nasenlänge
voraus ist, was Material und Aerodynamik angeht, sind einige dem Traum des Ikarus
schon sehr nahe gekommen, auch wenn uns Menschen nach wie vor eine beachtliche
Dimension von unseren gefiederten Freunden und vom absoluten Flugerlebnis trennt.

*

*Vor mir schwebt eine mächtige Kumuluswolke. Noch nie habe ich sie aus dieser
Perspektive erlebt. Wir fliegen genau darauf zu, wenn wir uns auch in gebührendem
Abstand zu ihr bewegen. In einer Kurve weit vor der aufgebauschten watte-ähnlichen
Tröpfchensammlung drehen wir nach rechts, wodurch die herrlichen Hügel des Basel-*

biets schräg unter uns ins Blickfeld rücken. Ein einzigartig schönes Erlebnis. Weit unten der Flugplatz, etwas weiter die Häusergruppen von Schupfart, Wegenstetten und Hellikon und noch etwas weiter Frick. Weit über uns sehe ich einen anderen Flieger, sicher meine Partnerin, die dort oben herumkurvt. Der Aufforderung zu einem Looping mag ich nicht nachgeben, es reicht mir schon, dass ich für kurze Zeit die Steuerung übernehmen soll. Das tue ich denn auch, und bin sogar etwas stolz auf mich.

*

Wenn Peter Allegrini in grossen Höhen unterwegs ist, darf ein Begleiter nicht fehlen: der Fotoapparat. «Viele Postkartenbilder konnte ich schon von hier oben schiessen. Es sind einmalige Momente, die ich so einfangen kann.» Solange es die Gesundheit und die Mittel erlauben, wird Allegrini fliegen. Von den beiden Kindern hat sich der Sohn von Vaters Flieger-Begeisterung anstecken lassen. Seilwinden zählen zu den günstigen Startmöglichkeiten für einen Segelflieger. Teurer wird es, wenn ein Schleppflugzeug in Anspruch genommen werden muss. Ausserdem gibt es da noch die Verschmelzung der beiden Fliegerarten: Motorsegler, die mit einem eigenen Motor starten können. Man nennt sie auch «Eigenstarter». Daneben gibt es noch weitere, eher unbedeutende Startformen etwa mit Autos, sowohl mit als auch ohne Winde. Auch der Start mittels eines Gummiseils ist bekannt sowie der Fuss- und der Rollstart.

Otto von Lilienthal gelang es in den 1890er-Jahren als einem der Ersten, den so genannten Hangaufwind zu nutzen und so die Flugstrecke gleitend zu verlängern. Der Hangaufwind war die erste Form des Aufwindes, den die Segelflieger zu nutzen vermochten. Der heute so bedeutende Thermikflug wurde erstmals Mitte der 1920er-Jahre entdeckt. Der erste Schwebeflug gelang indes 1911 Orville Wright. Er dauerte beinahe 10 Minuten. Heute gehört die Luftfahrtklasse der Segelflugzeuge zu der Klasse mit den meisten Flugzeugen. Wichtige Eigenschaften des Segelflugzeuges sind eine hohe Spannweite und ein relativ geringes Gewicht, obwohl die Flugzeuge durchaus bis zu 800 Kilogramm wiegen können. Darum sind auch die Startvorbereitungen und das Zurückstellen der Segler in den Hangar nur im Team zu schaffen.

*

Pedale und Steuerknüppel sind meine besten Freunde – und natürlich der Fluglehrer hinter mir, der nach einiger Zeit die Kontrolle wieder übernimmt. Um mich rauscht nur der Wind, den wir mit über 100 Kilometern pro Stunde durchflügen. Man muss wissen, dass ein Liter Luft immerhin ein Gramm wiegt. Ein Kubikmeter Luft wiegt in Bodennähe ein Kilo und in 5400 Metern Höhe immer noch 500 Gramm. Ein beachtliches Gewicht, das da auf meinem Flieger lastet. Endlich sehe ich die Landebahn. Nur noch eine kleine Weile – dann setzt das Flugzeug auf dem Boden auf, und mit der glücklichen Landung weicht die Anspannung und macht gar einer kleinen Euphorie Platz. Ich habe es geschafft. Habe mich überwunden. Jetzt wird die Reportage ein Selbsterfahrungsbericht. Einfach grossartig. Meiner Partnerin trete ich daraufhin mit

5 Nach einem Aufstieg in einer Lee-Welle auf 6000 Meter sieht man in der Ferne eine Gewitterwolke über dem Mercantour (Italien).

einigem Stolz entgegen: «Und, was sagst du?» Ihr Lächeln ist bezaubernd, als sie unschuldig zurückfragt: «Na, bist du auch einen Looping geflogen?» Nun, einige Erfahrungen macht man vielleicht doch besser alleine …

*

Ein Segelflugzeug fliegt mit einer Geschwindigkeit von zwischen 80 und 280 Stundenkilometern. Am Morgen können Segelflieger in der Regel nicht gleich lang in der Luft bleiben wie am Nachmittag, wegen der geringeren Thermik. Bei starken Windlagen entstehen bei der windabgewandten Seite eines Hindernisses so genannte Lee-Wellen (Lee = vom Wind abgewandte Seite eines Berges – Luv = die für den Hangaufwind günstige Seite eines Berges), die einen geübten Segelfliegerpiloten bis auf 7000 oder 8000 Meter hinauftragen können. So flog Steve Fossett aus den USA im August 2006 mit einem Segelflugzeug in den Anden bis hinauf auf 15'447 Meter. In dieser Höhe benötigt der Pilot extra Sauerstoff und einen Druckanzug, ausserdem sinken die Temperaturen dort oben bis auf minus 50 Grad Celsius, und Heizelemente können im Segelflugzeug wegen des Gewichts nicht mitgeführt oder eingebaut werden. Ein Extrem-Flugereignis à la Piccard. Den bis anhin weitesten Flug schaffte übrigens im Jahr 2003 der Deutsche Klaus Ohlmann, er flog auf einer Strecke mit drei Wendepunkten, aber ohne Zwischenlandung, etwas mehr als 3009 Kilometer weit.

1 Überblick bei der Spurensuche – hier von der Chastelenflue bei Arboldswil.

Esther Ugolini

Unterwegs mit Technik und scharfem Blick

Mit GPS-Gerät, Ausdauer und Lust am Tüfteln sind auch im Baselbiet zahlreiche Geocacher unterwegs. Sie durchforsten die Landschaft kreuz und quer – nach gut versteckten Schätzen.

Sie suchen ihre Schätze in der ganzen Welt: am Südpol, in Afghanistan, auf den Bahamas – und im Baselbiet. «Geocaching» heisst der Freizeitspass, bei dem ganze Familien, Gruppen von Freunden oder passionierte Einzel-Schatzsucher durch die Landschaft pirschen und auf der Suche nach sorgfältig versteckten «Caches» auf Hügel, Berge oder Bäume steigen, in Höhlen abtauchen oder wandernd Ausschau halten. Die Grundlagen für eine erfolgreiche Suche liefert dabei das GPS-Gerät, das die Koordinaten von Schätzen wie «Das Erbe der Illuminati» (bei Münchenstein) oder «WB 3 Hohler Stein» (bei Hölstein) anzeigt. Oder jedenfalls Hinweise zum gesuchten Fundstück, denn ganz so einfach ist es natürlich nicht, sagt Alfred Jeger (56) aus Brislach, einer von geschätzten 10'000 Geocachern in der Schweiz.

2 Alfred Jeger trägt einen Fund
ins Geocache-Logbuch ein.
Der Fundort? Geheimsache!

Fantasievolle Variationen

In der Tat: Es gibt nicht nur verschiedene Schwierigkeitsstufen für Gelände und Versteck – von «sehr leicht» für die Suche mit Kinderwagen und Sommersandalen bis
hin zu Caches, die nur mit Kletterausrüstung oder Bergerfahrung zu holen sind. Und
die fantasievollen Variationen der versteckten Schätze reichen von Nachtcaches
mit Leuchtelementen über «Multis» mit verschiedenen Suchstationen bis hin zu
«Mysteries»-Caches, die ihren Standort erst nach der Entschlüsselung von Rätseln,
Matheknacknüssen, Geheimcodes oder Wissensfragen preisgeben. Selbst am Ziel
braucht es aufmerksame Beobachter und gute Spürnasen, denn das GPS-Signal zeigt
den Fundort nicht punktgenau an, und der gesuchte Schatz kann je nach Grösse auf
kleinstem Raum versteckt werden: Es gibt Caches in Fässern oder grossen Kisten, aber
auch «Nanos» in 2 Zentimeter kleinen Behältern, die leicht in eine Felsritze passen.

Die zu suchenden Schätze werden von den Geocachern selber versteckt: Mit Er-
findungsgeist und Fantasie werden Verstecke ausgetüftelt, die je nach Priorität kin-

3 Irgendwo im Naturschutzgebiet Chastelenflue liegt er, der Schatz.

derleicht oder fast gar nicht zu finden sind. Als Ansporn für die Suche dienen nicht nur kleine Präsente, die vom jeweiligen Finder gegen ein neues Fundstück ausgetauscht und sorgfältig wieder im Behälter verstaut werden – für den nächsten Schatzsucher. Jeder Cache enthält zudem ein kleines Logbuch, in dem sich die Finder mit ihrem Nickname eintragen.

4000 «Caches» entdeckt

Alfred Jeger hat mittlerweile ein scharfes Auge für potenzielle Verstecke. Vor fünf Jahren hat der Sozialpädagoge mit dem Geocaching angefangen, «aus Neugierde und Spass», sagt er. Heute betreut er ausserdem 56 eigene Caches, die er in der Region versteckt hat. Sohn Selim, damals 13, liess sich rasch für die abenteuerliche Frischluftaktivität begeistern und lässt sich bis heute ab und zu anstecken vom Suchfieber. Auch Alfred Jegers Frau Rita begleitet immer wieder eine Suchaktion, und die Familie hat mittlerweile nicht nur die halbe Schweiz und das nahe Grenzgebiet nach Caches verschiedenster Schwierigkeitsgrade abgegrast, sondern war auch in den Ferien auf Malta, in Kroatien oder Spanien mit dem GPS unterwegs. Immer dabei, falls es das Gelände erlaubt, ist Familienhund KjWa.

Seit Geocacher Jeger das erste Mal einen Schatz erfolgreich aufspürte, konnte er mehr als 4000 Caches als «erledigt» abhaken. «Die längste Phase, in der ich nichts gefunden habe, dauerte elf Tage», sagt er und das zeigt anschaulich: Geocaching hat durchaus Suchtpotential. Allerdings ein eher unbedenkliches, denn wer nicht gerade

4 Familienhund mit Schatzsucherqualitäten: KjWa beim Aufstöbern eines Caches.

meterhohe Klettercaches favorisiert, geht kein grösseres Risiko ein als beim Wandern. Die raffinierte Kombination aus sportlicher Aktivität an frischer Luft, kniffliger Denkarbeit mit Bildungsbonus und technischem Support durch das GPS-Equipment macht Geocaching zum «Breitensport» für Schatzsucher aus allen Schichten und Altersstufen. «Geocaching geht für Senioren und Familien mit kleinen Kindern, für Rollstuhlfahrer und Kletter-Cracks, es kostet wenig und es bringt sogar Kids raus, die sonst lieber in virtuellen statt in realen Landschaften unterwegs sind», skizziert Alfred Jeger die Geocacher-Community, die sich rege in Internetforen austauscht. Regelmässig trifft man sich aber auch im richtigen Leben – an «Mega-Events» beispielsweise, zu denen sich nicht selten über 1000 Personen einfinden.

Scharfer Blick für die Landschaft

Alfred Jeger macht sich regelmässig nach Feierabend oder an freien Tagen auf die Socken, um das eine oder andere Versteck aufzuspüren. Sein Blick auf die Landschaft hat sich verändert, seit er als Geocacher unterwegs ist: «Ich betrachte die Umgebung aufmerksamer, registriere Veränderungen: Jahreszeiten, Wetterstimmungen, Gebäude.» Viele Verstecke befänden sich an interessanten Orten, an denen einem etwas vermittelt werden soll. Das, sagt er, schärfe den Blick für besondere landschaftliche Elemente wie Felskuppen, markante Hügel oder Ruinen. «Als Geocacher gelange ich an Orte, zu denen ich sonst nie hinkommen würde. Und ich lerne Interessantes aus verschiedensten Sachgebieten.» Je nachdem, ob der Schatz von einem

Historiker, einer Mathematikerin oder einem Hobbybiologen versteckt wurde, verändern sich Suchweise und Rätselfragen. Im vergangenen Jahr machten sich auch zwei Baselbieter Geometerfirmen das Geocacher-Fieber für ihr Firmenjubiläum zunutze und luden die Baselbieter Bevölkerung zur Grenzstein-Schatzsuche ein (siehe http://www.3sf.ch), immer mehr Tourismus-Destinationen binden Geocaching in ihr Event-Marketing ein.

Die Baselbieter Landschaft biete viele Möglichkeiten für spannende Suchrätsel, betont Alfred Jeger. Zum Beispiel auf der Chastelenflue bei Arboldswil, wo sich der gut versteckte Cache erst im zweiten Anlauf aufspüren lässt. Oder bei der alten Eiche auf der Dielenbergflue über Niederdorf, die der erfahrene Geocacher aufmerksam nach Ritzen, Astlöchern oder Spalten absucht, in denen sich ein Cache verstecken liesse. Der Blick über die Jurahügel ist grandios, das Landschaftspanorama trotz düsterer Wetterlage bilderbuchmässig. Die Suche allerdings bleibt erfolglos, vielleicht haben Spaziergänger den Cache mitgenommen. Ärgerlich für den Schatzsucher, aber auch das gehört dazu – Alfred Jeger wird später im Internetforum eine Meldung an den Cache-Betreuer machen. Kurz vor Waldenburg ist die Suche von Erfolg gekrönt: Mit Wind im Haar und konzentriertem Blick aufs GPS-Gerät wird der Schatz gehoben, der Eintrag im Logbuch erledigt und die kleine Box wieder verstaut – ein weiterer Eintrag in der Sucherfolgsbilanz. Weitere Rätsel warten noch, viele hat er schon gelöst, erwandert oder erklettert und die Landschaften in Hunderten von Fotos dokumentiert. Am liebsten sind ihm abenteuerliche Suchaktionen: «Höhlen wie Bättler- oder Schälloch, Felsköpfe mit Ruinen, Klettergebiete, wie etwa in Duggingen, wo sich sogar ein weltberühmter Cache befindet.» Mehr wird nicht verraten – Geocacher-Ehrensache.

Weitere Informationen

http://www.geocaching.com.
http://www.geocache.ch.
http://www.geocaching-cham.de/downloads/Broschuere.pdf.

Bildnachweis

1 Alfred Jeger, Brislach.
2 Esther Ugolini, Laufen.
3+4 Alfred Jeger, Brislach.

Barbara Saladin

Ein Kirschbaum im Jahreslauf

Im Laufe eines Jahres wechselt die Natur ihr Gesicht immer wieder radikal. Barbara Saladin hat ihren Lieblingsbaum ein Jahr lang fotografiert und so festgehalten, wie er sich verändert. Sie hat auch sonst einiges über seine Geschichte erfahren.

Mein Lieblingsbaum ist nicht einfach nur ein Baum. Zwar ist er alt und nicht mehr ganz gesund – seine Krone lichtet sich langsam, aber stetig, und jeden Frühling trägt er ein bisschen weniger Grün – aber schön ist er immer noch. Ein stattlicher Hochstamm-Kirschbaum.

Der Baum steht an einem Westhang, auf halber Höhe zwischen Thürnen und Böckten, zwischen Talsohle und Waldrand. Mein Lieblingsbaum gehört, wie ich zufällig herausfand, Lilly und Ernst Gisin aus Thürnen. Früher betrieben die beiden Landwirtschaft, heute beschränken sie sich auf den Verkauf von saisonalem Gemüse und Früchten in ihrem Hausgang. Und jede Woche gibt es Bauernbrot aus dem Holzofen. Von Gisins erfuhr ich, welche Sorte Kirschen mein Lieblingsbaum trägt: «Zweitfrühe», eine alte Hochstammsorte, die es heute gemäss Angaben von Lilly Gisin kaum mehr gibt.

Kirschen von Hochstammbäumen verlieren für die Landwirtschaft laufend an Bedeutung, und alte Bäume, die ihren Zenit überschritten haben, haben ökonomisch gesehen schon lange keine Daseinsberechtigung mehr. Doch Gisins werden den Baum, der rund hundert Jahre alt ist – Ernsts Vater hat ihn einst gepflanzt – dennoch nicht fällen. Obwohl seine Kirschen seit Langem nicht mehr geerntet werden. Zumindest nicht von den Menschen. Von Tieren nämlich schon. Die Vögel holen seine spärlicher werdenden Früchte, die Krähen nutzen den Baum als Treffpunkt, und auch als Wohnstatt wird er von allerlei Kleingetier gebraucht. Davon zeugen unzählige Spuren, die man findet, wenn man ihn von Nahem betrachtet. Sporadisch spendet er auch einer Mutterkuhherde Schatten – womit ehemalige und gegenwärtige Nutzung unserer Landschaft ineinander übergehen und voneinander profitieren.

Bildnachweis
Barbara Saladin, Thürnen.

Barbara Saladin

1 Niederstammkulturen gelten heute als Mass der Dinge bei der Steinobstproduktion.

Ueli Frei

Landwirte prägen unsere Landschaft
Von der Dreifelderwirtschaft zum Ökologischen Leistungsnachweis

Seit jeher gestalten die Bauern mit ihrer Arbeit auch das Landschaftsbild mit. Hauptsächlicher Zweck ihres Wirkens ist jedoch die Produktion von Nahrungsmitteln.

Zur Römerzeit vor 2000 Jahren wäre eine Wanderung durchs Baselbiet ziemlich eintönig verlaufen. Bis ins 12. Jahrhundert prägte der Wald die Landschaft. Der Mensch entwickelte sich vom Jäger und Sammler zum Bauern, wurde sesshaft und nahm fortan Einfluss auf das Landschaftsbild. Mit der Dreifelderwirtschaft im 17. und 18. Jahrhundert veränderte sich die Landschaft alljährlich.

Die Menschen des 21. Jahrhunderts nehmen es nur am Rande wahr: In der Landwirtschaftszone prägt und gestaltet der Landwirt mit seiner Arbeit die Felder, Wiesen und Äcker. Ihm ist die Produktion von Nahrungsmitteln allerdings wichtiger als das Landschaftsbild. Grundsätzlich darf der Bauer mit seinem Land machen, was er will – solange er sich an die einschlägigen Gesetze hält.

2 Nach dem Zweiten Weltkrieg setzte auch in der Schweiz die Mechanisierung der Landwirtschaft ein.

Gesetze, die das Tun und Lassen der Bauern regeln, gibt es viele. Treuer Begleiter der Landwirte ist seit dem Zweiten Weltkrieg – und wird es wohl auch in Zukunft bleiben – die Politik. Daran haben die Bauern selbst den grössten Anteil. Wohl kaum eine andere Branche schafft es auf derart effiziente Weise, im nationalen Parlament für ihre Anliegen zu lobbyieren. Die Landwirtschaftspolitik nach dem Zweiten Weltkrieg sorgte für feste Abnahmepreise in einem von Zöllen geschützten Binnenmarkt.

Gleichzeitig setzte auch in der Schweiz die Mechanisierung der Landwirtschaft ein. Was in den USA oder Kanada schon längst als Standard galt, veränderte die Arbeit der Schweizer Bauern markant. Mühselige Handarbeit übernahmen fortan Traktoren, Motormäher, Heuzetter und Bindemäher. Auch die ersten Ladewagen liessen nicht lange auf sich warten. Das Einbringen von Futter wurde zum Kinderspiel.

Die Begeisterung, die Betriebe zu mechanisieren, zeigte sich nicht zuletzt in der grossen Vielfalt an Schweizer Traktorenmarken. Die einzelnen Hersteller versuchten sich mit technischen Highlights gegenseitig zu überbieten. Dank Neuzüchtungen von Speise- und Futterpflanzen sowie dank chemischer Pflanzenschutzmittel und Kunstdünger intensivierten die Landwirte ihre Produktion.

Absatzsorgen hatten die Bauern keine, dafür sorgte die Politik. Der Selbstversorgungsgrad stieg von 50 auf 60 Prozent. Die Kehrseite der Medaille: Mit der wachsenden Bevölkerung nahm der Einfluss des Menschen auf die Landschaft zu. Durch die intensive Bewirtschaftung ging die Artenvielfalt markant zurück. Milchschwemme, Fleisch- und Butterberge waren weitere negative Folgen.

1996 verlangte das Volk mit der Änderung des Artikels 104 der Bundesverfassung mehr Markt und mehr Ökologie. Direktzahlungen, die gemeinwirtschaftliche Leistungen der Landwirte abgelten, traten anstelle von Subventionen. Der Bauer muss seither einen ökologischen Leistungsnachweis erbringen. Mindestens sieben Prozent der Nutzflächen muss er extensiv bewirtschaften und damit die Artenvielfalt fördern.

3 Die Futterproduktion im Wandel: Rundballen ersetzen das klassische Silo auf den Bauernbetrieben.

Eine Fruchtfolge ist einzuhalten, Monokulturen sind nicht erlaubt. Der Gesetz-geber will zudem eine zu intensive Bewirtschaftung und die Überdüngung der Böden verhindern. Erfüllt der Landwirt die genannten Bedingungen und leistet damit unter anderem seinen Beitrag zur gestalterischen Vielfalt der Landschaft, hat er Anspruch auf die Direktzahlungen. Ausgleichsflächen wie Brachen und Hecken fördern aber nicht nur die Artenvielfalt, sie prägen seither auch das Landschaftsbild.

Doch der Druck der urbanen Bevölkerung, die die gepflegte Landschaft als Er-holungsraum nutzen will, nimmt stetig zu. Ballungszentren stellen sich die Frage, ob die Landschaft nicht vermehrt in ihrem Nutzen stehen sollte. Der Vergnügungs- und Erholungszweck stünde dann im Vordergrund. Die Lebensgrundlagen und die Nahrungsmittelproduktion wären bei diesem Modell nebensächlich.

Die Landwirtschaft wehrt sich verständlicherweise dagegen. Die Landschaft stehe schon heute als Erholungsraum zur Verfügung, gilt als gewichtiges Gegenargument. Nach wie vor erzielen die Landwirte rund drei Viertel ihrer Einnahmen mit der Pro-duktion von Milch, Fleisch, Obst, Getreide, Kartoffeln und Gemüse – obwohl die Preise in den letzten Jahren schmerzlich sanken und weiterhin unter Druck stehen.

Die Ursache liegt hauptsächlich in der sich ändernden Landwirtschaftspolitik begründet. Keine Preisstützung mehr, der Abbau des Grenzschutzes und die fast komplett entfallenen Exportsubventionen drücken auf die Produzentenpreise. Gerade im Baselbiet bewirkten diese Entscheide tief greifende Veränderungen bei der tradi-tionellen Steinobstproduktion.

Noch zu Beginn der 1980er-Jahre bezahlte der Grosshandel für Brennkirschen bis zu 1.20 Franken pro Kilogramm, für Industriekirschen um 1.80 Franken. Emsige Pflückerinnen und Pflücker kamen auf einen Ertrag von über 20 Kilogramm pro Stunde. Da lohnte es sich für den Meister, Leitern mit bis zu 42 Sprossen an die Hochstammbäume zu stellen und die Helfer mit einem üppigen Zvieri zu verwöhnen.

Seit der Grenzschutz für die Maische als Rohstoff der Brennereien komplett wegfiel, sank der Preis für heimische Brennkirschen zeitweise auf unter 30 Rappen pro Kilogramm. Gleichzeitig nahm die Zahl der willigen Geschwister, Tanten und Onkel, die ihre Ferien für die Kirschenernte opferten, stetig ab. Das aufwendige Abernten der Hochstammbäume rentierte nicht mehr. Nicht das saisonal erhältliche, heimische Obst bestimmt heute das Früchteangebot der Grossverteiler.

Am Eingang zum Einkaufszentrum soll die Farbenvielfalt den Konsumenten zum Kauf animieren. Grossfruchtige Kirschen- und Zwetschgensorten markieren einen neuen Trend. Die Grossverteiler wollen zudem planbare Lieferungen. Die Obstproduzenten sahen sich mit einem neuen Phänomen konfrontiert. Die Obstbauern arrangierten sich mit den neuen Rahmenbedingungen.

Seit der Jahrtausendwende fielen jährlich Tausende von Hochstammbäumen den Motorsägen zum Opfer. Obstproduzenten, die rentabel Steinobst produzieren wollten, entwickelten sich zu Spezialisten. Das *Steinobstzentrum Breitenhof* bei Wintersingen testet verschiedene Anbauformen in enger Zusammenarbeit mit dem Baselbieter Obstverband. Der Grosshandel fördert den Kirschenanbau in modernen Anlagen mit Witterungsschutz.

Die Klassen «Extra» und «Premium» bei den Tafelkirschen entsprechen den Bedürfnissen der Konsumentinnen und Konsumenten, die die Bemühungen der Obstproduzenten mit guten Preisen honorieren. Sortiermaschinen übernehmen die Arbeit, die noch vor nicht allzu langer Zeit Grossmütter und Grossväter unter den Kirschbäumen erledigten. Damit löst die Obstbranche einige Probleme. Die Grossverteiler als wichtigster Absatzkanal planen ihre Aktionen schon im Januar, da sie mit einer gesicherten Ernte rechnen dürfen.

Der Detailhandel erhält zudem jene Ware, die seine Kunden kaufen. Beim Produzenten stimmen Effizienz und Ernteertrag wieder überein. Auch das Personalproblem ist gelöst. Anstatt auf hohen Leitern arbeiten die Erntehelfer auf Bockleitern an gut zugänglichen Bäumen. Das mindert nicht nur den Zeitaufwand, sondern auch das Unfallrisiko erheblich. Die Investitionen in eine moderne Kirschenanlage sind allerdings nicht zu unterschätzen. Pro Hektar werden Kosten von 80'000 bis 100'000 Franken veranschlagt.

Während die Steinobstproduzenten einigermassen zuversichtlich in die Zukunft schauen, trauern andere um die verschwindenden Hochstammbäume. Umweltverbände, allen voran *Hochstamm Suisse*, engagieren sich, um die Kulturform der Obstgärten zu erhalten. Rund um den Farnsberg schlossen sich unterdessen rund 20 Obstbauern einem vom Schweizer Vogelschutz und dem Verein *Erlebnisraum Tafeljura* initiierten Projekt an, das den Erhalt der Hochstammbäume zum obersten Ziel hat.

4 Witterungsgeschützte Kirschenanlagen erfüllen die Forderungen der Grossverteiler nach planbaren Lieferungen.

Denn in solchen Obstgärten finden viele heimische Vogelarten ihre Nahrungs-grundlage. Der Obstgarten Farnsberg gilt als Vorzeigeprojekt. Die Vermarktung von Hochstammfrüchten ist jedoch alles andere als einfach. Hochstamm-Tafel-, Industrie- und Brennkirschen erzielen kaum höhere Preise als ihre Pendants aus den Nieder-stammkulturen.

Über die Produktelinie «Posamenter» werden jährlich bis zu zehn Tonnen Hoch-stammzwetschgen verwertet. Im Vergleich zur gesamten Zwetschgenernte, die im Rekordjahr 2011 in den Niederstammkulturen über 3000 Tonnen erreichte, ist das Posamenterprojekt allerdings nur ein Tropfen auf den heissen Stein. Nichtsdestotrotz: Spezialkulturen passen gut ins Baselbieter Klima. So entwickelte sich auch der Wein-bau in den letzten drei Jahrzehnten prächtig.

Die Rebfläche des Kantons Baselland nahm von 48 Hektaren im Jahr 1970 auf heute rund 115 Hektaren zu. Beflügelt und motiviert durch die stetig zunehmende Konkurrenz, arbeiteten Rebleute und Kelterer intensiv an der Qualität. Massstäbe setzte die Genossenschaft *Syydebändel*. Die Vereinigung von zwölf Nordwestschwei-zer Winzern schrieb es sich auf die Fahne, gemeinsam einen Spitzenwein zu produzie-ren und unter einer gemeinsamen Marke zu verkaufen.

Disziplin und hartnäckige Arbeit mündeten in einen fast unglaublichen Erfolg: Am *Grand Prix du Vin Suisse* des Jahres 2010 belegte der «Syydebändel Pinot Noir Séléc-tion» den dritten Platz – noch vor namhaften Provenienzen der Bündner Herrschaft und dem Wallis. Beispiellose Erfolge feiern auch die drei Rebgemeinden Buus, Mai-

5 Die Grösse bestimmt den Preis: Kalibrieranlagen sortieren die Kirschen nach den Klassen «I»,
«Extra» und «Premium».

sprach und Wintersingen mit ihrer alljährlichen kulinarischen Weinwanderung durch die Rebberge, dem «Wy-Erläbnis».

In der hügeligen Baselbieter Landschaft mit den meist schweren Lehmböden waren und sind die Viehzucht und die Milchwirtschaft wichtige Betriebszweige. Seit allerdings die Milchkontingentierung aufgehoben wurde, drücken Überschussmengen empfindlich auf den Produzentenpreis. Qualitativ hochwertiges Fleisch dagegen ist gefragt. So genannte Robust-Rassen, die schottischen Galloway-, Highland- und Angus-Rinder, aber auch amerikanische Longhorns sind zunehmend auf den Baselbieter Weiden anzutreffen.

Extensive Tierhaltung sei Garant für eine hohe Fleischqualität, lassen die Züchter vernehmen. Vorreiter auf diesem Gebiet ist beispielsweise das Hofgut Farnsburg oberhalb Ormalingen. Die Zucht extensiv gehaltener Tiere befriedigt die stetig steigende Nachfrage nach langsam gewachsenem Rindfleisch. Absatzkanäle sind private Kunden aus der Region, aber auch Restaurants und Hotels in den Tourismusregionen.

Nach wie vor produzieren die Landwirte rund 60 Prozent unserer Nahrungsmittel. In Krisenzeiten, wenn es gilt, den Gürtel enger zu schnallen, könnte die Bevölkerung mit diesem Selbstversorgungsgrad überleben. Eine Mehrheit der Bevölkerung, vertreten durch die National- und Ständeräte, verlangt jetzt eine noch grössere Extensivierung der Landwirtschaft. Die Agrarpolitik 2014/17 will die Direktzahlungen noch stärker auf die so genannte Multifunktionalität der Bauern ausrichten.

Die Innovation soll besser unterstützt, die Wettbewerbsfähigkeit verbessert und die gemeinwirtschaftlichen Leistungen gezielter gefördert werden. Kernelement ist das weiterentwickelte Direktzahlungssystem. Fast 14 Milliarden Franken, verteilt auf vier Jahre, sieht der Bund dafür vor. Neu spricht der Gesetzgeber unter anderen von Kulturlandschaftsbeiträgen, Biodiversitätsbeiträgen und Landschaftsqualitätsbeiträgen. Das könnte dazu führen, dass die Bauern im Baselbiet wieder vermehrt Hochstammbäume pflanzen.

Bildnachweis

1   Ueli Frei, Rünenberg.
2+3 Barbara Saladin, Thürnen.
4+5 Ueli Frei, Rünenberg.

1 Über 41 Prozent des Baselbiets sind bewaldet.

Barbara Saladin

«Langsam wird den Leuten die grosse Bedeutung unserer Wälder bewusst»
Interview mit zwei Revierförstern zum Baselbieter Wald

Wald ist nicht einfach gleich Wald. Schon auf einer relativ kleinen Fläche wie jener des Baselbiets sind zum Teil grosse Unterschiede auszumachen. Sie liegen einerseits in den natürlichen Gegebenheiten, aber ebenso in der Art und Weise, wie der Mensch den Wald nutzt. Zwei Baselbieter Revierförster – der eine in stadtnahem, der andere in eher ländlichem Gebiet – erzählen von ihren Aufgaben im Beruf, dem Wald und den Spuren, die der Mensch darin hinterlässt.

Markus Lack ist Revierförster des Forstreviers Allschwil/vorderes Leimental, das auf einer Grösse von 523 Hektaren die Gemeinden Allschwil, Binningen, Biel-Benken, Bottmingen und Oberwil umfasst. Die Wälder im Forstrevier bestehen primär aus Laubbäumen: Eiche, Esche und Buche sind am häufigsten anzutreffen, dazu kommen

2 Markus Lack, Revierförster
Allschwil/vorderes Leimental.

verschiedene weitere Laubbäume wie Linde, Kirschbaum, Ahorn, Weide, Erle, Pappel, Hagebuche oder Nussbaum. Vereinzelt sind auch einige Nadelbäume zu finden. Dem Revierförster Markus Lack untersteht ein zehnköpfiges Team mit Forstwarten und Auszubildenden.

Sein Berufskollege Roger Maurer ist Revierförster im Forstrevier Oberer Hauenstein, das die beiden Gemeinden Waldenburg und Langenbruck umfasst und mit 1300 Hektaren – was einer Grösse von 1700 Fussballfeldern entspricht – mehr als doppelt so gross ist. Das Laubholz besteht hauptsächlich aus Buche, Ahorn, Esche und wenigen Eichen, beim Nadelholz sind es Fichten, Tannen, Föhren und Lärchen. Zu Maurers Team zählen drei Forstwarte, eine Forstwartin und Waldpädagogin und zwei Forstwart-Lernende.

Herr Lack, Herr Maurer, warum wurden Sie Förster und was ist das Schönste an Ihrem Beruf?

Markus Lack: Ich wählte meinen Beruf aus Freude an der Natur und aus Faszination am Lebensraum Wald. Bereits als Kind hatte ich eine Bindung zum Wald durch meinen Vater, der Waldarbeiter war. Ich mag sowohl die Gestaltung von natürlichen Lebensräumen als auch den Artenschutz und die Artenförderung. Es ist eine verantwortungsvolle Aufgabe. Zudem gefällt mir das langfristige Arbeiten, denn die Umtriebszeit eines Waldes liegt zwischen 80 und 200 Jahren. Was mir weniger gefällt, ist der Verwaltungsaufwand mit den damit verbundenen hohen Büropräsenzen, der wirtschaftliche Druck sowie die Tatsache, dass wir immer im Schaufenster der Öffentlichkeit stehen.

3 Roger Maurer, Revierförster Oberer Hauenstein.

Roger Maurer: Bereits mein erster Wunsch war es, in und mit der Natur zu arbeiten. Meine Tätigkeiten in der Öffentlichkeitsarbeit, der Kontakt mit den Behörden und die Führung des Forstreviers sind sehr anspruchsvolle Tätigkeiten, die für mich eine grosse Befriedigung darstellen. Das Schönste an meinem Beruf ist, die Wuchsdynamik der Wälder über eine längere Zeit zu erleben. Auf Nassschnee und heftige Stürme hingegen könnte ich gut verzichten.

Wie ist die Wichtigkeit der klassischen Wald-Funktionen – Holzwirtschaft, Erholungs- raum, Raum für die Natur und Schutzwald – in Ihrem Revier verteilt?

Lack: Es ist die Hauptaufgabe unserer Generation, dafür zu sorgen, dass der Wald seine Leistungen nachhaltig erbringen kann. In unserem Revier gibt es natürlich auch Gewichtungen innerhalb der Waldfunktionen, zentral ist für mich jedoch die Wald- funktion «Wald als Lebensraum für Pflanzen und Tiere», dieser gilt die grösste Auf- merksamkeit. Für uns Menschen lebenswichtig sind auch die Waldfunktionen «Wald als Regulator des Wasserhaushaltes» sowie der «Wald als CO_2-Senke». Natürlich ist in unserem Revier der Wald primär auch «Freizeitraum» für viele Menschen und Produzent unseres nachwachsenden Rohstoffes Holz.

Maurer: Wir haben sehr viel Schutzwald, was die topografische Lage des Forstreviers mit sich bringt. Die Holzproduktion und die Pflege der Wald-Naturschutzflächen hat bei uns eine grosse Bedeutung. Auch die Erholungsfunktion wird im oberen Kantons- teil immer wichtiger. Bei uns stellen wir das vor allem im Gebiet Wasserfallen fest: Die Bergbahn transportiert pro Jahr circa 150'000 Personen ins Wandergebiet Waldweid/

Brennholz wird aufgeladen.

Wasserfallen. Wir stellen in diesem Revierteil eine massiv erhöhte Besucherzahl fest – mit all den positiven, aber auch negativen Folgen für die Natur.

Wie viel Holz schlagen Sie im Durchschnitt jährlich?

Lack: In unserem Revier wachsen im öffentlichen und privaten Wald jährlich rund 4000 bis 4500 Kubikmeter Holz nach. Genutzt werden im öffentlichen Wald rund 3500 Kubikmeter.

Maurer: Über die letzten fast 20 Jahre gesehen, entnehmen wir den Waldungen pro Jahr etwa 4500 Kubikmeter Holz. Mit dieser Menge könnte man jedes Jahr rund 115 Minergie-Holzhäuser bauen. Die Verwendung der Holzarten ist für verschiedene Industriebereiche vorgesehen. Die Stämme der Nadelholzbäume werden hauptsächlich für Konstruktionen im Baugewerbe verwendet. Bei den Laubhölzern werden die Stämme für Furniere, Brettwaren für Schreiner, Bodenbeläge und Halbfertigprodukte für die holzverarbeitenden Betriebe verwendet. Sehr viel Holz von minderer Qualität wird zu Spanplatten und Papier verarbeitet. Das Kronenmaterial dient als Energieholz in Form von Hackschnitzeln oder Brennholz.

Schätzt die einheimische Bevölkerung den Wald als Holzlieferanten?

Lack: Es gehört zu unserer Aufgabe, Waldprodukte regional zu vermarkten. Dazu gehören Stammholz, Brennholz, Stangen, Pfähle, Weihnachtsbäume und so weiter. Mit entsprechenden Werbemassnahmen funktioniert das ziemlich gut. Mit dem Kauf

regionaler Produkte wird die Pflege unserer Wälder unterstützt, zudem fallen lange Transporte weg.

Maurer: Die einheimische Bevölkerung bezieht bei uns in erster Linie Brennholz für den eigenen Bedarf. Meines Erachtens schätzen die Leute den Wald als Holz- und Energielieferanten sehr. Es braucht zu diesem Zweck aber eine stete Öffentlichkeitsarbeit.

Gibt es oft Konflikte zwischen verschiedenen Waldnutzern wie beispielsweise Bikern, Wanderern oder Jägern?

Lack: Konflikte gibt es immer wieder. Das hängt vor allem mit der enormen Beanspruchung des Waldes durch Erholungssuchende zusammen – beispielsweise zwischen Wanderern und Velofahrern oder zwischen Hundebesitzern und Fussgängern. Hot-

spots, wo es mehr Konflikte als anderswo gibt, befinden sich vor allem dort, wo sich am meisten Menschen im Wald aufhalten. Im Allschwiler Wald werden die Bereiche des Dorenbachs und des Mühlebachs am meisten frequentiert. Dort sind auch die Waldschäden am grössten: Es gibt Stellen, an welchen sich der Wald nicht mehr natürlich regenerieren kann. Da sind spezielle Massnahmen wie Lenkungsmassnahmen, Zäune oder Informationen vor Ort nötig. Auch Littering ist ein grosses Problem, insbesondere wenn Grünschnitt aus dem Siedlungsraum im Wald deponiert wird. Bei der Ausbreitung von invasiven Neophyten im Wald ist das ein zentraler Punkt.

Maurer: Bei uns gibt es weniger Konflikte. Die meisten Reklamationen erhalte ich von Personen, die sich auf den Wanderwegen von Mountain-Bikern gestört fühlen. Littering und Hunde, die nicht an der Leine geführt werden, sind für die Natur hingegen riesengrosse Probleme, die wir in unserem Revier sehr ernst nehmen und für die wir in Zukunft wirksame Lösungen finden müssen, sonst ist die Natur einmal mehr Verliererin. Ab und zu kann es auch zu Interessenkonflikten zwischen Waldbesitzern sowie Natur- und Sportverbänden kommen. Das ist aber eher selten der Fall.

Wie werden Konflikte zwischen den verschiedenen Waldnutzern gelöst und was können Sie als Förster dazu beitragen?

Lack: Vor allem Lenkungsmassnahmen leisten diesbezüglich einen wichtigen Beitrag. Wir versuchen, die verschiedenen Nutzergruppen durch den Wald zu leiten, ohne dass grosse Konflikte entstehen. Dazu versuchen wir laufend zu informieren und zu sensibilisieren.

Maurer: Wenn wir Konflikte feststellen, lösen wir das Problem mit den Konfliktparteien vor Ort in der Natur, indem wir aufzeigen und informieren, aber auch nötigenfalls auf die gesetzlichen Bestimmungen aufmerksam machen.

Leben in Ihrem Wald einzigartige Tiere oder Pflanzen?

Lack: Da könnte man viele nennen. Unsere Wälder sind aufgrund des hohen Anteils an Eichen sehr artenreich. Als Indikator für diesen Reichtum kann man den Mittelspecht nennen, welcher regelmässig in unserem Revier anzutreffen ist.

Maurer: Ja. Wir haben die Gämsen bei uns im Revier, die seit den 1960er-Jahren bei uns heimisch sind. Einen bestätigten Rotwildaufenthalt können wir ebenfalls vorweisen: Vor zwei Jahren haben wir eine sehr gut erhaltene Abwurfstange eines männlichen Rothirsches gefunden.

Wie gross ist der Anteil von «unwegsamen Flächen» in Ihrem Revier? Gibt es überhaupt Gebiete, wo jahrelang kein Mensch hinkommt, wo vielleicht noch nie einer war?

Lack: In unserer urbanen Gegend gibt es das leider nicht.

Maurer: Die unproduktive Fläche in unserem Revier beträgt 85 Hektaren. Und da sind schon Flächen vorhanden, die seit Jahrzehnten nicht mehr bewirtschaftet wurden. Auch gibt es Waldgebiete, in die sich nur sehr selten Menschen verirren.

Wie stark hat sich der Wald in Ihrem Revier in den letzten zehn Jahren verändert?

Lack: Der Anteil an kranken Bäumen hat zugenommen, und damit verbunden auch der Anteil an toten Bäumen und Ästen. Aus Gründen der Biodiversität ist das nicht schlimm. Wenn jedoch bestimmte Baumarten wie Ulmen oder Eschen allenfalls vom Aussterben bedroht werden, ist das dramatisch. Der hohe Anteil an Totholz verursacht in Wäldern mit grosser Freizeitnutzung ein Sicherheitsrisiko. Im Bereich der Holznutzung gab es immer wieder Schwankungen. Der Wald richtete sich immer nach den Bedürfnissen der Menschen. Das wird auch künftig so sein.

Maurer: Durch die vielen Wald-Naturschutzflächen gibt es in unserem Revier einige Waldgebiete, die sich in ihrem äusseren Erscheinungsbild total verändert haben. Lichtdurchflutete Orchideen-Föhrenwälder kann man bei uns sehr oft antreffen. Dies ist wohl die gravierendste, aber auch schönste Veränderung in den von uns betreuten Wäldern. Die Sicherheitsstreifen entlang der Kantonsstrassen kann man auch als bedeutende Veränderung taxieren.

7 Für die stadtnahe Bevölkerung ist wohl die Erholungsfunktion des Waldes am wichtigsten.

Was sind die Vorteile eines stadtnahen Walds respektive jene eines Walds auf dem Land?

Lack: In Wäldern in stadtnahen Gebieten hat die Erholungsnutzung eine sehr grosse Bedeutung. Es ist wichtig, dass dieser Bereich nicht vernachlässigt wird, denn wenn das der Fall ist, werden andere Waldfunktionen benachteiligt, was sich negativ auf das Ökosystem Wald auswirkt. Wälder in weniger urbanen Gebieten sind in der Regel ausgedehnter. Für das Ökosystem Wald ist das ein Vorteil.

Maurer: Die Bevölkerung auf dem Land sieht den Wald mit anderen Augen als die stadtnahe Bevölkerung. Meiner Meinung nach wird der Wald hier auf dem Lande noch mehr als Wirtschaftszweig und Holzlieferant wahrgenommen. Durch die Pflege und Bewirtschaftung der Wälder werden die Nutz-, Schutz- und Wohlfahrtsfunktionen langfristig für die nächsten Generationen sichergestellt. Dieses Grundsatzes ist sich die stadtnahe Bevölkerung vielleicht weniger bewusst. Ich denke, dass bei ihnen die Erholungsfunktion des Waldes an erster Stelle steht. Die Nutzung der Wälder wirkt auf Menschen aus einer Grossstadt eher befremdend.

Wie sehen Sie die Entwicklung «Ihres» Waldes in der Zukunft?

Lack: Wenn sich alle Interessengruppen gemäss unseren Vorgaben für den Wald einsetzen, sehe ich eine rosige Zukunft für dieses Ökosystem. Die Anforderungen an das

Ökosystem Wald werden künftig nicht kleiner. Insbesondere im Zusammenhang mit der Klimaveränderung, aber auch im Zusammenhang mit der Emissionsbelastung.

Maurer: Es ist eine allgemeine Annahme der Bevölkerung, dass die Wälder, weil sie öffentlich zugänglich sind, der Allgemeinheit gehören. Das stimmt so nicht ganz: Bundes- und Kantonswälder gehören der Allgemeinheit, doch die Mehrheit der Waldfläche in unserem Forstrevier – wie auch in den übrigen Gemeinden des Kantons – gehört den Bürgergemeinden. Die Entwicklung des Waldes in unserem Forstrevier ist mindestens für die nächsten 20 Jahre geplant. Mit so genannten Waldentwicklungs- und Betriebsplänen legen die Waldbesitzer ihre Waldbewirtschaftungs-Strategie fest. Ich beurteile die Zukunft der Wälder in der ganzen Schweiz als sehr positiv, da die Politik und die Bevölkerung sich langsam, aber sicher der grossen Bedeutung unserer Wälder bewusst werden.

Und was wünschen Sie sich für Ihren Wald?

Lack: Den nachhaltigen Erhalt seiner Funktionen. Damit ist der Forstbestand unseres wunderbaren Ökosystems Wald gewährleistet. Ich wünsche mir auch, dass die künftigen Generationen den Wert des Waldes schätzen und ihn auch entsprechend schützen werden.

Maurer: Ich wünsche mir, dass der Wald mit seinen vielfältigen und für den Menschen wichtigen Funktionen gesund bleibt, von der Politik wahrgenommen und unterstützt wird und dass die Bevölkerung einheimisches Holz als Baustoff und Energielieferant verwendet und rücksichtsvoll mit der grünen Oase umgeht.

1 Kontrollen auf offener Strasse profitieren vom Überraschungseffekt.

Barbara Saladin

Sehen und nicht gesehen werden
Eine Grenzwache-Reportage

Dort, wo das Baselbiet zu Ende ist und das Ausland beginnt, wacht das Grenzwachtkommando der Region I. Zwar sind mehrere kleinere Grenzposten seit dem Beitritt der Schweiz zum Schengener Abkommen nicht mehr besetzt, und auch sonst hat sich an der Grenze einiges verändert, doch die Arbeit geht den Grenzwächtern, die bei Wind und Wetter an der Grenze unterwegs sind, dennoch nicht aus. Das *Baselbieter Heimatbuch* hat eine Patrouille begleitet und dabei nicht nur etwas über geschmuggelte Lebensmittel und verdächtige Fahrzeuge gelernt, sondern auch über Mobilität, gesundes Misstrauen und die Kreativität von Verbrechern.

«Wir verfolgen eine Doppelstrategie: sehen und nicht gesehen werden», sagt Patrick Gantenbein. «Unser Trumpf ist unsere Unberechenbarkeit. Wir tauchen plötzlich auf – wie ein U-Boot aus der glatten See – und verschwinden wieder.» Gantenbein ist Pressesprecher des Grenzwachtkommandos der Region I, das auch für die Landesgrenzen des Baselbiets zuständig ist. Die Grenzwachtregion I erstreckt sich über gut 152 Kilometer, von Roggenburg über die Stadt Basel bis ins aargauische Kaiserstuhl.

2 Die Grenzwacht-Fahrzeuge sind bestens ausgerüstet.

Auf dieser Strecke liegen zehn Dienststellen, und rund 400 Grenzwächterinnen und Grenzwächter leisten ihren Dienst, sowohl in Zivil als auch in Uniform. Wenngleich seit dem Beitritt der Schweiz zum Schengener Abkommen kleinere Grenzposten nur noch sporadisch besetzt sind, stellt Gantenbein klar: «Wenn man uns nicht sieht, heisst das noch lange nicht, dass wir nicht da sind.»

Die Grenzwächter entlang unserer Grenze sind also nicht weg, sie sind nur mobiler geworden. Dies zeigt das Beispiel einer Patrouille, die ich an einem Dienstagnachmittag im Herbst begleite. Ein bedeckter Himmel hängt über dem Leimental, und ich treffe die Männer an der Landesgrenze beim Grenzübergang Benken I zwischen Biel-Benken und Leymen. Aus wie vielen Grenzwächtern eine Patrouille besteht und über wie viele Fahrzeuge sie verfügt, variiert. «Das ist je nach Tageszeit und Situation verschieden», sagt Gantenbein.

3 Ein prüfender Blick in den Kofferraum.

Seit die Schweiz dem Schengener Abkommen beigetreten ist, werden die Kontrollen teilweise nicht mehr direkt an der Grenze, sondern in einem ins Landesinnere verlagerten, mehrere Kilometer breiten Gürtel durchgeführt. Allerdings ist die Schweiz nicht Mitglied der Zollunion – es finden also weiterhin Zollkontrollen statt.

«Vor allem am Flughafen ist die EU-Aussengrenze gut sichtbar. Dort wird auch nach wie vor jeder Ausweis kontrolliert», sagt Gantenbein. An der «grünen Grenze» im Leimental ist dies anders. Hier führen Grenzwächter nicht flächendeckend, sondern sporadisch Strassenkontrollen durch und nehmen Fahrzeuge und Passagiere sowie deren mitgeführte Waren und Ausweisdokumente unter die Lupe.

Die Männer tragen ‹Dächlikappen›. Ausgerüstet ist jeder von ihnen mit Pistole, Schlagstock, Funkgerät, Taschenlampe, Handschellen und Pfefferspray. Auch ein Dokumentenprüfungsgerät trägt jeder mit sich. Grenzwächter sind Ausweisspezialisten, wenn etwas nicht stimmt, fällt ihnen das schnell auf.

Auch Hunde sind manchmal mit im Dienst: Sie werden zum Suchen und Stellen von Flüchtigen eingesetzt, andere sind zu Drogen- oder Sprengstoffspürhunden ausgebildet.

Ebenfalls gut ausgerüstet sind die Autos des Grenzwachtkorps: Zum Überwachen der Grenze haben sie Scheinwerfer, Nachtsichtgerät und natürlich klassische Feldstecher an Bord und zum Kontrollieren das AFIS, ein mobiles Fingerabdruckkontrollsystem. Wenn ein Reisender sich einer Kontrolle entziehen will, ist da immer noch der

Stoppstick, das moderne Pendant eines Nagelbands, das die Strasse unpassierbar macht. Auch eine Maschinenpistole hängt, verpackt in einer Tasche, an der Rückseite eines Sitzes. «Sie ist treffsicherer als unsere Dienstwaffe», sagt Gantenbein und betont, sie sei aber wirklich nur «das letzte Mittel».

«Als Grenzwächter braucht man ein gesundes Misstrauen», sagt einer der Männer in einem kargen Büroraum des Grenzpostens. Dies gehört zu den Voraussetzungen, denn: «Man wird in wenigen Berufen so viel angelogen wie bei uns.»

Einen guten Riecher müssen sie auch haben, denn immer wieder kann es geschehen, dass jemand, der völlig «normal» über die Grenze fährt, Illegales wie Drogen, Waffen oder Deliktsgut geladen hat. An den Baselbieter Auslandsgrenzen ist auch organisierter Lebensmittelschmuggel häufig.

Im Jahr 2012 hat der Schmuggel von Privatwaren nach Angaben der Eidgenössischen Zollverwaltung in der Grenzwachtregion I leicht zugenommen. Sprunghaft angestiegen sind hingegen die Verstösse gegen das Waffengesetz: Grenzwächter stiessen auf den 152 Kilometern Nordwestschweizer Grenze im vergangenen Jahr 382-mal auf verbotene Waffen. Auch illegale Drogen wurden 425-mal entdeckt – dies entspricht einer Zunahme von rund einem Viertel im Vergleich zu 2011.

«Schmuggler sind extrem kreative Menschen», erklärt Patrick Gantenbein. Deshalb gelte es, die Augen offen zu halten.

Der Überraschungseffekt verpufft schnell

Eine punktuelle Strassenkontrolle läuft immer etwa gleich ab: Das Grenzwachtteam fährt an den vereinbarten Ort und stellt sich an den Strassenrand. Die Fahrzeuge werden jeweils mit dem Bug Richtung Strasse parkiert, damit sie bei einem Fluchtversuch sofort die Verfolgung aufnehmen können. Im weiteren Umkreis sind oft zusätzliche Grenzwächter in Zivilfahrzeugen unterwegs, die potentiell Verdächtiges melden können.

«Der Überraschungseffekt verpufft schnell. Nach spätestens einer Viertelstunde wissen die, dass wir da sind», erklärt Pressesprecher Gantenbein das «überfallartige» Vorgehen bei einer Strassenkontrolle.

Ein Grenzwächter muss in sehr kurzer Zeit Entscheidungen fällen – oft bleiben ihm nur Sekundenbruchteile zur Einschätzung einer Situation, während er die vorbeifahrenden Autos, deren Nummern und Insassen mustert.

Einer der Grenzwächter winkt eine ältere Frau in einem Volvo aus dem 20. Jahrhundert heraus, doch als gleich dahinter ein VW mit deutschem Kennzeichen und mehreren jungen Männern an Bord folgt, bedeutet er der Frau weiterzufahren und winkt die Deutschen heraus.

Freundliche Begrüssung und Einsammeln der Ausweise, die mithilfe des mobilen Fahndungscomputers geprüft werden. Ein Vorteil der Mitgliedschaft der Schweiz beim Schengener Abkommen sei der Zugriff aufs SIS, das «Schengen Information

4 An der Grenze in Benken I.

System», sagt Gantenbein: Innert Sekunden können die Grenzwächter kontrollieren, ob eine Person im Schengenraum zur Fahndung ausgeschrieben ist.

Die Ausweiskontrolle ist eine grenzpolizeiliche Aktion. Der anschliessende Blick in den Kofferraum dient der Zollkontrolle. Grossmehrheitlich ist alles in Ordnung, und die Kontrollierten werden mit einem freundlichen Danke wieder auf ihre Reise geschickt. Doch nicht alle mögen es, wenn Grenzwächter sie anhalten: «Unsere Tätigkeit ist nicht nur angenehm», sagt Gantenbein. «Wir kontrollieren, wir verdächtigen, und manchmal müssen wir auch in die Intimsphäre einer Person eintreten. Das ist ein Spannungsfeld, mit dem wir umgehen müssen.»

Darum sei es wichtig, immer freundlich zu bleiben. Wie bei jener Fahrerin eines Opels, die sich von Neuwiller her nähert und die von einer zivilen Patrouille, die sich irgendwo an der Grenze befindet, als verdächtig eingestuft und der mobilen Kontrolle gemeldet wird. Als der Opel auftaucht, treten die Uniformierten aus dem Schutz eines Gebäudes auf die Strasse und halten sie an. Der Kofferraum ist mit Mineralwasser vollgeladen. Also alles okay: «Besten Dank, auf Wiedersehen.»

An diesem Dienstagnachmittag im Herbst bleibt im Leimental alles ruhig. Doch das kann auch anders sein: Immer wieder kann es geschehen, dass ein Automobilist auf die Handzeichen der Grenzwächter nicht mit Druck aufs Brems-, sondern aufs Gaspedal reagiert. Und dann wird es von einer Sekunde auf die andere Ernst. «Dass Leute sich der Kontrolle durch Flucht entziehen wollen, hat vor ein paar Jahren markant zugenommen», weiss Gantenbein. «Derzeit kann man von einer Stagnation auf hohem Niveau sprechen. An der Grenze zu Frankreich fliehen viel mehr als an der deutschen Grenze.»

«Wir wissen nie, was im nächsten Moment auf uns zukommt», sagt der Pressesprecher. «Das Unplanbare in unserem Beruf kann sowohl Belastung als auch Bereicherung sein.» Sie suchten sich ihre Arbeit quasi selber, meint einer der Grenzwächter dazu.

Hektisch wird es dann doch, als ein Lieferwagen mit ausländischem Nummernschild Richtung Frankreich fährt, während die Grenzwächter in der Gegenrichtung ein Auto kontrollieren. Sie beschliessen, das Fahrzeug anzuhalten – zwei nehmen die Verfolgung auf, während die anderen die Kontrollstelle abbauen. «Wir haben aufgrund der Grösse des Autos und des Herkunftslands des Nummernschilds beschlossen, dass wir kontrollieren», antwortet Gantenbein auf die entsprechende Frage. Doch auch in diesem Fall kann, sobald das Fahrzeug gestellt, kontrolliert und die Papiere mit der Zollbehörde abgeklärt sind, Entwarnung gegeben werden: Der Fahrer hat Ware aus Deutschland abgeliefert und bringt nun noch ein Paket nach Flüh, bevor er den Rückweg antritt. Die Grenzwächter helfen ihm dabei, die Lastwagenplane wieder zu verschliessen und wünschen ihm eine gute Weiterfahrt.

Bei Schnee ist's ruhiger

Die Landesgrenzen des Baselbiets werden täglich unzählige Male überquert. Allein 75'000 Grenzgänger und Grenzgängerinnen aus Deutschland und Frankreich fahren täglich in die Nordwestschweiz zur Arbeit. «Die Mobilität hat dramatisch zugenommen», sagt Gantenbein, «damit sind wir konfrontiert, auch mit neuen Arten von Kriminalität.» Das sei das, was sie beschäftige. «Wir sind am Puls der Entwicklungen in Europa.» So hat im Jahr die Zahl der Menschen zugenommen, die versuchen, ohne gültige Ausweispapiere oder dann trotz einer gegen sie verhängten Einreisesperre in die Schweiz einzureisen. Eine negative Auswirkung des immer offeneren Europa seien Einbrüche und Diebstähle in Liegenschaften und Autos in den Grenzgemeinden – teilweise verübt von organisierten Banden, die direkt aus dem Ausland operierten, so Gantenbein.

Die Landschaft ist das Arbeitsfeld der Grenzwächter. Sie operieren im Freien – bei jedem Wetter und zu jeder Jahreszeit. Die «Gegenseite», wie Gantenbein die Kriminellen nennt, seien da etwas wählerischer. «In sehr kalten Nächten passiert nicht viel, ebenso wenn Schnee liegt, weil sie dann Spuren hinterlassen würden. In lauen Sommernächten läuft mehr», weiss er zu erzählen.

In Grenznähe sind die Männer des Grenzwachtkorps immer wieder anzutreffen. Ihre Autos gehören zum Strassenbild, und sie verbergen sich auch mal hinter einer Scheune, um von den zu Kontrollierenden nicht zu früh wahrgenommen zu werden.

In den Dörfern stossen sie gemäss dem Pressesprecher nicht auf Ablehnung: «Die Leute suchen oft das Gespräch, und das ist gut so, denn wir sind auf Goodwill angewiesen.» Allerdings sei die Mentalität in Stadtnähe anders als im ländlichen Gebiet.

Das Schengener Abkommen hat auch das Verhältnis zwischen Grenzwache und Dorfbevölkerung verändert: Früher waren dieselben Grenzwächter jahrelang an denselben Grenzposten tätig, während sie heute mobiler und deshalb nicht mehr in der näheren Umgebung verwurzelt sind. «Das hat den Vorteil, dass man nicht mehr voreingenommen ist und Leuten, die man kennt, blind vertraut. Ein Nachteil ist, dass wir gerade durch dieses fehlende Vertrauen und Sichkennen nicht mehr so gut an Informationen aus der Bevölkerung rankommen.»

Die Ausbildungsstätte der Schweizer Grenzwache befindet sich übrigens in Liestal – angehende Grenzwächter aus der ganzen Schweiz gehen hier zur Schule und lernen unter anderem, sich an der Grenze richtig zu verhalten, in Sekundenbruchteilen zu entscheiden, jederzeit mit Unvorhergesehenem zu rechnen und dennoch freundlich zu bleiben.

Wieder halten die Männer in Benken ein Auto an. Darin sitzen die Mitglieder einer Musikgruppe, das Fahrzeug ist bis unters Dach vollgepackt mit Instrumenten und Gepäck. Neben den Ausweisen streckt einer der Musiker dem Beamten einen Flyer entgegen, zum Beweis, dass sie am selben Abend in Basel ein Konzert geben.

Hinter dem Auto bildet sich eine Schlange weiterer Fahrzeuge, die in die Schweiz wollen. Der Fahrer lässt den Motor laufen, doch so schnell sind die Grenzwächter nicht fertig, sie winken die Musiker zur Seite. «Ein Grenzwächter darf nie resignieren», sagt Gantenbein. Die Männer machen sich an die Arbeit.

Würdigungen

1 Adrian Ballmer nahm sich stets die Freiheit, die Dinge beim Namen zu nennen.

Thomas Gubler

Adrian Ballmer
Der Kapitän verlässt die Kommandobrücke

Mit dem Rücktritt von Adrian Ballmer endet zumindest vorläufig die prägende Rolle des Freisinns im Baselbiet, welche dieser seit der Gründung des Kantons 1833 gespielt hatte. Mit Ballmer tritt aber auch einer der letzten «starken Männer» im Kanton von der politischen Bühne ab.

Adrian Ballmer sorgte bei Freunden und politischen Gegnern für eine faustdicke Überraschung, als er am 13. Dezember 2012 seinen Rücktritt aus der Baselbieter Regierung per Ende Juni 2013 bekannt gab. Zwar hatte man nach mittlerweile zwölf Amtsjahren mit seiner Demission in absehbarer Zeit gerechnet. In der jüngeren Vergangenheit wurde auch mehrfach über seinen Abgang spekuliert, sei es, dass dem Finanzdirektor in den Medien Amtsmüdigkeit nachgesagt wurde, sei es, weil er zwischenzeitlich gesundheitlich etwas angeschlagen wirkte. Darauf angesprochen wischte er Mutmassungen jedoch meistens mehr oder weniger amüsiert vom Tisch. So es seine Gesundheit erlaube, werde er die bis Mitte 2015 dauernde Amtsperiode zu Ende führen, lautete seine Standardantwort. Also einigten sich die Rücktrittsauguren schliesslich auf die Sprachregelung, der Finanzdirektor werde dereinst alle mit seinem Rücktritt überraschen, möglicherweise sogar sich selber.

So war es dann auch. Alle, aber wirklich alle, selbst die Partei- und Fraktionsspitze seiner FDP, waren erstaunt, als Landratspräsident Jürg Degen an selbigem Donnerstagmorgen Ballmers Rücktrittsschreiben verlas. Und da der Absender gesundheitliche Gründe – keine akuten, aber latente – geltend machte, Ballmer in jüngerer Zeit gesundheitlich eher wieder erholt erschien, gingen nicht wenige im Landratssaal davon aus, es handle sich beim Demissionär um den an einem Augentumor leidenden und kurz darauf überraschend verstorbenen CVP-Regierungsrat Peter Zwick. Die Überraschung geriet dadurch quasi zu einer doppelten.

Ein Verantwortungsträger

Doch Ballmer wäre nicht Ballmer, hätten für ihn «nur» gesundheitliche Gründe den Ausschlag zum Rücktritt gegeben. Zwar leidet er an Diabetes, und möglicherweise waren seine Blutwerte tatsächlich nicht die allerbesten. Aber ebenso ausschlaggebend für das Rücktrittsdatum war der Umstand, dass der Baselbieter Regierung im Wahljahr 2015 mit der Demission von mindestens drei Mitgliedern (Adrian Ballmer, Peter Zwick, Urs Wüthrich und möglicherweise auch Sabine Pegoraro) ein wahrer Aderlass gedroht hätte. Dem wollte der Finanzdirektor, dessen Verantwortungsbewusstsein in Bezug auf den Staat Basel-Landschaft fast nicht hoch genug eingeschätzt werden kann, vorbeugen. Und so erachtete er den Zeitpunkt für einen Rücktritt per Ende Juni 2013 für günstig, um eine stufenweise Erneuerung der Regierung zu ermöglichen. Dass durch den unerwarteten Tod seines Regierungskollegen Peter Zwick Ende Februar 2013 im Frühling dann gleich zwei neue Regierungsräte gewählt werden mussten, war für Ballmer nicht vorauszusehen.

Überhaupt spielt der Begriff Verantwortung im Wortschatz wie im Leben Adrian Ballmers eine grosse Rolle. Er habe immer Verantwortung übernehmen wollen, erklärt er in einer Rückschau auf seine Karriere – ob in der Pfadi, als Handballer im TV Liestal, als Flab-Major in der Schweizer Armee, in der Privatwirtschaft als Mitglied der EBM-Geschäftsleitung und selbstverständlich auch in der Politik. Klar, dass der Freisinn unter diesen Umständen dem Juristen als politische Heimat am ehesten entsprach, zumal auch sein Vater Adolf Ballmer, der frühere Chef des Arbeitsamtes, auch ein Freisinniger war und Politik schon im Elternhaus eine nicht unwesentliche Rolle gespielt hatte.

Sein politisches Profil geschärft hatte Adrian Ballmer, der auch kurze Zeit im Liestaler Einwohnerrat sass, vor allem während seiner neun Jahre im Landrat, wo er als scharfzüngiger Parlamentarier und Vizepräsident der Finanzkommission auffiel. 1999 verliess er die politische Bühne, weil er sich damals eigentlich auf seine beruflichen Herausforderungen bei der EBM konzentrieren wollte. Seine Abwesenheit von der politischen Bühne war jedoch von kurzer Dauer; denn im Herbst desselben Jahres brauchte die FDP einen Nachfolgekandidaten für Finanzdirektor Hans Fünfschilling, der von der Baselbieter Regierung in den Ständerat nach Bern gewechselt hatte. Es sei für ihn ein schwerer Entscheid gewesen, als er damals angefragt worden sei. Die Politik zum Beruf zu machen, habe für ihn allein schon deshalb nicht auf der Hand gelegen, «weil ich schon einen tollen Job hatte». Doch weil ihn die Verantwortung erneut reizte, sagte er zu – allerdings nur unter der Bedingung, dass er im Falle einer Wahl – wie sein Vorgänger Fünfschilling – Finanzdirektor würde. Denn dieser könne bei allen Geschäften in der Regierung mitreden, «weil letztlich fast alles auch Geld kostet».

Am 16. April 2000 wurde Adrian Ballmer dann mit knapp 1000 Stimmen Vorsprung auf seinen Gegenkandidaten Urs Wüthrich von der SP in die Regierung gewählt. Und selbstverständlich wurde er Finanzdirektor. Als solcher war er dann praktisch von Beginn weg das Alpha-Tier in der Regierung. Begriffe wie «starker Mann der Regierung» oder «mächtig» mochte er nicht; ja, sie waren ihm schlicht zuwider. Stets betonte er, dass in einer Regierung das Team wichtiger sei als das einzelne Mitglied. Und er wies darauf hin, wie einsam es um einen Regierungsrat werden könne, wenn ihm das Parlament die Gefolgschaft verweigere. Zudem war ihm als Wertkonservativen und zutiefst Liberalen Macht grundsätzlich suspekt. Einfluss: ja, sicher; Macht: nein. So könnte man Ballmers Beurteilung der Möglichkeiten umschreiben, über die ein Regierungsmitglied verfügt.

Die erfolgreichen Jahre

Die ersten Jahre der Regierungszeit des Finanz- und Kirchendirektors Adrian Ballmer waren dann auch eine einzige Erfolgsgeschichte. Zwar wurde ihm gleich zu Beginn seiner Amtszeit eine Parlamentarische Untersuchungskommission (PUK) aufs Auge gedrückt, welche die Mängel beim Informatikmanagement in der Baselbieter Kantonsverwaltung untersuchen sollte. Doch die Untersuchungen betrafen Vorkommnisse vor seiner Amtszeit. Bis ins Jahr 2008 schrieb der Kanton zudem schwarze Zahlen. Der Finanzdirektor hatte somit in erster Linie dafür zu sorgen, dass das Geld nicht gerade mit beiden Händen ausgegeben wurde. Dies tat er, indem er erfolgreich eine Defizitbremse, welche faktisch die Budgethoheit des Parlaments beschränkt und finanzielle Bocksprünge zwingend mit Steuererhöhungen bestraft, durchs Parlament und durch die Volksabstimmung brachte. Mit einer Generellen Aufgabenüberprüfung (GAP) wurden zudem Aufgaben und Ausgaben des Staates auf ihre Notwendigkeit und Zweckmässigkeit hin überprüft. Alles Massnahmen, die einen vorausschauenden und verantwortungsvollen Finanzdirektor, der nicht auf dem linken Fuss erwischt werden will, auszeichnen.

Respekt erwarb sich Ballmer aber auch in der partnerschaftlichen Auseinandersetzung mit dem Nachbarkanton Basel-Stadt. Der Mann, der sich selber als Berufsbaselbieter bezeichnet, hatte nachgewiesenermassen nie etwas mit Fusionsbestrebungen am Hut. Dennoch erachtete er ein partnerschaftliches Verhältnis mit Basel-Stadt als absolute Notwendigkeit, auch wenn er mitunter, wie ihm nachgesagt wird, in den jeweiligen Verhandlungen «ein zäher Hund» gewesen sein soll. Klar ist, mit Ballmer wurden in der Auseinandersetzung mit Basel-Stadt Spielregeln entwickelt, die das Verhältnis zwischen den beiden Kantonen von Emotionen befreit und versachlicht haben. Herausgekommen dabei sind partnerschaftliche Meilensteine wie etwa der Vertrag über die gemeinsame Trägerschaft für die Universität, bei dem Ballmer feder-führend gewesen war. Die Baselbieter Stimmbürgerinnen und Stimmbürger haben ihrem «Premierminister» all diese Leistungen jeweils mit hervorragenden Wahlresul-taten gedankt. Sowohl bei der Wiederwahl im Jahre 2003 als auch 2007 erzielte Adrian Ballmer jeweils das Spitzenresultat. Seine 40'503 Stimmen von 2007 dürften ein Rekordergebnis sein.

Wie wetterwendisch sich das Glück aber gerade in der Politik erweisen kann, musste Ballmer erfahren, als die Zahlen bei den Baselbieter Staatsfinanzen im Zuge der Finanzkrise von Schwarz auf Rot wechselten. Wurde er zuvor mit Spitzenre-sultaten belohnt, obschon er immer mal wieder den Mahnfinger hebend und Buddha zitierend («Das Leiden kommt vom Wünschen her») von einem allzu leichtfertigen Umgang mit den Finanzen gewarnt hatte, machte man ihn nun trotzdem für die Defizite fast schon persönlich verantwortlich. Insbesondere die Steuersenkungen – vor allem die Abschaffung der Erbschaftssteuer für direkte Nachkommen, aber auch die beiden Unternehmenssteuerreformen –, die der Landrat zuvor mit grossem Mehr gutgeheissen hatte, sollten nun plötzlich das alleinige Werk des Finanzdirektors gewesen sein. Für diese Steuersenkungen und die damals bevorstehende schmerz-hafte, aber noch nicht im Detail bekannte Sparübung in Form des Entlastungspakets 12/15 büsste Adrian Ballmer bei den Erneuerungswahlen 2011 mit dem unge-wohnten fünften Rang. 27'028 Stimmen waren für ihn eine ungewohnt dürftige Stimmenzahl. Wie wenn das noch nicht genügt hätte, reagierte auch der Landrat mit Liebesentzug und wählte Ballmer mit einem mageren Resultat – 49 von 90 Stim-men – zum Regierungspräsidenten 2011/2012. Als dann schliesslich das Stimmvolk im Juni 2012 mit dem Entlastungsrahmengesetz einen nicht unbedeutenden Bestand-teil «seines» Sparpakets auch noch bachab schickte, machten erneut Spekulationen um einen vorzeitigen Rücktritt die Runde. Ballmer wirkte dünnhäutig und schien im Begriff, die Freude am Regieren zu verlieren.

Doch der Kapitän blieb an Bord und offenbarte plötzlich wieder alte Kämpferqua-litäten – ganz nach dem Motto: Ein Ballmer wirft den Bettel nicht hin und versucht zu retten, was zu retten ist. Das glaubte er nun so weit getan zu haben, dass er eine Demission verantworten konnte.

Das Ende einer Ära

Nach dem Rücktritt von Hans Rudolf Gysin aus dem Nationalrat und dem Ausschei-den aus der Wirtschaftskammer verliert der Baselbieter Freisinn, ja die Baselbieter Politik, mit Adrian Ballmer eine seiner Lichtgestalten. Und wie Gysin war Ballmer ein

Politiker von altem Schrot und Korn. Populismus oder nur schon darauf zu schauen, was im Moment gefragt ist und was nicht, waren seine Sache nicht. «Meine Aussagen sind inhaltlich immer gleich; ich passe sie nicht dem jeweiligen Publikum an – und ich sage auch Dinge, welche die Leute nicht hören wollen», sagte Ballmer einmal in einem Interview. Aussagen wie diese oder sinngemäss ähnliche Bemerkungen kamen nicht immer gut an, speziell dann, wenn sie mit einer entsprechenden Körpersprache korrespondierten. Auch dass sein Humor nicht mehrheitsfähig sei, musste er sich einmal im Landrat sagen lassen.

Wem es indessen vergönnt war, das politische Urgestein aus Liestal auch aus der Nähe zu erleben, merkte schnell, dass, was vielleicht unleidig oder abweisend wirkte, in Wirklichkeit nicht so oder mit Sicherheit nicht so gemeint war. Adrian Ballmer war als Politiker und Regierungsrat ganz einfach sich selbst. Wenn er eine Überzeugung hatte, dann vermochten ihn weder Modeströmungen noch Opportunitäten davon abzubringen. Was er etwa von Gemeindefusionen hielt, die nicht von unten her initiiert werden, machte er mit der Bemerkung deutlich, man könne nun mal nicht schneller laufen als die Musik spiele. Thema erledigt. Nicht alle haben diese Eigenschaft an ihm geschätzt. Doch Ballmer machte niemandem etwas vor. Wenn er eine Schlagzeile ungehörig fand, Kritik ihn verletzte, dann sprach er das aus – mitunter sogar deutlich. Er nahm sich ganz einfach die Freiheit, die Dinge beim Namen zu nennen. Weder liess er sich verbieten zu grummeln, wenn ihm danach war, noch am Ende seiner Karriere von irgendjemandem vorschreiben, wann er zurückzutreten habe.

Adrian Ballmer ist als Regierungsrat ein unabhängiger liberaler Geist geblieben, der trotz der einen oder andern Blessur in der zweiten Hälfte seiner Amtszeit letztlich gelassen blieb – und auch frei von Bitternis, obschon er, der frühere Sportsmann, die zunehmend aggressive Gangart in der Politik und in den Medien beklagte. Wie sonst könnte er nach seiner Rücktrittserklärung, ohne nachdenken zu müssen, sagen: «Ja, ich würde das Ganze nochmals machen.»

Bildnachweis
1   Dominik Plüss, Basel.

1 Peter Zwick: «In seinem Leben dominierten Unkompliziertheit, Fröhlichkeit und Humor, er war aber weit davon entfernt, die Dinge auf die leichte Schulter zu nehmen.»

Jürg Gohl

Regierungsrat Peter Zwick verstirbt 62-jährig im Amt

Nur eine Woche vor den Regierungsrats-Ersatzwahlen für den zurücktretenden Finanzdirektor Adrian Ballmer erschütterte am 23. Februar die Nachricht das Baselbiet: Peter Zwick war in seinem Heim in Münchenstein überraschend verstorben. Zwei Monate vor seinem 63. Geburtstag erlag der CVP-Regierungsrat seinem Krebsleiden. Sechs Jahre lang hat er der Baselbieter Exekutive angehört. In seinem letzten Amtsjahr musste er sich nicht nur einer vermeintlich erfolgreich verlaufenden Krebstherapie unterziehen, auch politisch war er erheblich unter Druck geraten.

Der Dom von Arlesheim konnte die riesige Trauergemeinde nicht fassen, die am 1. März 2013 an der Abdankung von Peter Zwick Abschied nahm: Neben seiner Familie kamen CVP-Bundesrätin Doris Leuthard, die Sissacher Nationalratspräsidentin Maya Graf und CVP-Präsident Christophe Darbelley sowie das ganze politische Baselbiet in den Unterbaselbieter Bezirkshauptort. Aber da trauerten auch Freunde, Cliquen- und Jagdkollegen, Basler Politiker und viele Wähler mit. All diese Leute bekundeten damit, wie sehr sie den Menschen Peter Zwick geschätzt hatten.

Regierungspräsidentin Sabine Pegoraro, die am 1. Juli 2012 turnusgemäss Zwick als Regierungspräsidenten abgelöst hatte, schilderte an der Abdankung, wie sie ihren Kollegen erlebt hatte. Sie strich hervor, wie gerne er grössere und kleiner Anlässe auf die Beine stellte. «Da war er in seinem Element», sagte sie und zeichnete damit das Bild eines Menschen, der nicht dem Prototypen eines Berufspolitikers entsprach. Auch die zahlreichen Nachrufe und Würdigungen, die in den Zeitungen das Wahlduell zwischen den Regierungsratskandidaten Thomas Weber und Eric Nussbaumer ins zweite Glied drängten, kamen zu ähnlichen Schlussfolgerungen. Auf den Punkt brachte es die Trauerfamilie – Zwick war verheiratet und hatte zwei erwachsene Kinder – in ihrer Danksagung: «In seinem Leben dominierten Unkompliziertheit, Fröhlichkeit und Humor, er war aber weit davon entfernt, die Dinge auf die leichte Schulter zu nehmen.»

Peter Zwick starb an Augenkrebs, einer seltenen Krebsart. Pro Jahr erkranken in der Schweiz 60 Personen an dieser Krankheit. Zwar lässt sich der Tumor, der bei Zwick hinter dem rechten Auge festgestellt wurde, sehr gezielt und erfolgreich bestrahlen, doch ist die Gefahr von Metastasen hoch. Die Sterblichkeit liegt bei einem Drittel. Im Herbst 2012 musste sich der Baselbieter Gesundheitsdirektor im Universitätsspital Lausanne einer intensiven Therapie unterziehen. Er kehrte nach einer zweimonatigen Auszeit geheilt in sein Amt zurück. Der Tumor habe sich zurückgebildet, und es seien keine Spuren mehr zu erkennen, hiess es damals.

Im Februar machten sich erneut gesundheitliche Probleme bemerkbar. Untersuchungen ergaben, dass der Krebs nicht mehr behandelt werden kann. Nur wenige Vertraute, darunter das Regierungskollegium, wussten davon. Sie alle waren aber völlig überrascht, als Zwick noch im gleichen Monat den Kampf gegen den Krebs verlor.

Nachdem sich der Baselbieter Volkswirtschafts- und Gesundheitsdirektor nach seiner Therapie im Herbst 2012 wieder gesund zurückgemeldet hatte, durchlebte er seine schlimmsten Stunden in der Politik. Der CVP-Politiker, von den Wählern 2007 glanzvoll in die Regierung gewählt und vier Jahre später souverän bestätigt, wurde am 1. November 2012 vom Landrat in einem Mass mit Kritik überhäuft, wie das vor ihm noch kein Regierungsrat erleben musste. Die landrätliche Geschäftsprüfungskommission, präsidiert von SVP-Vertreter Hanspeter Weibel, übte in ihrem Bericht scharfe Kritik an Peter Zwicks Amtsführung im Generellen sowie an seiner Spitalplanung im Speziellen. Alle Parteien ausser seiner CVP beteiligten sich an der anschliessenden Abrechnung, die im Verlaufe der Debatte eine gefährliche Eigendynamik entwickelte.

Der Landrat zählte dem eben genesenen Regierungsrat «handwerkliche» Fehler auf und warf ihm vor, mit seinen aufgegebenen Plänen für das Bruderholzspital 13 Millionen Steuerfranken nutzlos ausgegeben zu haben. Vor den Toren Basels hätte auf dem Gebiet des heutigen Spitals ein feines Geriatriespital für beide Basel entstehen sollen, dem auch Symbolwert zugedacht gewesen war: Das alte Spital, das vielfach auch als «Trutzburg» des eigenständigen Landkantons bezeichnet wird, soll neu für die Zusammenarbeit der beiden Basel stehen und eine neue Epoche der Zusammenarbeit einläuten.

Bezeichnend für den Menschen Peter Zwick war seine erste Reaktion auf die harten Worte, die in jener Landratsdebatte fielen. Er bekundete zuerst sein Mitleid mit seinen Untergebenen auf der Direktion. Diese würden hervorragende Arbeit leisten und hätten deshalb solch harte Worte nicht verdient. Scheinbar stoisch hat er das heftige Wortgewitter über seine eigene Person niederprasseln lassen. Daran dürfte Klaus Kocher, Zwicks enger Vertrauter, auch gedacht haben, als er in seinem Nachruf folgenden Satz schrieb: «Aber längst nicht alles, was er gekonnt überspielt hatte, liess ihn kalt.»

«Das Bild, das von Peter Zwick gezeichnet wurde, entspricht nicht seinen Leistungen», nahm der Basler Gesundheitsdirektor Carlo Conti seinen Baselbieter Amtskollegen posthum in der Zeitung Sonntag in Schutz, «im Baselbiet sind die Departemente ressourcenmässig so klein, dass es mit den bewilligten Mitteln kaum möglich ist, stärkere Aktivitäten zu entfalten.» Conti sprach seinem Kollegen Zwick zudem die Fähigkeit zu, mit seiner offenen Art Brücken zu bauen.

Die intensive Zusammenarbeit mit Conti belegt auch, dass der Baselbieter Gesundheitsdirektor ganz nach Auffassung seiner Partei ein offenes Verhältnis zu Basel pflegte. Immer wieder strich er hervor, dass in der Basler Regierung mit Eva Herzog und Christoph Brutschin zwei gebürtige Baselbieter sitzen, während für ihn selber das Gegenteil zutrifft: Er wuchs unmittelbar neben dem Spalentor in Basel auf und war in Basel bis zuletzt ein angefressener Fasnächtler der Gundeli-Clique. Für seine Cliquenkollegen waren bei der Abdankung die vordersten Bankreihen reserviert.

Neben seinen Problemen im Spitalbereich kam noch hinzu, dass Zwick auch als Wirtschaftsdirektor einen schweren Stand hatte. Das hehre Ziel, Unternehmen ins Baselbiet zu locken, wurde nicht erreicht. Als er nach einer Pro-forma-Ausschreibung den früheren SVP-Fraktionspräsidenten und jetzigen Nationalrat Thomas de Courten als kantonalen Wirtschaftsförderer einstellte, trug ihm das von den Links-Parteien die erwartete Häme ein. Später wurde die Wirtschaftsoffensive des Kantons zum Dossier der Gesamtregierung erklärt. Dass deshalb Regierungspräsidentin Sabine Pegoraro und nicht mehr Zwick Auskunft in dieser Sache erteilte, wurde vereinzelt und vorschnell auch als Entmachtung des Wirtschaftsdirektors interpretiert.

Dabei war er es in seinem Präsidialjahr selber gewesen, der an einer Pressekonferenz aller fünf Direktionsvorsteher bekannt gegeben hatte, dass die Regierung in Zukunft intensiver zusammenarbeiten und die Wirtschaftsförderung prioritär behandeln wolle. Weitere Meilensteine in seinem Wirken waren die Abstimmungen über die Verselbstständigung des Kantonsspitals und der Psychiatrie Baselland sowie zur Gründung des vereinigten Kantonsspitals Baselland.

Das Stimmvolk stellte sich hinter ihn, denn Peter Zwick stand bei der Allgemeinheit hoch im Kurs. Als der Christdemokrat 2007 als Nachfolger seiner Parteikollegin Elsbeth Schneider, der ersten Frau in der Baselbieter Regierung, gewählt wurde und die Direktion des ebenfalls zurücktretenden SVP-lers Erich Straumann übernahm, erzielte er das beste Wahlresultat aller neu Kandidierenden – zu ihnen zählte schon damals Eric Nussbaumer. Zwick übertraf sogar die Bisherige Sabine Pegoraro. Vier Jahre später, als das Baselbiet in einer historischen Wahl Jörg Krähenbühl absetzte, belegte Zwick Rang drei, dieses Mal hinter Pegoraro und Bildungsdirektor Urs Wüthrich.

Bevor er Regierungsrat wurde, hatte sich Peter Zwick in der kommunalen und später in der kantonalen Politik bewährt. 1995 startete er, der gelernte Offsetdrucker und Maschineningenieur, in der Münchensteiner Gemeindekommission seine Polit-Laufbahn. 1999 wurde er für die CVP in den Landrat gewählt, gehörte in seinen gesamten acht Jahren im Baselbieter Parlament der gewichtigen Bau- und Planungskommission an und war ab 2003 Präsident der CVP/EVP-Fraktion. Sein Wort besass von Beginn an Gewicht in Liestal. Elf Vorstösse stammten aus seiner Feder, damit gehörte er mengenmässig zum vorderen Mittelfeld. Politisch war er dem rechts-bürgerlichen Flügel seiner Partei zuzuordnen.

Gleichwohl war seine Nomination als Regierungsratskandidat der CVP alles andere als eine Formsache. Parteiintern hatte auch Kathrin Amacker, die spätere Kurzzeit-Nationalrätin, ihre Ambitionen angemeldet. Die Binningerin unterlag Zwick in der parteiinternen Ausscheidung nur um ein paar Stimmen.

Seine Wahlerfolge hängen auch stark mit seinem Engagement in der römisch-katholischen Kirche zusammen. In Münchenstein gehörte er dem Kirchenrat an, und im Jahr 2000 wurde er Präsident der römisch-katholischen Kirche Baselland. Erst als er in die Baselbieter Regierung gewählt wurde, stellte er diesen Präsidentenstuhl nach sieben Amtsjahren zur Verfügung. Auf ihn folgte Ivo Corvini, sein früherer CVP-Landratskollege aus Allschwil. In der Kirche galt der sehr gläubige Christ als eher liberal. Bekannt wurde er vor allem als Mittler im Zusammenhang mit den Auseinandersetzungen zwischen dem aufmüpfigen Röschenzer Pfarrer Franz Sabo und dem damaligen Bischof Kurt Koch.

Sabrina Corvini-Mohn, die Präsidentin der Baselbieter CVP, schrieb in ihrem Nachruf: «Als typischer C-Politiker stellte Peter Zwick stets den Menschen ins Zentrum.» Fairness und Respekt anderen gegenüber waren für ihn, gegen den am 1. November 2012 im Landrat eine bisher einmalige Breitseite abgefeuert wurde, oberstes Gebot. Typisch für ihn war auch, dass er sich immer wieder Zeit nahm für einen privaten Schwatz mit jedermann, sein Vorrat an Witzen und Streichen, für die immer Zeit sein musste, schien unerschöpflich zu sein. Nicht nur als Fasnächtler lebte Zwick seine gesellige Seite aus. Er besass auch das Jagd-Brevet und begab sich öfters auf die Pirsch. Die *Basellandschaftliche Zeitung* nennt Peter Zwick treffend einen «feinen, geselligen und humorvollen Menschen». Seine Liebe für Geselligkeit und Mitmenschen kam auch darin zum Ausdruck, dass ein zweitrangiges Dossier, die Alterspolitik, seine eigentliche Herzensangelegenheit war und dass unter seiner Ägide das Baselbiet zu verschiedenen grossen Auftritten als Gastkanton kam, etwa an der St. Galler *Olma* oder beim Zürcher *Sechseläuten*.

Zudem war er in jungen Jahren ein erfolgreicher Judoka. Mit der Schweiz war er sogar an den verhängnisvollen Olympischen Spielen 1972 in München dabei. Seine

Erlebnisse, die jeder andere Politiker gerne preisgegeben hätte, behielt der Olympio-nike 40 Jahre lang als Privatsache unter Verschluss.

Der unerwartete Tod des Gesundheitsdirektors eine Woche vor dem ersten Wahl-gang zur Ersatzwahl für Adrian Ballmer ruft auch Erinnerungen an Markus van Baerle, ebenfalls ein Münchensteiner, wach. 1987 erlitt der damals 56 Jahre alte FDP-Regie-rungsrat an einer Wahlkampfveranstaltung in Waldenburg einen Herzinfarkt, dem der Bau- und Landwirtschaftsdirektor wenig später im Spital erlag. Van Baerle war bis zu Peter Zwick der letzte Baselbieter Regierungsrat, der im Amt verstarb. Jener tragische Todesfall ereignete sich aber im Vorfeld von Gesamterneuerungswahlen. Damals musste die FDP in aller Eile einen neuen Kandidaten aus dem Hut zaubern und fand diesen in der Person von Hans Fünfschilling, der danach nicht nur 13 Jahre in der Regierung sass, sondern später sogar noch Baselbieter Ständerat wurde. Zwick war der vierte Regierungsrat in der Geschichte des Baselbiets, der bei seinem Tod noch im Amt war.

Als Adrian Ballmer wenige Tage vor Weihnachten 2012 im Landrat sein Rück-trittsschreiben verlesen liess und dabei gesundheitliche Gründe geltend machte, dach-ten im ersten Moment viele Parlamentarier, der Absender dieser Zeilen sei Peter Zwick, der die Konsequenzen aus seinem schrecklichen Jahr 2012 ziehe. Nach seinem überraschenden Krebstod eine Woche vor dem ersten Wahlgang zur Ballmer-Nach-folge musste das Baselbiet gleich zwei neue Regierungsmitglieder wählen, die bereits ab dem 1. Juli 2013 in der Exekutive Einsitz nehmen würden. Aus zeitlichen Gründen war es ausgeschlossen, gleich eine doppelte Ersatzwahl durchzuführen. Regierung, Landeskanzlei und die Parteien erlebten ein Wahlhalbjahr, wie es das zuvor nie ge-geben hat. Nicht zuletzt forderte die Situation auch die Wähler, welche die beiden Urnengänge sauber auseinanderhalten mussten.

Chronik 2011

Chronik 2012

Bitte besuchen Sie auch die Internetseite:
http://www.baselland.ch/main_chronik.273422.0.html

Unter dieser Internetadresse finden sich alle Chroniken seit 1939.
Viele zusätzliche Fotografien, Berichte und andere Unterlagen sind mit den
entsprechenden Nachrichten in den Chroniken verknüpft – was in einem Buch
natürlich nicht möglich ist.

Die Chroniken der Jahre 2011 und 2012 von Alby Schefer, die für dieses
Baselbieter Heimatbuch bearbeitet wurden, können in der ursprünglichen,
detailreicheren Version ebenfalls unter der oben genannten Internetadresse
eingesehen werden.

Herzlichen Glückwunsch!

Die *Kommission für das Baselbieter Heimatbuch* gratuliert Alby Schefer
ganz herzlich zu seinen ersten 10 Jahren als Chronist.

Chronik 2011

Januar 2011

1. **Nordwestschweiz**
Weisse Weihnachten

Wovon viele jahrelang schwärmten und sich danach sehnten, traf in diesem Jahr wunderbarerweise ein: Die Welt war an Weihnachten weiss eingehüllt.
Abgesehen von zwei Wärmeeinbrüchen lag die Region fast während des ganzen Monats unter einer bis zu 20 cm dicken Schneedecke. 22 Tage waren übermässig kalt, die Durchschnittstemperatur lag bei –0,7 °C. Die Abweichung von der Norm betrug 2,5 °C, was unter Meteorologen als sehr viel gilt. Am kältesten war es am 26. Dezember mit –10,7 °C, am wärmsten am 8. Dezember mit 14,3 °C. 13 Tage, an welchen die Temperatur nie über die Nullgradgrenze steigt, gelten als Eistage.
Zu 89 % war der Himmel bedeckt, sei es durch Wolken oder Nebel. So sah man die Sonne nur gerade während 29 Stunden, das sind 20 Stunden weniger als normal.
Niederschläge gab es 113 l, verteilt auf 14 Tage, das sind 20 l über der Norm.

4. **Region Basel/Wallis**
Partielle Sonnen-
finsternis

Im Wallis und in Basel war die partielle Sonnenfinsternis wegen günstigen Wetters besonders gut zu sehen. Um 9.45 Uhr waren etwa 75 % der Sonne durch den Mond verdeckt.

5. **Lausanne/Baselbiet**
Kauen an den
Kautionen

Das Bundesgericht hat jenen Recht gegeben, welche eine Kaution als «Dämpfungsmittel» gegen Lohndumping verlangen wollen. Für ausländische Firmen wird es so nun schwieriger, zu konkurrenzfähigen (wohl eher konkurrenzlosen) Preisen Angebote zu machen.

7. **Pratteln**
Eidgenössische Zoll-
verwaltung

Die neue Zollstelle im Busspark in Pratteln betreut 100 Firmen. Das ist mit ein Grund, warum die Zollstelle nun in die Nähe ihrer Kunden, den Transporteuren, zog. Es werden jährlich etwa CHF 1,2 Mia. eingenommen.

Birs
Äschen gefährdet

Die Äschen in der Birs sind vom Aussterben bedroht, weil sie keine Fischtreppen benutzen und deshalb nicht beliebig wandern können. Das führt zu Isolation, Inzucht und letztlich zu Degeneration und Aussterben.

Baselbiet
Güllenlager überlaufen

Wer es verpasst hat, vor dem Gefrieren und dem Schneefall seine Gülle auszubringen, dem überlaufen nun die Güllenlager, weil die Sperrfrist im Winter ein Ausbringen verbietet.

9. **Pratteln/Amerika**
Ein Pratteler im Wilden
Westen

Hans Jacob Dürr aus Pratteln ging 1819 nach Frankreich, von dort dann als Jäger und Goldsucher nach Amerika. Er schloss sich in Neu-Helvetien der Miliz von *General Sutter* an und hatte ein gefahrenvolles, interessantes Leben. Darüber berichtet nun ein Buch von *Heinrich Lienhard*: «Wenn du absolut nach Amerika willst, so gehe in Gottes Namen». Das Werk ist im *Limmat Verlag* Zürich erschienen.

Langenbruck
Telefonkabine bleibt

Die *Swisscom* wollte das einzige Publifon (Telefonkabine) in Langenbruck schliessen, doch aufgrund einer Intervention des Gemeinderates bleibt die Kabine vorläufig bestehen.

10. Bubendorf Jungunternehmer	Als 17-Jähriger begann *Tobias Meier* aus Bubendorf Wachteln zu züchten. Mittlerweile hat der 20 Jahre alt gewordene Jungunternehmer über 100 dieser Tiere, die eifrig Eier legen, welche der tüchtige Mann dann verkauft. Auch wenn er monatlich «nur» ein paar CHF 100 mit den Eiern verdient, ist er glücklich bei seiner Tätigkeit und stolz auf sein Unternehmen.
Pratteln Schlimmer Unfall	Ein Bus der Linie 80 musste wegen eines unbedachten Autofahrers brüsk bremsen. Dabei stürzten mehrere Passagiere schwer, ein 77-Jähriger verstarb an den Folgen seines Sturzes gegen eine Stange.
Buus, Ziefen, Oberwil Vogelpflegestationen	Die beiden Vogelpflegestationen in Buus und Ziefen wurden geschlossen, dafür entsteht eine neue in Oberwil. Der Buusner *Ueli Lanz* musste aus gesundheitlichen Gründen seine während 45 Jahren unterhaltene Station schliessen. Es wurden über 2000 Vögel in Buus und etwa 6000 in Ziefen gepflegt. Der Kanton bezahlt seit diesem Jahr keine Beiträge mehr an die Vogelpfleger!
Anwil Mäuseannahmestelle	Die Mäuseannahmestelle, beziehungsweise die Auszahlungen pro Mausschwanz, werden in Anwil seit 50 Jahren von der heute 87-jährigen *Elsa Spiess* betreut. Noch immer wird fleissig gemaust, heute allerdings mit moderneren Fallen als anno dazumal. Sie wurde auch einmal von Schülern reingelegt, die statt Mausschwänzen gedrehte Schnüre abgaben, was sie – noch ohne Brille – nicht sofort erkannte, aber heute lacht sie darüber.
12. Kanton Baselland Kälte zerstört Strassen	Die langandauernde Kälteperiode hat ihre Spuren hinterlassen: Die Beläge wurden aufgesprengt und müssen nun teuer saniert werden. Im Extremfall sind im Laufe des Jahres Strassenbeläge einer Temperaturdifferenz von bis zu 60 °C ausgesetzt. Von den Schäden betroffen sind vor allem alte Beläge.
Arisdorf Abschnitts- Geschwindigkeits- kontrolle	Ab morgen sind die Abschnitts-Kontrollen für die Motorfahrzeuggeschwindigkeitsmessung «scharf» eingestellt. In Ländern, welche diese Kontrolle bereits eingeführt haben, sind die Resultate positiv, vor allem konnten die schweren Unfälle fast halbiert werden.
13. Kanton Baselland Gemeindeinitiative steht	Neun Gebergemeinden im Finanzausgleich des Kantons Baselland haben eine Initiative lanciert, in der sie eine Plafonierung der Beiträge verlangen: Reinach beispielsweise musste 13%, Bottmingen gar 69% mehr bezahlen als angekündigt. So sei eine Budgetierung natürlich obsolet. Insgesamt mussten im letzten Jahr statt der erwarteten CHF 44–47 Mio. stolze CHF 67 Mio. Ausgleich bezahlt werden. Die Initiative soll im März eingereicht werden. Damit sie im Landrat nicht durch die Überzahl der Nehmergemeinden gebodigt werden könnte, soll das Volk darüber bestimmen.
Diegten Dorfladen wieder offen	Der Dorfladen von Diegten, wegen gesundheitlicher Gründe vom Inhaber seit Mai geschlossen, wird ab kommendem März von der *Volg* bewirtschaftet.
14. Basel UKBB eröffnet	Das *Universitätskinderspital beider Basel* (UKBB) ist mit einem Fest eröffnet worden. In den unvermeidlichen Reden wurde das Krankenhaus eine «Augenweide» genannt, und man hob die absolute Modernität auch in der Innenausrüstung hervor. Das Baubudget konnte eingehalten werden. 20'000 Besucher und Besucherinnen kamen an den Tag der offenen Tür.

Liestal Karten offenlegen	Dass die Regierung ihre Sparpläne erst nach den Wahlen im März bekanntgeben will, empfinden viele Stimmbürger als eine Frechheit, eine Arroganz, ja gar als Betrug am Stimmvolk. Ob allerdings eine Wahlquittung erfolgt, bleibt ungewiss.
16. Olten/Bistum Basel Bischofsweihe	Der Luzerner Theologe *Felix Gmür* wurde in Olten von seinem Vorgänger *Kurt Koch*, der Kardinal geworden ist, zum Bischof des Bistums Basel geweiht.
Liestal Drei Vorfasnachts- veranstaltungen	Nicht als Konkurrenz, sondern als freundschaftlichen Wettkampf sieht man in Liestal das breite Angebot an Vorfasnachtsveranstaltungen. In diesem Jahr wetteifern das «Rotstab-Cabaret», das «Flinteputzerli» und das «Rahmdäfeli» um die Publikumsgunst.
Nordwestschweiz Bienensterben	Das Bienensterben, das weiterum zu grosser Besorgnis Anlass gibt, soll nun von den beiden Basel und Solothurn gemeinsam angegangen werden, indem eine Fachstelle eingerichtet wird.
18. Region Basel Luft besser	Laut einer Mitteilung der Regierungen beider Basel ist die Luft deutlich sauberer geworden. Seit 1990 sind die Stickoxyde um 50% und die flüchtigen organischen Verbindungen um 70% zurückgegangen. Der Feinstaub nahm seit 2000 um rund 30% ab, was dazu führt, dass die Jahresgrenzwerte grosso modo eingehalten werden können.
Muttenz Sanieren statt abreissen	Die Basler Regierung will die *St. Jakobshalle* für weitere Jahrzehnte fit machen und wünscht eine Sanierung für CHF 86 Mio. Nur die *Swiss Indoors* wären in den nächsten 2 Jahren durchführbar, alle anderen Events müssten gestrichen werden. Das Grossprojekt einer neuen Event- und Sporthalle auf Muttenzer Boden ist weder spruchreif noch finanziell gesichert.
19. Schweiz/Kanton BL Nationalbankgeld	Die Nationalbank schüttet in diesem Jahr für unseren Kanton CHF 58 Mio. aus. Ob ein solcher Betrag auch zukünftig möglich ist, bleibt aber unsicher.
20. Sissach Hohe Zufriedenheit	Die im Herbst 2009 erhobenen Daten zur Zufriedenheit der Bewohner Sissachs ergaben einen fast unglaublich hohen Wert von 99% glücklichen Einwohnern. Nachbesserungen seien aber noch nötig in den Bereichen Mobilität, Sicherheit und Abfallentsorgung. Die Umfrage wurde insgesamt in 29 Gemeinden durchgeführt und ergab eine Zufriedenheit von durchschnittlich 97,5%.
Liestal/Basel Brückenschlag	Das *Museum.BL* und das *Stadttheater Basel* beginnen eine Kooperation, nach der beide Institutionen sich gegenseitig präsentieren und damit unterstützen.
25. Liestal Landratskandidaturen	Aus 9 Parteien rekrutieren sich 617 Kandidaten und Kandidatinnen für die 90 Landratssitze, die am 27. März vergeben werden. Dabei fällt der stark gesunkene Frauenanteil (von 40% auf 35% Kandidaturen) auf.
Hölstein Keine Gemeinde- versammlung	Es ist eine Gemeindeversammlung angesagt, so viele Bürger wie noch nie drängen in die *Rübmatthalle*, der erste Votant macht auf Verfahrensfehler bei der Ausschreibung aufmerksam und eine Votantin droht mit dem Regierungsrat … und dann gehen halt alle wieder heim. So geschehen in Hölstein, wo eine ausserordentliche Gemeindeversammlung zur Änderung der Zonenvorschriften geplant war.

Februar 2011

1. Sissach
Abwasserpannen

In Sissach überlief ein Becken mit Kanalisationsinhalt, der in die Ergolz floss – dies geschah nun innert 12 Wochen zum 2. Mal. Zum Glück entstand kein grösserer Schaden.

2. Nordwestschweiz
Januarwetter

Wärme und Kälte wechselten sich im Januar ab. So waren am 7. Januar 15 °C Wärme zu verzeichnen, ein Spitzenwert. Am kältesten war es am 24. Januar mit −7,2 °C. An 12 Tagen stieg das Thermometer nie über die Nullgradgrenze. Unter dem Strich war der Januar im Vergleich zu kalt. Der Mittelwert von 0,6 °C weicht 1,7 °C von der Norm ab. Niederschläge gab es, verteilt auf 8 Tage, 46 l, was zu wenig ist. Schnee lag nur wenig, an 12 Tagen wurden in Titterten etwa 9 cm gemessen. Die Sonne versteckte sich überdurchschnittlich hinter dem Nebel, das bedeutet, dass die Sonnenscheibe nur während 53 Stunden sichtbar war.

5. Liestal
Afrikazentrum
gefährdet

Als erster Teil der *Universität beider Basel* hätte das *Afrikazentrum* nach Liestal übersiedeln sollen. Nun ist dies aber gefährdet, da der *Nationalfond* das Projekt nicht gebilligt hat, und daher fehlt das nötige Geld für eine Verlegung.

7. Nordwestschweiz
Das U-Abo vor
dem Ende?

Der Bundesrat verlangt höhere Preise im Agglo-Verkehr. Das könnte das Ende des U-Abos Nordwestschweiz sein. Das heutige Abonnement ist sehr beliebt: 175'000 Abos pro Monat plus zusätzlich 25'000 Generalabos machen den Nahverkehr preislich recht attraktiv. Eine überdurchschnittliche Preiserhöhung liegt gemäss *Andreas Büttiker*, TNW-Leiter, im Bereich des Wahrscheinlichen.

8. Langenbruck
Elektroauto

Im *Oekozentrum* in Langenbruck wurde ein Elektrofahrzeug entwickelt, das sich «Smile» nennt. Der Sportwagen besitzt eine Karosserie, die wirklich zu lachen scheint. Das Fahrzeug bringt maximal 30 kW auf die Strasse, kann bis 110 km/h beschleunigen, von 0 auf 50 km/h startet es innert 3 sec. Das Leergewicht beträgt 385 kg, die Batterie reicht für 40–100 km. Ein wunderbares Wägelchen!

Unteres Baselbiet
Mobilität nimmt
weiter zu

Sowohl der Öffentliche als auch der Privatverkehr boomen im unteren Baselbiet. Zählungen haben rund 75'000 Bus-, Tram- und WB-Benutzer täglich ergeben, Autofahrer sind am Zählcordon BS/BL gegen 300'000 unterwegs, dies alles ohne die Zahlen der SBB-Benützer. Die Auslöser für diesen Boom sind die Arbeitswelt und Anreize für den Gebrauch (Strassen/dichte Fahrpläne …).

Kantone BL/BS
Sportstudenten
sollen nach Muttenz

Die *Universität beider Basel* hat (nicht nur) mit den rund 500 Sportstudenten ein Platzproblem: Jetzt verteilen sich die jungen Leute an vier Orten der Stadt in Provisorien. Nun soll Abhilfe geschaffen werden und dem Baselbiet endlich auch ein Teil der Uni übergeben werden. Allerdings stösst der Vorschlag, die Sportabteilung nach Muttenz auf das *Schänzli* zu delegieren, in Muttenz selbst auf Ablehnung, da das Areal für einen Erholungspark an der Birs vorgesehen ist. Muttenz möchte die Sportuni lieber im neu entstehenden *Polyfeld* ansiedeln.

9. Rhein
Stau in den Häfen

Bedingt durch den Schiffsunfall beim Loreleyfelsen auf dem Rhein haben nun, da die Durchfahrt durch die Unfallstelle stark eingeschränkt ist, die Hafenbetriebe weniger zu tun. Kommen dann nach Bewältigung des Unfalls alle Schiffe miteinander den Rhein hoch, wird das zu grossen Staus bei der Umladung und der Abfertigung führen.

Pratteln Die Ornithologen freut's	Seltene Wintergäste haben sich auf den Äckern in Pratteln Nord eingestellt: Eine Gruppe von Weisswangengänsen (auch Nonnengänse genannt) futtert frischfröhlich, was die Äcker hergeben. Der frühe und ungewöhnlich kalte Wintereinbruch hat die Gänse so weit nach Süden getrieben, dass sie uns nun mit ihrem äusserst seltenen Besuch beehren. Die Nonnengans ist ein Bewohner der Eismeere und kommt normalerweise nur nach Ost- und Nordeuropa.
Muttenz Neuer Verein in Sachen Deponiesanierungen	Aus chemiekritischen Mitgliedern besteht der neue Verein «Allianz Deponien Muttenz», der verlangt, dass die Sanierung der Chemiealtlasten rund um die Hard in Muttenz sicher, definitiv, einmalig und gemäss dem neuesten Stand der Technik erfolgen soll.
10. Sissach Videoüberwachung positiv	Das Bahnhofsareal in Sissach wird seit 2 Monaten per Video überwacht, was sofort positive Ergebnisse zeitigt. Seither ist es dort sauberer und die Menschen fühlen sich sicherer.
12. Kantone BL/BS Krebsstatistik	Die beiden Basel liegen bei der Häufigkeit fast aller Krebsarten unter dem Durchschnitt, in einigen Bereichen sogar am unteren Tabellenende. Im Jahr erkranken in der Schweiz etwa 35'000 Menschen an Krebs, in etwa 16'000 Fällen verläuft die Krankheit tödlich. Dies hat die Krebsstatistik von 2003 bis 2007 ergeben. Jede Aussage über die Gründe der günstigen regionalen Zahlen ist reine Hypothese, erste Forschungsprojekte aber sind angelaufen.
Liestal Altlasten	Auf dem Baugelände des neuen *Manor-Centers* und des Onkologiezentrums sind beim Ausheben der Baugrube Schlacken entdeckt worden, die eine Sanierung des Bodens verlangen. Man rechnet mit CHF 200'000 Unkosten. Diese Summe wird vom Grundstückertrag von CHF 4,5 Mio. für die Stadt Liestal abgezogen werden, die das Grundstück verkauft hatte.
13. Münchenstein Keine Schul-Laptops	Das Projekt mit den Laptops für die Schule ist gestrandet. Die Projektleitung muss nun eine abgespeckte Variante vorlegen.
Binningen Neuer Zonenplan angenommen	Der neue Zonenplan «Siedlung und Landschaft» ist mit 2559 Ja- gegen 2083 Nein-Stimmen angenommen worden. Die Vorlage war umstritten, hat sie doch auch die Verringerung der Nutzungsfläche in der *Wohnzone W2a* als Inhalt.
Maisprach Turnhalle wird saniert	Die Sanierung und der Umbau der Turnhalle in Maisprach wurden mit einer Stimmbeteiligung von 69% von 259 Abstimmenden bejaht, 201 waren gegen die grosse Ausgabe von CHF 5 Mio.
Allschwil Freiwillige Tagesschule kommt	Die freiwillige Tagesschule wurde mit 3724 Ja- gegen 2316 Nein-Stimmen angenommen. Bei mindestens 15 Anmeldungen wird der Betrieb ab August aufgenommen. Eine Schuldenbremse wird nicht eingeführt. Eine solche haben 3294 Stimmende abgelehnt, während nur 2697 sich dafür ausgesprochen haben.
14. Reigoldswil ‹Bähnli›-Rekord	Dank des neu eröffneten Seilparks auf den Wasserfallen ist dem ‹Luftseilbähnli› ein neuer Transportrekord beschert worden: Fast 135'000 Fahrten wurden registriert. Das Bestresultat aus dem Jahr 2007 wurde um 5000 Fahrten übertroffen.

16. Muttenz *Clariant* wieder in Gewinnzone	Nach dem Verlust von CHF 194 Mio. im Jahr 2009 stieg der Gewinn der Firma *Clariant* in Muttenz wieder auf CHF 191 Mio. an. Gegenüber 2009 beschäftigt die Firma etwa 1400 Mitarbeitende weniger. Der Umsatz ist um 0,5 Mia. gestiegen. Für CHF 2,5 Mia. kauft der Chemie-riese nun die *Süd-Chemie*, um Schwachstellen in der Produktepalette auszubessern.
Ziefen Gemeinde kauft «Cheesi»	Für CHF 850'000 hat die Gemeindeversammlung von Ziefen dem Kauf der Liegenschaft «Cheesi» zugestimmt. Auch die Renovationskosten von CHF 200'000 sollen übernommen werden. Es soll eine Dorfladen-genossenschaft gegründet werden.
21. Liestal Zufriedene Lehrkräfte, aber …	Gemäss einer Umfrage unter Lehrkräften des Kantons sind die Arbeit-nehmer mit dem Arbeitgeber zufrieden, fühlen sich aber stark belastet und zu schlecht bezahlt.
24. Baselbiet Pflegekosten explodieren	Die Pflegekosten in den Pflegeheimen des Baselbiets sind seit Anfang Jahr rapide gestiegen, so dass bereits viele Betroffene den Preisüber-wacher anrufen mussten. Es geht darum, dass im Vergleich zum letzten Jahr etwa CHF 3000 höhere Taxen berechnet werden.
Reigoldswil/Waldenburg Zwei Brände gleichzeitig	Innerhalb einer Luftliniendistanz von 4 km brannte es sowohl auf dem *Hof Bürten* in Reigoldswil, wo ein Pferdestall abbrannte, als auch in Waldenburg, wo ein Gartenhaus den Flammen zum Opfer fiel. Die Brandursachen sind in beiden Fällen unklar. Zum Glück konnten die Feuerwehren Schäden in der Nachbarschaft abwenden, wenn auch beide Brandobjekte völlig ausbrannten.
25. Kantone BL/BS *Theater Basel* krebst zurück	Nach dem negativen Verdikt betreffend Theatersubventionen gibt das *Theater Basel* bekannt, dass es nicht mehr in *Augusta Raurica* spielen wird, und dass die geplante flächendeckende Theaterpädagogik nun nicht ausgebaut werden kann.

März 2011

1. Nordwestschweiz Februarwetter	Der Februar war zu warm und extrem arm an Niederschlägen – so die Kurzfassung. 1 °C über dem langjährigen Mittel lag der Februar 2011 mit seinen 3,4 °C im Schnitt. Nur an 3 Tagen kletterte das Thermometer nicht über die Nullgradgrenze, am 7. Februar war es mit 13,9 °C sogar fast schon frühlingshaft. Niederschläge gab es nur 28 l, was etwa einem Drittel des Normalen entspricht. Im Weiteren gab es 15 Nebeltage (alle Daten in Titterten erhoben).
Hölstein Zonenplanrevision angenommen	Mit 169:69 Stimmen wurde an der Gemeindeversammlung Hölstein die umstrittene Zonenplanrevision angenommen. Es wurde schriftlich abgestimmt, um eventuelle Repressionen im Dorf zu verhindern. Damit ist ein langer Streit beendet.
Pratteln Gratisparking oder nicht?	Die bürgerliche Mehrheit des Einwohnerrates von Pratteln entschied, dass nur Parkplätze der neuen Einkaufszentren gebührenpflichtig sein sollen, nicht aber die der bestehenden.

4. Liestal Abschluss der *Basellandschaftlichen* *Kantonalbank* (BLKB)	Weiterer Aufwind für die Kantonalbank: Das Rekordergebnis aus dem letzten Jahr wurde deutlich übertroffen. Der Bruttogewinn nahm um 26,9% auf CHF 186,9 Mio. zu, der Jahresgewinn ist um 2,4% auf CHF 108,9 Mio. gestiegen. Auch die Spar- und Anlagegelder nahmen um 6,6% zu auf insgesamt CHF 8,1 Mia. Der Geschäftsaufwand konnte um 21,1% auf CHF 174,4 Mio. gesenkt werden.
9. Sissach Kehrichtpresse	In Sissach wurde die erste Kehrichtpresse durch die *Autogesellschaft Sissach-Eptingen* aufgestellt. Damit soll die Entsorgung des Hauskehrichts effizienter und dadurch energiesparender und billiger werden. Es handelt sich hier um den Start einer 2-jährigen Versuchsphase. Der Abfall wird neu nicht mehr nach Volumen, sondern mit einer Prepaid-Karte per Gewicht entsorgt. Auch andere Gemeinden erwägen den Einsatz der Presse.
17. Kanton Baselland Energiepaket ein Erfolg	Im Baselbiet wurden CHF 16,1 Mio. Fördermittel für Gebäudesanierungen bewilligt. Durch diesen Beitrag des Kantons wurden CHF 118 Mio. Investitionen ausgelöst. Die Sanierungen sparen 67 Bahnwaggons voll Heizöl ein, was eine Gesamteinsparung von 0,5% bedeutet.
18. Kanton Baselland Initiative gegen Steuer-Extrawurst	Die *SP Baselland* hat genug von der Pauschalbesteuerung für reiche Ausländer. Mit 1948 Unterschriften hat sie eine Initiative eingereicht, um gegen die Steuerprivilegien von 7 Bevorzugten zu kämpfen. Dass in Zürich mit seinen 130 Pauschalbesteuerten eine gleiche Initiative angenommen wurde, macht den Baselbieter Sozialdemokraten Mut.
21. Allschwil Fliegender Botschafter	Die *Lufthansa*-Tochter *Swiss International Airline* tauft ihren neuen Airbus A320 auf den Namen «Allschwil». Der Allschwiler *Gemeindepräsident Anton Lauber* taufte das neue Flugzeug.
22. Kantone BL/BS Forderung an Fessenheim	Die beiden Basel fordern von der französischen Regierung eine sofortige Abstellung der störungsanfälligen Kernanlage in Fessenheim.
Bubendorf Erinnerungen an Hitchcock	In Bubendorf wurde ein Jogger von einem Mäusebussard attackiert und verletzt. Interessant ist, dass Spaziergänger und Biker nicht angegriffen werden.
Liestal Filiale in Chile	Das *Gymnasium Liestal* hat in Santiago de Chile das Patronat über ein Gymnasium übernommen. Nun wurde der Schule das Recht zugestanden, Maturitätsabschlüsse nach Schweizerischem Recht zu vergeben. Die ersten Prüfungen werden im November 2011 abgenommen, und zwar in Form einer zweisprachigen Deutsch/Spanisch-Matur.
23. Biel-Benken Teure Projekte	Die Gemeindeversammlung von Biel-Benken hat für verschiedene Erschliessungsprojekte, unter anderem auch für das neue Gewerbegebiet *Stöckmatten*, CHF 6,4 Mio. bewilligt.
24. Münchenstein/ Bruderholz Erste Versuchs- ergebnisse	Das *Landwirtschaftliche Zentrum Ebenrain* liess auf dem Bruderholz bei Münchenstein 1,6 ha Land in einem Pilotversuch mit Weiden bepflanzen, die nach der Ernte als Schnitzel für Stromerzeugung dienen sollen. Die Ernte ist nun erfolgt, die Weiden sollen als Ersatz für etwa 6000 l Öl reichen. Erste Erkenntnisse stehen noch aus, allerdings weiss man aus Norddeutschland und Südschweden Erfolgreiches zu berichten.
Arisdorf/Hersberg Keine Wahlprospekte	Die beiden Gemeinden Arisdorf und Hersberg weigern sich, für den Versand von Landratswahlprospekten aufzukommen. Nach einem langen Hin und Her wurden die Flyer am Ende geschreddert.

25. Kanton Baselland Kanton kaufte verlotterte Schulhäuser	Die vom Kanton übernommenen Sekundarschulhäuser sind zum Teil arg verlottert. Da es sehr lange dauerte, bis der Vollzug der Übernahme stattgefunden hat, fühlte sich niemand so recht zuständig für die Instandhaltung der Schulhäuser, mit dem Resultat, dass nur noch die allernotwendigsten Reparaturen gemacht wurden. Zwar erhielten die Gemeinden je CHF 34'000 pro Schulklasse im Jahr 2004, aber seither ist viel Zeit vergangen.
Ettingen Heisser Kampf um Tempo-30-Zone	An der Gemeindeversammlung in Ettingen flogen die Fetzen: Die Quartierstrassen sollten alle mit einem Tempolimit von 30 km/h belegt werden. Die Argumente pro und contra wechselten hin und her, der Ton wurde gehässiger … in der Schlussabstimmung obsiegten die Befürworter.
Baselbiet Kanton wächst	Am 31. Dezember wohnten 275'756 Personen im Baselbiet, das sind 1100 Bewohner mehr als vor einem Jahr. Etwa 150'000 Menschen wohnen im Bezirk Arlesheim. Kilchberg als kleinste Gemeinde weist 140 Einwohner auf. Der Ausländeranteil wuchs von 19,5 % auf 19,7 %.
27. Biel-Benken Kein Kunstrasenfeld	Zum 2. Mal wurde das Kunstrasenfeld für den *Fussballverein Biel-Benken* abgelehnt. Mit 607 Ja gegen 815 Nein-Stimmen war das Verdikt gegen die 1,5-Mio.-Investition deutlich. Die Stimmbeteiligung betrug 64,3 %.
Reinach Majorz	Der Gemeinderat, der Schulrat und die Sozialhilfebehörde werden künftig nach dem Majorzverfahren gewählt. So beschlossen es 2570 Stimmbürger gegen 1745, die Nein sagten.
Binningen Nein zum gemein- samen Werkhof mit Bottmingen	Das Stimmvolk von Binningen lehnte den Projektierungskredit von CHF 315'000 für einen gemeinsamen Werkhof mit Bottmingen mit 2227:1833 Stimmen deutlich ab. Diese Abstimmung wurde wegen einer Wahlbeschwerde jetzt wiederholt, und prompt kam sie anders heraus als der 1. Wahlgang.
28. Liestal *Basellandschaftliche* *Pensionskasse* mit Verlust	Mit einem Verlust von CHF 163 Mio. schliesst die *Basellandschaftliche Pensionskasse* das Jahr 2010 ab. Zurückzuführen sei der Verlust auf die Entwicklung an den Finanzmärkten. Es sind 2010 1500 neue Personen in die Versicherung eingetreten. Der Deckungsgrad fällt aufgrund des Verlustes auf 77,2 %.
Kanton Baselland Kriminalstatistik	Die Kriminalität ist im Baselbiet gesunken. 14'372 Straftaten wurden 2010 verübt, was einem Rückgang gegenüber dem Vorjahr von 6 % entspricht. Überproportional sind junge Ausländer bei den Delikten Angriff und einfache Körperverletzungen beteiligt. Gab es 2009 noch 11 solche Delikte, waren es 2010 deren 64. Bei der häuslichen Gewalt nahmen die Fälle von 78 Wegweisungen auf 109 zu. Bei den Einbrüchen konnte ein leichter Rückgang festgestellt werden, waren es doch im Vorjahr noch 1631, heuer 1585. Bei den Unfällen gab es den tiefsten Stand seit 1993, waren es doch im Berichtsjahr noch 1294 Unfälle, gegenüber dem letzten Jahr mit 1551. Allerdings verunfallten 28 Kinder als Fussgänger, was eine Zunahme um 65 % bedeutet.
Kantone BL/BS Waldzustandsbericht	*Ueli Meier, Leiter des Amts für Wald beider Basel*, ist mit dem Zustand in den Baselbieter Wäldern weitestgehend zufrieden. Was ihm fehlt, ist ein etwa 600 ha grosses Waldreservat, das er gerne schaffen möchte. Nach und nach sollen die 1500 km Waldrand ökologisch aufgewertet werden.

Kanton Baselland Landratsfrauen	Im Baselbieter Landrat sitzen nach den neuesten Wahlen 33 Frauen, das entspricht einem Anteil von 37%, was verglichen mit dem nationalen Durchschnitt, der bei 25% liegt, doch recht hoch ist.
Langenbruck Seilpark	Auf dem Gelände der Solarbob-Rodelbahn ist ein Seilpark entstanden, der den höchsten Sicherheitsanforderungen entspricht. Die Anlage kostete CHF 900'000.
29. Muttenz/Birsfelden Über 200 gefälschte Wahlzettel	Bei den Landratswahlen gingen in den Wahlbüros etwa 200 Wahlzettel ein, die alle den Namen der neu gewählten *SP-Landrätin Ayse Dedeoglu* trugen und mit derselben Handschrift ausgefüllt waren. Die Landeskanzlei, die *SP Muttenz* und die Kandidatin haben alle Strafanzeige gegen Unbekannt eingereicht.
Kanton Baselland Stromverbrauch zunehmend	Im Gebiet der *Elektra Baselland* (EBL) hat der Stromverbrauch im Jahre 2010 um 4,3% zugenommen. Am stärksten war das Wachstum beim Gewerbe (+8%) und bei der Industrie (+7,1%). Im Bereich Wärme betreibt die EBL 43 Wärmeverbunde und diverse grosse Contracting-Anlagen ausserhalb des Kantons.
Zwingen Weiterhin Proporz	Die Gemeindeversammlung von Zwingen lehnte einen Wechsel von Proporz zu Majorz bei der Wahl ihrer Exekutivorgane deutlich ab. Damit bleiben im Laufental 7 von 13 Gemeinden beim Proporz.
Kanton Baselland Immer mehr Rentner	Das Baselbiet zählt seit Neuestem zu den rentnerreichsten Kantonen der Schweiz. Der seit den 1970er-Jahren anhaltende «Marsch ins Grüne», von dem Baselland einwohnermässig profitiert hat, ist nun durch das Altern dieser Menschen in der wachsenden Rentnerzahl ablesbar. In Basel-Stadt verläuft die Kurve umgekehrt.
31. Allschwil Ja zu neuem Schulhausprojekt	Der Einwohnerrat von Allschwil hat dem Planungskredit für das Schulhausprojekt «Gartenhof», das CHF 48 Mio. kosten soll, zugestimmt. Die alten Schulhäuser *Gartenstrasse* und *Bettenacker*, deren Sanierung CHF 43 Mio. gekostet hätten, werden einer anderen Nutzung zugeführt.

April 2011

1. Nordwestschweiz Märzwetter	Der März war zu warm, zu trocken und zu sonnig. Er war mit durchschnittlich 6,5 °C um 1 °C wärmer als im langjährigen Mittel. Mit 17,6 °C mass man den wärmsten, mit −3,7 °C den kältesten Tag (in Titterten). Die Sonne schien während 180 Stunden, das entspricht 151% der normalen Sonnenscheindauer im März. Pro m^2 fielen nur 18 l Niederschlag. Das sind nur 46% der normalen Niederschlagsmenge. Da bereits der Januar und der Februar zu trocken waren, wird es langsam kritisch.
2. Liestal/Basel Stilllegung von Fessenheim verlangt	Die Regierungen beider Basel haben vom französischen Staat offiziell die Stilllegung des *Kernkraftwerks Fessenheim* verlangt. Fessenheim liegt auf dem erdbebengefährdeten Rheintalgraben und ist auch sonst sehr störungsanfällig. Die *Elektra Birseck Baselland* bezieht von diesem Kraftwerk einen kleinen Anteil ihres Verbrauchs.

	Kilchberg Neuer Zonenplan	Die Gemeindeversammlung von Kilchberg, an der 50 von insgesamt 112 Stimmbürger teilnahmen, wird als eine der hitzigsten in die Geschichte des kleinsten Dorfes eingehen. Der bestehende Zonenplan musste den kantonalen Gesetzen angepasst werden, doch es gab viele umstrittene Punkte zu klären. Am Schluss wurde der neue Zonenplan mit einigen Änderungen angenommen.
	Lupsingen Nein zu verkehrs- beruhigenden Massnahmen	Die Gemeindeversammlung von Lupsingen lehnte die Anträge auf Einführung von Tempo 30 sowie die Sperrung der Bürenstrasse ab. Das Verkehrskonzept wurde an den Absender zurückgewiesen, obwohl im Dorf mehrere Stellen vor allem für Kinder gefährlich sind.
	Liestal/Basel Lufthygieneamt beider Basel	*Roberto Mona*, der dem *Amt für Lufthygiene beider Basel* vorgestanden war, geht in Pension und zieht Bilanz: Das Schwefeldioxyd sei weg, Feinstaub und Stickoxide seien reduziert, das Problem mit dem Ozon werde bleiben.
5.	Nordwestschweiz Zu wenig Züge	Die Regio-S-Bahn braucht mehr Züge. Das findet auch der Bund – aber er will nicht dafür bezahlen. Die Nordwestschweizer Kantone befürchten, dass sich der Bund allmählich aus seiner Verantwortung für den Regionalverkehr zurückziehen könnte.
	Zwingen Einsprachen	Gegen das zweite Kleinkraftwerk an der Birs bei Zwingen haben 54 Einsprecher, darunter auch die Gemeinde Zwingen, ihre Argumente abgeliefert, um das Werk zu verhindern.
7.	Waldenburg Initiative gegen Schülerverschiebungen	Dass Sekundarschüler von Waldenburg nach Reigoldswil ausgegliedert werden, ist für alle Beteiligten eine Zumutung. Nun hat ein überparteiliches Komitee eine Initiative gegen diesen Entschluss der Bildungsdirektion lanciert und hofft, die nötigen 1500 Unterschriften sobald als möglich beieinander zu haben, woran allerdings niemand zweifelt.
	Liestal Initiative «Änderung des Finanzausgleichs»	Der Finanzausgleich zwischen den Gemeinden ist ein grosser Zankapfel, haben doch die Gebergemeinden 2010 statt der veranschlagten CHF 47 deren CHF 67 Mio. berappen müssen. Nun haben die betroffenen 10 Gebergemeinden gefordert, dass eine betragliche Obergrenze festgelegt wird.
	Laufen Heizen mit Birs- grundwasser	7,5 Meter unter dem Birswasserspiegel fliesst ein Grundwasserstrom mit 12 bis 14 °C Wärme. Das nutzen nun die *Gebrüder Vogel* zu einer Tiefenbohrung, um das gewonnene warme Wasser mit einem Wärmetauscher auf 4 °C abzukühlen. Mit der so gewonnenen Energie will man nun 14 Eigentumswohnungen heizen. Der Kanton hat unter schärfsten Auflagen (Rückführung des gebrauchten Wassers, exakte Protokollführung …) in diesen Versuch eingewilligt.
8.	Zürich Baselbieter Kulturexport	Drei Attraktionen aus dem Baselbiet werden am Zürcher «Sechseläuten» mit Böögverbrännete vorgeführt: Der (verkleinerte) ‹Chienbäse›-Umzug und Teile des Römerprogramms, das in Augst beheimatet ist, sowie die ‹Nüünichlingler› aus Ziefen. – *Regierungspräsident Jörg Krähenbühl* darf den ‹Böög› entflammen.
9.	Liestal *Museum.BL* auferstanden	Nach 2-jähriger Um- und Erneuerungsbauzeit ist das *Museum.BL* in Liestal in neuer Pracht wieder geöffnet worden. Das Budget von CHF 7,2 Mio. konnte gut eingehalten werden. Das Museum wurde nach neusten museumspädagogischen Grundsätzen umgebaut. Auch ausserhalb des Gebäudes gibt es Neues zu sehen. Am Einweihungsfest waren etwa 1500 Personen anwesend.

Waldenburg/Laufen Spechtbäume markiert	Zusammen mit Schulklassen haben die Forstwarte von Waldenburg und Laufen Bäume mit Spechthöhlen gesucht und markiert. Diese Bäume sollen dann erhalten werden. In diesem Jahr hat der *Schweizer Vogel-schutz* den Schwarzspecht zum Vogel des Jahres erkürt.
11. Basel/Liestal Burgenarchiv zügelt	Die Bibliothek der *Burgenfreunde beider Basel* ist bereits in der *Kantonsbibliothek* in Liestal untergebracht, nun soll auch das Archiv nach Liestal, und zwar ins *Staatsarchiv*. Der Umzug wird noch in diesem Jahr stattfinden.
12. Allschwil Lizenzvertrag	Die Allschwiler Technologiefirma *Rolic (Roche Liquid Crystal)* hat mit der japanischen Firma *Sharp* einen Lizenzvertrag über die Verwendung einer Allschwiler Erfindung abgeschlossen, welche das Fernsehbild der *Sharp*-Fernseher deutlich verbessern soll. *Rolic* ist eine Abspaltung von Roche und beschäftigt 60 Mitarbeiter.
13. *Augusta Raurica* Neuer Chef	Der 25 Jahre lang amtende Chef der Forschungscrew von *Augusta Raurica, Alex Furger*, übergibt die Leitung an *Dani Suter*. Er selbst will ab sofort nur noch forschen, zuerst will er sich dem Bronzehandwerk widmen.
14. Laufen/Dittingen Neuer Feuerwehr-stützpunkt	Die *Stützpunktfeuerwehr Laufen* plant ein neues Gebäude für CHF 5,2 Mio. auf einem ehemaligen Gelände der *Ricola AG*, das auf dem Gemeindebann von Dittingen liegt. Der frühere Plan, die Feuerwehr zusammen mit einem neuen Werkhof auf dem *Steiner-Areal* unter-zubringen, wird nicht verwirklicht. Für den neuen Standort muss eine neue Brücke über die Birs erstellt werden, deren Kosten aber im oben-erwähnten Betrag inbegriffen ist.
15. Kanton Baselland Viel zu viele Plakate und zu lange Hänge-zeiten	Mit einer Motion will die *CVP-Landrätin Barbara Peterli Wolf* erstens die Flut von Wahlplakaten eindämmen – Plakate, die teilweise sogar den Verkehrsteilnehmern die Sicht erschweren – und zweitens auch die Hängezeiten der Plakate deutlich verkürzen. Die Beispiele aus den letzten Wahlen, wo erste Plakate schon Mitte Januar aufgestellt/auf-gehängt wurden, führten zu einem Überdruss.
16. Basel/Münchenstein *Sportmuseum* zieht ins Baselbiet	Das seit 50 Jahren an der Missionsstrasse in Basel ansässige *Sport-museum* zieht an die Reinacherstrasse in Münchenstein in ein so genanntes Begehlager um. Auch die Ausstellungsstücke, die bisher im Schaulager in Birsfelden gelagert waren, kommen nach Münchenstein.
18. Region Basel Ozonbelastung zunehmend	Das *Lufthygieneamt beider Basel* hat 2010 eine deutliche Zunahme bei der Belastung der Luft durch Ozon festgestellt. An 50 Tagen soll die Luft erheblich belastet gewesen sein. Erneut sind Spitzenbelastungen von über 200 µg/m^3 Luft gemessen worden. Die neuen Werte seien mit der Belastung von 2006 vergleichbar. Auch die Belastung durch Stickoxyde habe leicht zugenommen.
19. Landrat Bündnisse	Die vier Parteien GLP, BDP, CVP und EVP bilden mit ihren zusammen 19 Landräten ein Mitte-Bündnis, wobei die BDP und die GLP sowie die CVP mit der EVP je eine Fraktion bilden. Dadurch wird die FDP mit ihren noch 14 Sitzen an den Rand gedrängt.
26. Kanton Baselland Wahlbeteiligung das war einmal …	Bis in die 1950er-Jahre hinein war es üblich, dass säumige Stimmbürger von der Partei zur Urne «geschleift» wurden – der Parteipräsident hatte jeweils den Überblick, wer schon gewählt hatte und wer nicht. Damals erreichte die Stimmbeteiligung bei Regierungsratswahlen um die 60%, gegenüber 2011 mit nur gut 30%.

27. Liestal *Gitterli* bereit	Das seit bald 80 Jahren existierende *Gitterli*-Gartenbad wurde für CHF 3,5 Mio. renoviert und mit neuen Attraktionen versehen. Es wird jetzt nach 8 Monaten Bauzeit eingeweiht.
Birsfelden ABB mit Montage- halle	Um komplizierte Transporte über Land zu vermeiden, hat die ABB nun im Birsfelder Hafen eine Montagehalle für die bis zu 400 t schweren Hightech-Motoren für Mühlen erstellt (Zement, für Kupfer-Eisenerz und Goldminen). Betrieben wird die Halle, die voraussichtlich etwa 40 Arbeitern eine Stelle bietet, ab Herbst. – Im Weiteren hat die *Ultra-Brag* CHF 120 Mio. investiert, um die zuvor im *St. Johanns-Hafen* umgeschlagenen Getreidelasten durch Kängurukräne, welche gerade den Behälter umladen, zu bewältigen.
29. Arlesheim Gefährlicher Schulweg	Die Schulkinder in der Gemeinde Arlesheim wurden aufgefordert, gefährliche Stellen auf ihrem Schulweg zu bezeichnen. Dabei kamen sie auf über 100 solche für sie problematische Stellen. Nach einer Begehung wurden allerdings einige Stellen als nicht optimierbar bezeichnet. In den Jahren 2000 bis 2009 sind in Arlesheim 11 Unfälle mit Kindern der Polizei gemeldet worden.

Mai 2011

1. Nordwestschweiz Rekord-Aprilwetter	Bezüglich Temperatur, Niederschlagsdefizit und Sonnenscheindauer schlug der vergangene April alle Rekorde. Nur an 6 Tagen hat es geregnet, die Monatsmenge von 34 l/m² entspricht nur rund 35% des sonst durchschnittlichen Wertes. Die Sonne schien mit 274 Stunden weit über der Norm von 150 Stunden, wobei sich die Sonne jeden Tag zeigte. Nebeltage gab es nur einen. Die Temperaturen bewegten sich im frühsommerlichen Bereich, die Durchschnittstemperatur betrug 12,6 °C und lag um 3,6 °C über dem langjährigen Mittel. Am 7. April hatten wir bereits den ersten Sommertag (über 25 °C).
5. Muttenz Fachhochschul-Campus	18 Architekturbüros haben ihre Entwürfe für den neuen Campus der *Fachhochschule Nordwestschweiz* am Rangierbahnhof eingereicht, obenaus schwang das Projekt «Kubuk» von *pool Architekten* und der *Perolini Baumanagement AG* in Zürich. Der mächtige Kubus wird das Herz des 26'500 m² grossen *Polyfelds*. Die Kosten betragen gemäss Vorgaben CHF 280 Mio. Der Kubus führt die bisher etwa 30 Standorte der FHNW in einem Gebäude zusammen.
7. Baselland Kultur-Tagsatzung	Der von *Bildungsdirektor Urs Wüthrich* ausgerufenen Grossdebatte um ein Kulturleitbild war ein grosses Echo beschieden. Während 14 Std. wurden in 33 Talkrunden, an 6 Stammtischen, 4 Plenarsitzungen und 20 Longues diskutiert und Ideen gesammelt. Rund 300 Personen aus Politik und Kulturszene beteiligten sich. Wirklich neue Erkenntnisse gab es bei dieser Monsterdebatte aber nicht.
Giebenach Dorfchronik	*Georg Sprecher*, Dorfschullehrer in Giebenach, hat eine akribisch zusammengetragene Dorfchronik verfasst und sie nun in Buchform herausgegeben. Das Buch umfasst 348 Seiten Text und Bilder.
9. Münchenstein Mehr Strom verkauft	Die *Elektra Birseck* in Münchenstein (EBM) hat 2010 genau 5,2% mehr Strom verkauft als im Vorjahr. Erfreulich entwickelt sich der Bezug von Naturstrom (heute 3,6% vom Gesamtvolumen). In den letzten 30 Jahren habe sich der Stromverbrauch generell um 51% erhöht.

10. Nordwestschweiz Wassermangel überall	Durch die fehlenden Niederschläge sinken die Grundwasserspiegel, was in verschiedenen Gemeinden der Region zu Wassersparaufrufen und Abstellung von Brunnen führt. Die Wasserversorgung sei allerdings gewährleistet. Problematisch wird das Niedrigwasser in den Fliessgewässern, wo sich das Wasser zu sehr erwärmt … die Fische verenden an Sauerstoffmangel. Die Bauern erwarten eine hohe Ertragseinbusse, sollten nicht sehr bald ausgiebige Regenfälle auf die ausgedörrten Felder der Region fallen.
11. Liestal 20 km reichen nicht	In einer Interpellation, die *Kathrin Schweizer* (SP) einreichte, wird verlangt, dass die 20-km-Zone rund um Kernkraftwerke auf mindestens 50 km ausgedehnt wird. Die Regierung verharrt auf der bisherigen Zone von 20 km.
12. Region Basel Feuerbrand in diesem Jahr kein Thema	Der vor allem für Birnenkulturen verhängnisvolle Befall durch Feuerbrand-Viren bleibt in diesem Jahr wegen des zu trockenen Wetters vollständig aus – zur grossen Erleichterung der Obstbauern. Das letzte, schlimmste Jahr war 2007, als 174 Infektionsfälle gemeldet wurden.
Birsfelden Verwalter wurde gekündigt	Der Verdacht, dass *Gemeidepräsident Botti* (CVP) mit der alten (SP-) Garde in der Verwaltung «aufräumt», findet eine weitere Bestätigung: Nach dem *Finanzchef*, dem *Leiter Soziales*, dem *Bauverwalter* und dem *Werkhofchef* wurde nun auch dem seit 22 Jahren amtenden *Gemeindeverwalter Walter Ziltener* fristlos gekündigt. Natürlich kann der Gemeindepräsident diese Entscheide nicht allein fällen, aber offenbar bringt er dank der 4:3-Mehrheit der Bürgerlichen die Mehrheit der Räte hinter sich. Nun hoffen vor allem SP-Kreise, die sich als Opfer dieser Machenschaften sehen, auf die Wiedereinführung des Einwohnerrates, über die nächstens abgestimmt wird.
15. Reinach Nein zum Ortsbus	Obwohl der Einwohnerrat einem 2-jährigen Versuchsbetrieb für einen Ortsbus deutlich zustimmte, hat nun das Behördenreferendum der SVP in der Volksabstimmung eine deutliche Ablehnung ergeben. Während 1580 die Einführung bejahten, waren 2982 Stimmbürger dagegen.
Liesberg Strom für 6000 Haushalte	Die von der *Kelsag* in Liesberg gebaute Biopower-Anlage kann im Jahr 10'000 t organische Abfälle verarbeiten und daraus Strom erzeugen. Die Anlage kostete CHF 6,9 Mio. und wurde vom Kanton Baselland mit CHF 360'000 unterstützt. 29 Gemeinden werden ihre biologischen Abfälle nach Liesberg liefern. In Pratteln und Ormalingen stehen bereits zwei solcher Anlagen.
16. Münchenstein EBM mit kostendeckender Vergütung	Damit die Investitionen in Solarstrom schneller wachsen, hat sich die *Elektra Birseck Münchenstein* entschieden, künftig den privat erzeugten und in den Strompool eingeleiteten Sonnenstrom kostendeckend zu vergüten.
21. Oltingen Solar-Oltingen	Eine Photovoltaik-Anlage auf einem grossen Bauernhausdach soll 20 bis 40 Haushalte in Oltingen künftig mit Solarstrom versorgen. Initiiert wurde dieses «Privatkraftwerk» von jungen Familien, die sich genossenschaftlich organisiert haben.
22. Kanton Baselland Gegen Lichtverschmutzung	Ein Vorstoss im Landrat durch *Bruno Baumann* (SP) und ein gleichlautender Vorstoss im Nationalrat durch *Susanne Leutenegger Oberholzer* (SP) verlangen Massnahmen gegen unnötige Beleuchtungen während der Nacht, erstens aus Gründen der Stromeinsparung, zweitens aus Rücksicht auf nachtaktive Tiere (und nachtschlafende Menschen).

23. Kanton Baselland BLT legt zu	Die *Baselland Transport AG* (BLT) hat im letzten Jahr knapp 48 Mio. Passagiere transportiert, das sind 3,5% mehr als im Vorjahr. Die meistbenützte Linie ist die Linie 11 mit 20,65 Mio. Passagieren (Vorjahr 20, 19 Mio.). Auf den Buslinien wurden 9,57 Mio. Fahrgäste befördert, was ein Plus von 16% macht, wohl auch eine Verbesserung dank neuer Verbindungen. Der Gesamtumsatz betrug CHF 84,3 Mio., der Gewinn CHF 3,35 Mio.
24. Kantone BL/BS Teure Region	Gemäss einer Studie der *Credit Suisse*, in der festgehalten wird, wie viel Geld jeweils Ende Monat vom Lohn übrig bleibt, schnitten die beiden Basel nebst Genf und Waadt am schlechtesten ab. Die obligatorischen Fixkosten wie Sozialabgaben, Steuern, Krankenversicherung, Wasser, Energie, Abwasser und Abfall wurden addiert und vom durchschnittlichen Lohn abgezogen.
Reinach Rekordjahr für *Endress und Hauser*	Der Reinacher Konzern mit seinen weltweit 8600 Mitarbeitern, wovon 4200 in der Region Basel, steigerte den Umsatz 2010 um 20% und den Gewinn um 123%. Die Firma will in diesem Jahr 88 Mio. Euro in 600 neue Arbeitsplätze investieren.
Muttenz Rollende Bomben	Im Muttenzer Bahnhof werden jährlich 600'000 Waggons rangiert, etwa 20% sind mit gefährlicher Last beladen. Die Bahn ist dabei, die Sicherheit bei gefährlichen Transporten laufend zu verbessern. Auf dem ganzen Streckennetz bestehen heute Einsatzpläne für Feuerwehr, Chemiewehr und Polizei.
25. Bern Historische Energiewende	Der Bundesrat hat entschieden, dass die derzeit laufenden Kernkraftwerke die letzten auf Schweizer Boden sein werden. Sobald sie aus Altersgründen abgeschaltet werden, müssen die Schweizer Stromkonsumenten mit anderen Stromerzeugern versorgt werden.
Muttenz *HarmoS* grüsst von gar nicht so ferne	An der Delegiertenversammlung der kantonalen Lehrerkonferenz in Muttenz wurden neue Termine im Zusammenhang mit der Primarschulumgestaltung bekannt gegeben: Frühfranzösisch wird ab 2012, Frühenglisch ab 2014 eingeführt. Ab 2012 wird der Eintritt in den Kindergarten während 6 Jahren jeweils um 15 Tage vorverschoben. Die für diese Änderungen nötigen finanziellen Mittel seien gesprochen und würden nicht dem Sparprogramm zum Opfer fallen.
26. Liestal Gebäudeversicherung mit tiefer Schaden- summe	Die *Gebäudeversicherung des Kantons Baselland* in Liestal verzeichnet für das Jahr 2010 eine tiefe Gesamtschadenssumme von CHF 12,3 Mio. Mit der neuen Naturgefahrenkarte, die bei Neu- und Umbauten zu Rate gezogen werden soll, will man künftige Schäden möglichst minimieren.
29. Pratteln Musik- und Dorffest	Mit dem Einbezug eines Dorffestes wurden in Pratteln die kantonalen Musiktage zu einem grossartigen Event. Insgesamt waren 35 Musik- und Jugendmusikvereine mit über 1200 Musizierenden vertreten, die in verschiedenen Kategorien um Anerkennung ihrer Arbeit wetteiferten.
Gelterkinden Gewerbeausstellung ausserhalb	Die erste Gewerbeausstellung ausserhalb des Dorfes, nämlich im alten Zeughausareal von Gelterkinden, war ein grosser Erfolg.
30. Wahlen Gemeinderat verkleinert	Die Gemeindeversammlung von Wahlen hat auf Antrag des Gemeinderates beschlossen, den Gemeinderat künftig im Majorzverfahren zu wählen und nur noch 5 statt 7 Gemeinderäte zu berufen.

Kanton Baselland Polizei hat Probleme	Die Baselbieter Polizei hat seit ihrer Reorganisation Probleme in der Sicherheitsabteilung, weil sie völlig überlastet ist. Nun übernimmt *Kommandant Daniel Blumer* diese ad interim.
31. Liestal/Basel Keine Fusion beim Umweltschutz	Die beiden Kantone Baselland und Basel-Stadt wollen das politische Feld im Umweltschutz getrennt behalten, daher lehnen beide Regierungen ein Zusammengehen ab.

Juni 2011

1. Nordwestschweiz Maiwetter	Extrem warm, trocken und sonnig ... so geht der Mai 2011 in die Wetteraufzeichnungen ein. Im Durchschnitt mass man 15,2 °C Wärme, bei einer Höchsttemperatur von 28,7 °C. Die Regenwassermenge betrug 44 l, wobei die grösste Menge am Monatsletzten fiel. Dennoch ist das Wasserdefizit noch sehr hoch. Die Sonne zeigte sich während 292 Stunden, das sind 118 Stunden mehr als normal.
3. Duggingen Musiktage beider Basel	20 Musiksektionen mit 620 Musikantinnen und Musikanten spielen in Duggingen an den *Musiktagen beider Basel* um die Wette. Zugleich wird für den *Dugginger Musikverein* eine neue Uniform und eine neue Fahne eingeweiht.
4. Eptingen Weg zur Riedfluh	Die geheimnisumwitterte Felsenburg *Riedfluh* ob Eptingen ist nun dank neuer Ausschilderung endlich gut auffindbar. Bei Renovationsarbeiten wurden verkohlte und daher kaum verweste Überreste aufgefunden, die für die Archäologen hochwillkommene Aufschlüsse ermöglichen. Die *Riedfluh* ist ein Unikum im Jura: Sonst kommen solche Grottenburgen nur in Graubünden und im Tessin vor oder aber, in ähnlicher Ausführung, bei den *Pueblo-Indianern* im Südwesten der USA.
5. Buckten/Läufelfingen Homburgfest	Die Wiedereinweihung der frisch renovierten *Ruine Homburg* oberhalb von Buckten/Läufelfingen war Anlass für ein grandioses Fest. Tausende kamen, um das Leben im Mittelalter nachzustellen oder mitzuerleben.
8. Kanton Baselland Weniger Arbeitslose	Im Mai gab es im Kanton Baselland 3870 Arbeitslose, das sind 225 weniger als im April.
10. Birsfelden Erfolg dank Streetworker	Noch vor 2 Jahren war Birsfelden ein heisses Pflaster: Eine Jugendgang terrorisierte das *Sternenfeldquartier* und auch sonst war dauernd etwas los. Dann hat man einen Streetworker eingestellt, der ganz offensichtlich das Vertrauen der Jugendlichen gefunden hat. Jedenfalls ist es laut Aussage massgebender Kreise in Birsfelden ruhiger geworden. Nun beginnt der Streetworker mit der Präventionsarbeit mit den Jüngeren, damit nie mehr derartige Auswüchse wie vor 2 Jahren geschehen.
15. Pfeffingen Neue Heimatkunde	Innert 50 Jahren ist die Einwohnerzahl von 500 auf 2200 gestiegen. Allein diese Zahlen sagen aus, wie stark sich Pfeffingen gewandelt hat. Um die durch das Bevölkerungswachstum veränderten Strukturen der Gemeinde, aber auch um die vorhergegangenen Zustände festzuhalten, haben 50 Autorinnen und Autoren in 3-jähriger Arbeit für das Dorf eine neue Heimatkunde erarbeitet. Das Buch umfasst stolze 60 Beiträge auf etwa 250 Seiten und ist im *Verlag des Kantons Baselland* erschienen. Es heisst: «Kreuz und quer durch Pfeffingen – Heimatkunde Pfeffingen 2011».

Langenbruck Der angekündigte Streit blieb aus	Die Gemeindeversammlung von Langenbruck hatte vor einiger Zeit den Kauf und den Umbau des Gebäudes der *Uhrenfabrik Revue Thommen* zum Zwecke der Schaffung von mehr Schulraum bewilligt. Einige Opposition meldete sich, als es plötzlich hiess, dass das Gebäude nun ein Kulturhaus werden solle. Doch an der Gemeindeversammlung blieben die Opponenten ruhig, und so wird aus dem Schulraum ein Kulturhaus.
19. Birsfelden Majorz für Gemeinderat	In Birsfelden werden künftig die Gemeinderäte im Majorzsystem gewählt. Der Beschluss der Gemeindeversammlung wurde nun von 1088 Stimmbürgen mit einem Ja bestätigt, 233 waren dagegen.
Bubendorf Dampflok als Brandstifter	Die Dampflok der *Waldenburgerbahn* hat durch Funkenflug ein Getreidefeld in Brand gesetzt. Der grösste Teil des Getreides auf dem 60 a grossen Feld wurde vernichtet.
22. Liestal EBL arbeitet mit Sonne	Mit einer speziellen Spiegeltechnik ist das erste kommerzielle solarthermische Kraftwerk, an dem die *Elektra Baselland* in Liestal 73% Anteil hat, in Calaspara (Südspanien) ausgerüstet und gibt Energie für 15'000 Haushalte.
Liestal Das *Braumeisterhaus* steht zur Debatte	Auf dem *Ziegelhofareal* soll nach einem Abriss u.a. des *Braumeisterhauses* ein Einkaufszentrum zu stehen kommen. Dagegen wehren sich die Quartieranwohner heftigst, denn sie wollen das Haus erhalten und das Gebiet «nicht entwerten».
24. Baselbiet Sehr gute Kirschenernte	Obwohl die Ernte noch auf vollen Touren läuft, kann jetzt schon gesagt werden, dass die Ernte bezüglich Qualität, Menge und Absatz grossartig ausfällt. Die meisten Früchte sind reif, bevor die Konsumenten in die Ferien verreisen, was den Absatz unterstützt.
26. Laufen Kantonales Gesangsfest	Alt und Jung trafen sich in Laufen, um ihrem liebsten Hobby zu frönen: dem Singen. 73 Chöre aus 9 Kantonen traten zu einem je viertelstündigen Vortrag an, den dann eine Jury bewertete. Das Fest war ein grosser Erfolg, für die Teilnehmenden und für die Zuhörer.
Kantone BL/BS Heiraten ist doch so schön	Im Baselbiet wurden 2009 1422 Ehen geschlossen: 799 Paare bestehen aus je einem Schweizer und einer Schweizerin, 205 Ausländer haben Schweizerinnen geheiratet, 288 Ausländerinnen haben einen Schweizer und 150 Ausländer haben eine Ausländerin geehelicht. In Basel ist bei 2/3 der neuen Ehen mindestens ein Partner Ausländer.
27. Liestal Ramseier tritt zurück	*Markus Ramseier*, Schriftsteller, seit 3 Jahren Leiter des *Dichter- und Stadtmuseums Liestal*, tritt zurück. Ramseier ist nicht mehr in der Lage, die riesige Arbeit mit nur einem 40%-Pensum zu leisten, doch der Stiftungsrat ist nicht auf seine Forderungen eingegangen.
Baselbiet Hochstammfrüchte wieder begehrt	Lange sah es so aus, als ob nur noch Nieder- und Mittelstamm-Obstbäume erwünscht wären. Das Pflücken von diesen Bäumen ist einfacher als bei Hochstämmen. Allerdings sind die Hochstammfrüchte von anderer Qualität, und die Bäume bieten etwa 3000 Pflanzen- und Tierarten eine Heimat. Zudem ist ein Grossverteiler bereit, mehr Früchte von hohen Bäumen zu einem leicht höheren Preis abzunehmen.

Juli 2011

1.	**Nordwestschweiz** Der nasseste Monat des Jahres	Der Juni brachte weitere Wetterkapriolen: So war es mit durchschnittlich 18,1 °C um einiges wärmer als im Vergleich zu vorherigen Jahren (16,6 °C). Das Temperaturminimum von normalerweise 5,7 °C wurde mit 8,7 °C deutlich übertroffen, das Maximum war 34,4 °C, um starke 4,4 °C höher als normal. Niederschläge gab es 119 mm (Norm: 87 mm). Die Sonne schien weniger als sonst: Mit 187 Stunden blieb sie um 19 Stunden unter dem langjährigen Mittel. Gegen Monatsende gab es viele Gewitter bei hohen Temperaturen.
2.	**Baselbiet** Musik beschwingt das Baselbiet	«Jazz uf em Strich» in Sissach, unter anderem mit der *grand old Lady Othella Dallas*, und *Liestal Air* mit *Baschi* und anderen waren die musikalischen Topanlässe des Wochenendes. In Liestal wurde mit 1900 Zuhörern ein neuer Besucherrekord vermeldet.
	Muttenz Bodenschutz im Naturschutzgebiet	Da das *Naturschutzgebiet Rothallen* (32 ha) an der Grenze zwischen Muttenz und Münchenstein sehr stark begangen wird, wird der Boden zu stark verpresst, so dass nun Abhilfe geschaffen wurde: Die Klasse M 1b der Wirtschaftsmittelschule kvBL in Reinach baute anlässlich ihrer Sozialwoche an dem 200 Meter langen Steg, der den empfindlichen Boden überbrücken und schonen soll.
3.	**Wintersingen** ‹Chirsifescht›	Begünstigt durch ein Prachtswetterchen kamen Hunderte von Neugierigen ans 2. ‹Chirsifescht› in Wintersingen, um sich über Anbau, Pflege und Ernte der delikaten Früchte zu informieren, zum Steinespucken, zum Einkaufen und zum Fröhlichsein. Ein sehr gelungenes Fest.
7.	**Reinach** *Bachmatt-Schulhaus* renoviert	Das *Bachmatt-Schulhaus* in Reinach wurde mit einem Aufwand von CHF 21,4 Mio. renoviert und durch eine neue Doppelturnhalle erweitert. Der Kanton übernimmt den grössten Teil der Kosten, weil der Schulkomplex nun an die Sekundarschule übergeht, für die der Kanton zuständig ist.
10.	**Baselbiet** Lebenszufriedenheit im Kanton	Die *Basellandschaftliche Zeitung* hat zusammen mit der *Raiffeisenbank* eine grosse Umfrage zur Zufriedenheit der Einwohner des Kantons Baselland mit ihrem Wohnkanton durchgeführt und ist zu überraschend positiven Ergebnissen gekommen. So sollen 79% der Bewohner sehr gerne hier leben, 20% eher gern. Man hat vieles gerne, vor allem aber die Landschaft, auch die Erschliessung mit dem öffentlichen Verkehr (mit Einschränkung allerdings, wegen der zum Teil spärlichen Fahrten), das gute Gesundheits- und Bildungswesen, die Beschäftigungssituation sowie die relative Nebelarmut stechen hervor.
11.	**Schweiz/Region Basel** Euroschwäche	Die grassierende galoppierende Euroschwäche belastet auch die Schweiz: Die Exporte werden immer teurer, und die Schweizer Kunden kaufen vermehrt im billigen Ausland ein. Kurzfristig mag eine solche Radikalkur verkraftet werden, aber auf längere Sicht ist sie eine ökonomische Katastrophe für die Schweizer Wirtschaft. Zurzeit kostet der Euro etwa CHF 1.17, eine weitere Talfahrt ist voraussehbar.

13. Liestal Kantonsspitäler	Die 3 Baselbieter Kantonsspitäler Liestal, Bruderholz und Laufen werden zu «Spital Baselland» fusioniert und als öffentlich-rechtliche Anstalt aus der Kantonsverwaltung ausgegliedert. Auch die *Kantonalen Psychiatrischen Dienste* werden verselbstständigt. Dies geschieht als Reaktion auf die vom Bund erlassene neue Spitalfinanzierung, welche ab 2012 wirksam wird. Die zu den Spitälern gehörenden Personalhäuser und Wohngebäude bleiben Eigentum des Kantons. Die Spitalbauten gehen ins Eigentum der beiden neuen Anstalten über, der Bilanzwert soll etwa CHF 200 Mio. betragen. Der Kanton stellt die Gebäude in Form eines Darlehens den Betreibern zur Verfügung, der Boden wird im Baurecht überlassen. Das Personal wird weiterhin dem kantonalen Personalgesetz unterstellt.
14. Oberes Baselbiet Verheerender Hagelschlag	Über 300 Schadensmeldungen trafen bei der *Basellandschaftlichen Gebäudeversicherung* ein, es werden aber bis gegen 700 Schadensmeldungen erwartet, die durch den starken Gewittersturm im Oberbaselbiet, obzwar er nur wenige Minuten dauerte, angerichtet wurde. Man rechnet mit einer Schadenssumme von circa CHF 3,5 Mio.
Gelterkinden Flüsterbelag bewährt sich	Der vor einem Jahr auf der Sissacherstrasse in Gelterkinden aufgetragene Flüsterbelag erfüllt die in ihn gesetzten Erwartungen. Es werden 8 dB weniger Lärm gemessen als vor einem Jahr an derselben Stelle. Wie sich der Belag auf Dauer bewährt (Abnützung, Abschwächung der Wirkung), ist allerdings noch offen.
Weltweit Zeitenwende im Kino	Kinofilme werden zwar seit längerem digital gedreht, aber das Abspielen in den Kinos geschah noch immer über die riesigen Filmspulen, wo je nach Länge des Films sogar noch manchmal die Rollen ausgewechselt werden mussten. Nun stehen wir aber wieder einmal, wie so oft in unserer trendwendigen Zeit, an der Schwelle zu etwas Neuem: Die Filme werden ab Festplatten in die Säle projiziert. Wörter wie «Filmriss, Streifen oder Zelluloid» werden aufs Abstellgeleise kommen und nach und nach verschwinden, wie so manche anderen Begriffe auch.
17. Region Basel Auch Behinderte wollen in Badeanstalten	Die regionalen Schwimmbäder wurden nach 5 Kriterien auf ihre Behinderten-Tauglichkeit getestet. Die meisten schnitten gut ab, aber beispielsweise in Pratteln und Reinach sind Nachbesserungen nötig.
18. Gelterkinden Einsprache abgewiesen	Als vor 1,5 Jahren 100 Anwohner eine Sammeleinsprache gegen den Bau von *Sunrise*-Antennen einreichten, war man noch guten Muts … nun aber sind die Einsprachen abgewiesen worden. Es gebe keine gesetzlichen Grundlagen, die den Bau verbieten könnten. Doch so schnell gibt man sich nicht geschlagen: Man plant einen Rekurs.
19. Binningen Das älteste Bauernhaus in Binningen	Das wohl 1642 erbaute Bauernhaus am Hollerain 42 in Binningen gehörte früher zur Gruppe der Häuser rund um das Holleeschlösschen. Nun wurde es verkauft, nachdem es die Gemeinde verpasst hatte, sich das Haus für eigene Zwecke umzubauen. Das renovationsbedürftige Haus soll runderneuert werden. Der teilweise unter Schutz stehende Garten bleibt erhalten.
Birsfelden Öltanks ziehen um	Die bisher im Klybeck stehenden Öltanks der *Migrol* werden nach Birsfelden verlagert. Dadurch werden etwa 250 Tankschiffe pro Jahr mehr durch die Stadt nach Birsfelden fahren, was natürlich auch das Gefahrenpotential erhöht. Da viele Schiffskapitäne das spezielle Hochrhein-Patent für solche Fahrten nicht haben, werden die Schiffe mit Lotsen an Ort und Stelle gebracht.

21. Kanton Baselland Badewasser = Dreckwasser?	Von den 20 Badeanstalten in unserem Kanton sind bei einer Kontrolle der Wasserqualität durch das Kantonslabor 4 beanstandet worden. Bei allen 4 Proben fehlte das Chlor im Wasser. Dieses ist wohl durch hohe Temperaturen und durch eine intensive Wasserbewegung entwichen, was zwar normal ist, doch müssten die Bademeister für Nachschub sorgen, damit die Hygiene gewährleistet bleibt.
22. Münchenstein *Läckerlihuus* zieht weg	Von Münchenstein und Gelterkinden zieht das *Läckerlihuus*, das unter der Führung von *Mirjam Blocher* steht, in naher Zukunft nach Frenkendorf. Ausschlaggebend soll unter anderem die schlechte Verkehrsanbindung und der schlechte Gebäudezustand in Münchenstein/Neue Welt gewesen sein.
27. Böckten 105'000 Mahlzeiten	An die *Gymnaestrada*, das Weltturnfest in Lausanne, konnte das Nahrungsmittelunternehmen *Le Patron* aus Böckten 105'000 Mahlzeiten liefern. Die Menus wurden im Sous-Vide-Verfahren täglich frisch hergestellt und sofort nach Lausanne geliefert.
28. Nordwestschweiz Zwetschgen- Rekordjahr	Auch die Zwetschgen tragen, was den Fruchtertrag betrifft, zu einem absoluten Rekordjahr bei, sowohl was die Menge als auch was die Qualität betrifft.
30. Anwil Ammeler Kulturtage	Zum 2. Mal nach 2008 wurde ein 4-tägiges Kulturfest, eine Mischung aus Dorffest, Kultur, 1.-August-Feier und Folklore, durchgeführt. Jazz, Filme, Slam Poetry, eine Bilderausstellung und vieles mehr führten zu einem wunderbaren, vom Wetter zusätzlich noch begünstigten Grossfest, das unvergesslich bleiben wird.

August 2011

1. Nordwestschweiz Ein Juli zum Vergessen	Als der kälteste Juli der vergangenen Jahrzehnte geht der Sommermonat in die Geschichte ein. Es gab nur einen Hitzetag (über 30 °C) und 2 Sommertage (über 25 °C), die Durchschnittstemperatur betrug kläglich 16,1 °C, was im langjährigen Vergleich 2,8 °C zu kalt war. (Im Vergleich: Im Juli 2006 gab es 16 Sommer- und 13 Hitzetage!). An 14 Tagen hat es geregnet, wobei mit 143 l etwa 20 l mehr als im Vergleich zu anderen Jahren gefallen sind. Im Oberbaselbiet gab es am 13. Juli heftige Gewitter mit grossen Hagelschäden. Die Sonne schien während 218 Stunden.
3. Baselbiet Spektakulärer Schwersttransport	Mit einem Gesamtgewicht von 337 t rollte ein 64 Meter langes Gefährt vom Auhafen in Muttenz durch das Baselbiet bis zur Kantonsgrenze nach Langenbruck und weiter bis Genf. Dabei kam es zu starken Verkehrsbehinderungen. Transportgut war ein Transformator für ein Elektrizitätswerk.

4.	St. Jakob, Birskopf Birs-Renaturierung – ein Teilerfolg	Der Unterlauf der Birs zwischen St. Jakob und Birskopf ist vor einigen Jahren renaturiert worden. Dabei wurden vor allem die Querschwellen herausgenommen, die Ufer wurden aufgelockert, mit kleinen Inseln wurde die Fliessgeschwindigkeit gedrosselt oder beschleunigt, es ergaben sich Versteckmöglichkeiten für Fische. Nun hat man eine erste Evaluation vorgenommen und mit Freude festgestellt, dass vor allem die Nasen und die Äschen wieder zahlreich vorkommen und sich fortpflanzen. Weniger erfreulich ist das fast gänzliche Fehlen der Forellen, was wohl auf die zu hohen Wassertemperaturen zurückzuführen ist. Es gibt zurzeit 13 Fischarten in der Birs.
	Füllinsdorf Fischsterben in der Ergolz	Aus der *ARA Füllinsdorf* sind Giftstoffe ausgelaufen, wodurch ein grosses Fischsterben in der Ergolz ausgelöst wurde. Wer die Giftstoffe in die Kanalisation brachte, weiss man noch nicht. Die ARA sei wohl zeitweise überfordert gewesen durch die hohe Konzentration der Abwässer mit Nitrit und Ammonium.
5.	Eggflue-Tunnel Neue Fluchtwege	Obwohl der *Eggflue-Tunnel* erst 12 Jahre alt ist, entspricht er nicht mehr den aktuellen Sicherheitsanforderungen. Daher müssen neue Fluchtwege eingebaut werden. Da der Energieleitungstunnel unter der Fahrbahn gross genug ist, kann man diese mit neuen Zugängen als Fluchtweg ausbauen. Die ganzen dazu nötigen Arbeiten verschlingen CHF 18 Mio. und wurden dieser Tage in Angriff genommen.
	Augst/Liestal Lebenslänglich	Der Brandstifter, ein 39-jähriger Türke, der in Augst im November 2008 das «Moulin Rouge» in Brand gesetzt und damit den Tod von 3 Menschen verschuldet hat, ist vom *Strafgericht Baselland* zu lebenslänglicher Haft verurteilt worden.
7.	Wenslingen *Concours*	Am *Concours* in Wenslingen kamen viele Pferdefreunde voll auf ihre Kosten. Nebst Springprüfungen fand auch ein Vierspänner-Brückenwagenrennen statt, das die Zuschauer völlig begeisterte.
8.	Liestal Erfolgreiche *Kantonsbibliothek*	Fast 22'000 Kunden besitzen für die *Kantonsbibliothek* in Liestal einen Ausweis, das sind 8% mehr als im Vorjahr. Die Ausleihen stiegen um 4,6% auf über 800'000 Medien im Jahr. Im letzten Jahr mussten gegen 10'000 Medien wegen Abnützungserscheinungen ausgetauscht oder ersetzt werden.
9.	Oberwil Grosse Photo- voltaik-Anlage	Mit 12'500 m² Sonnenkollektoren auf dem Dach des Tramdepots in Oberwil werden künftig 160 Haushalte mit Strom versorgt. Die Anlage soll bis Ende November bereit sein. Finanziert wird das 3,4 Mio. teure Kraftwerk zu 40% von der BLT und zu 60% von der *Kleinkraftwerk Birseck AG*.
10.	Schweiz/Region Basel Frankenstärke macht hilflos	Die Nationalbank und der Bundesrat, aber auch alle Experten sind gegenüber der Frankenstärke, die momentan so rasant steigt, dass der Franken und der Euro praktisch gleich stark sind, so ziemlich rat- und hilflos. Der starke Franken behindert unsere Exporte, macht auch unsere Arbeit so teuer, dass viel Kunden ihre Einkäufe im nahen Ausland tätigen und auch Aufträge dorthin vergeben. Bei Importen wird der verbilligte Einkauf dagegen kaum vergütet (Preissenkung!).
11.	Itingen/Füllinsdorf 87 Entlassungen bei *Harlan*	Die *Harlan Laboratories*, Spezialist für Tierversuche in Itingen und Füllinsdorf, kündigen 87 Mitarbeitern den Arbeitsplatz. 9 weitere sind von selbst gegangen. Die Arbeitnehmer und die *Gewerkschaft Unia* fordern nun, nach langen, vergeblichen Verhandlungen, wenigstens einen Sozialplan.

13. Muttenz Kulturdenkmal	Das Dienstgebäude Süd der SBB auf dem Bahnareal in Muttenz ist neu in die Liste der geschützten Kulturdenkmäler aufgenommen worden.
Wintersingen Glocken gerettet	Die beiden Glocken im Turm der Dorfkirche in Wintersingen müssen dringend revidiert werden. Daher wurde von der Kirchgemeinde ein Fest organisiert, um die nötigen CHF 25'000 zu generieren. Der als kleines Fest geplante Anlass wuchs sich aber zu einem richtigen Dorffest zusammen mit Nusshof aus, das Geld floss zudem auch in Spendenform, so dass der Glockenfonds jetzt fast überläuft. Die gezeigte Solidarität sei grossartig, meinte *OK-Präsident Christoph Schaffner*.
14. Muttenz Riesenauftrag aus China	Die Firma *Camag* in Muttenz, Weltmarktführerin und Herstellerin von instrumentellen Dünnschicht-Chromatographen, hat aus China einen Auftrag über 340 Chromatographie-Geräte erhalten, was einer halben Jahresproduktion entspricht.
Schweiz *Coop* nimmt zu teure Waren aus dem Sortiment	Viele Markenartikel aus dem Ausland werden von den Lieferanten zu teuer verrechnet (ohne Berücksichtigung des tiefen Eurokurses). Daher hat *Coop* beschlossen, alle dem tiefen Kurs nicht angepassten Waren vorderhand aus dem Sortiment zu nehmen.
15. Kanton Baselland Schulbeginn	Für 2330 neue Erstklässler begann im Baselbiet der «Ernst des Lebens». Sie werden die Ersten sein, die im neuen *HarmoS*-System zur Schule gehen, also unter anderem auch 6 Jahre in der Primarschule unterrichtet werden. In der gesamten Primarschule werden nun in 610 Klassen 11'904 Kinder unterrichtet.
Allschwil Erste öffentliche Tagesschule	Im Beisein des *Erziehungsdirektors Urs Wüthrich* wurde in Allschwil die kantonal erste öffentliche Tagesschule eingeweiht. Zur Verfügung steht vorerst das *Primarschulhaus Gartenstrasse*. Es ist für vorerst 22 Schülerinnen und Schüler eingerichtet, kann aber bei Bedarf erweitert werden. In dem für 2016 geplanten neuen Schulhaus will man eine integrierte Tagesschule einplanen.
16. Ettingen Erschliessung	Der Startschuss zur Erschliessung des Baugebietes Kammermatten/Toggessenmatten erfolgte mit einem «Baggerstich» durch *Gemeinderat Kurt Züllig*. Das Gebiet umfasst 100'000 m², bietet Platz für etwa 800 neue Einwohner und wird vom Dorfbach durchflossen. Das Gewässer wird renaturiert. Die Erschliessung kostet die Gemeinde rund CHF 2,5 Mio.
17. Nordwestschweiz Überlastung der Schulleiter	In einer Studie der *Fachhochschule Nordwestschweiz* wird belegt, dass viele Schulleitungen, vor allem in der Primarschule, in einem hohen Masse überlastet sind. Die Schulleitungen monieren den jetzigen Zustand seit Anbeginn der Aufgabenüberbürdung mit dem neuen Schulgesetz 2003. Man hofft nun auf die Politik.
18. Kanton Baselland Viel zu hohe Kosten berechnet	Durch die Verwendung eines alten Schlüssels bei der Aufteilung der Pflege- und Betreuungskosten sind im Baselbiet die Kosten für Bewohner in Alters- und Pflegeheimen derart explodiert, dass der Preisüberwacher eingreifen musste. Durch neu gewonnene Erkenntnisse aus einer Studie konnte der Schlüssel nun zu Gunsten der Pflegeheimbewohner angepasst werden, so dass diese entlastet werden können.
Schweiz Schnelle Reaktion	Aufgrund der Aussortierung von Markenartikeln bei *Coop* haben einige Lieferanten sehr schnell reagiert und ihre Preise dem tiefen Eurokurs angepasst. Daraufhin konnten sowohl *Coop* (siehe 14. August) als auch *Migros* die Preise von 700 Artikeln zum Teil markant senken.

19. Dornach	Der seit längerem kriselnde Buntmetallverarbeiter *Swissmetall* in Dornach macht seine Pforten dicht. Ohne Sozialplan und ohne den letzten Lohn werden 268 Arbeiter auf die Strasse gesetzt. Nun versucht die *Gewerkschaft Unia* zu retten, was noch zu retten ist, aber Hoffnung besteht wenig.
Swissmetall entlässt 268 Arbeiter	
Roggenburg	Mit der Setzung eines neuen Grenzsteins zwischen Baselland und Jura respektive zwischen Roggenburg BL und Ederswiler JU feierte man den Abschluss der Meliorationsarbeiten, welche die vielen winzigen Parzellen, die durch stete Erbteilung immer kleiner wurden, nun zusammenlegen und neu verteilen.
Feldregulierung abgeschlossen	
Kanton Baselland	Das vom Regierungsrat geschnürte Sparpaket geht für ganz viele Bewohner und auch Organisationen viel zu weit und wird unisono als untauglich erklärt. Wie nun letztlich gespart werden soll (es gibt auch nicht wenige, die sagen, das sei gar nicht nötig), bleibt offen.
Baselbieter Sparpaket 12/15 unter Beschuss	
Ziefen	Nach 2½-jähriger Planungszeit und einer 6-monatigen Bauphase kann Ziefen nun das «neue», renovierte und erweiterte Gemeindehaus, das zum Schmuckstück geworden ist, einweihen. Die Kosten belaufen sich auf CHF 1,6 Mio.
«Wunderschönes Gemeindehaus»	
21. Dittingen	Die Flugtage in Dittingen zogen etwa 18'000 Zuschauer an, die dann auch etwas Besonderes zu sehen bekamen: einen Überflug der *Basler Super-Constellation*, den Auftritt der *Patrouille Suisse* und die verblüffende Show der Wingwalkerin (Flügelspaziergängerin) *Peggy Krainz*, die bei 260 km/h Geschwindigkeit auf den Flügeln ihres Doppeldeckers herumturnte, und viele andere Attraktionen.
Flugtage	
Pratteln	So viel wie sonst nirgends in der Schweiz werden von den SBB durch Pratteln Gefahrengüter geführt (7,5 Mio. t), die Menge nimmt zu, damit auch die Bedenken der Pratteler. Der Bund stimmt zwar den Bedenken zu, wiegelt aber ab und vertröstet die Verängstigten immer wieder aufs Neue.
Risikoballung	
Lausen	Der jährlich stattfindende «Sporttag für geistig Behinderte» fand auf der *Sportanlage Stutz* in Lausen statt. Die Veranstaltung wird vom Verein *insieme* durchgeführt. In diesem Jahr nahmen über 100 Behinderte teil und massen sich in Hoch- und Weitsprung, Seilziehen und Hindernislauf. Es gibt danach Medaillen für alle und keine Rangliste.
«Sporttag für geistig Behinderte»	
24. Kanton Baselland	Die Zahl der Sozialhilfeempfänger hat, wie schon im letzten Jahr, wieder zugenommen. Im Ganzen werden 4562 Personen unterstützt, was 2,9% mehr sind als im letzten Jahr. Der Bruttoaufwand für die Gemeinden belief sich auf CHF 82 Mio., wovon die Hälfte vom Kanton rückerstattet wird. Ursache für die Steigerung sind vor allem Flüchtlinge. Der Anteil der Ausländer an Sozialfällen beträgt 48,8%.
Sozialhilfe nimmt zu	
Arlesheim	Nach der Ablehnung durch das Basler Stimmvolk, dem *Theater Basel* die Subventionen zu erhöhen, hat man in Arlesheim eine Sammlung gestartet, die CHF 24'900 ergab. Zusammen mit den vom Gemeinderat beschlossenen CHF 40'000 ergibt das insgesamt doch ein erkleckliches Sümmchen.
Beitrag ans *Theater Basel*	
Liestal	Die Gemeinden im Kanton Baselland haben 2010 durchschnittlich 172 kg Kehricht und Sperrgut sowie 127 kg Wertstoffe (ohne Grünabfuhr) abgeführt. Damit liegt die Gesamtmenge pro Haushalt 1% unter der letztjährigen Menge.
Abfallstatistik 2010	

25. Kanton Baselland Bern lockt	Die Parteien haben nach dem Meldeschluss ihre Nationalratslisten bekanntgegeben. Es stellen sich 97 Personen für die Wahl in den Nationalrat zur Verfügung, 7 davon können gewählt werden.
Itingen 2000	Dieser Tage wurde in Itingen die Einwohnerzahl von 2000 erreicht. Itingen ist durch die Besiedlung der Nordhälfte in letzter Zeit stark gewachsen.
Baselbiet Plakat-Salat	Auf die kommenden National- und Ständeratswahlen hin wird jede mögliche und unmögliche Gelegenheit benutzt, Plakate mit Köpfen und Anpreisungen zu hängen. Einige Plakat sind sogar in Übergrösse (XXXXL) aufgehängt worden, zum Teil ohne Rücksicht auf Gesetze, auf Fussgänger und freie Sicht im Verkehr.
26. Kanton Baselland Lehrer als Gemeinderäte	Die Landratskommission will den Einsitz von Lehrpersonen im Gemeinderat und in den Einwohnerratskommissionen weiterhin zulassen. Der Regierungsrat wollte diese mit einer Teilrevision des Gemeindegesetzes von diesen Ämtern ausschliessen.
28. Augst Römerfest	Das jährlich wiederkehrende Römer-Spektakel in Augst war auch in diesem Jahr ein grosser Erfolg. Etwa 20'000 Besucher, davon etwa 6000 aus dem badischen Raum, strömten an die verschiedenen Veranstaltungen wie etwa die Waffenschmiede, die Legionärsschule, die Gladiatorenkämpfe, das Theater und die Musikvorstellungen. Vor allem die Kinder gewinnen so einen realistischen Einblick in die Geschichte von vor 2000 Jahren.
29. Pratteln Immer gestörter	In das Einflugsloch eines Bienenstockes hat ein offenbar Gestörter Insektenspray gesprüht und damit viele Tausende von Bienen getötet. Die Polizei tappt noch im Dunkeln.
Liestal Alimenten-Vorschüsse	Bei zahlungsunfähigen Geschiedenen bezahlen die Sozialämter den so genannten Alimenten-Vorschuss, der aber zurückbezahlt werden muss – müsste … Etwa die Hälfte der Bevorschussungen werden auch mit allen ergriffenen Inkassomitteln nicht zurückbezahlt, da die Schuldner kein Geld haben.
Liestal AAA	Baselland erhält von der Ratingagentur *Standard & Poor's* weiterhin das Rating AAA. Voraussetzung zur Beibehaltung dieses höchsten Standards sei aber die Umsetzung des 180-Mio.-Sparpakets, meinte ein Sprecher der Finanzdirektion. Ein gutes Rating erlaubt Kreditaufnahmen zu einem maximal tiefen Zins.
31. Muttenz Salzbohrlöcher	Im Gebiet *Zinggibrunn* in Muttenz werden derzeit 10 Löcher hinab in die Salzstöcke gebohrt, um die Versorgung über ein weiteres Jahrzehnt zu garantieren. Man erhofft sich einen Ertrag von 150'000 t Salz je Bohrloch. Ein Bohrloch kostet die *Rheinsalinen* CHF 1 Mio.

September 2011

1. Nordwestschweiz Augustwetter rettet den Sommer	An 5 Tagen kletterte das Thermometer auf über 30 °C (Hitzetage), an 7 auf über 25 °C, der heisseste Tag wurde mit 32,8 °C gemessen. Es gab aber auch Temperaturstürze wie zum Beispiel jener vom 26. auf den 27. August, als die Temperatur von 30,3 °C auf 9,1 °C fiel. Niederschläge gab es nur halb so viele wie im Durchschnitt früherer Jahre, nämlich 63 l. Die Sonne schien während 248 Stunden, was 52 Stunden mehr sind als in anderen Jahren im August.

	Kanton Baselland Zwei Volksinitiativen gegen Bildungsabbau	Das Ziel von zwei Volksinitiativen sind kleinere Klassen und mehr Zeit für Lehrkräfte für die individuelle Betreuung der Schüler und Schülerinnen. Ein überparteiliches Komitee setzt sich damit klar gegen die im grossen Sparpaket der Regierung vorgesehene Reduktion der Bildungskosten.
4.	**Gelterkinden** Über 3000 Unterschriften	Im vorgesehenen Entlastungspaket des Kantons sollen Postautolinien im Oberbaselbiet ausgedünnt werden. Dagegen wehren sich nun über 3600 Petenten.
	Eptingen Militär-Oldtimer- Treffen	Über 100 alte Militärfahrzeuge und Gespanne wurden in Eptingen ausgestellt. Höhepunkt war das Defilee der noch immer intakten Gefährte. Viele Hunderte von begeisterten Zuschauern applaudierten den Vorbeifahrenden.
	Sissach 21. *Ebenraintag*	Der 21. *Ebenraintag* in Sissach war trotz Regenwetters ein grosser Erfolg. Der Tag soll den Besuchern die Landwirtschaft mit ihren vielen Geheimnissen und imposanten Ereignissen näher bringen. Durch eine Verschiebung der Zuständigkeiten – die Aussteller übernehmen die meisten Arbeiten – konnte das Personal des Ebenrains vermehrt auf Besucherfragen eingehen.
5.	**Binningen** Wo ist der Hafen?	Laut einem Bericht der *Sonntagszeitung* will das Militär an verschiedenen Orten die Präsenz der Militärpolizei deutlich erhöhen. So auch im Binninger Hafen! Ob der Birsig neu in der Strategie der Schweizer Armee eine wichtige Rolle spielt?
6.	**Liestal** Energiegewinnung ohne Atomkraft	Die *Grünen Baselland* haben eine Initiative mit 2316 Unterschriften im Regierungsgebäude übergeben, die künftig eine Energiegewinnung ohne Atomstrom verlangt.
7.	**Schweiz** Neuer Eurokurs	Die Nationalbank akzeptiert ab sofort keinen Umtauschkurs Franken/Euro mehr unter CHF 1.20. Die Schweizer Industrie und viele andere Betroffene atmen auf und hoffen nun auf ein weiteres Ansteigen des Umtauschwerts (CHF 1.30 oder gar CHF 1.40).
	Kanton Baselland Gemeindeverband zerzaust Vorlage der Regierung	Der *Verband der Basellandschaftlichen Gemeinden* (VBLG) verlangt in ihrer Vernehmlassungsantwort an die Regierung, die Vorlage zur Umsetzung des vom Bund erlassenen neuen Erwachsenenschutzgesetzes zu überarbeiten. Das Gesetz betrifft die Vormundschaftsbehörden.
8.	**Allschwil** Modernes Energie- konzept	Die Überbauung des ehemaligen Elco-Areals in Allschwil bietet in 94 Wohneinheiten 250 Einwohnern komfortablen Platz. Besonders erwähnenswert ist dabei das Wärmekonzept, das 90% der CO_2-Emissionen einspart: Nebst Sonnenkollektoren auf den Dächern arbeiten 26 Erdsonden, durch die Wärme durch eine Wärmepumpe aus dem Boden geholt werden.
	Weltweit Goldpreis steigt und steigt	Wegen der weltweiten Unsicherheiten auf den Finanzmärkten steigt der Goldpreis unaufhaltsam an. Zurzeit beträgt er über CHF 52'000 per Kilo oder CHF 1857 per Feinunze, was ein Allzeithoch bedeutet. Der Goldpreis ist ein äusserst sensibler Anzeiger für Krisen in der Finanzwelt.
	Sissach Abbruch	Das alte Wasserreservoir am Burgenrain in Sissach ist der Spitzhacke zum Opfer gefallen. Das Reservoir geht auf die «Meyer'sche Wasserversorgung» von 1883 zurück.
	Baselbiet Wald	Der Wald im Baselbiet bedeckt eine Fläche von über 40%. Pro Bewohner ergibt sich eine Fläche von 740 m^2 (im Vergleich dazu in Basel 23 m^2 pro Einwohner). Allerdings wächst die Bevölkerung schneller als der Wald, so dass die «zuteilbare» Waldfläche schrumpft.

11. Aesch	Eindrücklich waren sie, die «Waldtage» für die Schüler von Aesch. Ihr Schulalltag wurde durch einen Tag im Wald aufgelockert. Ein Seilpark, ein Lernparcours sowie die Demonstration einer Baumerntemaschine, dazu viele weitere Attraktionen bekamen die Schulkinder zu sehen. Natürlich war der Anlass auch für Erwachsene. Eine Greifvogelschau und ein Konzert im Wald sowie ein Gottesdienst und ein Alphornspiel rundeten die Veranstaltung ab, die ein grosser Erfolg wurde.
«Waldtage»	
13. Liestal	Obwohl sich der Kanton Baselland finanziell stark an der *Universität Basel* engagiert, wird nach dem neuesten Entscheid des Ständerates (17:11 Stimmen) die entsprechende Standesinitiative, als Uni-Kanton akzeptiert zu werden, abgelehnt. Baselland hätte gerne in der Universitätskonferenz mitgeredet, was aber nur mit einer Mitgliedschaft geht.
Baselland kein Uni-Kanton	
Reinach	Der Gemeinderat von Reinach hat sich nach umfassenden Abklärungen entschlossen, kein Hallenbad zu bauen, wie das in einem Postulat im Einwohnerrat angeregt wurde. Dagegen sprechen verkehrstechnische Gründe, dann aber seien auch die zonen- und baurechtlichen Rahmenbedingungen nicht gegeben. Auch die hohen Kosten veranlassten den Gemeinderat zu seinem Nein.
Kein Hallenbad	
Liestal	Mit Lasern und mit Schleudern sind in letzter Zeit Trams der Linie 11 attackiert worden. Das seien keine Lausbubenstreiche mehr, sondern tätliche und gefährliche Angriffe auf das Leben von Tramführern und Passagieren. Dass Laser zudem das Augenlicht von Geblendeten zerstören kann, macht diese hinterhältigen Angriffe doppelt kriminell.
Angriffe auf Trams	
Arlesheim	Der *Volg*-Laden in Arlesheim ist konkursit und muss schliessen. Viele kleine Probleme, denen das Kleingewerbe unterworfen ist, haben in der Summe zum Scheitern des Begegnungs- und Einkaufsortes geführt, was weiterhin bedauert wird.
Kundenmangel zwingt zur Schliessung	
Birsfelden	In Birsfelden hat man festgestellt, dass sich viele ältere Bauten dem Zerfall nähern, falls nicht bald etwas unternommen wird. So leckt beispielsweise das Dach der alten Turnhalle. Auch die Schwimmhalle ist dringend renovationsbedürftig, und das *Lavater-Schulhaus* ist in der Bausubstanz und den sanitären Einrichtungen (zum Teil noch aus dem Baujahr 1915) bereits derart marode, dass sich eine Renovation kaum mehr lohnen dürfte. Viele weitere gemeindeeigene Gebäude bröckeln.
Marode Gebäude	
15. Muttenz/Liestal	Die *Chemiemüll-Deponie Feldreben* in Muttenz soll nun zügig saniert werden. Der Kanton hat die Planung jetzt in Angriff genommen, die bis Mitte 2012 abgeschlossen sein wird. Es gilt, in den nächsten 5 Jahren den Schadstoffgehalt der Grube mindestens zu halbieren. Externe Untersuchungen fanden 310 t organischer Schadstoffe (dabei hat es viele nicht definierbare Stoffe), davon rund 1,7 t chlorierte Kohlenwasserstoffe, welche das Grundwasser langfristig belasten können. Am Sanierungsziel scheiden sich die Geister: *Jürg Wiedemann* von der Sanierungs-Begleitkommission und die Gemeinde Muttenz bemängeln die ungenügende Zielsetzung. Die Sanierung kostet im schlimmsten Fall etwa CHF 400 Mio.
Sanierungsplanung	
16. Bubendorf	An der Gemeindeversammlung in Bubendorf wurde ein Antrag auf Stilllegung des Kirchenglockengeläuts (jede Viertelstunde) zwischen 22 und 6 Uhr morgens haushoch abgelehnt.
Wenn die Glocken hell erklingen	

Wahlen/Dittingen Ja zur Partnerschaft	Die beiden Laufentaler Gemeinden Wahlen (1270 Einwohner) und Dittingen (720 Einwohner) werden künftig auf Verwaltungsebene zusammenarbeiten. Beide Gemeindeversammlungen haben dieser «Ehe» deutlich zugestimmt.
Reinach/Muttenz Tempo-30-Zonen bieten Probleme	In den beiden Ortschaften Reinach und Muttenz wurden mit viel Geld für Bauarbeiten und Korrekturen flächendeckend Tempo-30-Zonen eingerichtet. Nach langer Planung und Ausführungszeit wurden nun die Zonen dem Verkehr übergeben. Es dauerte nicht lange, und es trafen viele Reklamationen ein: Die aufgepflästerten Strassenverengungen seien eine grosse Gefahr für die Radfahrer, die knapp nach Kurven eingerichteten Parkplätze sowie die aufgestellten Tafeln und Abschrankungen überraschten jeden fremden Verkehrsteilnehmer, «wegoperierte» Fussgängerstreifen verunsicherten die Kleinen und so weiter … Man kann von nicht zu Ende gedachter Planung oder gar von einer Planungsruine reden.
Oberwil/Allschwil Schülerverschiebung	7 Allschwiler Schulkinder müssen zwangsweise nach Oberwil zur Schule. Nachdem Rekurse nichts gebracht haben, hat nun der Einwohnerrat einstimmig beschlossen, CHF 8000 zugunsten der betroffenen Familien zu sprechen, die wenigstens teilweise die Mehrkosten für U-Abo und Mittagstisch kompensieren.
Muttenz Filiale des CSEM eröffnet	An der Rennbahnkreuzung in Muttenz hat das *Centre Suisse d'Electronique et de Microtechnique* eine Filiale eröffnet. Der Kanton sorgt mit einem Beitrag von jährlich CHF 3 Mio. bis 2013 dafür, dass der Start dieses für unsere Region wichtigen Instituts gut verläuft. Das CSEM forscht im Gebiet Polytronik, wo elektronische Elemente aus Kohlenwasserstoffen hergestellt werden. Damit werden beispielsweise Folien mit aufgedruckten Solarzellen hergestellt. Die Firma sieht ihre Aufgabe darin, die von Fachhochschulen entwickelten Verfahren marktfähig zu machen.
19. Aesch «Grips-Pfad» eingeweiht	Mit Körperbewegungen kann man das Gehirn trainieren … diese Tatsache bildet die Grundlage für den «Grips-Parcours», der in Aesch eingeweiht wurde. Mit den Übungen an den 11 Posten lassen sich Konzentration und Koordination verbessern.
20. Grellingen Entlassungen	In der *Ziegler Papier AG* werden zwischen 5 und 10 Entlassungen ausgesprochen. Noch sucht man Lösungen in Form von Frühpensionierungen, aber die Reduzierung des Personalbestandes sei unumgänglich, betonte *Isabelle Frey Kuttler, Delegierte des Verwaltungsrates*. Grund für die Stellenreduktion sei der starke Franken.
22. Bern/Baselbiet Uni-Gelder	Im Nationalrat fiel eine Entscheidung, die den beiden Basel sehr weh tut: Man hat den Auszahlungsmodus der Universitäts-Subventionen geändert, und aus der Sicht der Baselbieter und der Basler Regierung werden so den beiden Kantonen CHF 75 Mio. vorenthalten. Dass dazu der Baselbieter *SVP-Nationalrat Christoph Baader* Nein stimmte und zwei weitere (*Miesch* und *Gysin*) abwesend waren – was letztlich den Ausschlag für die Umstellung bei der Auszahlung ergab –, macht die Empörung umso grösser. Beide Basel wollen nun den Bund verklagen.

Allschwil Giftwasser im Mühlibach	Der durch ein Naturschutzgebiet fliessende Mühlibach in Allschwil weist hohe Werte an diversen Giftstoffen auf. Diese kommen von der Giftmüll-Sanierungsstelle *Roemisloch* im französischen Neuwiller. Nun macht die Gemeinde Druck auf die zuständigen Behörden und die Chemie: Das austretende Wasser muss abgepumpt und separat entsorgt werden.
23. Liesberg Lohnkürzungen wegen Euro	Der zunehmend stärker werdende Franken veranlasst die *Aluminium Laufen* in Liesberg, die Löhne der EU-Arbeitskräfte um 10% zu kürzen, um weiterhin konkurrenzfähig zu bleiben.
26. Münchenstein/Bern Geld für das *Sportmuseum*	Völlig unerwartet hat der Nationalrat dem *Sportmuseum* in Münchenstein jährlich CHF 150'000 gesprochen, nachdem sowohl der Bundesrat als auch die *Kulturkommission* den Beitrag abgelehnt hatten. Dank des Einsatzes von *Maja Graf (Grüne)* kam der Geldsegen trotzdem ins Rollen. Auch die *Ständeratskommission* hat zugestimmt.
Kanton Baselland Gegen Schloss- verkäufe	Der im Entlastungsprogramm aufgeführte Verkauf der Schlösser *Wildenstein* und *Bottmingen* hat zu einem Aufschrei in der Bevölkerung geführt. Mit 8888 Unterschriften wurde nun eine Petition gegen den Verkauf eingereicht.
Liestal Sporthalle mit Minergie-Standard	Das *Gymnasium Liestal* erhält (endlich) eine neue Sporthalle. Sie wird als Erste der Schweiz im Minergie-P-Standard gebaut. Nun ist der Spatenstich erfolgt.
Lausen Deponie voll	Die *Deponie Chueftel* in Lausen ist voll … weitere Lastwagenfahrten sind nur noch für die Rekultivierungsarbeiten nötig.
27. Zeglingen Laden zu	Der Dorfladen in Zeglingen muss trotz der seit einem Jahr unternommenen Belebungsversuche schliessen. Viele Bewohner des Dorfes waren gar nie im Laden. Die Gemeinde kann mit ihren Mitteln die Einkaufsgelegenheit nicht unterstützen.
28. Kanton Baselland Familienbericht	Der *Baselbieter Familienbericht* zeigt auf, dass es im Kanton zu wenige Möglichkeiten für familienexterne Kinderbetreuung gibt. Die Vereinbarkeit von Familie und Beruf müsse verbessert werden.
29. Region Basel Weniger Benzol in der Luft	Die Luftbelastung mit flüchtigen organischen Lösungsmitteln (VOC) hat in der Region in den Jahren zwischen 1991 und 2009 um bis zu 3/4 abgenommen. Die VOC stammen vor allem von Farben, Lacken, Chemikalien und vom Strassenverkehr.
Liestal Höherer Preis für die Staatsgarantie	Die bisher CHF 3,5 Mio., welche die *Basellandschaftliche Kantonalbank* dem Kanton für die Staatsgarantie jährlich bezahlen muss, wurde von der Regierung um CHF 5 Mio. aufgestockt. Dies im Zusammenhang mit dem Sparpaket.
Läufelfingen Landkauf	Die Gemeinde Läufelfingen kauft für CHF 1,53 Mio. das ehemalige Industrieareal der Firma *Kohler*, um ihm neues Leben einzuhauchen. Die Fläche beträgt rund 83 a. Mögliche Bodenverschmutzungen müssen noch abgeklärt werden.
30. Muttenz Neu unter Denkmalschutz	Das römisch-katholische *Kirchgemeindezentrum Johannes Maria Vianney* in Muttenz wird neu in das *Inventar der geschützten Baudenkmäler* aufgenommen.

Basel/Liestal Neue Spitalliste birgt Sprengstoff	Wegen der neuen Finanzierung müssen schweizweit die Spitallisten neu erstellt werden. Baselland hat nun, sehr zum Ärger von Basel-Stadt, sowohl das *Universitätsspital* als auch die *Universitären Psychiatrischen Dienste* aus der Grundversorgung ausgeschlossen.

Oktober 2011

1.	Nordwestschweiz Spätsommerliches Septemberwetter	Der September war dank vieler sommerlicher Tage einer der wärmsten seit Messbeginn. Es wurden im Schnitt 16,8 °C gemessen, was 2,5 °C über dem langjährigen Mittel liegt. Dabei gab es 2 Sommertage mit über 25 °C. Mit 214 Stunden Sonnenschein wurden wir verwöhnt. Nur Mitte Monat gab es einen Kaltlufteinbruch, der Schnee bis hinunter auf 800 Meter brachte. Geregnet hat es 94 l, was dem durchschnittlichen Wert entspricht.
2.	Zunzgen Tambouren und Pfeifer	Dem 30. «Jungtambouren- und Pfeiferfest» in Zunzgen war neben gutem Wetter auch ein durchschlagender Erfolg beim Publikum und bei den Teilnehmern vergönnt. Allein am Sonntag waren über 3000 Zuhörer und Mitfestende gekommen. Etwa 600 Musikanten haben teilgenommen.
4.	Baselbiet Rekord-Jahrgang	Die Baselbieter Winzer überbieten sich ob der Traubenernte und des zu erwartenden Spitzenjahrgangs mit Superlativen. Das Wetter war perfekt: Der Herbst jagte noch die letzte Süsse in den Wein.
	Basel/Birsfelden Brücke zu wenig hoch	Die Mittlere Rheinbrücke, der älteste Rheinübergang in Basel, ist der Schifffahrt ein Hindernis: Sobald ein Schiff drei Lagen Container geladen hat, muss die oberste Lage in Kleinhüningen abgeladen werden, damit die Lastschiffe unter den Brückenbogen durchzukommen. Daher wird ein Abriss der altehrwürdigen Brücke erwogen. Sie steht nicht unter Denkmalschutz. Man rechnet in den nächsten Jahren mit einer Vervierfachung des Containerverkehrs.
5.	Kanton Baselland Wahlplakate- Vandalismus und anderes	Die Ideen, auf welche die Menschen kommen, die sich wählen lassen wollen, sind in diesem Wahlkampf in verschiedenen Variationen zu sehen: überdimensionierte Bannerwerbung (2,5 × 5 m) entlang der Strassen, ausgeschnittene mannshohe Figuren, die winken, Sprayereien auf den Strassen, zu tief gehängte Plakate, welche die Passanten stören … und im Gegensatz dazu die aufgebrachten Bürger, die Plakate übermalen, zerschneiden, zerreissen, Ständer umwerfen.
6.	Liestal Petition überreicht	5929 Unterschriften von Petenten wurden im Regierungsgebäude dem Landschreiber überreicht. Die Petition will eine im Sparpaket vorgesehene Ausdünnung des öffentlichen Verkehrs im Oberbaselbiet verhindern.
7.	Schweiz/Baselbiet Kulturerbe	Das *Bundesamt für Kultur* (BAK) hat zusammen mit Fachleuten der kantonalen Kulturstellen eine Liste mit lebendigen Traditionen zusammengestellt. Aus dem Baselbiet wurden der ‹Chienbäse›, der ‹Eierleset›, der ‹Maibaum›, die ‹Nüünichlingler›, die ‹Pfingstblütter› in Ettingen und die Volkstanzpraxis aufgenommen.

9. Tenniken Amarant aus dem Baselbiet	*Hanspeter Ryf* aus Tenniken baut als erster Bauer das südamerikanische Getreide Amarant an. Die kleinen Körner werden auch das «Korn der Inkas» genannt und weisen viele ungesättigte Fettsäuren, Magnesium, Eisen und Kalzium auf, und, ganz wichtig für Menschen, die von Zöliakie betroffen sind, kein Klebereiweiss (Gluten). Die in diesem Jahr eingefahrene Ernte beläuft sich auf etwa 1600 kg.	
Läufelfingen Dietisberger Käse	Auf dem Dietisberg wird eine Käserei eröffnet, die erste im Baselbiet. Die soziale Institution *Dietisberg Wohn- und Werkheim* für Männer in schwierigen Lebenssituationen will künftig vor Ort die Milch der 50 Kühe (300'000 l pro Jahr) für die Herstellung von Frisch- und Hartkäse nutzen.	
11. Reinach Politik-Film	Die Gemeinde Reinach hat einen Film über politische Mitsprachemöglichkeiten der Einwohner produzieren lassen. Dabei werden die politischen Mechanismen aufgezeigt, es kommen auch viele Politiker zu Wort, die über ihre Erfahrungen berichten. Zudem wird aufgezeigt, welche Fähigkeiten ein politisch engagierter Mensch braucht, um Ziele zu erreichen. Der Film ist auf http://www.reinach-bl.ch zu sehen.	
13. Gelterkinden Eibach gezähmt	Die Baumassnahmen zum Hochwasserschutz des Eibachs in Gelterkinden stehen vor dem Abschluss. Alle Verkehrseinschränkungen sind aufgehoben. Statt wie bisher 20 m³ hat der Bach nun über 35 m³ Abflusskapazität. So sollen weitere Überschwemmungen verhindert werden.	
Olten/Läufelfingen Zugunglück durch menschliches Versagen	Die Gründe für das Zugunglück vom 6. Oktober in Olten, ausgelöst durch ein zu spät bremsendes ‹Läufelfingerli›, ist aufgeklärt. Der aus dem Baselbiet kommende Zug, der einen S-Bahn-Zug rammte, hatte ein Rotsignal überfahren. Die sofort eingeleitete Bremsautomatik konnte den mit 60 km/h fahrenden Zug nicht aufhalten, so dass es zum Crash kam. Zum Glück gab es keine Toten.	
Liestal Mit grösserer Arten- vielfalt gegen Klima- wandel	Mit einer vermehrten Anpflanzung von Douglasien, die bessere Eigenschaften haben als die heimischen Tannen, soll die Vitalkraft des Waldes aufgebessert werden. Die Douglasie braucht weniger Wasser als die Weisstanne und wurzelt wesentlich tiefer als die Fichte. Zudem wächst sie auch wesentlich schneller als unser Weihnachtsbaum. Auch werden Robinien und Buchen gefördert.	
14. Pratteln Sauer auf *Häring*	Die Pratteler *Häring-Gruppe* zieht nach Eiken, sowohl mit der Produktion als auch mit der Verwaltung. Politiker werfen nun der Firma vor, sie habe Wortbruch begangen, habe man doch zuvor bestätigt, dass der Steuersitz in Pratteln bleibe.	
16. Weltweit 7 Mia. Menschen	Seit heute leben auf unserem Planeten 7 Mia. Menschen. Innerhalb von 12 Jahren ist die Weltbevölkerung um 1 Mia. gewachsen, vor 50 Jahren lebten erst 3 Mia. Menschen.	
17. Nordwestschweiz Einheitliche Schultests	Die Kantone Aargau, Solothurn und die beiden Basel führen einheitliche Leistungstests für ihre Schüler ein. Die 4 Tests werden über die gesamte Schulzeit verteilt. Sie sollen mithelfen, die bisher unkoordinierten Resultate aus verschiedenen Kantonen neu nach einem besseren Massstab beurteilen zu können. Auch die Maturitätsanforderungen sollen harmonisiert werden.	

Muttenz/Basel	Der aus Muttenz stammende *Werner Zimmermann* hat zusammen mit
Stuhl als Antenne	einem deutschen Kollegen einen funktionierenden Ersatz für die nicht gerade ästhetischen Satellitenschüsseln erfunden. Es ist ein Stuhl, in dessen Rücklehne die ganze Technik für den Satellitenempfang untergebracht ist. Man muss den Stuhl nur auf den Balkon oder in den Garten stellen – und schon hat man Empfang. Es können sich auch mehrere Empfänger zusammenschliessen und denselben Stuhl anzapfen.

19. Bauland	Das *Statistische Amt* verzeichnet für die Zeitspanne von einem Jahr eine
Deutlicher Anstieg bei Baulandpreisen	Bauland-Preissteigerung von 11%. Der Durchschnittspreis beträgt 800.–, im letzten Jahr betrug er noch CHF 716.–. Preise von CHF 2000 an besonders guten Lagen sind mittlerweile keine Seltenheit mehr. In Waldenburg allerdings bezahlt man etwa CHF 370.–, in Sissach und Laufen etwa CHF 400.– und in Liestal circa CHF 670.–. Nie gekannte Höhen erreichten auch die Bauinvestitionen: CHF 1,9 Mia. – bei den privaten Ausgaben für Wohnbauten wurden erstmals über CHF 1 Mia. eingesetzt.

25. Basel/Region	Die *Novartis Basel* baut 760 Arbeitsplätze ab. Der Abbau soll schritt-
Novartis entlässt 760 Angestellte	weise über eine längere Zeit erfolgen, so dass man von Gewerkschaftsseite her hofft, Entlassungen durch natürliche Fluktuationen auffangen zu können.

26. Entlastungspaket	In Muttenz versammelten sich über 800 Angestellte des Lehrberufs, des
Gewichtige Proteste	Kantonspersonals, Vertreter des Umwelt- und Heimatschutzes und des öffentlichen Verkehrs, um gegen das Sparpaket zu demonstrieren. Es wurde eine Resolution ratifiziert. Auch Warnstreiks wurden nicht ausgeschlossen.

Pratteln	Die «Baselbieter Berufsschau» findet zum 8. Mal in Pratteln statt. Dabei
8. Berufsschau	werden 190 Lehrberufe aus 30 Branchen vorgestellt. Erwartet werden 40'000 Besucher.

November 2011

1. Nordwestschweiz	Zwischen 23,1 °C und −1,2 °C wurden im Oktober in Titterten gemes-
Oktoberwetter	sen. Der Monat war im Durchschnitt 0,4 °C zu kühl. Während 148 Stunden schien die Sonne. Niederschläge, auch Schnee war dabei, fielen an 5 Tagen, und zwar insgesamt 98 l/m², was 2% mehr sind als im Schnitt.

Liestal	Die Kritik des *Verbands Basellandschaftlicher Gemeinden* an der
Vormundschafts- behörde bleibt bei den Gemeinden	Umgestaltung der Vormundschaftsbehörde hat gewirkt. Nicht der Kanton, sondern die Gemeinden werden Führung und Kosten der Baselbieter Kinder- und Erwachsenenschutzbehörde übernehmen. Nötig wurde eine Neubeurteilung wegen des vom Bundesparlament beschlossenen neuen Gesetzes.

Pfeffingen	Während 137 Jahren stellte die Familie Meyer in 5 Generationen den
Nicht mehr alles Meyer	Posthalter in Pfeffingen. Da die Poststelle im Dorf wegen Umsatzrückgangs nur noch teilweise bedient wird, also keine Vollzeitstelle mehr gebraucht wird, endet nun die Meyer-Ära.

	Birsfelden Kein Einwohnerrat	Mit 188 Ja- gegen 383 Nein-Stimmen hat die Gemeindeversammlung beschlossen, sich nicht selbst abzuschaffen, und hat die Vorlage zur Schaffung eines Einwohnerrats abgelehnt. An der gleichen Versammlung wurde auch eine Lohnkürzung für die Gemeinderäte abgelehnt.
	Baselbiet Gemeindepräsidenten- verband aufgelöst	Da neu ein *Verband von Gemeinden* mit eigener Geschäftsstelle gegründet wurde, erkannte man, dass der bisherige *Gemeindepräsidentenverband* erstens mit den neuen Anforderungen von Seiten des Kantons überfordert und andererseits nicht mehr nötig war. Daher wird der Verband 2012 abgeschafft.
2.	Allschwil *Paradies* modernisiert	Das *Einkaufscenter Paradies*, das der Migros gehört, ist nach längerer Bauzeit aufwendig renoviert und modernisiert worden. Die Bauarbeiten kosteten CHF 20 Mio. Jetzt ist das Center eingeweiht worden.
	Gelterkinden *Jundt-Huus*	Das *Jundt-Huus* in Gelterkinden wird in ein Jugendcafé umgewandelt. Trotzdem sollen weiterhin auch kulturelle Veranstaltungen darin stattfinden. Der dazu nötige *Jundt-Huus-Verein* wird also trotz vieler gegenteiliger Meinungen weiterhin gebraucht.
3.	Münchenstein Tram rammt Haus	Auf der Tramlinie 10 ist in Münchenstein-Dorf ein Tram entgleist und in vollem Tempo auf ein Wohnhaus zugerast. Der Hausherr konnte sich gerade noch retten. Der Balkon wurde wegrasiert, das Haus erbebte in seinen Grundfesten. Abgesehen von einigen Bagatellfällen wurden keine Verletzten gemeldet.
	Pratteln Post mit neuem Logistikzentrum	Die bisherigen Lager der Post in Muttenz und Arlesheim wurden nun in Pratteln in einem Neubau zusammengezogen. Das Zentrum verfügt über einen Bahnanschluss. Es können auch Gefahrengüter eingelagert werden. Das Lager, das jetzt eingeweiht wurde, hat 16'275 m^2 Platz.
	Laufental Der Biber ist eingezogen	Der Biber hat nun auch das Laufental entdeckt. Erste Nachweise dafür wurden in Duggingen gefunden. Man erachtet das Laufental als ideales Gebiet für den grossen Nager.
6.	Reinach *Tango*-Taufe	Weil vor über 100 Jahren die Bahnlinie Basel–Delsberg an Reinach vorbei gebaut wurde, machte sich die Gemeinde stark für eine Tramverbindung nach Basel. Diese wurde dann auch mit der 11er-Linie gebaut. Nun fand in Reinach die Taufe des ersten *Tango*-Tramzuges statt. Weitere Taufen werden an anderen Orten noch folgen. Das neue Tram ermöglicht der BLT nun einen 7½-Min.-Takt.
8.	Kanton Baselland Vorerst keine Erdbeben- vorsorge im Baselbiet	Baselland ist aus der gemeinsamen Erdbebenvorsorge mit Basel-Stadt ausgestiegen. Die Basler werden ihre Messsysteme erweitern und instand stellen, Baselland bleibt aussen vor. Hausbesitzer, die Häuser besitzen, die mehr als 50 Jahre alt sind, müssen nun selbst abklären, ob ihre Häuser «erdbebensicher» sind.
	Liestal Kein Teuerungs- ausgleich	Obwohl die Teuerung 2010 0,4% ausmacht, bezahlt der Kanton seinen Angestellten keinen Teuerungsausgleich. Das Personal müsse auch etwas zum Sparprogramm beitragen.
9.	Muttenz Grundstein für Straf- justizzentrum gelegt	Im Beisein der *Regierungsräte Sabine Pegoraro* und *Isaac Reber* wurde der Grundstein zum Strafjustizgebäude am Muttenzer Bahnhof gelegt. Das Gebäude soll 2014 fertig sein.
	Baselbiet Immer älter	Vor 20 Jahren waren 13% der Baselbieter über 65 Jahre alt, heute sind es fast 25%. Die Zahl der 80-Jährigen und Älteren hat innert 10 Jahren um 50% zugenommen.

11. Kanton Baselland Pensionskassen-Sanierung	In der Pensionskasse des Kantonspersonals fehlen CHF 1,5 Mia. Dieses Loch soll nun innert 40 Jahren gestopft werden. Dazu werden erstens die Rückstellungen von CHF 290 Mio. gebraucht und dann jährlich ein Betrag von 57 Mio. aus Steuergeldern. Im Weiteren müssen die Versicherten mithelfen. Zudem wird die Versicherungsart gewechselt vom Leistungs- zum Beitragsprimat, was aber kein Geld sparen soll.
16. Muttenz Velonummern-Freak	*Marco Fritz* aus Muttenz hat die ganze Schweiz nach den alten, metallenen, und nicht nur rechteckigen Velonummern, die es heute nicht mehr gibt, abgeklappert und dabei über 10'000 Stück vor dem endgültigen Verschwinden gerettet. Seine Sammlung ist grösser als die des *Verkehrshauses*. Er bietet seine Doubletten nun zum Verkauf an. Erste Velonummern gab es bereits 1892, ab 1956 wurde das Format schweizweit vereinheitlicht.
Kanton Baselland *HarmoS* sistieren!	In einem offenen Brief fordert die *Amtliche Kantonalkonferenz der Baselbieter Lehrerinnen und Lehrer* (AKK), *HarmoS* wegen knapper werdenden Finanzressourcen zu sistieren. Der *Finanzdirektor Adrian Ballmer* hat anlässlich der Präsentation des Sparpakets ausgesagt, dass die Lehrer ruhig ein bisschen produktiver arbeiten könnten und dass grössere Klassen keinen Einfluss auf das Bildungsniveau hätten. Die AKK wirft Ballmer vor, er habe keine Ahnung von der Realität in der Schule.
Rothenfluh/Liestal Keine Deponie	Die *Inertstoffdeponie Humbelsrain* in Rothenfluh wird vorläufig nicht gebaut. Die Landbesitzerin hat am Kantonsgericht mit Erfolg interveniert. Die eingereichten Planungsunterlagen waren derart ungenügend, dass eine Zonenplanänderung gar nicht hätte bewilligt werden dürfen.
17. Anwil Bach ausgedohlt	Das Hintermattbächli in Anwil ist von der *Pro Natura* im Rahmen ihrer Kampagne «Gummistiefelland» in seinem Oberlauf ausgedohlt worden.
19. Münchenstein Fernseh-Pioniersendung	Anfang 1952 wurde aus der *Brown Boveri* in Münchenstein das erste Programm des *Deutschschweizer Fernsehens* gesendet. In einer Volksabstimmung lehnte aber die Basler Bevölkerung die Beherbergung des Schweizer Fernsehens ab.
Baselbiet Asiatischer Bockkäfer	Erstmals hat man im Baselbiet Spuren des Asiatischen Bockkäfers gefunden. Das Tier ist gefährlich, fressen sich doch die Larven durch alle Hölzer ausser Nadelbäumen und lassen Bäume so geschwächt zurück, dass sie fallen. Man will im Frühjahr gezielt mit speziell ausgebildeten Hunden nach dem Gross-Schädling suchen.
20. Baselbiet Steuererhöhungen wegen Pflegekostenschub	Unter anderem wegen der neuen kantonalen Pflegefinanzierung sind viele Baselbieter Gemeinden gezwungen, die Steuern zu erhöhen. Die Pflegekosten sind in den Gemeinden sehr unterschiedlich hoch. Sie variieren zwischen CHF 7 und CHF 58 pro Tag auf der Pflegestufe 1.
21. Region Basel Rhein mit Niedrigwasser	Aufgrund der wenigen Niederschläge in der Schweiz führt der Rhein so wenig Wasser, dass die Lastschiffe nur noch etwa 40% ihrer Kapazität laden können. Auch die Natur leidet unter der Trockenheit, auch unter dem tiefen Grundwasserspiegel.
22. Hölstein Nein zu Trinkwasserverbund	Seit Jahren strebt man im Waldenburgertal für sieben benachbarte Gemeinden eine regionale Wasserversorgung an, und nun ist bei bereits weit vorgerückter Planung die Gemeinde Hölstein ausgetreten. Die andern Gemeinden Arboldswil, Bennwil, Lampenberg, Niederdorf, Ramlinsburg und Waldenburg sind ob der Argumente von Hölstein entsetzt, gehen die doch in Richtung von zu wenig Mitsprache. Die Bedingungen für den Verbund seien schon lange bekannt gewesen.

Pratteln Hochhäuser erlaubt	Der Einwohnerrat von Pratteln hat die beiden geplanten Hochhäuser von 67 und 82 Metern Höhe erlaubt. Einsprache hielten nur einige wenige Räte wegen der zu erwartenden grösseren Bevölkerungsverdichtung am Bahnhof.
Zwingen Pleitegeier	Die Traditionsfirma *Arizona Pool Schweiz AG* in Zwingen geht in Konkurs. Dabei verlieren 21 Angestellte ihre Arbeit.
24. Liestal Schulen vorerst gerettet	Die *Kaufmännische Vorbereitungsschule* (KVS) und die *Berufsvorbereitende Schule 2* (BVS2) sollen vorerst für mindestens ein Jahr weiterbetrieben werden. Im Rahmen des Sparpakets war eine Schliessung vorgesehen, doch die massiven Kritiken haben die Regierung zum Umdenken gebracht.
Aesch Neue *Landi* eröffnet	Auf 2500 m² bietet die neue *Landi* in Aesch-Nord 8000 Artikel aus verschiedenen Bereichen für die Bauern, aber auch für «gewöhnliche Kunden» zum Kauf an. Das Gebäude, das mehrere Stockwerke hoch ist, bietet auch der Verwaltung genügend Platz. Das Gebäude ist nach neuesten Erkenntnissen der Minergie-Bauweise erstellt worden, so wird es mit einer Pelletheizung beheizt, wurde zu grossen Teilen aus Schweizer Holz gebaut, und eine Photovoltaikanlage auf dem Dach erzeugt Strom.
25. Kanton Baselland Lehrer machen Zusatzpause	Obwohl der *Lehrerverein* sich deutlich distanziert von Protesten während der Arbeitszeit, wurde in Muttenz, Liestal und Birsfelden von vielen Lehrern eine zusätzliche Pause (Arbeitsniederlegung) aus Protest gegen das Sparpaket eingelegt. Zur Mittagszeit fanden dann noch Protestkundgebungen weiterer Art statt.
Kanton Baselland Zwei weitere Initiativen zur Schule eingereicht	Für die Initiative eines überparteilichen Komitees für kleinere Schulklassen wurden 5486 Unterschriften an den *Landschreiber Alex Achermann* übergeben. Auch die 4693 Unterschriften für eine Entlastung der Klassenlehrer zu Gunsten besserer Betreuungsgespräche wurden bei dieser Gelegenheit eingereicht.
27. Pratteln Deutliches Ja zu Feuerwehrmagazin	Die Pratteler Stimmbürger bewilligten CHF 8,4 Mio. für ein neues Feuerwehrmagazin mit 1626:418 Stimmen. Das Magazin kommt an den westlichen Ortsrand zu stehen und ersetzt jenes im Dorfzentrum.
28. Nordwestschweiz Medienpädagogische Lücken	Über 1100 Eltern wurden vom *Institut für Kinder- und Jugendhilfe der Fachhochschule NWS* zu verschiedenen Medienerfahrungen ihrer 10- bis 17-jährigen Kinder befragt. Das Ergebnis zeigt auf, dass die Eltern ihre Verantwortung in diesem Bereich nur mangelhaft wahrnehmen. Aus den Ergebnissen werden nun ein Weiterbildungs- und Informationsangebot abgeleitet.
29. Laufental Laufental-Blues	Die Einwohner des Laufentals fühlen sich etwa so wie ein Blinddarmanhängsel am Baselbiet. Die Beanstandungen gehen über das Spital bis zur Verkehrserschliessung. Nun sei die Politik ernsthaft gefragt, meint unter anderen *Georges Thüring* (SVP).
Allschwil Lörzbachvergiftung seit 40 Jahren	Der Lörzbach, der aus Frankreich kommend in den Dorfbach von Allschwil mündet, trägt das hochgiftige Hexachlorcyclohexan in sich. Die französischen Behörden wissen seit 1972 Bescheid, dass die am Bach gelagerten Kies und Beton giftig sind, aber die Gemeinde Allschwil wurde nie informiert. Da die Deponie mehrfach den Besitzer gewechselt hat, war offenbar eine Verschleierung relativ einfach. Die Verantwortlichen in Allschwil sind empört und verlangen sofortige Abhilfe.

Muttenz/Liestal Dedeoglus Wahl rechtens	An der Rechtmässigkeit der Wahl von *Ayse Dedeoglu (SP Muttenz)* in den Landrat hat die *Staatsanwaltschaft Baselland* keine belastenden Indizien gegen die neue Landrätin wegen Manipulationsverdacht gefunden.

Dezember 2011

1.	**Nordwestschweiz** Novemberwetter	So wenig Regen im November wie in diesem Jahr gab es seit 91 Jahren nicht mehr: Es fielen ganze 2,6 l, der Durchschnitt langer Jahre beträgt 88 l. Die zwar durchaus vorhandenen Tiefdruckgebiete wurden aber allesamt durch ein mächtiges Hoch abgelenkt. Der Temperaturschnitt betrug 6,5 °C (Norm 5 °C), die Sonne schien insgesamt 111 Stunden (Norm 77 Stunden).
	Liestal Stadtentwicklung	Der Stadtrat hat einen Stadtentwicklungsplan vorgestellt. Aufgezeigt werden dabei die verschiedenen konkreten Vorhaben, aber auch noch in weiterer Ferne liegende wie zum Beispiel die Entwicklung der Industriebrache in *Liestal Nord*, die H2-Zubringer und andere. Neu sollen ab sofort die Quartiere Stadtteile genannt werden.
2.	**Schweiz, Kantone BL/BS** Steuerrangliste	Im Steuerranking der Kantone liegt Baselland an 15. Stelle, was bedeutet, dass es 14 teurere Kantone gibt, unter anderem den Kanton Basel-Stadt, der an 8. Stelle bezüglich der Belastung liegt.
	Liestal Wunderbare *Kulturnacht*	Zwischen 18.00 und 2.00 Uhr verzauberten an 19 verschiedenen Schauplätzen im ‹Stedtli› Kulturschaffende ein grosses, dankbares und beglücktes Publikum.
4.	**Bern/Baselbiet** Mandate der eidgenössischen Parlamentarier	Die Frage, welche Interessen die von uns gewählten Politiker vertreten, muss uns interessieren. Oft hilft uns die Kenntnis der Vernetzung auch, gewisse Entscheide der Volksvertreter zu verstehen. Der *SVP-Mann Caspar Baader* hat mit 19 Mandaten am meisten Verbindungen zu Firmen, Stiftungen und Verbänden. Am Ende der Liste stehen *Susanne Leutenegger-Oberholzer* (SP) mit einem und *Elisabeth Schneider* (CVP) mit gar keinem Mandat.
5.	**Liestal** *Baselbieterstübli* zurück	Das früher in der *Mustermesse Basel* beheimatete und sehr beliebte *Baselbieterstübli* wurde wegen des Umbaus der *Messe Basel* ausgeräumt, und niemand wusste, wohin mit dem Mobiliar aus dem vorletzten Jahrhundert. Nun wurde beschlossen, das Stübli im *Hotel Engel* in Liestal einzubauen.
	Bern *Maya Graf* ist *Vizepräsidentin*	Die *Grüne* Baselbieterin *Maya Graf* ist vom Nationalrat zu seiner Vizepräsidentin gewählt worden, was bedeutet, dass sie im nächsten Jahr die höchste Schweizerin sein wird.
	Muttenz Überbauung gefährdet seltene Schnecke	In der Schweizerhalle beim Auhafen will die Firma *Ultrag-Brag AG* ausbauen, gefährdet aber damit den Standort einer sehr seltenen Schnecke, der Schönen Landdeckelschnecke, einer Schnecke mit Rüssel und geteilter Sohle. Die Schnecke hat die Eiszeit überlebt, kommt aber heute nur noch an ganz wenigen Orten bei ganz speziellen Bedingungen vor.

7. Langenbruck Waldfriedhof	Die Bürgergemeinde-Versammlung von Langenbruck hat mit deutlichem Mehr der Einrichtung eines Waldfriedhofs zugestimmt. Im Gebiet *Asprain*, das auf 750 Metern Höhe liegt und etwa 70 a misst, kann Asche von Verstorbenen im Wald vergraben werden. Grabschmuck, Kerzen und Schilder dürfen aber nicht angebracht werden. Die Mietkosten für einen Baum, unter den die Asche (ohne Urne) vergraben wird, beträgt für 25 Jahre zwischen CHF 500 (Einheimische) und CHF 1000 (Auswärtige).
Kanton Baselland Kantonalbank mit AAA	Triple A ist die höchste Qualitätsauszeichnung, die eine Bank, aber auch ein Ort, Kanton oder Land für seinen Umgang mit Geld bekommt. Der Kanton Baselland hat von *Standard & Poor's*, einer wichtigen internationalen Ratingagentur, wieder AAA zugeschrieben erhalten. Damit ist die Kantonalbank, auch dank der Staatsgarantie, eine der sichersten Banken der Welt.
9. Muttenz *Rennbahnklinik* baut aus	CHF 36 Mio. wird das geplante 7-stöckige Gebäude der renommierten *Rennbahnklinik* in Muttenz kosten. Der Bau kommt an die Kriegackerstrasse zu stehen und gehört zum Grossplan *Polyfeld*. Das Gebäude wird der *Vorsorgestiftung der Ärzte und Tierärzte* gehören, die *Rennbahnklinik* wird sich einmieten.
11. Oberbaselbiet Hausarztloch	Ein Viertel aller Hausärzte im Oberbaselbiet ist älter als 60 Jahre, und Nachfolger sind kaum in Sicht.
12. Nordwestschweiz/Basel BaZ von *Suter* zu *Blocher* zu *Tettamanti* …	Die *Basler Zeitung* ist auf mehreren diffusen Umwegen vor kurzer Zeit an *Moritz Suter* als Mehrheitsaktionär und Verleger gegangen, der nun seinerseits die Zeitung an die *Familie Blocher* verkauft hat, nachdem er einsehen musste, dass er sein Programm nicht durchziehen konnte. Die Besitzverhältnisse wurden lange Zeit verschleiert, was zu grosser Unruhe geführt hatte. *Tito Tettamanti* hat darauf den *Blochers* die Mehrheit der Aktien wieder abgekauft und *Filippo Leutenegger* als Verleger und Verwaltungsrat eingesetzt.
13. Ettingen Waldgebiete neu unter Schutz	Die drei Waldgebiete am Blauennordhang in Ettingen, «Büttenloch-Stapflen», «Amselfels» und «Fürstenstein», werden neu in das *Inventar der geschützten Naturobjekte des Kantons Baselland* aufgenommen. Diese Waldreservate zeichnen sich alle drei durch besondere Naturerscheinungen aus.
Basel/Liestal Studierendenzahl weiter wachsend	Für das laufende Herbstsemester haben sich an der *Uni beider Basel* 12'617 Studierende eingeschrieben. Die Zahl der Studienanfänger ist allerdings aus demografischen Gründen rückläufig.
14. Liestal/Basel Geld für UKBB	Das *Universitätskinderspital beider Basel* erhält trotz der Auslagerung von den Kantonen je etwa CHF 7,5 Mio. zur Abgeltung kinderspezifischer Leistungen wie beispielsweise die spitalinterne Schule.
Liestal Demo gegen Sparen an der Schule	Das Entlastungspaket 12/15 treibt viele Menschen auf die Strasse. So hat nun in Liestal am Tag der Landratssitzung eine etwa 800-köpfige Menge vor dem Regierungsgebäude vor allem gegen den Abbau in der Bildung demonstriert.
Muttenz Viel Geld bewilligt	Die Gemeindeversammlung von Muttenz hat CHF 33 Mio. für zwei Projekte bewilligt: zum einen die Summe von CHF 17 Mio. für eine verbesserte Trinkwasseraufbereitung, zum anderen weitere CHF 16 Mio. für das *Alters- und Pflegeheim zum Park*, das insgesamt CHF 55 Mio. kosten wird.

Grellingen Lecks geortet	Mit den üblichen Methoden konnten die Lecks in der Wasserleitung in Grellingen nicht geortet werden. Mit einer Analyse konnten dann zwei Lecks ausfindig gemacht werden, aus denen 80 l Trinkwasser pro Minute verloren gingen.
15. Münchenstein Güterwagen entgleist	Beim Rangieren auf dem Bahnhof in Münchenstein sind zwei Güterwagen entgleist und haben den Verkehr auf der Strecke Basel–Laufen (–Biel) wegen eines heruntergerissenen Stromkabels verunmöglicht. Tausende von Bahnreisenden mussten entweder Umleitungen über Olten oder einen Bustransfer in Kauf nehmen. Verletzt wurde niemand, und die umgestürzten Wagen enthielten keine gefährlichen Güter.
16. Baselbiet Sturm «Joachim» lässt Zerstörung zurück	Obwohl der Sturm «Joachim» wesentlich braver war als der vor 12 Jahren wütende «Lothar», hinterliess er im Baselbiet Schäden in 2-stelliger Millionenhöhe. Es gingen über 1000 Schadensmeldungen ein. Langenbruck wurde gar von der Umwelt abgeschnitten. Einige Schulen mussten geschlossen werden wegen der Gefahren auf dem Schulweg. Verletzt wurden 2 Personen.
São Tomé e Príncipe ‹Waldenburgerli› auf Briefmarke	Der am Golf von Guinea liegende Inselstaat São Tomé e Príncipe hat eine Briefmarke mit dem Konterfei der *Dampflokomotive Gedeon Thommen* von der *Waldenburgerbahn* herausgegeben. Die Marke deckt 1000 Dobra, was ungefähr einem Betrag von 0,05 Rappen entspricht.
17. Binningen Vor 71 Jahren fielen Bomben	Über 50 Bomben, abgeworfen von der *Royal Air Force*, gingen am 17. Dezember 1940 auf Binningen nieder. Der wohl unbeabsichtigte Angriff kostete 3 Frauen das Leben. Eigentlich hätten die explosiven Geschosse Mannheim treffen sollen, wo aber nur 102 der 134 losgeschickten Flugzeuge ihre Fracht abwerfen konnten. Das Bestreben, in Binningen eine Gedenktafel aufzustellen, wird aber abgelehnt.
Region Dreiland Einkaufstourismus boomt	Man rechnet, dass allein im Dezember zwischen CHF 400 und CHF 600 Mio. im nahen Ausland ausgegeben werden. Dieses Geld fehlt den schweizerischen Detaillisten. Nun will die Politik die Einfuhrobergrenze auf CHF 100.– (statt bisher CHF 300.–) ansetzen. Andere fordern, den Wechselkurs zu erhöhen (z.B. 1 Euro = 1.40 CHF).
18. Kanton Baselland H2 wird National- strasse	Mit dem Abschluss des Baus der H2 zwischen Pratteln und Sissach 2014 wird die Strasse zur Nationalstrasse zweiter Klasse und daher vom Bund übernommen. Daher ist auch der Bund für Unterhalt und Schallschutz zuständig. Die Strasse wird dann vignettenpflichtig.
19. Nordwestschweiz Spitalliste	Mit der neuen Spitalfinanzierung, die am 1. Januar 2012 in Kraft tritt, gibt es auch eine neue Spitalliste. Dazu gehören: die 3 öffentlichen Spitäler, dazu 8 Privatspitäler (*Ergolz, Rennbahn, Birshof, Vista, Lukas, Ita Wegman, Hospiz im Park* und *Esta* sowie die 3 Geburtshäuser *IWK, ambra* und *Tagmond*). Dazu kommen 8 Basler Spitäler, im Aargau 2 und im Solothurnischen 2.
Aesch *Mepha* wechselt Besitzer	Der Pharma-Zulieferer und Generika-Hersteller *Acino* kauft den *Mepha*-Standort Aesch sowie das Lateinamerikageschäft. Er gibt dafür 94 Mio. Euro aus. Die Arbeitsplätze sollen erhalten bleiben.
Laufen Landrätin überwacht	Die Laufener *Landrätin Petra Studer* (FDP) wurde während längerer Zeit im Jahr 2010 systematisch überwacht, da es unklar war, wo sie ihren Wohnsitz hatte. *Studer* behauptete, der Lebensmittelpunkt sei, trotz einer Zweitwohnung in Basel, weiterhin in Laufen, was der Stadtrat jedoch bezweifelte. Daher ordnete er die Überwachung an.

22. Pratteln Platz für Asyl- Anwärter	Weil das Basler Asyl-Empfangszentrum randvoll ist und einige Neuan- kömmlinge draussen nächtigen mussten, hat man in Pratteln kurzent- schlossen die Türen der Truppenunterkunft in der Lachmatt für Neu- ankömmlinge geöffnet. Es sollen maximal 100 Ankömmlinge bis März 2012 aufgenommen werden.
31. Baselbiet Wissen um altes Handwerk geht verloren	Aus Geldmangel können das Postulat von *Christoph Rudin* (SP) von 2008 und von *Kaspar Birkhäuser (Grüne)* von 2011, dringend Wissen und Können alten Handwerks zu retten, nicht erfüllt werden. So weiss beispielsweise bald niemand mehr etwas zur Bandweberei.
Region Basel Neue Zeitungen	Neu gibt es in Basel und Umgebung die *Basellandschaftliche Zeitung* (bz) mit einem Baselbund sowie die *BaZ am Sonntag*.
Schweiz/Kanton BL Pleitegeier 2011	2011 gingen in der ganzen Schweiz 6536 Firmen in Konkurs, davon 194 im Kanton Baselland.

Legislatur

03.01. Die Ziefener *Gemeindepräsidentin Ruth Sprunger*, Ratskollege *Markus Burgunder* und *Gemeindeverwalter Michael Schaeren* treten zurück! Die drei geben nach langen, endlosen Querelen auf und überlassen das Feld «Strapazierfähigeren». Nachwahl ist am 27. März.

12.01. *Marie-Theres Caratsch* war während 12 Jahren Kantonsarchitektin. Nun will sie sich verändern und hat deshalb per Ende September 2011 die Kündigung eingereicht.

14.01. *Peter Aerni* ist in Stiller Wahl zum Nachfolger des zurückgetretenen *Paul Tschudin* in den Gemeinderat Lausen gewählt worden, dies, weil keine weiteren Kandidaten zur Verfügung standen.

19.01. In Stiller Wahl ist *Erich U. Thommen* zum Gemeindepräsidenten von Duggingen ernannt worden. Er hatte dieses Amt interimistisch bereits inne, weil er als *Vizepräsident* den zurückgetretenen *René Hardmeier* vertrat.

08.03. In Stiller Wahl wurde *Peter Hügli* in den Gemeinderat von Brislach gewählt. Er ersetzt dort den zurückgetretenen *Alfred Bader*. Auch die Nachfolge des *Gemeindeverwalters Willy Buchwalder* ist geregelt: *Sandra Hänggi* übernimmt dieses Amt.

27.03. Der Zunzger Gemeinderat ist wieder komplett. Neu gewählt wurden *Michael Kunz* mit 421 sowie *Hansruedi Wüthrich* mit 423 Stimmen.

31.03. *Christoph Straumann* aus Zunzgen wurde an der Delegierten- und Mitgliederversammlung des *Lehrervereins Baselland* (LVB) im Seegarten zu Münchenstein zum neuen *Präsidenten* und Nachfolger von *Bea Fünfschilling* erkoren.

10.05. Nachfolger von *Andreas Burckhardt* auf dem Posten des *Direktors der Handelskammer beider Basel* (HKBB) wird der 44-jährige Baselbieter Chemiker *Franz Saladin*.

15.05. Sissach erkürte den parteilosen *Gieri Blumenthal* zum neuen Gemeinderat, dies als Nachfolger für die zurückgetretene *SVP-Frau Christine Kilchhofer*.

15.05. *Mélanie Wussler-Kleiber* und *Stephanie Eymann* wurden in Eptingen klar gewählt. Das ergibt zum ersten Mal eine weibliche Mehrheit im Eptinger Gemeinderat.

15.05. In Kilchberg kam es zu keinem gültigen Resultat, so dass eine Nachwahl stattfinden muss.

15.05. Aus Niederdorf ist ein Kuriosum zu vermelden: Der zurückgetretene *Gemeinderat Bruno Imsand* wurde zum neuen Gemeinderat bestimmt … er folgt also auf sich selbst! Er nahm die Wahl an, weil offensichtlich ein geeigneter Nachfolger weit und breit nicht zu finden ist.

15.05. In Therwil eroberte die Freisinnige *Daniela Clementi Frey* den von *Heiner Schärrer* freigegebenen Sitz im Gemeinderat. Sie gewann mit lediglich 8 Stimmen Vorsprung auf die Kandidatin der SP, *Barbara Walsoe*.

26.05. *Ernst Schürch*, Lehrer in Rünenberg, wurde zum Präsidenten der AKK, der *Amtlichen Kantonalkonferenz*, gewählt.

19.06. Bei einer Stimmbeteiligung von 18,3% wurde *Michael Kunz* zum neuen Gemeindepräsidenten von Zunzgen bestimmt.

19.06. *Albert Bürgi-Erny* wurde in Rothenfluh zum neuen Gemeinderat gewählt. Er ist Nachfolger von *Claudia Zimmerli*.

23.06. Als Nachfolger des in den Ruhestand tretenden *Walter Mundschin* wurde durch den Landrat der 54-jährige *Alex Achermann* gewählt. Obwohl die Findungskommission des Landrates *Walter Ziltener* (SP) und *Martin Leber* (FDP) vorschlug, hat sich der Rat mit 52 Stimmen für *Achermann* entschieden. *Alex Achermann* war ursprünglich nicht einmal als Kandidat in Erwägung gezogen worden. Er war bisher 2. Landschreiber.

24.06. Nach 10 Jahren als *Präsident des Schweizerischen Roten Kreuzes* tritt der ehemalige Baselbieter *Ständerat René Rhinow* von seinem Amt zurück. Seine Nachfolge tritt die ehemalige Bundeskanzlerin *Annemarie Huber-Hotz* an.

01.07. *Urs Hess* (SVP Pratteln) wurde mit einem Glanzresultat zum *Landratspräsidenten* gewählt. Sein neuer *Vize* heisst *Jürg Degen* (SP Itingen) und erzielte ebenfalls ein sehr gutes Resultat. Der neue *Regierungspräsident* ist *Peter Zwick* (CVP), seine *Vizepräsidentin* ist *Sabine Pegoraro* (FDP), die beide mit einem mässigen Resultat erkoren wurden.

eine Funktion innehaben ▸	A	Stadt im Münsterland ▾	tropfnass sein ▾	Wind am Gardasee ▾	zu schneller Autofahrer ▾	US-Filmdiva † (Bette) ▸	D	Vorsilbe	holländischer Käse ▾	leicht erreichbar
Kraftfahrzeug ▸	M	O	T	O	R	W	A	G	E	N
lateinisch: Erde ▸	T	E	R	R	A	heilige Schriften im Hinduismus ▸	V	E	D	A
Epos von Homer ▸	I	L	I	A	S	poetisch: Biene ▸	I	Ausruf des Erstaunens ▸	A	H
Stadt in den Niederlanden ▸	E	D	E	Süßspeise ▸	E	I	S	dir gehörend ▾	M	Bildunterschrift
Neuordnung ▸	R	E	F	O	R	M	Mainzelmännchen ▸	D	E	T
Ungunst ▸	E	Werkzeug, Instrument ▾	E	Fluss durch Kitzbühel ▾	Unkrautpflanze ▸	M	I	E	R	E
▸ U	N	G	N	A	D	E	Schiff von Noah ▸	I	zusätzliche Sonderleistung ▾	X
Bewunderer ▸	Heldengedicht ▾	E	Planet unseres Sonnensystems ▾	C	edles Pferd ▸	französ.-schweiz. Schriftsteller ▸	A	N	E	T
▸ V	E	R	E	H	R	E	R	Knochenfisch ▾	X	häufig
Wickeltuch um die Hüften ▸	P	A	R	E	O	römischer Staatsmann ▸	C	A	T	O
trostlos ▸	O	E	D	klar, deutlich ▸	S	C	H	A	R	F
ständig ▸	S	T	E	T	S	israelische Hafenstadt ▸	E	L	A	T

RM071247   82160

```
 A         D
 M O T O R W A G E N
 T E R R A   V E D A
 I L I A S   I   A H
 E D E   E I S   M
 R E F O R M   D E T
 E   E     M I E R E
U N G N A D E   I   X
   E   C     A N E T
V E R E H R E R   X
 P A R E O   C A T O
 O E D   S C H A R F
 S T E T S   E L A T
```

Dazu erfolgte die Anlobung der 23 neuen Landratsmitglieder sowie die Vereidigung von *Neu-Regierungsrat Isaac Reber (Grüne)*. Im Weiteren wurden die diversen Kommissionen neu gewählt.

08.07. Die *Basellandschaftliche Kantonalbank* hat die 53-jährige *Elisabeth Schirmer-Mosset* zur neuen *Präsidentin des BLKB-Bankrates* erkoren. *Elisabeth Schirmer* ist Mitinhaberin der *Uhrwerksherstellerin Ronda* in Lausen.

18.07. Obwohl er gar nicht kandidiert hatte, wurde *Markus Lüdi* in Kilchberg mit 14 Stimmen zum neuen Gemeinderat gewählt. Der Gewählte nahm dann die Wahl an, weil er befürchten müsste, dass die Gemeinde unter Kantonsverwaltung käme, wäre der Gemeinderat nicht komplett (3 Mitglieder).

24.08. *Markus Schlup-Schmutz* ist in Waldenburg in Stiller Wahl zum Nachfolger von *Helena Hess* in den Gemeinderat gewählt worden.

02.09. *Yvonne Reichlin* verlässt nach 10 Jahren die Finanzdirektion. Sie war dort als *Leiterin der Finanzverwaltung* tätig.

03.09. *Reto Wolf* siegte im Duell gegen *Gregor Gschwind* um das Amt als *Gemeindepräsident*. *Wolf* (FDP) erlangte 1404 Stimmen, *Gschwind* (CVP) erreichte 986 Nennungen.

23.09. Die Nachfolge des langjährigen *Wirtschaftskammer-Direktors Hans Rudolf Gysin* übernimmt ab Sommer 2012 *Christoph Buser*, bisher Mitglied der Geschäftsleitung.

27.09. Definitiv ist nun *Andrea von Känel* Leiter des *Lufthygieneamtes beider Basel*. Nach dem Rücktritt von *Roberto Mona* im Frühjahr war er zuerst interimistischer Nachfolger, jetzt ist er im Amt bestätigt worden.

23.10. Bei 42,6% Wahlbeteiligung wurde in Lausen die Parteilose *Sibylle Galster-Frey* mit 648 Stimmen neu in den Gemeinderat gewählt. Die SP-Kandidatin *Anita Hofer-Marending* erreichte bei einem absoluten Mehr von 607 Stimmen 526 Nennungen.

23.10. In den Gemeinden Biel-Benken und Hölstein erreichte kein Gemeinderats-Kandidat das absolute Mehr, und daher gibt es einen 2. Wahlgang.

23.10. *Christine Brander* heisst die neue *Gemeindepräsidentin* in Ziefen, die mit einem Glanzresultat gewählt wurde. Sie wird damit Nachfolgerin von *Markus Gutknecht*.

23.10. Für 2 vakante Sitze im Gemeinderat in Lauwil boten sich 2 Kandidaten an, welche dann auch mit deutlichen Resultaten gewählt wurden: *Simon Griner* und *Barbara Ziegler*.

25.10. Auf den an 1. Stelle gerückten *Alex Achermann* folgt auf dem Posten der *2. Landschreiberin Andrea Mäder* aus Zwingen.

27.11. *Gabriel Antonutti* (parteilos) und *Michael Tschudin* haben im 2. Wahlgang je einen Sitz im Gemeinderat von Hölstein erobert. Sie ersetzen *Hanspeter Kummli* und *Alfred Häner*, die im Laufe des Jahres zurückgetreten sind.

27.11. *Daniel Kaderli* (EVP) wurde von den Stimmbürgern im 2. Wahlgang deutlich als Nachfolger von *Charles Eray* als neuer Gemeinderat von Biel-Benken installiert.

27.11. Der in Rothenfluh mit Getöse abgetretene *Gemeinderat Georges Fuhrer* wurde von einem Komitee zur Wiederwahl empfohlen. Doch der andere Kandidat, *Paul Schaub*, schwang deutlich obenaus.

27.11. Nach dem Tod von *Gemeindepräsident Romain Liechti* musste in Lauwil ein Nachfolger gewählt werden. Der einzige kandidierende Vize *Andy Mohr* wurde mit vielen Stimmen gewählt.

01.12. *Gottfried Hodel*, *Leiter des Baselbieter Amtes für Volksschulen*, wechselt an die *Pädagogische Hochschule* nach Bern.

08.12. *Roger Wenk* (57) wird als Nachfolger von *Yvonne Reichlin* neuer *Finanzverwalter des Kantons*.

12.12. *Christoph Buser* wurde nach einigen internen Querelen nun doch von den Delegierten als *Direktor der Wirtschaftskammer* installiert. Er ist damit Nachfolger des «Wirtschaftskönigs» *Hans-Rudolf Gysin*. Mit der Wahl ging eine Statutenänderung einher, welche die Delegierten stärker in Entscheidungen einbezieht.

12.12. Die abtretende *Kantonsarchitektin Marie-Therese Caratsch* wird durch den 48-jährigen *Thomas Jung* ersetzt. *Jung* war *Leiter der Hochbauabteilung der Stadt Dietikon ZH*. Er ist Architekt ETH.

Der Regierungsrat …

06.01. … antwortet auf eine Interpellation von *Philipp Schoch* von den *Grünen*, die Finanzierung der Ersatzbeschaffung für Materialien der Chemiewehr sei nicht gesichert.

25.01. … gibt einem Einsprecher aus Binningen recht: Eine einseitige Werbung und Information hatte ihn veranlasst, gegen einen Planungskredit, dem die Stimmbürger zugestimmt hatten, Einsprache zu erheben. Nun muss die Abstimmung wiederholt werden.

02.02. … hat bekannt gegeben, in welchem Departement wie viel bis 2014 gespart wird; noch offen ist die Information, was unter den Sparbefehl fällt. Die verschiedenen Direktionen haben folgende Werte einzusparen: Die *Bildungs-, Kultur- und Sportdirektion* muss mit dem Rotstift CHF 54,4 Mio. streichen, die *Volks- und Gesundheitsdirektion* CHF 45,4 Mio., die *Bau- und Umweltdirektion* muss CHF 22 Mio. einsparen, die *Finanzdirektion* CHF 41,9 Mio. und die *Sicherheitsdirektion* CHF 16 Mio.

01.03. … entscheidet aufgrund einer Motion von *Martin Rüegg* (SP), dass Sport nun auch an der Sek mit Niveau P als Promotionsfach unterrichtet wird. Am Gymnasium bleibt der Sport aber weiterhin aussen vor.

05.04. … hat den neuen Zonenplan von Muttenz nur teilweise genehmigt. Dieser Zonenplan sieht das *Schänzli*, bisher Reitsportanlage, als Grünzone vor. Da Muttenz der Besitzer des grösseren Teils des Areals ist und auch die Planungshoheit innehat, will man dort eine Grünanlage erstellen (Park). Der Kanton will allerdings im vorderen Teil ein Sportinstitut bauen. Auch das Areal *Lachmatt*, das die Muttenzer für eine eventuell nötige neue Sportanlage brauchen möchten (wegen möglichen Aushubs der alten Grube, auf welcher der jetzige Sportplatz liegt), ist umstritten, weil der Kanton diese Fläche unbebaut haben möchte. Muttenz will vor Gericht seine Vorhaben durchsetzen.

06.04. … hat dem Landrat die Abrechnung zur Abgeltung für Tram- und Buslinien zwischen den beiden Basel, die für das Jahr 2009 rund CHF 4 Mio. kostet, zur Genehmigung vorgelegt.

Der Betrag liegt um CHF 1,9 Mio. unter dem Budget, aber um etwa CHF 200'000 über der Zahlung des letzten Jahres.

13.04. … mahnt in der Person von *Finanzchef Adrian Ballmer*, das Sparpaket müsse dringend eingehalten werden, denn obwohl die Rechnung 2010 um CHF 44 Mio. besser als budgetiert ausgefallen ist, bleibt sie doch rot, nämlich bei CHF 71 Mio. Defizit.

19.04. … rochiert: *Sabine Pegoraro* (FDP), bisher erfolgreiche *Chefin der Sicherheitsdirektion*, wechselt in die *Baudirektion* und überlässt ihren Posten dem neugewählten *Isaac Reber (Grüne)*. Die anderen Positionen bleiben unverändert.

25.05. … hat den Lehrkräften, nachdem er für alle anderen Staatsangestellten eine zusätzliche Woche Ferien bewilligt hat, ebendiese Ferienwoche verweigert. Dass dies noch immer für eine falsche Bewertung der Lehrerarbeitszeit und auch des Aufwandes bedeutet, sei am Rande bemerkt. Seit der akribischen Stundenerfassung bei der Arbeitszeit von Lehrkräften dachte man, das Märchen von den 13 Wochen Ferien sei gründlich ausgeräumt, doch der Regierungsrat kommuniziert, man könne doch sicher problemlos etwas effektiver arbeiten.

07.06. … hat beschlossen, dass ab sofort jede Gemeinde selbst entscheiden kann, ob sie Solaranlagen in Dorfkernen bewilligen will.

08.06. … will in den nächsten 4 Jahren CHF 180 Mio. sparen. Das gehe nur mit einschneidenden Massnahmen. 187 verschiedene Eingriffe in den Finanzhaushalt sind geplant: So sollen 238 Stellen abgebaut werden; ein veritabler Einschnitt bei den staatlichen Leistungen und Effizienz- und Ertragssteigerungen sollen helfen; eine verringerte Abzugsfähigkeit bei den Krankheitskosten bei den Steuern sowie eine deutliche Reduktion der Krankenkassen-Prämienbeihilfen sind ein weiterer Teil des Vorhabens; die Staatsverträge mit Basel-Stadt sollen um CHF 10 Mio. verringert sowie die Schlösser *Wildenstein* und *Bottmingen* verkauft werden; das ‹Läufelfingerli› steht wieder einmal in Frage und so weiter …

21.06. … akzeptiert teilweise die von 10 Gebergemeinden im Finanzausgleich eingereichte Initiative, die weniger Leistungen von ihnen verlangt. Neu sollen maximal 17% der Steuerkraft abgeschöpft werden, und nicht wie zum Beispiel im Jahr 2010, als mehrere Gemeinden wegen der Ausgleichszahlungen ihr Budget sprengen mussten, weil bis zu 19,9% verlangt wurden. – 17 von 86 Gemeinden sind Geber.

28.09. … präsentiert in der Person von *Regierungsrat Adrian Ballmer* das Budget 2012. Es ist defizitär. Es fehlen CHF 18,7 Mio., im operativen Bereich gar CHF 145,7 Mio. Kein Finanzausgleich mehr vom Bund, sondern ein Nachrücken zu einem Geberkanton, weniger bis keine Einnahmen von der Nationalbank, diverse Abwälzungen des Bundes auf die Kantone, all das belastet die Kassen in einem Übermass, so dass die Budgets im Minus enden.

05.10. … hat ohne Wissen der Gemeinde Therwil in der Presse gemeldet, dass der *Löwenkreisel* saniert werden soll. Nun hat sich der Gemeinderat gegen dieses Vorhaben und gegen die fehlende Information zur Wehr gesetzt. Der Kreisel wurde vor 10 Jahren erbaut.

20.10. … will das anlässlich der *Sandoz*-Katastrophe 1986 kontaminierte Gelände nicht weiter sanieren. Gemäss den heutigen Gesetzgebungen gelte der Unfallort als nicht mehr sanierungsbedürftig und soll nur noch überwacht werden. Natürlich melden sich sofort Kritiker namentlich aus Muttenz. Man wirft dem Kanton vor, jahrelang nichts gemacht zu haben und den Zustand jetzt einfach zu legalisieren.

28.10. … hat das Investitionsprogramm für die Jahre 2013 bis 2021 vorgestellt. Man geht von einem Volumen von CHF 1,665 Mia. aus. Grossbaustellen sind unter anderen der *Kubuk (Fachhochschule Muttenz)*, die Verlegung der Rheinstrasse im Rahmen des *Salina-Raurica-Projekts*, der Neubau beim *Arxhof* in Niederdorf. Zurückgestellt wurden aus Kostengründen der Neubau des *Kantonsgerichts*, die letzte Ausbautranche der regionalen Veloroute, die neue Birsbrücke in Laufen und der Busbahnhof in Muttenz.

08.11. … will trotz 138 kritischer Stellungnahmen gegen das Sparpaket des Kantons Baselland kein Jota vom vorgegebenen Kurs abweichen und weiss dabei die bürgerliche Mehrheit des Landrats an seiner Seite. Werde das Paket auch nur irgendwo aufgeröselt, werde es fallen, sagte *Finanzchef Adrian Ballmer* an der Vernehmlassungsveranstaltung in Muttenz. Es kommt wohl zu einer Volksabstimmung, ob und wie die CHF 180 Mio. gespart werden sollen. Von Gegnerseite wird scharf geschossen, und *Ballmer* wird wegen der allzu knappen Antwort auf die vielen Eingaben der Arroganz bezichtigt.

20.11. … beschliesst im Rahmen des Sparpakets, dass die Bauernschule auf dem *Ebenrain* in Sissach künftig ohne Schulleiter auskommen muss. Kritik von Seiten des *Bauernverbandes* lässt den zuständigen *Regierungsrat Peter Zwick* kalt.

19.12. … legt den Pflegekosten-Verteiler in den Alters- und Pflegeheimen im Baselbiet neu fest. Für die Gemeinden bedeutet das eine Mehrausgabe von insgesamt etwa CHF 20 Mio.

30.12. … kneift im Zusammenhang mit dem Sparpaket 12/15 und bezahlt den Menschen, welche die Krankenkassenprämien nicht so ohne weiteres bezahlen können, rund CHF 10 Mio. weniger aus. Der Bund bezahlt CHF 73,85 Mio., der Kanton nun noch CHF 39 Mio.

Der Landrat ...

13.01. ... beschliesst, dass künftig die kantonale Steuerverwaltung die Veranlagungen der Grundstücksgewinn- und der Handänderungssteuer übernehmen soll. Bisher wurden diese von den Bezirksschreibereien erledigt.

... bewilligt einen Beitrag für das *Kinderspital beider Basel* für das Jahr 2011.

... lehnt die Steuervereinfachungsinitiative der FDP ab und bringt sie, zusammen mit einem Gegenvorschlag, zur Abstimmung.

... kritisiert die EDV-Strategie von *Regierungsrat Adrian Ballmer*. Es liessen sich mehrere Mio. Franken sparen, wenn hier vereinfacht und zusammengelegt würde.

27.01. ... bewilligt CHF 195 Mio. für die Übernahme der restlichen Sekundarschulhäuser.

... beschliesst, die H2-Finanzierung durch einen weiteren Kredit von CHF 140 Mio. «nachzufüllen».

... beschliesst mit einer einzigen Mehrheitsstimme, dass der Kanton Basel im Modell simuliert werden soll.

... empfiehlt die Initiative der FDP «für einfachere Steuern» dem Volk zur Ablehnung und stellt einen weniger detaillierten Gegenvorschlag vor.

10.02. ... fällt mehrere Entscheide zur Parlamentsreform: Die Fraktionen des Landrates erhalten neu je CHF 15'000 (vorher CHF 5000). – Ein Parlamentsdienst ist kein Thema mehr. – Das Vizepräsidium des Rates soll doppelt besetzt werden, eine Geschäftsleitung aus Präsidium, Vizepräsidenten und Fraktionspräsidenten soll weitergeführt werden (Entscheid März 2010). – Neu darf sich die Regierung nur noch 3 Monate Zeit lassen, um eine Interpellation zu beantworten. – An jeder Landratssitzung (bisher jede zweite) wird eine Fragestunde eingeschoben, aber auf eine halbe Stunde beschränkt. – Vorstösse dürfen auch von Ratskommissionen abgeschrieben werden, dies jedoch nur nach einstimmigem Kommissionsentscheid. – Die Parlamentsreform wird auf Anfang 2012 umgesetzt. Gesetze, Verfassung und Dekrete sind bis dann anzupassen.

... beschliesst ein Ja zum Öffentlichkeitsprinzip.

... genehmigt einstimmig den Entschluss zum Informations- und Datenschutzgesetz.

... bestätigt die Übernahme von 19 Sekundarschulanlagen mit insgesamt 100 Gebäuden durch den Kanton ab dem 1. August 2011. Die dazu bewilligten CHF 195 Mio. wurden bereits früher gesprochen.

... will einen Sitz in der Universitätskonferenz und hat nun einstimmig Standesinitiative in dieser Sache beschlossen: Das Baselbiet, seit 2007 Mit-Trägerkanton der *Universität beider Basel*, wird bisher vom Bundesrat nicht als Universitätskanton anerkannt.

24.02. ... nimmt eine Motion von *Sabrina Mohn* (CVP) entgegen, die verlangt, die Regierung solle die Grundlagen für das E-Voting erarbeiten, damit eine Abstimmung per Computer dereinst möglich sein sollte.

... heisst eine Motion gut, welche die Pauschalbesteuerung weiterhin ermöglicht, aber zu besseren Mindeststandards. Der Regierungsrat hat die Motion entgegengenommen. Die SP kündigte eine Initiative zur Abschaffung der Pauschalsteuer an.

... nimmt ein Postulat der SP entgegen, die einen kantonalen Armutsbericht verlangt. Diese Forderung wird zusammen mit den Stimmen von CVP/EVP und *Grünen* überwiesen.

... beschliesst, dass, wer sich einbürgern lassen will, künftig über eine gesicherte wirtschaftliche Existenz verfügen muss. Die Regierung wird noch in diesem Jahr eine Vorlage zum kantonalen Bürgerrechtsgesetz vorlegen.

... lehnt eine Motion der SP, die verlangt, dass ein Gesetz für Spitex und Pflege geschaffen werden solle, deutlich ab. Die Verantwortung sei im Zuge der Aufgabenentflechtung den Gemeinden zugewiesen worden, und dabei soll es bleiben, so die Meinung der Ablehnenden.

03.03. ... verpflichtet die Regierung mit 64:13 Stimmen dazu, eine Standesinitiative zur Einführung einer schweizerischen Erdbebenversicherung auszuarbeiten.

... lehnt eine Forderung der SVP, wonach Kinder bei Schuleintritt ausreichende Deutschkenntnisse aufzuweisen haben, deutlich ab.

... beschliesst, dass der Kanton künftig nicht nur die Hälfte, sondern den ganzen Betrag beim Bau von Bushaltestellen übernehmen solle. Drei Vorstösse in dieser Richtung wurden von den Mitgliedern des Rates fast einstimmig unterstützt.

... überweist der Regierung ein Postulat von *Klaus Kirchmayr* zur Prüfung, inwieweit das Absolvieren gleicher Kurse an anderen Schweizer Hochschulen mit der gleichen Punktzahl im Bologna-System honoriert werden kann.

31.03. ... nimmt zur Kenntnis, dass die Sanierung der Kantonsfinanzen erst Mitte Mai kommuniziert wird. Die Regierung wird dem Landrat 300 Massnahmen zur Haushaltsentlastung vorlegen. Der ursprünglich vorgesehene Termin per Ende März konnte nicht eingehalten werden.

... murrt – vor allem über 2 der 15 von der Regierung vorgelegten Schlussabrechnungen wegen Kostenüberschreitungen: das Hochwasserschutzprojekt in Allschwil und den Umzug der Bezirksschreiberei in Liestal.

... nimmt mit 43:27 Stimmen eine Motion von *Urs Berger* von der CVP an, die vom Kanton verlangt, eine Standesinitiative auszuarbeiten, die junge Erwachsene in Ausbildung besser vor Kredit- und Abzahlungsgeschäften schützt.

14.04. ... überweist eine Motion des Reinacher SVP-*Landrats Franz Hartmann* zur Überprüfung des Finanzausgleichs mit 59:12 Stimmen als Postulat.

... lehnt eine Motion der *Grünen* ab, nach der die Ausländer auf kommunaler Ebene abstimmen können sollen.

... lehnt auch eine von der EVP-*Landrätin Sarah Fritz* eingereichte Motion für ein Verbot sexistischer Plakatwerbung mit 37:39 Stimmen ab.

05.05. ... folgt mit 55:26 Stimmen der Motion von *Rolf Richterich* (FDP), nach der künftig der Lehrerkonvent bei der Anstellung eines Schulleiters wohl noch ein Mitspracherecht im Schulrat, aber kein Vorschlags- und Empfehlungsrecht mehr haben wird.

... wählt *Peter Holinger* (SVP Liestal) in Stiller Wahl anstelle des aus gesundheitlichen Gründen zurückgetretenen Parteikollegen *Peter Brandenberger* zum Strafrichter bis 2014.

... lehnt mit 53:21 Stimmen eine Zulassungsbeschränkung für ausländische Studenten mittels Numerus clausus ab.

... lehnt mit 63:10 Stimmen eine Petition mit über 5000 Unterschriften betreffend Schülerverschiebungen zwischen dem Waldenburger und dem Reigoldswilertal ab. Die Sek-Schülerinnen und -Schüler müssen daher mit sehr langen Schulwegen rechnen.

19.05. ... nimmt nach sehr angeregter Diskussion den Bericht der *Umweltschutz- und Energiekommission* zur Kenntnis, der die Folgeschäden von Luftverschmutzung im Baselbiet auf CHF 425 Mio. beziffert.

... lehnt mit 37:28 Stimmen ein SP-Postulat zur Gesundheitsförderung beim Kantonspersonal ab.

... nimmt eine Motion der Ratsmitglieder von SP und CVP/EVP für sicherere Radwege im Laufental mit grossem Mehr an. Ebenso eine ähnliche Forderung für die Liestaler Velofahrer.

... wählt für die zurückgetretene *Beatrice Flückiger* bis Ende Amtsperiode 2014 *Guido Halbeisen* (SVP, Wahlen) in den Bildungsrat.

... kommt trotz 3-stündiger Debatte über den Atomausstieg zu keinen neuen Beschlüssen. Die beiden Stromkonzerne EBM und EBL werden auch weiterhin Atomstrom ins Netz einspeisen dürfen. Überwiesen wurden Vorstösse für eine Standesinitiative zu Gunsten eines geordneten Atomausstiegs *(Grüne)*, für Massnahmen zu Gunsten einer Energieverbrauchsabsenkung (EVP), für eine Ausweitung der Gefahrenzone (von jetzt 20 km auf neu 50 km) (SP) sowie die Forderung nach erneuerbarer Energie beim *Alpiq-Konzern* (CVP/EVP).

09.06. ... lehnt mit 42:30 Stimmen ein dringliches Postulat von *Klaus Kirchmayr (Grüne Aesch)* ab, wonach der Landrat die Energiestrategie für den Kanton überprüfen solle, da doch eine neue Situation mit dem Verzicht auf den weiteren Bau von Kernenergie-Kraftwerken beschlossen sei. Man wolle die weiteren Entscheide auf Bundesebene abwarten.

... verwirft haushoch mit 70:3 Stimmen (bei 3 Enthaltungen) eine Motion von *Urs von Bidder* (EVP Binningen), die betreffend Finanzausgleich verlangte, dass Gemeinden, die freiwillig an Basler Institutionen Unterstützung geben, den gespendeten Betrag vom Finanzausgleich abziehen können.

23.06. ... winkt die Staatsrechnung 2010 trotz Minus von CHF 71,2 Mio. durch.

... verabschiedet in dieser letzten Sitzung der alten Legislaturperiode diverse Parlamentarier.

… überweist mit knappen 40:37 Stimmen eine Petition des *Schweizerischen Fischerverbandes* «Rettet unsere Fliessgewässer» an den Regierungsrat. Dabei geht es darum, natürliche Fliessgewässer vom Bau neuer Wasserkraftwerke zu verschonen.

… nimmt ein Postulat von *Elisabeth Augstburger* (EVP) und *Mirjam Würth* (SP) entgegen, das vom Regierungsrat verlangt, die kantonale Finanzierung von Deutschkursen für Asylbewerber zu überprüfen.

08.09. … überweist mit 56:25 Stimmen eine von über 8000 Personen unterzeichnete Petition für ein erweitertes Nachtflugverbot. Bisher gilt eine Nachtflugsperre von Mitternacht bis 5.00 Uhr für Landungen und bis 6.00 Uhr für Starts. Neu soll der *EuroAirport* von 23.00 bis 6.00 Uhr für jeden Flugverkehr gesperrt sein.

… diskutiert die Änderung des Anwaltsgesetzes und wirft dabei die Frage nach der Wiederholbarkeit der Anwaltsprüfung auf. 53 Räte votierten dafür, dass die Prüfung wie bisher nur einmal (und nicht zweimal, wie beantragt) wiederholt werden darf.

… lehnt eine Zusammenlegung der beiden Umweltschutz-Ämter BL und BS ab, da die Zusammenarbeit bereits jetzt bestens klappe. Ein Zusammengehen wurde von der CVP/EVP und den *Grünen* gefordert.

… lehnt einen Vorstoss der *Sissacher Gemeindepräsidentin Petra Schmidt* mit 42:36 Stimmen ab: Auch in Zukunft soll der einmal festgelegte Steuerfuss der Gemeinden (jeweils im Herbst des Vorjahres) nicht während des laufenden Jahres gesenkt werden können.

22.09. … beschliesst mit knapper 4/5-Mehrheit die Änderung des Umweltschutzgesetzes: Neu wurde der Paragraf 56a eingefügt, der die Sanierung von mit Chemieabfall verseuchten Deponien regelt. Bewusst wurde kein Verfalldatum des Gesetzes festgehalten.

… beschliesst die Gemeindefusionen dahingehend zu erleichtern, dass rechtliche Hürden für eine Fusion ausgeräumt werden.

20.10. … verweigert angesichts der schlechten Finanzlage der *Fachhochschule Nordwestschweiz* eine Aufstockung des Globalbudgets. Damit schert der Kanton bei den Trägerkantonen aus und lässt die drei Partner im Regen stehen. Es ging um einen Mehrbetrag von CHF 30 Mio. Ratspräsident *Urs Hess* (SVP) gab mit seiner Stimme den Stichentscheid.

… verabschiedet *Walter Mundschin*, während 37 Jahren erster Landschreiber, mit grossem Applaus und grossem Besuch aller ehemaligen Landratspräsidenten gebührend.

03.11. … überweist die Vorlage zur Spitalauslagerung in erster Lesung. Ob in zweiter Lesung dann die 4/5-Mehrheit erzielt werden kann, bleibt aber fraglich. Es droht eine Volksabstimmung.

… legt die mit vier Forderungen an die *Fachhochschule Nordwestschweiz* verknüpfte Neubeurteilung des zuvor abgelehnten Global-Budgetbetrags von CHF 30 Mio. nochmals vor, in der Hoffnung, sie werde nun angenommen.

… diskutiert auf der Suche nach einem fairen Finanzausgleich in einer ersten Lesung vor allem um die Obergrenze bei den Gebergemeinden. Die Fiko will aber mit Massnahmen bis 2013, wenn eine erste Evaluation stattgefunden hat, zuwarten.

17.11. … verpasst mit 41:37 Stimmen eine 4/5-Mehrheit deutlich: Somit wird das Volk über die Spitalauslagerung entscheiden.

… beschliesst mit deutlicher Mehrheit die Verlängerung der Tramlinie 14 bis *Salina Raurica*.

… bewilligt zudem CHF 23 Mio. für die zweite Tranche der Instandstellung/Erneuerung der bisherigen 14er-Linie und erwähnt auch einen möglichen Wechsel von den BVB zur BLT.

… registriert Rücktritte und Nachfolgen: *Bea Fuchs* (SP) tritt nach 12 Jahren im Landrat zurück, da sie den Wohnort wechselt. Für sie rückt der Allschwiler *Gemeinderat Thomas Pfaff* (SP) nach. Auch der in den Nationalrat gewählte *Thomas de Courten* (SVP) gibt seinen Sitz auf, sein Nachfolger heisst *Thomas Weber*.

… beschliesst mit 43:35 Stimmen, die Plakatflut bei den Wahlen einzudämmen. Er überweist nach hitziger Debatte eine Motion, die eine kantonale Regelung zumindest der Aushangdauer verlangt.

01.12. … stimmt mit 70 Ja-Stimmen doch noch für das erhöhte Globalbudget für die *Fachhochschule der Nordwestschweiz*, das noch an einer der letzten Landratssitzungen abgelehnt worden war. Allerdings mit dem Zusatz, dass der Regierungsrat Lösungen gegen den rasanten Kostenanstieg aufzeigen müsse. Baselland zahlt nun für die nächsten 3 Jahre CHF 187 Mio. an die *Fachhochschule Nordwestschweiz*, CHF 30 Mio. mehr als bisher.

… diskutiert lange über die familienergänzende Kinderbetreuung, kämpften doch die SVP und die FDP für Änderungen am neuen Gesetz. Sie drangen aber nicht durch. Ein Entscheid zum Finanzierungsschlüssel wurde verschoben.

… lauscht den Antworten von *Baudirektorin Sabine Pegoraro* auf eine dringliche SP-Interpellation: Sie weist Behauptungen zurück, wonach ihr Amt seit längerem Bescheid gewusst habe über die Vergiftung des Lörzbaches in Allschwil. Das dort gefundene Gift HCH, ein Insektengift und bis vor 10 Jahren erlaubt, wurde in der Landwirtschaft eingesetzt.

… vertagt die Listenfrage bei nicht bezahlten Krankenkassenprämien auf später, obwohl das Bundesrecht dazu auf 2012 in Kraft tritt.

… verfolgt die Ernennung von *Dominik Straumann* (Muttenz) zum neuen Fraktionschef der SVP-Fraktion, während *Marco Born* (FDP Sissach) den Sitz von *Daniela Schneeberger* erbt, die in den Nationalrat gewählt wurde. Nachdem alle bei den Wahlen vor ihm klassierten Anwärter abgesagt haben, übernimmt *Born* als letztgewählter das Amt.

15.12. … genehmigt trotz grossen Defizits das Budget 2012. Bei einem Aufwand von CHF 2,507 Mia. und bei einem Ertrag von CHF 2,49 Mia. bleibt ein Defizit, welches nur dank dem Griff ins Eigenkapital (CHF 127 Mio.) lediglich CHF 17,1 Mio. beträgt.

… verfehlt im Ringen um ein neues Gesetz über die Kinderbetreuung auch wegen erbitterten Widerstands bei FDP und SVP eine 4/5-Mehrheit und muss nun in dieser Frage vors Volk.

Wahlen

27.03. *Isaac Reber* von den *Grünen* bugsiert mit 28'444 Stimmen den SVP-Mann *Jörg Krähenbühl* aus dem Regierungsrat, der zwar das absolute Mehr von 21'908 Stimmen erreichte, aber als 6. der Rangliste mit 25'946 Nennungen nicht mehr gewählt wurde. Auch *Pia Fankhauser* von der SP erreichte zwar das absolute Mehr mit 24'398 Stimmen, war aber ebenfalls überzählig. Die weiteren 4 Räte wurden bestätigt, am besten *Sabine Pegoraro* von der FDP, gefolgt von *Urs Wüthrich* (SP) und *Peter Zwick* (CVP). Auffallend ist das relativ schwache Ergebnis von *Adrian Ballmer* (FDP) mit 27'028 Stimmen.

27.03. Bei den Landratswahlen verlor die SP 1, die FDP 6, die CVP 3 Sitze, die SD ist neu ohne Sitz, während die *Grünen* 1 und die SVP 3 Sitze eroberten. Die erstmals teilnehmenden *Grünliberalen* eroberten 3, die BDP 4 Sitze.

23.10. Während die GLP und die BDP im Baselbiet bei den National- und Ständeratswahlen Stimmen zugewinnen konnten, verloren alle etablierten Parteien einige Prozentpunkte, ohne dass jedoch Sitzverschiebungen stattgefunden hätten. Die FDP verteidigte ihren Sitz (den von *H. R. Gysin*) knapp mit *Daniela Schneeberger*, *Christian Miesch* von der SVP wurde abgewählt und durch *Thomas de Courten* ersetzt. Alle anderen Sitze bleiben bei den Bisherigen. In den Ständeratswahlen schwang *Claude Janiak* (SP) ganz deutlich obenaus und vertritt den Kanton weitere 4 Jahre in Bern.

14.12. Keine Überraschungen gab es bei den Bundesratswahlen: Alle Bisherigen wurden, mit zum Teil unterschiedlichen Resultaten, wiedergewählt. Die zurücktretende *Micheline Calmy-Rey* wird durch den Freiburger SP-Mann *Alain Berset* ersetzt. Die SVP muss weiter auf eine zweite Vertretung im Rat warten, da alle Angriffe auf Bisherige scheiterten.

Abstimmungen

Stimmbeteiligung: 51%

Volksinitiative vom 23. Februar 2009
«Für den Schutz vor Waffengewalt»

41'346 Ja   50'153 Nein   abgelehnt

CH: 56,3% Nein

Resultate zu den kantonalen Vorlagen:

Landratsbeschluss vom 23. September 2010
betreffend Subvention der Theatergenossenschaft (Theater Basel)

43'611 Ja   46'204 Nein   abgelehnt

13.06. Resultate zu den kantonalen Vorlagen:
Stimmbeteiligung: 20%

Stundentafel und Lehrpläne;
Änderung des Bildungsgesetzes

16'186 Ja   22'631 Nein   abgelehnt

Nachvollziehbares Steuergesetz;
Änderung der Kantonsverfassung

36'613 Ja   2997 Nein   angenommen

Öffentlichkeit von Verhandlungen und Informationen; Änderung der Kantonsverfassung

34'871 Ja   4349 Nein   angenommen

Gemeindefusionen;
Änderung der Kantonsverfassung

35'551 Ja   3827 Nein   angenommen

Jubilarinnen und Jubilare

12.02. *Marie Weder* aus Gelterkinden feiert im *Alters- und Pflegeheim Gelterkinden* ihren 103. Geburtstag. Ihr geht es noch immer gut, sie ist erst vor ein paar Monaten ins Altersheim umgezogen.

16.02. Im *Altersheim Madle* in Pratteln feiert *Elsa Wagner-Scholer* ihren 103. Geburtstag.

10.03. In Pratteln feiern *Ingeborg* und *Eduard Bitterli-Kurt* ihren 60. Hochzeitstag. – Ebenfalls seit 60 Jahren sind *Heidi* und *Walter Koch-Brunner* aus Eptingen verheiratet. – In Lausen feiern *Greti* und *Jules Näf-Pfeil* den vor 60 Jahren geschlossenen Bund der Ehe.

02.04. In Zeglingen feiern *Heidi* und *Hans Buess* ihren 65. Hochzeitstag. Am gleichen Tag wird *Hans Buess* auch 90 Jahre alt.

14.04. In Hölstein feiern *Maria-Bambina* und *Georges Gröflin-Trezzi* zusammen ihren 60. Hochzeitstag.

14.04. *Alice Roffler* aus Muttenz wird heute als älteste Baselbieterin 107 Jahre alt. Sie ist bei bester Gesundheit, auch geistig noch sehr rege. Sie lebt seit 13 Jahren im *Altersheim zum Park* in Muttenz.

25.04. Im *Alters- und Pflegeheim Käppeli* in Muttenz feiert *Walter von Arx-Hätti* seinen 100. Geburtstag.

26.04. In Biel-Benken feiern *Martha* und *Karl Volkmer-Lieberherr* den 65. Hochzeitstag.

29.04. In Allschwil feiert *Ines Rossi* im *Alterszentrum am Bachgraben* ihren 100. Geburtstag.

05.05. In Füllinsdorf feiern *Trudi* und *Alfred Tschan-Bollier* ihren 60. Hochzeitstag. – Ebenfalls vor 60 Jahren haben *Ella* und *Max Läuchli-Müller*, wohnhaft in Lausen, geheiratet.

12.05. In Muttenz feiern *Anny* und *Paul Thalmann-Selzam* ihren 60. Hochzeitstag.

13.05. Im *Altersheim Käppeli* in Muttenz feiert *Annina Venturi* ihren 100. Geburtstag.

17.05. In Reinach feiern *Céline* und *Fridolin Kilchherr-Frey* ihren 60. Hochzeitstag.

19.05. In Zunzgen feiern *Hedwig* und *Alois Giger-Deflorin* die 60. Wiederkehr ihres Hochzeitstages.

21.05. Der Kirchenchor der katholischen Kirche Aesch, der *Caecilienchor*, jubiliert – er ist heuer 125 Jahre alt geworden. Der Chor hat seit längerem konstant etwa 40 Mitglieder. Mit der Paukenmesse von *Joseph Haydn* sowie mit der Erstaufführung der Vertonung des Psalms 57 von *Chordirigent Michael Schaub* wird ausgiebig gefeiert. Gastsängerinnen und Gastsänger werden dabei unterstützend helfen.

26.05. In Liestal feiern *Erika* und *Franz Baumgartner* ihren 60. Hochzeitstag.

27.05. Die Gemeinde Lupsingen hat das begehrte Label einer *Energiestadt* erhalten, und das wird natürlich gefeiert. Zugleich wird die nach einer Totalsanierung wieder zur Verfügung stehende Mehrzweckhalle eingeweiht.

16.06. Die *Schützengesellschaft Gelterkinden* feiert die 175-jährige Wiederkehr ihres Gründungstages. Der Verein wurde kurz nach der Trennung von Stadt und Land im Jahre 1836 gegründet. Gelterkinden war damals noch baseltreu, aber die Gründung des Vereins soll damit keinen Zusammenhang haben.

30.06. In Bretzwil feiern *Ella* und *Hugo Sutter-Scheidegger* ihren 60. Hochzeitstag. *Hugo Sutter* war während mehr als 30 Jahren *Gemeinderat* und manches Jahr *Gemeindepräsident*, er war *Feuerwehrkommandant* und *Zivilstandsbeamter*. Das Ehepaar war auch über 50 Jahre lang im Sigristenamt, und das alles nebst der Bewirtschaftung des Hofes «Winkel».

16.07. *Paula Böhner-Just* aus Münchenstein feiert ihren 100. Geburtstag.

04.08. Vor 60 Jahren haben *Margrit* und *Dewet Moser-Schweizer* aus Buus geheiratet. – In Maisprach feiern *Elsbeth* und *Louis Heuberger-Wirz* die Wiederkehr ihres 60. Hochzeitstages.

09.08. *Heidy* und *Noldi Bürgin-Brandenberger* aus Muttenz feiern ihren 60. Hochzeitstag.

11.08. *Gertrud* und *Robert Kistler-Kaufmann* feiern in Buus die 60. Wiederkehr ihres Hochzeitstages.

14.08. Der *Velo-Moto-Club Farnsburg* feierte in Buus sein 100-jähriges Bestehen mit einem grossen Fest und einem Grümpelturnier. Viele Gäste feierten mit.

17.08. In Muttenz feiern *Edith* und *Adolf Trachsel*, die im *Alters- und Pflegeheim zum Park* in Muttenz wohnen, ihren eisernen Hochzeitstag.

24.08. In Birsfelden feiern *Hanna* und *Eugen Ress-Michel* ihren 60. Hochzeitstag. – Am gleichen Tag haben *Hedwig* und *Paul Burgener-Schneider* geheiratet. Sie wohnen in Reinach und feiern diamantene Hochzeit.

03.09. *Charlotte* und *Hans Fischer-Mendelin* feiern in Reinach ihren 65. Hochzeitstag.

12.09. *Emma Waldner-Mesmer* feiert im *Alterszentrum an der Hardstrasse* in Birsfelden ihren 100. Geburtstag.

13.09. Vor 100 Jahren wurde *Sophie Meyer-Bider* geboren. Die in Binningen wohnende Jubilarin lebt inmitten der Familie ihres Sohnes und freut sich über jeden geschenkten Tag. Noch immer ist sie sehr interessiert am täglichen Weltgeschehen.

14.09. In Thürnen feiern *Irma* und *Josef Weber-Müller* ihren 60. Hochzeitstag. Seit 56 Jahren leben die beiden im Thürnerner ‹Bahnwärterhüüsli›.

15.09. Der *Frauenchor Muttenz* ist dieser Tage 125 Jahre alt geworden. 28 Frauen treffen sich heute zu regelmässigen Übungen. Früher musste, wer sich verheiratete, den Chor verlassen! Chor oder Mann hiess die Devise. Da sich die meisten für einen Mann entschieden, musste diese Regel vor 75 Jahren geändert werden. Die heutigen Chormitglieder sind zwischen 28 und 87 Jahre alt.

16.09. Im *Alters- und Pflegeheim Frenkenbündten* in Liestal kann heute *Marie Wiesner-Leuenberger* ihren 100. Geburtstag feiern.

19.09. In Birsfelden feiert *Heinrich Ehrsam* seinen 100. Geburtstag.

05.10. In Binningen feiern *Hans* und *Ruth Tschudin-Märklin* die Wiederkehr ihres 60. Hochzeitstages. – *Silvio* und *Carmen Valota-Haering* aus Pratteln haben ebenfalls vor 60 Jahren geheiratet.

13.10. *Emma* und *Fritz Graf-Saluz*, wohnhaft in Sissach, feiern ihren 60. Hochzeitstag.

14.10. Seit 60 Jahren sind die in Muttenz wohnhaften *Heidi* und *Walter Speck-Hirt* verheiratet.

25.10. In Itingen feiern *Alice* und *Eugen Wiestner-Heyer* ihren 60. Hochzeitstag. – *Erika* und *Eugen Wyss-Pfister* aus Binningen sind ebenfalls seit 60 Jahren verheiratet.

05.11. In Frenkendorf feiert *Fritz Ryter* bei guter körperlicher und geistiger Verfassung seinen 100. Geburtstag.

15.11. Der *Verlag des Kantons Baselland* feiert sein 25-jähriges Bestehen. An der Vernissage für die neuen Bücher, die in diesem Jahr erscheinen, wurde vor einem recht grossen Publikum Rückblende gehalten. Das im Verlag verlegte *Baselbieter Heimatbuch* (in diesem Jahr Band 28) schaut allerdings auf eine viel längere Zeit zurück: Band 1 wurde bereits 1942 verlegt. Der neue Band ist dem Thema Bildung gewidmet und heisst «Mir wei hirne».

19.11. *Adolf Suter* feiert in Muttenz seinen 100. Geburtstag.

01.12. *Lilly* und *Otto Bähler-Nöthiger*, die in Sissach wohnen, feiern ihren 60. Hochzeitstag.

01.12. In Münchenstein feiern *Gabrielle* und *Hanspeter Littenecker* ihren 60. Hochzeitstag.

08.12. Weil die 1880 gegründete *Grütli-Vereinigung* gegenüber den Begüterten zu nachgiebig und zu wenig kritisch war, gründeten 1911 34 Arbeiter den *Arbeiterverein Birsfelden*, aus dem die *Sozialdemokratische Partei* hervorging. Seither ist die SP in Birsfelden meist wegweisend. So konnte sie bei den Nationalratswahlen 2011 32,3 % der Stimmen auf sich vereinigen, was kantonal gesehen den höchsten Wähleranteil ausmacht.

Totentafel

06.01. *Othmar Bischof*, geboren 1948, wohnhaft gewesen in Zunzgen, *alt Gemeinderat* von 1995 bis 1998.

18.03. *Rudolf Müller*, geboren 1935, vormals *Patron der Müller Verpackung AG* in Münchenstein.

22.03. Der aus Pratteln stammende, in Muttenz und Liestal zur Schule gegangene *Jürg Tschopp*, geboren 1951, ist gestorben. Tschopp war Chemiker, Biochemiker und Pharmakologe und als solcher Professor an der *Universität in Lausanne*. Er wurde mit verschiedenen Preisen ausgezeichnet, so auch mit dem renommierten *Novartis-Preis*.

07.04. Im Altersheim Gelterkinden verstarb die *Konzertsängerin Hedwig Gerster* in ihrem 95. Lebensjahr.

05.05. In seinem 95. Lebensjahr verstarb in Muttenz *Heinrich Kellerhals-Lüthin* («Unggle Heini»). Er war speziell für seine Verdienste um die Jugend bekannt, nicht zu trennen auch von seinem Einsatz für ein Leben ohne Alkohol. Er war Vertreter der EVP in der *Gemeindekommission Muttenz* und *Landrat*. Bis zuletzt hat er sich intensiv um seine Bienen und um die vielen Imker-«Lehrlinge» gekümmert.

16.05. Der 1939 geborene *Heinz Hüper-Biedermann* ist in Pratteln verstorben. Er war Gründungsmitglied und Mitarbeiter bei der *Laienbühne Pratteln* als Schauspieler, Regisseur, Autor und als Bühnenbauer. Er war auch viele Jahre lang *Einwohnerrat* und präsidierte zeitweise die SP-Fraktion.

23.05. In Buus verstarb *Willy Kaufmann-Ruesch*, geboren 1926. *Kaufmann* war *Präsident der Basellandschaftlichen Bürgergemeinden* von 1975 bis 1989 sowie viele Jahre *Gemeinderat* und *Gemeindepräsident*.

04.07. Obwohl er nicht im Baselbiet lebte, hatte seine Familie im Verlaufe der letzten Jahrhunderte aber immer wieder Einfluss auf unsere Politik genommen. Gestorben ist der *Kaiserliche Prinz und Erzherzog von Österreich*, der *Königliche Prinz von Ungarn*, *Otto von Habsburg*, in Wien in seinem 99. Lebensjahr. Der Stammsitz der Habsburger lag im Aargau.

14.07. In Reinach verstarb der 1947 geborene *Paul Jordi*, der während vieler Jahre für die SVP im *Einwohnerrat* sass und 9 Jahre im *Landrat* mitarbeitete.

08.08. Der von 1983 bis 1996 amtende *Weihbischof der Diözese Basel*, *Monsignore Joseph Candolfi*, geboren 1922, ist verstorben.

14.08. *Reto Lareida* verstarb 77-jährig nach kurzer Krankheit. *Lareida* wurde als Leiter des *Autobahnwerkhofs Sissach* mit dem *Baselbieter Naturschutzpreis* ausgezeichnet, weil er als Erster das grosse Potential der Strassenborde und der Flächen entlang der Autobahnen erkannte und sich auch dafür einsetzte. Im Alter von 62 Jahren machte er sich mit einem Öko-Büro selbstständig.

28.08. *Curt Paul Janz*, wohnhaft gewesen in Muttenz, verstarb wenige Wochen vor seinem 100. Geburtstag. *Janz* war *Musiker* und *Nietzsche-Biograf*.

08.09. In Muttenz verstarb der 1919 geborene *Josef Baumann*. *Baumann* war ein bedeutender Forscher über Bistums-Basel und ein begnadeter Sekundarlehrer, der auch viele Jahre das Rektorenamt ausübte.

15.09. In Lauwil verstarb der amtierende *Gemeindepräsident Romain Liechti* im Alter von 60 Jahren. *Liechti* wurde vor 6 Jahren in den *Gemeinderat* und 2009 zum *Präsidenten* gewählt.

08.10. *Dr. phil. Hans Gygli*, geboren 1929, wohnhaft gewesen in Muttenz. Gygli war von 1969 bis 1991 Rektor des *Gymnasiums Bäumlihof* in Basel, welches er massgeblich mit aufgebaut und gestaltet hat.

26.10. *Ewald Gysin-Anderegg* (1960–2011), wohnhaft gewesen in Oltingen. *Gysin* war sowohl *Gemeinde-* als auch *Bürgerrat*.

06.12. In Augst verstarb der ehemalige *Gemeindepräsident Hans Berger-Camenisch* in seinem 92. Lebensjahr.

Preise und Ehrungen

11.01. Der *Unternehmer Felix Richterich*, Chef der *Ricola*-Bonbonfabrik in Laufen, erhält den *Swiss Award* der Wirtschaft zugesprochen – eine grossartige Wertschätzung seiner innovativen Firmenpolitik. Er erwirtschaftet mit 400 Angestellten einen Umsatz von CHF 300 Mio. im Jahr.

17.02. Der *Naturschutzpreis der Pro Natura Baselland* geht an *Martin Furter* aus Böckten. Er wünscht sich als Preis eine Sommerlinde. Er hat sich besonders verdient gemacht, als er vor *Bundesgericht* zog, um ökologische Ersatzmassnahmen für die Zerstörungen, die durch die Umfahrung Sissach entstanden sind, zu erkämpfen. Er hat Recht bekommen.

18.03. Das *Amt für Wald beider Basel* hat die Elsbeere zum *Baum des Jahres* erklärt. Der Baum wird 20 bis 25 Meter hoch und liefert ein wertvolles Holz. Er braucht viel Licht und Pflege. Vom Bund hat man nun 800 Jungbäume bezogen und verteilt sie gratis an die Forstreviere im Kanton.

31.03. Für das langjährige kulturelle Engagement in der Gemeinde Reinach erhält die *Heimatmuseumskommission* den *Reinacher Preis*. Die Kommission besteht zurzeit aus 18 Mitgliedern der *Zunft zu Rebmessern*. Die Kommission ist vor 50 Jahren gegründet worden.

15.04. Der Muttenzer *Hochseekapitän Louis Conzett* hat ein Spezialluftkissen gegen Überschwemmungen, die in Häuser eindringen könnten, erfunden. Dafür wurde er an der *Genfer Erfindermesse* ausgezeichnet.

30.07. Die jährlich vergebene Auszeichnung für Verdienste um den Jazz durch den *Jazzclub Aesch-Pfeffingen (JAP-Note)* wurde an *Viktor Hottinger* verliehen. Er ist Kornettist im New-Orleans-Stil und Veranstalter von Jazz-Konzerten, wohnt in Rheinfelden und ist auch im Baselbiet bestens bekannt.

08.08. An der 14. *Nacht des Schweizer Fussballs* in Bern wurden die *FCB-Spieler Alex Frei* und *Xherdan Shaqiri* sowie der Torhüter *Yann Sommer* in verschiedenen Kategorien als *Spieler des Jahres* ausgezeichnet.

09.08. *Rita Kohlermann* aus Therwil, die unter anderem von 1988 bis 2003 als Landrätin tätig war, hatte sich grosse Verdienste um die Kindermedizin und eine starke Oberrhein-Region erworben. Sie wurde nun von der *Vereinigung für eine starke Nordwestschweiz* mit dem *Anerkennungspreis* ausgezeichnet.

04.09. *Christoph Meury*, Leiter des *Theaters Roxy* in Birsfelden, ist mit dem Preis *PriCülTür* ausgezeichet worden, einem Preis für Personen, die im Raum Basel nachhaltig kulturvermittelnd wirken.

15.09. Eine Gruppe von Baselbietern, alles ehemalige Gäste im wunderschönen *Kurhaus* in Bergün (GR), haben gemeinsam die Renovation des prachtvollen Hotels initiiert. Nun steht das Haus zuoberst auf der Liste der «Historischen Hotels der Schweiz».

25.09. Die *Brennerei Ernst Zuber AG* in Arisdorf, geführt von den Schwestern *Yvonne* und *Rosmarie Zuber*, erhielten die Auszeichnung «Brennerei des Jahres». Der beste Kirschlikör, der beste Williamslikör und das beste Zwetschgenwasser stammen aus Arisdorf.

29.09. Das *Alterszentrum am Bachgraben* wurde zur besten Institution seiner Art in der Schweiz gekürt. Das Zentrum erhält den mit CHF 250'000 dotierten *Age Award* der *Age-Stiftung*. Das Angebot sei vielfältig für Bewohner und Externe, womit viel Normalität in den Alltag komme. Eine Galerie, ein Fitnessstudio und eine Bäckerei sorgen für viel Abwechslung.

11.10. *Jonas Rosenmund* aus Ziefen hat mit seinen Solaranlagen in Muttenz und Arlesheim und verschiedenen Anwendungsbereichen wie Computer, Zimmerbeleuchtung und Akkuladestation, welche er als Maturitätsarbeit installierte und beschrieb, den *Schweizer Solarpreis 2011* in der Kategorie *Persönlichkeiten und Institutionen* gewonnen. Von den zwei Anlagen können pro Jahr etwa 51'000 kWh gewonnen werden.

19.10. Die Preise der *Basellandschaftlichen Kantonalbank* verdienten sich in diesem Jahr der *Pianist Mischa Cheung* aus Liestal, die *Turner Martin Hasler* aus Thürnen und *Jürg Chrétien* aus Sissach, sowie die *Berlac AG* aus Sissach, die sich mit Oberflächenbeschichtungen und Kunststoffeinfärbungen befasst. – *Gregori Ott*, der

Liestaler Senkrechtstarter in den leichtathletischen Disziplinen Kugel und Diskus wurde vom *Leistungszentrum Nordwestschweiz* zusammen mit der Basler Nachwuchssprinterin *Simone Werner* geehrt.

25.10. Der *Baselbieter Sportpreis 2011* geht an den Allschwiler *Fallschirmspringer Till Vogt*.

03.11. *Norbert Mandel*, *Leiter des Konzertlokals Z7* in Pratteln, erhält den *Baselbieter Kulturpreis*. Einen Zusatzpreis gewinnen *Christian Plösser* für die Gründung von *Rockfact* in Münchenstein (15 Proberäume, ein Studio und ein Live-Club), und *Biomill* aus Laufen (8 Organisatoren von Konzerten im Bereich Hip-Hop, Rock und Elektro).

06.11. Der trinationale Hochschulpreis «Prix Bartholdi» ehrt *Georg H. Endress*, Messtechnikhersteller in Reinach, posthum und den FHNW-Studiengang *International Business Management*. Der Preis wird für grenzüberschreitende Aktivitäten an oberrheinischen Hochschulen verliehen.

06.11. Der *Baselbieter Heimatschutz* hat die Bahnlinie des ‹Läufelfingerlis› mit seinem Preis ausgezeichnet. Die Bahnlinie war einmal die 3. Gebirgsbahn in Europa und das Herzstück des schweizerischen Eisenbahnnetzes und war ein Pionierwerk von europäischer Bedeutung im Eisenbahnbau.

11.11. Der in Oberwil lebende, 74-jährige *Luzius Wildhaber*, *emeritierter Staats- und Völkerrechtsprofessor* in Basel sowie *Präsident des Europäischen Gerichtshofes für Menschenrechte*, wurde mit dem *Award of Merit* geehrt. Der Award wird von der *Yale University School* verliehen.

Aus der Sportwelt

11.01. Die Liestalerin *Sabina Hafner* gewann den *Zweierbob-Schweizermeister-Titel*. Es ist ihr 5. Triumph in dieser Sparte, der 3. in Folge.

05.04. Die beiden Baselbieter *Fussball-Nationalspieler Marco Streller* und *Alex Frei* treten mit sofortiger Wirkung aus der *Nationalmannschaft* zurück. Die beiden bisherigen Stützen des Nationalteams geben aus persönlichen Gründen (Pfiffe und Schmähungen) auf. *Frei* war Rekordtorschütze, er schoss in 84 Spielen 42 Tore, *Streller* kam auf 12 Tore und viele Assists.

02.05. An den *Thurgauer Kunstturntagen* eroberten die Turnerinnen und Turner des *Nordwestschweizerischen Kunst- und Geräteturnzentrums* in Liestal 10 Podestplätze und weitere 13 Auszeichnungen.

13.05. Die *Klasse 1a des Gymnasiums Oberwil* gewann im Wettkampf «Mathematik ohne Grenzen» den 2. Platz. Etwa 185'000 Schülerinnen und Schüler aus aller Welt nahmen teil.

25.05. Der mit vielen Baselbietern besetzte *Fussballclub Basel* hat nach hartem Ringen mit einem Punkt Vorsprung auf den *FC Zürich* den 2. Schweizermeister-Titel in Folge geholt. Namentlich die Stützen des FCB, *Streller*, *Huggel* und *Frei*, sind waschechte Baselbieter.

29.05. Unser Baselbieter *Frauentennis-Aushängeschild Patty Schnyder* hat mit 32 Jahren ihren Rücktritt erklärt. Die letzten Resultate liessen diesen Schritt erwarten. Schnyder gehörte einige Zeit den Top Ten (7. Platz) der Weltrangliste an. Sie gewann 11 Einzel- und 5 Doppelturniere, ihr Gesamtpreisgeld beträgt CHF 8,5 Mio.

05.06. Zum 7. Mal in Folge hat der *Tischtennisclub Rio Star Muttenz* den *Schweizermeister-Titel* errungen. Neben den beiden starken Chinesen *Yang* und *Hu* spielte der erst 15-jährige *Lionel Weber* mit, eine grosse Nachwuchshoffnung.

19.06. Der *Tischtennisverein Rio Star Muttenz* hat nach der *Meisterschaft* nun auch den *Cup* gewonnen. Muttenz schlug Wil 8:2. Damit erreichte *Rio Star* zum 4. Mal das Double.

19.06. An der *Juniorinnen-Schweizermeisterschaft der Geräteturnerinnen* schnitten die Baselbieterinnen des *Nordwestschweizerischen Kunst- und Geräteturnzentrums Liestal* hervor-

ragend ab, gewannen sie doch 7 Gold- und 4 Silbermedaillen. Dies ergab die beste Bilanz aller angetretenen Verbände.

21.06. *Thomas Buser* aus Ettingen errang in Wien den Titel des *Mister Universe*, am Wettbewerb der Bodybuilder, wo er seine mächtigen Muskeln spielen lassen konnte.

14.08. An den *Junioren-Europameisterschaften der Luftpistolenschützen* in Belgrad errang *Sandro Loetscher* aus Gelterkinden mit dem Team den *EM-Titel*, also die Goldmedaille, im Luftpistolen-Einzel wurde er mit Silber ausgezeichnet.

31.08. Zum 28. Mal rannten in Liestal am Stadtlauf die Läufer um die Wette. Es galt dabei, die 12 km so schnell wie möglich zurückzulegen. Es starteten 550 Läuferinnen und Läufer. So viele Zuschauer wie schon lange nicht mehr applaudierten den Teilnehmern.

07.09. Etwa 100 regionale Nachwuchsleichtathleten durften einen Abend lang mit Leichtathletik-Weltstars trainieren. *Sprinter Asafa Powell* und *Stabhochspringerin Silke Spiegelburg*, unterstützt von den Baslern *Marquis Richard* und *Alex Wilson*, begeisterten die jungen Athletinnen und Athleten.

07.09. Der Liestaler *Diskuswerfer und Kugelstösser Gregori Ott* durfte am *Stössermeeting* im Zürcher Bahnhof, das Teil des *Weltklassemeetings* in Zürich ist, ausser Konkurrenz teilnehmen. Er stiess dort, seinem jugendlichen Alter entsprechend, eine 5 kg schwere Kugel auf die fantastische Weite von genau 20 Metern. Die Aktivenkugel wiegt 7,26 kg.

04.10. Nachdem die Baselbieter *Streller*, *Frei* und *Huggel* bereits ihren Rücktritt aus der Nationalmannschaft gegeben haben, ist nun auch der Münchensteiner *Hakan Yakin* nicht mehr willig, die Schweizer Landesfarben zu vertreten.

28.11. Der aus dem Baselbiet stammende *Tennisprofi und Weltranglistendritte Roger Federer* hat an den *World Tour Finals* in London seinen 100. Final eines ATP-Turniers gespielt und dabei zum 70. Mal gewonnen.

01.12. Der *Spitzenkunstturner Roman Gisi*, Mitglied des Nationalkaders, tritt zurück. Sein Entscheid hat auch mit dem Verfehlen der Olympiaqualifikation für die Spiele in London

2012 zu tun. Seine besten Ergebnisse waren: 2002 Mannschaftssilber an den Junioren-Weltmeisterschaften und der 13. Rang im Mehrkampffinal 2010 an der Weltmeisterschaft.

07.12. Dem *FC Basel* ist in der *Champions-League* eine einmalige Sensation gelungen, warf er doch eine der weltbesten Mannschaften – *Manchester United* – aus dem Rennen, und qualifizierte sich selbst für die heiss begehrten Achtelsfinals. Der FCB siegte dank Toren der Baselbieter *Streller* und *Frei* mit 2:1 und belegt nun nach Abschluss der Gruppenphase in seiner Gruppe den 2. Platz. Die Mannschaft spielte unter dem neuen Trainer *Heiko Vogel* eine überaus beherzte Partie und gewann letztlich verdient.

Chronik 2012

Januar 2012

3.	Kantone BS/BL Baselbieter Regierung fehlte	Angeblich wegen eines Übermittlungsfehlers fühlte sich die Baselbieter Regierung nicht zum Neujahrsempfang der städtischen Regierung eingeladen und fehlte daher *in globo*, was zu (weiteren) diffusen Verstimmungen zwischen den beiden Regierungen führte.
	Fessenheim AKW bleibt am Netz	Nach einem Stresstest beim *AKW Fessenheim*, das von vielen regionalen Einwohnern und auch von der Baselbieter Regierung beargwöhnt und weggewünscht wird, gab die französische Regierung grünes Licht für einen Weiterbetrieb. Allerdings muss an einigen Stellen nachgebessert werden.
	Arisdorf Verzögerung bei Tempomessung im Tunnel	Seit 2010 ist die Abschnittgeschwindigkeits-Anlage im Tunnel in Arisdorf in Betrieb, eine erste Auswertung fehlt aber noch immer. Es seien Kinderkrankheiten verantwortlich dafür, dass noch keine verlässlichen Ergebnisse vorlägen.
5.	Nordwestschweiz Schon wieder ein Sturm	Das Wintersturm-Tief «Andrea» fegte über die Schweiz, verschonte aber dabei das Baselbiet vor nennenswerten Schäden. Andernorts sah es bös aus.
12.	Liestal/Basel BLKB/*Basler Ballett*	Die *Basellandschaftliche Kantonalbank* (BLKB) unterstützt das *Basler Ballett* weiterhin und machte eine neue Zusage für weitere 3 Jahre.
13.	Kanton Baselland Kiga zertifiziert	Das *Kantonale Amt für Industrie, Gewerbe und Arbeit* (Kiga) hat das ISO-Zertifikat 9001:2008 erhalten, das man nur als vorbildlicher Betrieb bekommt.
14.	Schweiz Milliardengewinn	Die *Schweizerische Nationalbank* hat entgegen den Erwartungen einen Gewinn von CHF 13 Mia. gemacht. Davon wird CHF 1 Mia. an die Kantone verteilt. An Baselland sollen CHF 23 Mio. fliessen. Im Budget 2012 waren diese bereits eingerechnet!
	Hölstein Bitteres Ende	Per Ende Februar 2012 wird die *Stiftung Werkteam* geschlossen. Diese bot Förder- und Coachingprogramme für Arbeitslose an. Innerhalb der 20 Jahre ihrer Tätigkeit konnte die Stiftung schöne Erfolge verbuchen, konnten doch bis zu 25% der Betreuten wieder Fuss im ersten Arbeitsmarkt fassen. Nun ist, auch wegen veränderter Rahmenverträge mit dem Kiga und den verschiedenen Sozialhilfestellen, aber auch wegen Zurückhalten von Bundesgeldern durch den Kanton kein Geld mehr vorhanden.
15.	Giglio/Muttenz Schiffsunglück überlebt	Das Muttenzer Ehepaar *Zurfluh* konnte sich von dem umgestürzten Kreuzfahrtschiff, das vor der Insel Giglio (in der Toskana) auf einen Felsen aufgelaufen und dann gekentert war, retten. In eindrücklichen Worten erzählen sie vom Durcheinander, der Hektik und der Panik vieler Passagiere. Mehrere Menschen kamen bei diesem Unglück ums Leben.
18.	Liestal Opferhilfe	Die *Opferhilfe beider Basel* eröffnet eine Zweigstelle in Liestal. Die Ausweitung macht Sinn, gab es doch im vorletzten Jahr 1462 neue Fälle, zu den bisherigen 2800.

20. Nordwestschweiz Gegen Atommülllager in der Nachbarschaft	Die *Nagra* hat ihre möglichen Standorte für Eingangs- und Bearbeitungsgebäude über den potenziellen Atommüll-Tiefenlagern bekanntgegeben. Da zwei davon in relativ kurzer Distanz zum Gebiet unseres Kantons bekanntgegeben worden sind, muss die Regierung nun Einspruch erheben, da diese zwei Anlagen mit unserer Antiatom-Gesetzgebung kollidieren.
21. «Birsstadt» Wachstum wo?	Zwischen Pfeffingen und Birsfelden soll die «Birsstadt» entstehen – ein vorläufiges Planspiel. Das künftige Bevölkerungs-Wachstum soll vor allem im Birsgürtel stattfinden. Davon sind aber die Gemeinden, ausser Münchenstein (vor allem auf dem Dreispitz), nicht gerade begeistert. Keine andere Gemeinde plant eine Zunahme, sondern alle sind bestrebt, die jetzige Bevölkerungszahl zu stabilisieren. Eine verdichtete Bebauung ist nicht unbedingt erstrebenswert.
22. Pratteln Fusion bei den Schützen	In Pratteln gab es bislang 3 Schützenvereine. Weil diese aber Probleme bei der Besetzung der Vorstände haben, fusionieren die drei nun zu einem Verein, der *Schützengesellschaft Pratteln*. Aufgehoben werden die *Feldschützengesellschaft*, der *Schützenklub* und der *Arbeiterschiessverein*.
Kanton Baselland *HarmoS* als Musik- schulkiller?	Die Musiklehrkräfte im Baselbiet fürchten um ihre künftigen Schüler: Das neue System werde die Schüler überfordern, und der Musikunterricht könnte dabei auf der Strecke bleiben. Der Verantwortliche der Primarschule, *Niggi Thurnherr*, meint dazu, dass sich, ausser in den sicher strengeren Einführungszeiten, kaum etwas einschneidend verändern wird.
23. Allschwil/Pratteln Mehr Sozialfälle	Die Gemeinden Allschwil und Pratteln weisen für 2011 eine Zunahme von mindestens 10% bei den Sozialhilfebezügern aus. Man beschuldigt dabei die Leistungskürzungen bei der Arbeitslosenversicherung.
Lausen Drehorgel-Festival	Mit zum Teil selbstgebauten Drehorgeln traten viele ‹Drehörgeler› in der Mehrzweckhalle von Lausen auf und erfreuten die über 600 Besucher mit grossartigen Melodien, die zum Teil noch von Sängern oder Flötisten unterstützt wurden.
26. Arboldswil Abstimmung nötig	Die von der Gemeindeversammlung mit 29:27 Stimmen in die Wege geleitete Verwaltungsfusion mit Titterten stellt offenbar viele Bewohner nicht zufrieden. Daher haben sie 138 Unterschriften gesammelt, so dass es zu einer Volksabstimmung kommen wird. Titterten stimmte der Fusion mit 33:2 Stimmen zu.
Pratteln Arbeitsplätze bleiben erhalten	Die *Rohrbogen AG* in Pratteln hat nach langen und guten Verhandlungen mit der *Gewerkschaft Unia* eine Lösung gefunden, damit die 90 Arbeitsplätze erhalten bleiben können. Im November musste man eine Schliessung per Ende März 2012 befürchten.
Laufen Künstliche Insel in der Lützel	Ein kleiner Abschnitt der Lützel, kurz vor der Einmündung in die Birs, ist revitalisiert worden. Zudem wurden eine kleine Insel aufgeworfen und ein künstlicher Bacharm sowie ein grösseres Flachufer gebaut. Dies soll ein natürliches Rückhaltebecken bei Hochwasser sein. Das Gebiet soll auch der Erhaltung von Eisvögeln und Bachdohlenkrebsen dienen.
27. Liestal Ohne *Lilibiggs*	Die beliebten Kinderkonzerte von *Lilibiggs* werden künftig, nach 9 Jahren, um Liestal herum einen Bogen machen. Der Organisator sieht sich von allen Seiten eingeschränkt und daher nicht mehr willkommen. Der Tournée-Start wird nun in Münchenstein erfolgen.

Frenkendorf Musikalischer Tausendsassa	Nach seiner über ein halbes Jahrhundert dauernden Musiker-Karriere hat *Marcel Langel* aus Frenkendorf vor einigen Jahren angefangen, alle vorhandenen, guten Tonaufnahmen zu Platten zu verarbeiten. Nun ist die 30. und letzte CD herausgekommen, auf der nebst Dixieland auch Big-Band-Swing mit der *Georgy's Bigband* und Oberkrainer-Sound zu hören ist, immer im Beisein von *Langel*. Zu seiner Karriere hat er auch ein umfangreiches Buch über die *Bourbon-Street Jazzband* herausgebracht, bebildert, mir 436 Seiten Umfang. *Langel* wurde vom Bürgerrat für seine Verdienste um Frenkendorfs Kultur mit einem Förder- und Anerkennungspreis ausgezeichnet.
29. Liestal Keine ausländischen Polizisten	In Basel hat man zwar gute Erfahrungen gemacht mit Ausländern im Polizeicorps, aber im Baselbiet bleibt weiterhin das Schweizer Bürgerrecht Voraussetzung für ein solches Amt.
Schweiz/Kanton BL Vorerst keine Erdbebenversicherung	Mit grosser Enttäuschung hat das regionale Initiativkomitee für eine landesweite Erdbebenversicherung zur Kenntnis nehmen müssen, dass in der Bundesstadt sowohl eine parlamentarische Initiative als auch eine ständerätliche Motion abgelehnt wurden.
30. Baselbiet Energiewende auf Kurs	Die *Elektra Baselland* (EBL) ist überzeugt, den Strombedarf ab dem Jahr 2028 auch ohne AKW decken zu können. Zurzeit liegt der Anteil erneuerbarer Energien bei 41,3%. Als neuestes Projekt wird das Dach der Eissporthalle in Laufen mit Solarmodulen gedeckt, womit etwa 168'000 kWh Strom erzeugt werden können (Jahresbedarf für 42 Haushalte).
Kantone BL/BS Alternativen zum Gymnasium	Beide Basel wollen dem Fachkräftemangel in der Region gegensteuern und bündeln nun ihre Kräfte für die Förderung einer Ausbildung mit Berufsmatur.
Sissach Zu wenig kalt für Eiswein	Anfang November wäre der ideale Zeitpunkt für die Ernte der Trauben zur Herstellung von Eiswein. Dazu war es aber zu wenig kalt. Darum haben die Produzenten für die Weinspezialität nun zu technischer Hilfe greifen müssen: dem Kühlgerät.
31. Arlesheim Lohnsenkungen wegen Eurokurs	Lohnsenkungen wegen des Wechselkurses seien rechtens, nicht aber, wenn dies nur die Grenzgänger betrifft, sagt das Bezirksgericht in Arlesheim. Weil 6 ausländische Angestellte das Verdikt ihrer Firma auf einseitige Lohnkürzung nicht annehmen wollten, wurde ihnen gekündigt. Laut Gericht muss der Arbeitgeber nun je einen halben Jahreslohn ausbezahlen.

Februar 2012

2. Liestal/Weltall Direktgespräche	Das *Museum.BL* organisierte für 5 Primarschulkinder aus Sissach eine direkte Verbindung zur *Internationalen Raumstation* ISS. Die Kinder haben in Englisch einige Fragen vorbereitet, die sie dann den Astronauten stellten. Leider wurde die Linie aber schnell wieder unterbrochen, so dass einige Enttäuschte zurückblieben.

Leibstadt/Liestal Nicht ernst genommen	Dass im Kühlwasser des *Kernkraftwerks Leibstadt* Legionellen vorkommen, ist seit längerem bekannt. Diese Legionellen dürfen keinesfalls in den natürlichen Wasserkreislauf gelangen. Nun hat die *Atomaufsicht des Bundes* (Ensi) eine Bewilligung für den Einsatz von Javelwasser und für ein Biozid gegeben, um diese Schädlinge abzutöten. Da die Unterlieger am Rhein, die dem Gewässer auch Trinkwasser entnehmen, keine Meldung erhielten, schreckten abnormale Messwerte die Betroffenen auf. Die beiden Basel sind absolut gegen diese chemische Keule. Doch jede Reklamation prallte ab.
5. Nordwestschweiz Skilifte in Betrieb	Dank der guten Schneedecke und der eisigen Temperaturen in unserer Region können Wintersportveranstalter im oberen Kantonsteil wieder einmal auf einen positiven Rechnungsabschluss hoffen. Das Thermometer sank zum Teil bis zu minus 20 °C ab.
Gelterkinden Hallenbaddecke bröckelt	Die Decke des *Hallenbads Gelterkinden* bröckelt und das Bad muss deshalb geschlossen werden. Der Zwischenfall ist auf Kondenswasser wegen der Kälte zurückzuführen. In der Decke und in den Wänden hat man nun Asbest entdeckt, so dass eine Sanierung wohl ein grösseres Unternehmen wird. Darum bleibt das Hallenbad mindestens bis zum Herbst geschlossen. Die Gemeindeversammlung muss zuerst einen grundsätzlichen Entscheid fällen, da ja auch noch ein Entscheid für ein neues Hallenbad ansteht.
7. Birstal/Liestal Neophytenbekämpfung ohne Kanton	Obwohl der Kanton für die Neophytenbekämpfung zuständig ist, kommt kein Geld aus Liestal. Private haben dazu viel Geld gespendet, damit die unerwünschten Pflanzen eliminiert werden können. Neophyten sind gebietsfremde Pflanzen, die sich stark zu Lasten der Einheimischen ausbreiten. Zwischen Aesch und Birsköpfli haben sie sich bereits auf 15'000 m² ausgebreitet. Die Abführung des gerodeten Materials übernehmen die Anliegergemeinden.
10. Therwil Scheunenbrand	Auf dem Hof *Hinterlinden* in Therwil brannte eine Scheune, wobei die Löschung wegen der grossen Kälte ein zusätzliches Problem war. 5 Tiere starben in den Flammen, 2 Personen wurden verletzt. Über 100 Angehörige der *Feuerwehren Therwil*, Ettingen und der *Stützpunktfeuerwehr Reinach* versuchten das Feuer zu löschen, aber die Scheune brannte vollständig ab.
11. Bern/Region Basel Lobbyisten im Bundeshaus	Im Bundeshaus sollen endlich die Anliegen unserer Region besser vertreten werden. Dazu wurde nun von bürgerlichen Standesvertretern eine Lobbygruppe gebildet, die in den Wandelhallen jeweils für regionale Anliegen weibeln will. Im Bundeshaus zirkulieren bereits heute 88 solche Gruppen jeglicher Couleur. Mit dabei sind *Elisabeth Schneider* (CVP) sowie *Maja Graf (Grüne)*.
13. Pratteln Erster Spatenstich	Für rund CHF 7 Mio. baut die *Steinerschule* in Pratteln ein neues Schulhaus. Dazu musste der hölzerne Pavillon auf dem jetzigen Schulgelände oberhalb von Pratteln (Mayenfels) abgerissen werden. Nun ist der Spatenstich erfolgt. Einzugsbereit wird das neue Schulhaus 2013 sein.
14. Allschwil *Actelion* fährt Verluste ein	Die *Actelion*, Pharmaunternehmen in Allschwil, hat nach einem grossen Gewinn im vorletzten Jahr nun für 2011 einen Verlust von CHF 146,3 Mio. erleiden müssen. Auch der Umsatz ging um 7% auf CHF 1,79 Mia. zurück. Der Verlust fusst auf verschiedenen Faktoren: unter anderem Griechenlandpapiere und Rechtsstreitigkeiten.

15. Laufen Birs-Hochwasserschutz	Der Baselbieter Steuerzahler muss nachträglich für Versäumnisse des Kantons Bern aufkommen: Weil nach dem Hochwasser von 1973 die erforderlichen Schutzmassnahmen nur teilweise ausgeführt wurden, muss die Birs in Laufen nun für fast CHF 40 Mio. saniert werden. Für CHF 20 Mio. muss der Kanton Baselland geradestehen, 35% übernimmt der Bund, die restlichen rund CHF 5 Mio. müssen Anstösser und die Stadt Laufen übernehmen.
16. Reinach Freisinniges hohes C	Die Freisinnigen von Reinach hatten eine grandiose Idee: Anstatt der öden Präsentation unserer Partei und der langweiligen Parolen tanzen und singen wir und strahlen das Ganze im örtlichen Fernsehen aus. Gesagt, getan. Die Reaktionen gehen von «peinlich» bis «begeistert», man fragt sich aber im Publikum, ob jemand, der singt und tanzt, besser politisiert als duckmäuserische «Buchhaltertypen», seriöse Problemlöser oder grosssprecherische Prahlhanse.
17. Kanton Baselland BLKB souverän	Als erstes erfreuliches Fazit kann man bei der *Basellandschaftlichen Kantonalbank* konstatieren, dass man in Bezug auf den US-Steuerstreit eine weisse Weste hat. Der Gewinn liegt mit CHF 109 Mio. etwa auf Vorjahreshöhe. Man kann auch auf etwa CHF 0,5 Mia. Neuzufluss und das bestätigte Triple-A-Rating verweisen. Der Kanton erhält CHF 53 Mio. (Vorjahr CHF 48 Mio.), davon sind CHF 8,5 Mio. Abgeltung für die Staatsgarantie.
22. Münchenstein Anteil an Verlust	Der Stromkonzern *Alpiq*, an dem die *Elektra Birseck* in Münchenstein mit 13,6% beteiligt ist, hat einen Verlust von CHF 1,3 Mia. verbucht. Darum müssen die Münchensteiner mitbezahlen, was ihnen ein Loch von CHF 183 Mio. in die Jahresrechnung reisst. Obwohl das operative Geschäft einen Gewinn abgeworfen hat, bleibt ein Verlust von etwa CHF 150 Mio.
23. Gelterkinden Noch mehr Geldbedarf	Neben den Problemen mit der Finanzierung eines neuen Hallenbades in Gelterkinden, für das die Planung schon weit fortgeschritten ist, stellt man jetzt fest, dass Schulraum für die 6. Primarschulklassen, welche mit *HarmoS* eingeführt werden, fehlt.
Muttenz/Lausanne Kombikraftwerk	Das Bundesgericht gab dem Kläger gegen einen Beschluss des Muttenzer Gemeinderats recht. Der Kläger will in der Schweizerhalle ein Kombikraftwerk bauen. Muttenz verlangt einen Wirkungsgrad von 85%, das CO_2-Gesetz allerdings will eine Untergrenze von 62%. Darum ist der Bau des Kraftwerks noch immer möglich, obzwar die Muttenzer dies an einer weiteren Gemeindeversammlung verhindern könnten. Der Bau des Kraftwerkes hat wegen der Probleme der *Alpiq*, die Betreiberin wäre, nicht erste Priorität. Muttenz argumentiert mit bereits zu vielen Emissionen von Güterbahnhof, Industrie und Autobahn.
28. Bern/Liestal Mint-Fächer stärken	Die so genannten Mint-Fächer, Mathematik, Informatik, Naturwissenschaft und Technik, sind an den Fachhochschulen untervertreten, so dass die Schweiz in diesen Bereichen ausser Rang und Traktanden zu fallen droht. Darum hat *Nationalrätin Elisabeth Schneider* mit einer Motion eine Stärkung dieser Segmente gefordert. Damit rennt sie allerdings offene Türen ein, denn der Bundesrat hat bereits erste Massnahmen zur Behebung ergriffen und wird auch weiterhin mithelfen, vor allem auch den Frauenanteil in diesen Fachbereichen zu stärken. Ob sich Menschen aber für eine dieser Studienrichtungen entscheiden, liege in den ersten Lebensjahren (bis etwa 15) und sei deshalb von den Kantonen in den Schulen prioritär anzugehen.

März 2012

1. Ziefen/Tenniken Postagenturen	Im Laufe dieses Jahres werden die Poststellen in Ziefen und in Tenniken aufgehoben und in Agenturen umgewandelt. In Ziefen übernimmt die «Cheesi», in Tenniken die *Landi* die Betreibung der teilautomatisierten Postagentur.
2. Kanton Baselland Alarmsysteme für Gemeindeangestellte	Verschiedene Vorkommnisse gegenüber Gemeindeangestellten (Drohungen, Handgreiflichkeiten) haben die Baselbieter Gemeinden dazu veranlasst, ihren Angestellten Alarmanlagen zur Verfügung zu stellen, damit schnell Hilfe geholt werden kann.
5. Region Basel Zahl der Grenzgänger nimmt zu	In der ganzen Schweiz nahm die Zahl der Grenzgänger innert 5 Jahren um 1/3 auf 259'000 Personen zu, in unserer Region stieg der Anteil der aus dem Ausland kommenden Arbeitnehmer um 15% auf 66'200 Personen. Grenzgänger üben tendenziell eher wenig qualifizierte Arbeiten aus, in den akademischen Berufen sind sie deutlich untervertreten.
6. Bern/Bruderholz *Bruderholzspital* bald überflüssig?	Der *Gesundheitsökonom Heinz Locher* (Bern) sieht in seiner Studie einen starken Rückgang des Spitalbettenbedarfs und meint, das *Bruderholzspital*, das ja renoviert oder gar neu gebaut werden soll, sei dann überflüssig.
Bern/Liestal 3. Belchenröhre in der Warteschlaufe	*Daniela Schneeberger*, Baselbieter *Nationalrätin* der FDP, hat beim Bundesrat nachgefragt, was nun mit der aus politischer Sicht notwendigen 3. Belchenröhre geschehe. Das *Bundesamt für Strassen* (Astra) will vorerst verschiedene andere Optionen abklären, zum Beispiel Renovation der 2 bisherigen Röhren in Nachtarbeit. Ein Neubau sei auch wegen der doch komplexeren Geologie als angenommen wesentlich teurer als vorausberechnet (CHF 500 Mio. statt CHF 270 Mio.). Der Entscheid fällt Ende Jahr.
Nordwestschweiz Erfroren	Viele Pflanzen, vor allem fremdländische wie Kirschlorbeer, Palmen und Feigenbäume, sind in der grossen Februarkälte erfroren. Auch die Glanzmispel und die japanischen Pfaffenhütchen weisen grosse Frostschäden auf. Die Rosen haben die Kälte gut überstanden.
Liestal ARA 2 und 3 sind in die Jahre gekommen	Die beiden Abwasserreinigungsanlagen *Frenke 2* in Niederdorf und *Frenke 3* in Bubendorf sind nach 40 Betriebsjahren stark sanierungsbedürftig. Daher will die Regierung nun ARA 2 aufheben, die ARA 3 ausbauen und veranschlagt den Bau mit CHF 52 Mio.
9. Birsfelden/Basel Der neue Steg ist da	Da der alte Steg über den Birskopf, Mündungsort der Birs in den Rhein, altersschwach geworden war, musste eine neue Brücke gebaut werden. Nach einem mehrjährigen Provisorium ist nun der neue Steg fertig. Eingeweiht wird er im späteren Frühjahr. Die Kosten belaufen sich auf etwa CHF 2,4 Mio., davon übernimmt der Bund CHF 960'000, der Kanton Basel-Stadt CHF 720'000, Baselland CHF 480'000 und Birsfelden CHF 240'000.
11. Allschwil Mühle kann verkauft werden	56% der Stimmenden sprachen sich für einen Verkauf der traditionsreichen Mühle in Allschwil aus. Da eine Sanierung mit Steuergeldern früher schon abgelehnt wurde, scheint nun der Schritt logisch, die Liegenschaft zu veräussern.

Arboldswil Doch kein Verbund	Der Dienstleistungsverbund zwischen den beiden Nachbarsgemein-den Arboldswil und Titterten, der von der Gemeindeversammlung noch abgesegnet, aber dann mit einem Referendum gekontert wurde, ist nun von den Arboldswiler Stimmbürgern klar mit 113:178 Stim-men abgelehnt worden.
12. Muttenz Beitritt zur Inter-nationalen Bauausstellung	Mit den beiden Vorzeigeplanungen *Polyfeld* und *Schänzlipark* ist Muttenz als erste Baselbieter Gemeinde der IBA, der grenzüber-greifenden *Internationalen Bauausstellung Basel* 2020, beigetreten. Ziel der IBA ist es, die Agglomeration grenzüberschreitend weiterzu-entwickeln.
15. Nordwestschweiz Hohe Fahrgast-zufriedenheit bei den ÖV	In einer Umfrage, bei der 6500 Personen befragt wurden, zeigen sich die Fahrgäste der ÖV im Baselbiet, in Basel und Solothurn zufrieden mit der Qualität. Von maximal 100 Punkten vergaben die Passagiere 76 Punkte. Ob das nun mit der folgenden Ausdünnung des Angebots im Oberbaselbiet so bleibt?
16. Kanton Baselland Demografiebericht	Die Baselbieter Bevölkerung wächst leicht, aber stetig. Per Ende 2010 betrug sie knapp 276'000. Im Kanton leben immer weniger junge Leute, dafür umso mehr Betagte und Hochbetagte. Während bis vor kurzem noch Geburten für Nachschub sorgten, nimmt die Einwohner-zahl vor allem aufgrund von Zuwanderungen zu.
19. Arisdorf, Grellingen, Lupsingen und Frenkendorf Weitere Schwalben-häuser	In Arisdorf, Grellingen, Lupsingen und Frenkendorf wurden weitere Schwalbenhäuser für Mehlschwalben aufgestellt, die von der *Basel-landschaftlichen Gebäudeversicherung* gespendet wurden. Jetzt sind es im Kanton im Ganzen 22 solche Häuser, welche den Schwalben ein Nisten ermöglichen.
Laufen Fossilienmuseum	*Fossiliensammler Peter Borer* hat in Laufen erwirkt, dass CHF 190'000 in den Um- und Ausbau des Museums gesteckt wurden, damit auch seine Sammlung, eine der wichtigsten der Schweiz, dort Platz findet. Nun ist das erweiterte Ausstellungsgebäude eingeweiht worden.
Schweiz Surfen im Postauto	Ab Juni können Fahrgäste im Postauto gratis und kabellos im Internet surfen. Dies teilt die *Postauto AG Baselland* mit. In der ganzen Schweiz sollen bald auf rund 70% des Postautonetzes Anschluss-möglichkeiten in den Bussen bestehen.
21. Birsfelden/Füllinsdorf Enkeltricksereien	Immer perfider werden die Enkeltrickbetrüger. Sie schlagen immer öfter zu, vor allem bei einsamen und dementen Menschen. In Birs-felden und Füllinsdorf wurden dieser Tage zwei alte Menschen um CHF 145'000 betrogen.
Liestal 9514 Unterschriften	Die höchste je in einem Baselbieter Volksbegehren erreichte Unter-schriftenzahl hat das Komitee zur Erhaltung der Berufsvorbereitungs-schule BVS 2 eingereicht, damit ihre Schule erhalten bleibt. Ebenso haben 7000 Petenten ein Begehren gegen die Ausdünnung des ÖV im Oberbaselbiet eingereicht.
Baselbiet *Swisslos*-Fonds	Der Baselbieter *Swisslos*-Fonds hat 2011 insgesamt CHF 10,63 Mio. an 299 Projekte geleistet, darunter CHF 3,9 Mio. an die Kultur, an den Bereich Umwelt und Entwicklungshilfe gingen CHF 3,15 Mio.
22. Liestal Noch mehr Verlust	Die *Basellandschaftliche Pensionskasse* hat das Jahr 2011 mit einem Verlust von CHF 151,5 Mio. abgeschlossen. Damit sank der Deckungs-grad von 77,2% auf 76,8%. Ursache des Verlustes seien vor allem Schwierigkeiten in Finanz- und Anlagemärkten.

Allschwil 2 Postagenturen	Derweil die Poststelle *Allschwil 2* geschlossen wird, eröffnet man 2 Agenturen: am Lindenplatz und beim Dorfplatz. Aufgrund rückläufiger Kundenzahlen war eine 2. Poststelle nicht mehr tragbar, erklärt die Post. Der Gemeinderat ist mit der neuen Lösung einverstanden.
23. Liestal 28 Entlassungen	Die *Druckerei Lüdin* in Liestal schliesst Ende Jahr ihre Offsetdruck-Abteilung. Dies kostet 28 zum Teil langjährige Mitarbeiter ihre Stelle. Es besteht ein guter Sozialplan, sagt *Mathis Lüdin*.
25. Schweiz/Kanton BL Erdwärme	*Elektra Baselland* (EBL) beteiligt sich mit CHF 8,6 Mio. an der *Geo-Energie Suisse AG*. Diese sucht nach geeigneten Bohrstellen für Erdwärme in der Schweiz.
27. Pratteln/Muttenz/ Birsfelden Rettungsakt	Als Trägergemeinden der gemeinsamen *Schiessanlage Lachmatt* in Muttenz haben die 3 Gemeinden je ein Darlehen von CHF 75'000 für die Aufrechterhaltung des Schiessbetriebs gesprochen. Die Investitionen der letzten Jahre kamen teurer zu stehen als vorausberechnet. Zudem haben die Schiessvereine ihre Beiträge noch nicht bezahlt. Im Gegensatz zu den anderen Gemeinden hat Muttenz den Betrag ohne Segen der Gemeindeversammlung gesprochen.
Oberwil/Liestal Geschenk der BLT	Die *Baselland Transport AG* schenkt dem Kanton an die Kosten des Leistungsauftrages CHF 1 Mio. – dies, weil der Jahresabschluss 2011 sehr gut war. Die BLT gehört zu 43% dem Kanton.
28. Buus, Läufelfingen/ Frenkendorf Polizei-Patrouillen statt Posten	In Buus, Läufelfingen und Frenkendorf werden per 1. Juni die Polizeidienststellen geschlossen und durch Patrouillen ersetzt. Vielfach werden die Schliessungen bedauert, diese sind aber laut *Polizeidirektor Isaac Reber* nicht nachteilig für die betroffenen Gebiete, da die Patrouillen effizienter seien als das Angebundensein von Polizisten an eine unterfrequentierte Polizeidienststelle.
29. Füllinsdorf Keltischer Geldsegen	Der mit Abstand grösste keltische Silbermünzenfund der Schweiz kam in Füllinsdorf ans Tageslicht. Auf einer Fläche von 50 m^2 wurden 293 prachtvolle Silbermünzen, die über 2000 Jahre alt sind, entdeckt. Die Kelten siedelten in unserem Gebiet bis etwa 58 v. Chr., als sie auszogen und – von den Römern geschlagen – wieder zurückbefohlen wurden als Schutz gegen die eindringenden Alemannen. Danach lebten sie in der Region unter römischer Besatzung. Der Silberschatz wird im *Museum.BL* in Liestal gezeigt.
30. Allschwil Schülerverschiebungen?	Von den jetzigen 5.-Klässlern in Allschwil sollen aufgrund der Klassenbildungspläne 12 nach Binningen an die Sekundarschule verschoben werden. So wiederholt sich das Gerangel, das schon letztes Schuljahr stattfand: Die Eltern wehren sich vehement gegen diese Vorschriften der Regierung.
Liestal/Bern 3. Belchenröhre umstritten	Während Bern auf eine 3. Belchenröhre wegen der hohen Kosten verzichten will, hält das Baselbiet unerschütterlich an deren Bau fest. In Zeiten der Sanierung einer der Röhren, eine davon ist bald fällig, soll eine 3. Röhre Entlastung bieten, denn Gegenverkehr in nur einer Röhre ist unmöglich und viel zu gefährlich.

April 2012

1. Liesberg Waschbär	Erstmals wurde im Baselbiet der Waschbär nachgewiesen. Er ist in Liesberg in eine Fotofalle getappt. Der Allesfresser besetzt die Nischen von Eichhörnchen und Marder und vertreibt sie damit. Die Waschbären sind ebenso wenig wie der auch in einzelnen Exemplaren nachgewiesene Marderhund (sieht ähnlich aus wie ein Waschbär, ist aber wesentlich hochbeiniger) geschützt. Sie zählen beide zu den nicht erwünschten Einwanderern (Neozoen) und können bejagt werden.
Reinach *International School* ohne Autos	Die Gemeinde Reinach stellt der expandierenden *International School* das *Schulhaus Fiechten* zur Verfügung, verlangt aber ein umweltverträgliches Verkehrskonzept. Das heisst unter anderem, dass Zufahrten zum Schulgelände nicht erlaubt werden (Taxifahrten für Schüler durch Eltern …).
2. Kanton Baselland Bahnübergänge noch besser sichern	Im Baselbiet gibt es, trotz enormer Anstrengungen, noch immer 25 Bahn- und Tramübergänge, die nicht nach den neuesten Gesetzesvorschriften gesichert sind. *Projektleiter Daniel Schoop* hofft darauf, dass keine Einsprachen erfolgen, damit er die Sanierungen zeitgerecht ausführen kann.
3. Baselbiet Ortspolizisten arbeiten zusammen	Die *Ortspolizeien Münchenstein*, *Muttenz*, *Reinach* und *Therwil* wollen künftig vermehrt zusammenarbeiten. Seit dem 1. April gehen sie an Wochenenden gemeinsam (natürlich nicht alle!) auf Patrouille, machen Kontrollen und halten Pikettdienst.
Münchenstein Mit Wegzug gedroht	Die *Elektra Birseck* in Münchenstein hat aufgrund des Landratsbeschlusses, dass durch die Regierung zu prüfen sei, ob die Baselbieter Energieanbieter künftig unter anderem verpflichtet werden sollten, als Standard-Strom-Mix nur Strom aus 100% erneuerbarer Energie anzubieten, mit einem möglichen Wegzug gedroht.
4. Eptingen Nur noch Entsorgung	Die *Autogesellschaft Sissach-Eptingen AG* reduziert ihre Geschäftstätigkeit. Ab nächstem Jahr überlässt sie den Teil «Öffentlicher Verkehr» der BLT (betrifft Buslinien 91, 92, 93, 105, 107, 108 und 109). Sie wird künftig nur noch in der Abfallentsorgung tätig sein. Begründet wird dieser Entschluss durch anstehende Investitionen in den Fuhrpark, welche sich die Firma nicht leisten kann. Die Mitarbeiter und die Fahrzeuge werden von der BLT übernommen.
Liestal/Kanton SO Unterstützung	In der Diskussion um den immer noch umstrittenen Bau einer 3. Belchenröhre erhält das Baselbiet nun Unterstützung aus dem Kanton Solothurn.
6. Kanton Baselland Ja zur Weiterführung	8967 Unterschriften wurden in einer rekordverdächtigen Zeit von 5 Wochen gesammelt für die Volksinitiative «Ja zur Weiterführung der 2-jährigen Berufsvorbereitenden Schule».
Itingen/Füllinsdorf 20 Stellen verlagert	Die *Harlan Laboratories* in Itingen und Füllinsdorf verlagern 20 Stellen ins Ausland mit der Begründung des zu starken Schweizer Frankens. Die Firma wehrt sich gegen die von der Arbeitnehmervertretung geäusserte Kritik, sie habe zu kurzfristig informiert. Man könne nicht vierteljährlich über mögliche personalpolitische Entscheide informieren, meint der *Firmensprecher Werner Schneeberger*. Die *Harlan* beschäftigt 400 Mitarbeitende und hatte sich erst kürzlich zum Standort Schweiz bekannt.

10. Kanton Baselland Rückgang in der Feldhasenpopulation	Zwischen Wenslingen, Zeglingen und Oltingen war der Feldhasenbestand im regionalen Vergleich immer besonders hoch. Nun hat man aber anlässlich der letzten Zählung weniger als halb so viele Hasen gezählt wie im letzten Jahr. Junghasen fallen vielen verschiedenen Feinden und Umständen zum Opfer: Füchsen, Hunden, Krähen, Bussarden, Graureihern. Nun sollen Massnahmen in der Landschaftsgestaltung den Hasen etwas mehr Schutz bieten.
Schweiz Krankenkassenprämien	2010 haben in der Schweiz CHF 2,3 Mio. Personen von einer Verbilligung bei den Krankenkassenprämien profitiert. Insgesamt gaben der Bund und die Kantone dafür CHF 4 Mia. aus.
Arlesheim Holzschnitzel statt Rollsplit	Vergangenen Winter testete Arlesheim bei Schnee- und Eisglätte Holzschnitzel statt Rollsplitt. Die ersten Erfahrungen sind positiv und werden im kommenden Winter fortgesetzt. Auch die Entsorgung ist um einiges einfacher.
11. Kanton Baselland Kriminal- und Unfallstatistik 2011	Insgesamt wurden im Baselbiet im Jahre 2011 13'961 Straftaten polizeilich erfasst. Das sind 411 weniger als im vorigen Jahr. Mit nur 11% Aufklärungserfolgen will die Polizei nun mit einer deutlichen Aufrüstung gegen die 1537 Einbrüche vorgehen. – Grundsätzlich positiv wird die Unfallstatistik wahrgenommen. Bei 1180 registrierten Unfällen (tiefster Wert seit 1975!) sind aber 13 Tote und 130 Schwerverletzte zu beklagen, was einen Anstieg der Opferzahlen bedeutet.
12. Nordwestschweiz Bienentod	Die Varroamilbe, eine der grössten Feindinnen der Bienen, hat auch in diesem Winter zugeschlagen. Etwa 40% der Bienenvölker sind ihretwegen gestorben. Gegen einen guten Teil des Ertrages werden die Imker in diesem Jahr auf eine Völkervermehrung hinarbeiten müssen.
14. Pratteln Explosion	Mit Suchhunden und über 350 Fachkräften aus Sanität, Polizei, Rettungsflugwacht und Feuerwehr hat man in Pratteln nach Verschütteten gesucht, nachdem im Quartier *Längi* in Pratteln in einem Wohnblock eine Explosion stattfand und die obersten Geschosse des Hauses eingestürzt waren. Man konnte 7 Verletzte bergen, von denen eine Person in kritischem Zustand ist. Möglicherweise handelt es sich um eine Gasexplosion. Abklärungen sind im Gange.
Münchenstein/ Cosimo (IT) Photovoltaik	Die zu einem Teil der *Elektra Birseck* gehörende Photovoltaikanlage in Cosimo (IT) ist eingeweiht worden. Da in Sizilien der Sonneneinstrahlungswinkel und auch die Sonnenstunden eine doppelte Effizienz gegenüber schweizerischen Anlagen liefern, kann man beim neuen Sonnenkraftwerk mit einer Jahresproduktion von 7,6 GW Strom rechnen. Zum Vergleich: Im Netzgebiet der EBM in der Schweiz erzeugen alle Anlagen insgesamt 6,1 GW Strom.
18. Liestal Rote Zahlen	Die Baselbieter Staatsrechnung 2011 weist ein operatives Defizit von CHF 96,5 Mio. auf, CHF 18,6 Mio. mehr als budgetiert. Ein Teil des Defizits wird aus dem Eigenkapital finanziert. Der Grund für die schlechten Zahlen liegt vor allem an den Rückstellungen, insbesondere diejenige für die Sanierung der Pensionskasse, welche mit CHF 48,5 Mio. happig zu Buche schlägt.

Liestal *Eingliederungsstätte BL*	Die ESB, die *Eingliederungsstätte Baselland* in Liestal, muss nach 40 Jahren saniert und erweitert werden. Im Hauptsitz in Liestal werden zurzeit 430 Menschen mit leichten bis schweren geistigen, körperlichen und zunehmend auch mit psychischen Störungen betreut. Der Umbau soll CHF 13 Mio. kosten. Die Hallenbadrenovation ist in diesem Betrag nicht inbegriffen. Man sucht für diesen Bereich noch Geldspender.
19. Nordwestschweiz Luftqualität	Im Vergleich zum Vorjahr sind dank des nicht zu heissen Sommers beim Ozon, bei den Stickoxyden und beim Feinstaub geringere Belastungen als im Vorjahr gemessen worden.
20. Kanton Baselland Talentförderung	Der *Verband der Musikschulen Baselland* gab an seiner Jahressitzung bekannt, dass in diesem Jahr 69 Talente, im nächsten deren 90 in den Genuss einer besonderen Talentförderung gelangen. Das Baselbiet ist in einer Pionierrolle in diesem Bereich.
21. Sissach/Schloss Ebenrain ‹Fürsi luege›	Nebst Siedlungsgebieten soll bis zum Jahr 2030 im Baselbiet vor allem auch viel Grün das Hauptaugenmerk erhalten. Das ist einer der gemeinsamen Nenner der *Ebenrain-Tagung*, die unter dem Thema «Wie wird das Baselbiet im 2030 aussehen?» stattfand. Etwa 100 Teilnehmer aus diversen Sparten, aber auch Gymnasiasten aus Liestal nahmen teil.
22. Langenbruck Sanft renoviert und eingeweiht	Die ehemalige *Uhrenfabrik Revue* in Langenbruck wurde sanft renoviert und nun in einem Einweihungsakt der Bevölkerung übergeben. Das Haus ist jetzt ein Zentrum für Schule, Vereine und Kultur.
23. Gelterkinden Emotionale Kirch- gemeindeversammlung	Die ausserordentliche *Reformierte Kirchgemeindeversammlung* in Gelterkinden, an der bestimmt werden sollte, ob mit der seit 3 Jahren provisorisch amtierenden *Pfarrerin Nicole Eker* eine verbindliche Zusammenarbeit gesucht werden soll, zeigte die grosse, lange Zeit schon gärende Stimmung. Nach zum Teil unschönen Szenen, gespickt mit happigen Vorwürfen, entschied die Versammlung mit 112:54 Stimmen, die Pfarrerin nicht anzustellen.
Nordwestschweiz Verein zur Technologie- Förderung gegründet	In Liestal wurde der Verein «i-net innovation networks» zusammen mit Basel und dem Jura gegründet. Dazu werden auch der Aargau und hoffentlich auch Solothurn stossen. Der Verein will das Umfeld für moderne Technologien verbessern und fördern. Das Jahresbudget beträgt CHF 1,6 Mio. und wird zur Hälfte vom Bund beigesteuert, dies im Rahmen der Neuen Regionalpolitik.
24. Hölstein Werkteam bleibt doch	Das Ende des Förder- und Coachingprogramms, angeboten von der *Stiftung Werkteam* in Hölstein, ist nun doch nicht gekommen. Der ehemalige *Werkstatt-Leiter Klaus Amann* führt das Team weiter. Bestehen bleibt auch der *Förderverein Werkgruppe Hölstein*.
Laufen *Pro Natura Laufental* aufgelöst	An der gemeinsamen Generalversammlung von *Pro Natura Laufental* und *Pro Natura Baselland* wurde die Laufental-Sektion aufgelöst. Da die wertvollsten Naturschutzgebiete im Laufental kantonal geschützt sind, wird das nun nicht mehr «nötige» Überbleibsel aus dem früheren Kanton Bern aufgelöst.
25. Arlesheim/Binningen Flucht?	Die beiden Gemeinden Binningen und Arlesheim haben laut gedacht: Die Ausfinanzierung der Kantonalen Pensionskasse könnte doch Anlass genug sein, die Kasse zu verlassen. Der Kanton möchte während 40 Jahren die Gemeinden mit je CHF 1 Mio. pro Jahr belasten.

Liestal/Bottmingen Kein Neubau auf dem Bruderholz	Wie die *Gesundheitsdirektoren* beider Basel bekanntgaben, soll auf einen Neubau des *Bruderholzspitals* vor allem aus Kostengründen verzichtet werden (fast CHF 1 Mia.). Das *Spital Bruderholz* wird saniert, das dort vorgesehene Geriatriezentrum kommt beim *Felix-Platter-Spital* zu stehen. Gleichzeitig beschloss man eine Patienten-freizügigkeit für das Geriatriezentrum. Die bereits ausgegebenen Planungskosten von CHF 13,2 Mio. sind nun ans Bein zu streichen.
26. Gempen/Muttenz Bikerbahn	Mit dem Segen der zuständigen Behörden bauen etwa 50 Freiwillige einen Bikerweg vom Gempen bis hinunter zur Bananenbrücke in Muttenz an der Birs. Man hofft, dass sich künftig die Biker ausschliesslich an diese Route halten werden, um so Umwelt und Spaziergänger nicht mehr zu stören und zu erschrecken.
Wenslingen Umstellung	Als Folge der vom Bund vorgelegten Agrarpolitik 2014–2017 hat die *Betriebsgemeinschaft Buess, Gasser und Ritter*, die den Leimenhof in Wenslingen gemeinsam bewirtschaftet, beschlossen, von der nicht mehr rentierenden Milchwirtschaft auf Rinderzucht zwecks Fleisch-gewinnung umzustellen.
Oltingen Interessanter Fund	Im Pfarrhaus zu Oltingen steht seit undenklichen Zeiten ein alter Schrank. Niemand konnte oder wollte ihn je öffnen. *Max Wirz*, Mit-glied der *Kirchenpflege* und der *Museumskommission*, hat nun diesen Schrank geöffnet und fand wahre historische Schätze: Das älteste Dokument stammt aus dem Jahr 1588 und ist einer der vielen Basler Erlasse. Familienschicksale und Berichte über die Trennungswirren kamen ebenfalls ans Tageslicht. Nun wird das Fundgut in der Pfarr-scheune ausgestellt, wo es bis Ende 2013 zu sehen ist.
Liestal Ziegelhof vors Volk	Der Einwohnerrat von Liestal hat sich entschlossen, den «Quartier-plan Ziegelhof» gutzuheissen, und beschloss, den Plan einer Volks-abstimmung zu unterziehen.
28. Liestal/Basel Kantonsfusion	Mit ungeahnter Intensität wird zu einem visionären Plan (Fusion von BL und BS) von allen Seiten Stellung bezogen, sowohl pro als auch contra. Während die *Basler Handelskammer* unbedingt dafür ist, sind vor allem konservative Baselbieter «Heimatliebende» absolut da-gegen: Sie befürchten einen Linksrutsch im fusionierten Kanton.

Mai 2012

2. Kanton Baselland Positive Jahresbilanz 2011	Zum letzten Mal präsentieren die *Baselbieter Spitäler* ihre Jahres-zahlen als Staatsbetriebe. Die Zahlen stimmen optimistisch. Es gab mehr Patienten, aber weniger Pflegetage. Und genau dies braucht es, um künftig schwarze Zahlen schreiben zu können. Das Budget konnte um CHF 3,5 Mio. unterschritten werden, doch der Betriebsertrag sank um knappe 2% auf CHF 370 Mio.
Reinach Charta ratifiziert	Im Frühling 2011 erschütterte ein Fall von sexuellem Missbrauch in einem Behindertenheim die Schweiz. Nun haben *Pro Infirmis*, *Insieme*, *Curaviva*, *Insos* und andere eine Charta erstellt, welche Verhaltens-regeln zur Prävention und zur Reaktion auf Missbrauchsfälle enthält. Der Verband der *Sozialen Unternehmen beider Basel* (SubB) hat nun diese Charta ratifiziert.

3. Unteres Baselbiet Immobilienblase	Das Untere Baselbiet figuriert neu auf der Liste der Gefahrenregionen bezüglich Immobilienpreisentwicklung. Im vergangenen Jahr sind hier die Preise um 6% gestiegen, im schweizerischen Mittel hingegen nur um 4,5%. Platzt die Blase, muss mit starken Preisrückgängen gerechnet werden.
Kanton Baselland Kiga büsst	Das *Kiga Baselland* hat 2011 im Rahmen der flankierenden Massnahmen zum freien Personenverkehr wegen Nichteinhaltung der Lohnrichtlinien 30 Verwaltungsbussen von bis zu CHF 5000 und 12 Dienstleistungssperren von bis zu 5 Jahren verhängt. Im Weiteren wurden auch Lohnnachzahlungen bei ausbezahlten Dumpinglöhnen veranlasst.
Liesberg Neues Feuerwehr- magazin	Die Gemeindeversammlung von Liesberg bewilligte CHF 2,925 Mio. für den Bau eines neuen Feuerwehrmagazins. Dieser Entscheid fiel mit 76 Ja- gegen 35 Nein-Stimmen.
7. Kanton Baselland Jagdstatistik 2011/2012	Die Jäger hätten in der letzten Jagdsaison 650 Wildschweine erlegen sollen, schossen aber nur deren 280. Dies führt zu einer Überpopulation, durch welche grosse Schäden in Wald und Flur angerichtet werden. Dieses Minus in der Statistik bedeutet, dass im kommenden Herbst und Winter fast 1000 Tiere erlegt werden müssen. – Rehe wurden 1144 geschossen, was aber auch nur einer Quote von 65% entspricht. Man schätzt, dass es im Kanton etwa 3500 Rehe gibt, welche an den Weisstannen und Ahornen grössere Verbisse verursachen, und genau diese Bäume schätzen die Förster besonders.
8. Kanton Baselland Schuldenberatung braucht Geld	Rote Zahlen schreiben viele Betriebe und auch viele Privatpersonen. Die Privaten können bei der *Schuldenberatung Baselland* Rat und Unterstützung holen. Nun ist aber die Beratungsstelle selbst in die roten Zahlen gerutscht und braucht dringend eine Beitragserhöhung von CHF 1.– auf CHF 1.30 pro Einwohner der angeschlossenen 68 Gemeinden. 2011 wurden insgesamt 850 Beratungen von 4 Angestellten geleistet.
9. Schweiz/Kanton BL Überwachung schadstoffbelasteter Standorte	Das *Bundesamt für Umwelt* teilt mit, dass die Überwachung schadstoffbelasteter Standorte nicht mehr so eng und dicht erfolgen werde wie bisher üblich. Dies betrifft auch die kontaminierten Standorte im Baselbiet. Im Weiteren wurden von den ehemals 3000 Risikostandorten im Kanton 1600 gelöscht, da sie den Untersuchern als zu unerheblich galten. Bei der Überwachung gehe es auch um die Verhältnismässigkeit, sind doch nach neuesten Analyseverfahren auch winzige Mengen nachweisbar, welche keine Risiken bedeuten.
Kanton Baselland Reformierte Kirche mit grossen Geldsorgen	Die *Reformierte Kirche Baselland* sieht sich in ihrer Existenz bedroht, wartet auf sie doch die riesige Summe von CHF 44,3 Mio. an Beiträgen an die Pensionskassen-Sanierung. Das Geld ist über einen Zeitraum von 40 Jahren fällig. Die Kirche sieht sich nicht in der Lage, nebst allen anderen Verpflichtungen diesen Betrag aufzubringen.
10. Liestal Nächste Hiobsbotschaft im Finanzbereich	Der Staatshaushalt 2012 sieht nach den neuesten Zwischenrechnungen düster aus: Gegenüber dem Budget weist man einen zusätzlichen Malus von CHF 67,3 Mio. aus, was insgesamt ein operatives Ergebnis von MINUS CHF 211,4 Mio. ergibt! Davon entfallen unter anderem CHF 12,6 Mio. für die Umsetzung des Sparpakets und Mindereinnahmen bei den juristischen Personen von CHF 6 Mio.

Liestal Gebäudeversicherung und «Joachim»	Die Schadenssumme 2011 (CHF 35 Mio.) der bei der Gebäudeversicherung gemeldeten Schäden hat sich gegenüber dem Vorjahr mehr als verdoppelt. Waren es 2010 «nur» 922 Schadensfälle, hat sich die Zahl 2011 auf 6850 versiebenfacht, wovon über 6000 auf den mächtigen Sturm «Joachim» zurückzuführen sind.
Baselbiet *Baselland Tourismus*	*Baselland Tourismus* hat eine wunderbare neue Karte der Region herausgegeben. Im Vordergrund sind Basel und der Rhein zu sehen, nach oben-hinten wird die Landschaft immer kleiner bis hin zu den Alpen – genauso wie die Karte der 1930er-Jahre, welche für die Schulen verwendet wurde, allerdings ist sie nach den neusten Gegebenheiten gestaltet und zeigt speziell lohnende Ausflugsziele, darunter auch Rheinfelden und Seewen *(Musikautomaten-Museum)*. Die Tourismus-Organisation verzeichnet gute Erfolge, haben doch die Übernachtungen in den 55 Baselbieter Hotels deutlich (um 37 % seit 2003) zugenommen.
14. Nordwestschweiz … und plötzlich wieder aktuell	Die *Pädagogische Hochschule der Nordwestschweiz* meldet eine weitere Steigerung bei den Anmeldungen. In diesem Jahr sind es 1325 Personen, inklusive Quereinsteiger, welche die Lehrerausbildung absolvieren wollen. Die Auslese wird allerdings immer strenger. Im letzten Jahr wurden letztlich 250 Personen in das Studium aufgenommen. Der Bedarf an Lehrpersonen wird weiter steigen, wegen vieler Pensionierungen, mehr Kindern und vieler Teilzeitpensen.
Rheinfelden Riesiger Salzdom	Grösser als die Kuppel des Petersdoms ist die des *Saldoms 2* in Rheinfelden. Gebaut hat das Prachtwerk die Prattler Firma *Häring*. Dafür wurden 500 Fichten (1700 m^3) geschlagen; die geerntete Menge an Tannenholz wächst in den Schweizer Wäldern innert 3 Std. wieder nach! Die Spannweite des Baus beträgt 120 m, die Höhe 32 m. Die Grundfläche beträgt 11'300 m^2. Das Salz, das von den Rheinsalinen Riburg, Rheinfelden, Schweizerhalle und Pratteln gewonnen wird, hat somit eine weitere neue Lagerstätte gefunden. Pro Jahr werden etwa 120'000 t des weissen Goldes verkauft. Der *Saldom* hat CHF 26 Mio. gekostet.
15. Liestal/Sissach Schaub übernimmt	Die Sissacher Druckerei *Schaub Medien AG* übernimmt die per Ende Jahr schliessende *Lüdin*-Offsetabteilung in Liestal und rettet so 10 bis 12 Arbeitsplätze. Die Sissacher übernehmen den Maschinenpark und das Gebäude für vorerst 10 Jahre. In dieser Zeit, so *Schaub*, kann man im rasant sich verändernden Umfeld des Druckgewerbes weitersehen und planen.
Liestal AAGL positiv	Die *Autobus AG Liestal* (AAGL) hat 2011 7,56 Mio. Passagiere transportiert, 3,5 % mehr als im Vorjahr. Dabei wurde ein Umsatz von CHF 25,22 Mio. erwirtschaftet und ein Gewinn von nahezu CHF 100'000 erzielt (+ 74 %!). Dazu waren 3 Mio. Wagenkilometer zurückzulegen.
16. Liestal *Emma-Herwegh-Platz* eingeweiht	Während es rund um den Bahnhof in Liestal baugeschäftig rumort, wurde der *Emma-Herwegh-Platz* vor der *Kantonsbibliothek*, bestückt mit Brunnen und Bäumen, eingeweiht.

Muttenz/Liestal Gefängnistüren	Das Justizgebäude in Muttenz braucht besonders starke und brandsichere Türen. Da sich zwei Anbieter in den Haaren lagen, hat sich der Kanton für die günstigere Variante entschieden. Für die 70 bestellten Türen bezahlt der Kanton nun CHF 650'000, pro Tür also rund CHF 10'000. Das Kantonsgericht stützte in seinem Urteil den Entscheid der Baudirektion.
21. Region Basel Baumkiller im Land	Der Asiatische Laubholzbockkäfer ist einer der schädlichsten Immigranten, die je unsere Grenzen überschritten haben. Er ist, nachdem es lange nur eine Vermutung war, nun tatsächlich in Basel festgestellt worden. Larven bringen den befallenen Bäumen den Tod. Spezielle, in Österreich ausgebildete Hunde können die Larven aufspüren.
Rothenfluh Dorfbrunnen verschwindet	Der Gemeinderat von Rothenfluh hat entscheiden, dass der sich in einem baulich sehr schlechten Zustand befindliche Dorfbrunnen «ob der Kirche» abgebaut wird. Da auch die Speisung mit Überlaufwasser aus dem Reservoir nicht rund um die Uhr gewährleistet ist, fällt der Entscheid umso leichter.
22. Muttenz Turmfalken sind geschlüpft	Seit 2008 werden die Turmfalken von Muttenz zur Nistzeit von einer Kamera begleitet. Das Nest befindet sich am Giebel des *Bildungszentrums Muttenz*. Die Bilder über die alljährliche Aufzucht von meist 5 Jungen wird weltweit im Internet ausgestrahlt und finden ein Echo in der ganzen Welt.
23. Liestal Ineffiziente Staatsanwaltschaft?	Geht es nach der Fachkommission, arbeiten Ermittlungsbehörden und Sicherheitsdirektion zu wenig effektiv. Diese harsche Kritik wird aber von der *1. Staatsanwältin Angela Weirich* deutlich abgewiesen. Ein Grund für weniger erfreuliche Zahlen sei allerdings im 2011 neu eingeführte Staatsanwaltsmodell zu suchen.
Bern Teures neues Stromnetz	Die durch den festgelegten Energiewandel hervorgerufene Anpassung des Stromnetzes soll die Schweiz laut Bundesrat etwa CHF 18 Mia. kosten.
Muttenz/Basel Gentech-Raps gefunden	*Greenpeace*-Aktivisten haben sowohl im *Hafenbecken I*, im *Bahnhof St. Johann* in Basel als auch im *Auhafen* in Muttenz 29 gentechnisch veränderte Rapspflanzen gefunden. Offenbar wurden die Samen beim Umladen unbeabsichtigt verstreut. Die Gen-Technologie, für die in der Schweiz ein klares Verbot herrscht, scheint also nicht unter Kontrolle zu sein.
24. Rheinfelden Lachs	Wenn es ein Lachs bis Rheinfelden schafft, hat der den Rhein natürlicherweise auch durch das Baselbiet durchschwommen. Ein 5,9 kg schwerer, 89 cm langer Lachs wurde dieser Tage in Rheinfelden aus dem Fluss gezogen. Nach einer Vermessung und Abnahme von Schuppen zwecks DNA-Bestimmung wurde der Fisch wieder in die Freiheit entlassen. Der Fang bedeutet den ersten Erfolg im Wiederansiedlungsprojekt (lachsgängige Fischtreppen/-lifte).
Liestal Waffenplatz	Nach der Reorganisation der Infanterieausbildung wird nun mitgeteilt, dass die Kaserne weiterhin gebraucht wird und Liestal damit Waffenplatz bleibt.

29. Birsfelden 210 Wohnungs- kündigungen	Die Hochhäuser am Stausee in Birsfelden, erstellt 1967/1968, müssen totalsaniert werden. Daher erhielten alle 210 Mieter ihre Kündigung. Dies ist laut Mieterverband die grösste Gesamtkündigung seit Langem. Die Bewohner können während der Sanierung nicht in den Wohnungen bleiben, auch eine etappenweise Sanierung sei nicht möglich, liess der Besitzer verlauten.
Liestal/Lausanne Bundesgericht gibt Staatsanwaltschaft recht	Die Polizei darf künftig nach einem Entscheid des Bundesgerichts in Lausanne ausländische Autofahrer büssen und die Busse direkt ein- ziehen. Dies war bisher nicht möglich, so dass viele Bussen einfach ignoriert wurden. Die Baselbieter Polizei hat in einem Fall im Sinne dieses neuen Rechts gehandelt, doch erhob der Beschuldigte Klage. Nachdem das Baselbieter Kantonsgericht dem Gebüssten recht gab, hat die rekurrierende Staatsanwaltschaft nun doch aus Lausanne Unterstützung erhalten.
30. Kanton Baselland Baselland wird Unikanton	Dank wiederholtem Insistieren und hartnäckigem Kämpfen haben die Parlamentarier aus der Region und natürlich vor allem die Baselbieter Standesvertreter, angeführt von *Ständerat Claude Janiak*, erreicht, dass das Baselbiet, das schon seit längerem de facto Unikanton ist, nun auch de jure diesen Status erhält.
Frankreich/Kanton BL Baselbiet–Mulhouse mit der S1	Nachdem die französische Staatsbahn die direkte S1-Verbindung von Mulhouse ins Baselbiet bekämpfte und dann einstellte, ist nun ein erster Verhandlungserfolg erzielt worden. Man hat eine Absichts- erklärung unterschrieben, die eine Wiedereröffnung der wichtigen Linie bis 2013 vorsieht.
31. Augst/*Augusta Raurica* An einem Strick	Der Kanton, die Gemeinde Augst und die Römerstadt haben nach jahrelangem Streit endlich zu einem gemeinsamen Standpunkt gefun- den. Man will nun gemeinsam für *Augusta Raurica* den Status eines Weltkulturerbes anstreben. Ein wichtiger Schritt dabei ist die Entflech- tung von Siedlung und Museum, wozu nun eine Übereinkunft ge- funden worden ist.
Gelterkinden Streitigkeiten um *Jundt-Haus*	Da die Kasse der *Stiftung Jundt-Haus* leer ist, wird eine dringend nötige Sanierung zum Problem. Daher schlagen nun verschiedene Exponenten vor, einen Teil des Umschwungs (30 a) als Bauland zu verkaufen. Das sorgt für rote Köpfe, da die Stiftung eine Erhaltung des ganzen Areals vorschreibt.
Schweiz Velovignette ade …	Nachdem man 50 Jahre lang eine Velonummer brauchte, die als Aus- weis für eine einbezahlte Haftpflicht diente, ist diese Vorschrift ge- fallen. Die Haftpflichtversicherung ist nun Privatsache. Daher fallen die Nummernschilder/Vignetten künftig weg.

Juni 2012

4. Kanton Baselland BLT immer erfolgreicher	Die *Baselland Transport AG* (BLT) hat 2011 fast 49 Mio. Passagiere transportiert. Das sind 1,6% mehr als im Vorjahr. Seit dem Jahr 2000 ist die Passagierzahl um 40% angestiegen. Trotz einer Steigerung des Gesamtumsatzes um 2,7% auf CHF 86,5 Mio. sank der Gewinn um 12,3% auf CHF 2,93 Mio.

5. Waldenburg Auch ‹Waldenburgerli› legt zu	Die *Waldenburgerbahn* (WB) hat für das Jahr 2011 Positives zu vermelden. Sie konnte mit 1,928 Mio. Passagieren etwa 4000 Menschen mehr transportieren als im Vorjahr. Der Jahresgewinn verdoppelte sich auf CHF 236'500.
Kanton Baselland Gemeindepräsidenten ohne Verband	Der in den 1920er-Jahren des letzten Jahrhunderts gegründete *Verband der Gemeindepräsidenten und -präsidentinnen* wurde per 30. Mai 2012 aufgelöst. Man sah sich nicht (mehr) in der Lage, dem *Verband Basellandschaftlicher Gemeinden* (VBLG) wirkungsvoll unter die Arme zu greifen.
Gelterkinden Dorfplatzbrunnen abgebaut	Der wunderschöne, 8-eckige Dorfbrunnen in Gelterkinden war schon seit längerer Zeit nicht mehr dicht. Daher wurde er nun von einer Spezialfirma aus Röschenz in seine Teile zerlegt und abtransportiert. Ersetzt werden müssen die «Gelenke», welche die Teile zusammenhalten. Sie waren bis jetzt aus Eisen, sind aber nun rostig geworden und haben zum Teil auch den ansonsten stabilen Solothurner Kalk zersetzt. Die neuen Verbundstellen werden aus Messing erstellt, das auch weniger auf Temperaturschwankungen reagiert. Bis im August sollte der Brunnen wieder stehen und dann auch kein Wasser mehr verlieren.
7. Muttenz/Münchenstein Kunsthaus	Das *Kunsthaus Baselland* an der Birs in Muttenz wird von einer neuen Stiftung übernommen und bewirtschaftet. Ein Trägerverein ist für den Ausstellungsbetrieb zuständig. Das Kunsthaus, das seit 1998 im Schänzli in Muttenz beheimatet ist, dürfte sich künftig auf dem Dreispitzareal befinden.
11. Buus ‹Badi› wieder wie neu	Das Buuser Bad wurde 1974 erbaut. Nun wurde es für CHF 1,5 Mio. runderneuert. Ein Teil des Betrages wird vom Kanton im Rahmen des *Kasak-3-Fonds* übernommen. Den grössten Anteil am Betrag brauchte man für die Technik. Wenn nun noch die Sonne das Wasser erwärmt und die Menschen nach Abkühlung lechzen lässt, ist die ‹Badi› wieder bereit.
Muttenz SBB rationieren	Ab 2013 wird der Bahnhof-Schalter Muttenz nicht mehr durch SBB-Angestellte geführt, sondern durch speziell geschulte *Avec*-Mitarbeiter (Verkaufspersonal der *Migros*-Tochter im Bahnhofsgebäude). Die bisherigen Mitarbeiter werden im Raume Basel weiterhin von den SBB beschäftigt.
Münchenstein Keine Lärmschutz- bauten	Der Gemeinderat von Münchenstein will keine vom Kanton gebauten Lärmschutzwände, sondern lieber einen Flüsterbelag. Wände passen nicht in das Konzept im Gebiet *Lange Heid*. Im Weiteren sollen vor Lärm schützende Autounterstände sowie Lärmschutzloggien erstellt werden.
Zunzgen Schon wieder Knatsch	Nach einem Jahr Ruhe und nach den Rücktritten der befehdeten Personen flammt in Zunzgen wieder Streit auf, sogar mit der Drohung einer Strafverfolgung. Die Rechnungsprüfungskommission wirft dem Gemeinderat verschiedene unsaubere Abrechnungen vor. Die Vorwürfe werden an der kommenden Gemeindeversammlung vom 21. Juni konkret dargelegt.
12. Liestal Einsichtiger Gesundheitsdirektor	*Peter Zwick, Volkswirtschafts- und Gesundheitsdirektor*, war vor einiger Zeit bös kritisiert worden. Nun hat er Fehler zwar eingeräumt, allerdings hat er noch kein konkretes Vorgehen angekündigt.

Kanton Baselland Spitäler Baselland	Vor allem gespannt war man, welche genaue Positionierung das *Spital Laufen* in den verselbstständigten Spitälern des Kantons Baselland einnehmen wird. Nun ist entschieden, dass *Laufen* zum Schmerzzentrum ausgebaut wird, dass das *Bruderholzspital* gestärkt (geriatrische, neurologische und muskuloskelettale Reha sowie ein ausgebautes Angebot für die Frau) und das *Spital Liestal* wie bisher weitergeführt werden soll.
Bern/Region Basel Erdbebenversicherung auf Eis	Der Ständerat sagt, im Gegensatz zum Nationalrat, nein zu einer parlamentarischen Initiative, eingereicht von *Susanne Leutenegger-Oberholzer* (SP), in der sie eine Erdbebenversicherung verlangt. Gerade in unserer Region, die besonders erdbebengefährdet ist, wäre eine solche Versicherung wichtig.
Nordwestschweiz Gute Noten für die FHNW	In der Leistungsperiode 2008 bis 2011 hat die *Fachhochschule Nordwestschweiz* erfolgreich gearbeitet. Dieser Ansicht sind die betroffenen Regierungen. Per Oktober 2011 studierten 7400 Bachelor- und 1500 Masterabsolventen an der Hochschule, die bei einem Gesamtumsatz von CHF 1,2 Mia. einen Gewinn von CHF 10,1 Mio. erwirtschaftet hat.
Bottmingen *Spitex* weg	Eine vorgesehene Fusion der beiden *Spitex*-Betriebe Bottmingen und Oberwil ist geplatzt. Dadurch hat die *Spitex* Bottmingen nun keinen Leistungsauftrag mehr. Keine Option scheint eine private *Spitex* zu sein. Jetzt müssen schnell gute Lösungen gefunden werden.
13. Waldenburg *Revue Thommen* mit neuem Besitzer	Der Fluginstrumentenbauer *Revue Thommen AG* in Waldenburg ist an die irische Holding-Gesellschaft *Transas* verkauft worden. Die Arbeitsplätze sollen beibehalten, ja sogar ausgebaut werden. Die *Revue Thommen* wird künftig neben eigenen Produkten die Entwicklungen der *Transas* produzieren, und sie kann diese dank ihrer Zertifizierung der *Europäischen Agentur für Flugsicherheit*, die der *Transas* fehlt, in ganz Europa und in die USA verkaufen.
Liestal/Möthlitz Windpark	Die *Elektra Baselland* hat CHF 16,5 Mio. in einen Windpark im deutschen Möthlitz investiert, wo 5 Windräder pro Jahr 21 GW Strom produzieren, der 5000 Haushalte versorgen soll.
Diepflingen Landverkauf gegen Pleite in der Kasse	Die Gemeinde Diepflingen hat Liegenschaften verkauft, um einen Verlust in der Jahresrechnung zu verhindern. Statt CHF 160'000 Verlust resultiert nun ein Gewinn von CHF 270'000. Der Pausenplatz der Primarschule soll mit einem Kletter- und einem Wasserbereich aufgewertet werden. Dafür erlaubt der Souverän rund CHF 90'000.
Bubendorf Mehrzweckhalle kann gebaut werden	346 Stimmbürger haben an der Gemeindeversammlung in Bubendorf rund CHF 10 Mio. für den Bau einer Mehrzweckhalle bewilligt. Zur Sicherstellung der Finanzierung wurden 9000 m² Bauland verkauft.
14. Farnsburg Sperrung	Aus Sicherheitsgründen ist die *Ruine Farnsburg* gesperrt worden. Ein Teil einer Mauer ist vom Einsturz bedroht. Die Schadensbehebung wird auf eine Summe von CHF 250'000 berechnet. Der vom Kanton 1933 versprochene Fonds für die Instandhaltung der Burg ist nicht auffindbar.
15. Gelterkinden ‹Laubsägelihuus›	Die vorgesehene Überbauung beim Kreisel an der Sissacherstrasse in Gelterkinden, welche die Sicht auf das *Pümpinhaus* (‹Laubsägelihuus›) wegnähme, ist vom Kantonsgericht gutgeheissen worden, nun aber geht der Besitzer vor Bundesgericht. Das einmalige Haus, datierend aus dem Jahr 1896, soll sichtbar bleiben.

16. Münchenstein/ Arlesheim *Spitex* Birseck	Mit der Fusion der *Spitex*-Organisationen Münchenstein und Arlesheim entsteht neu die *Spitex* Birseck.
17. Allschwil 4 ha Land	Die Stimmbürger von Allschwil sagen im 3. Anlauf Ja zur teilweisen Überbauung der Wegmatten, dem letzten grossen Grünareal. Hier soll nun Wohnraum für ältere Menschen entstehen. Es stimmten 2546 Stimmbürger für die Erhaltung des Grüngebiets, 3079 befürworteten dagegen eine teilweise Nutzung.
Reinach Ja für einen attraktiven Ortskern	Nach 10 Jahren Planen und Verhandeln folgte nun noch der vorläufige Schlusspunkt: Das Stimmvolk von Reinach ist bereit, CHF 5,6 Mio. für die Umsetzung auszugeben. Es sollen vor allem die Plätze an der Hauptstrasse saniert und verschönert werden. Die Strasse soll auf 9 m verschmälert werden und so breiteren Trottoirs Platz machen.
Birsfelden Photovoltaik auf dem Kirchendach	Auf dem Dach der reformierten Kirche in Birsfelden ist eine Photovoltaikanlage von 140 m^2 Grösse gebaut worden. Die Anlage soll 26'000 kWh Strom pro Jahr liefern können. Bei einer Ausgabe von CHF 180'000 rechnet man mit einem Rückfluss aus dem verkauften Strom von CHF 4000 bis CHF 6000 pro Jahr.
Kanton Baselland «Charta von Muttenz»	Der *Verband Basellandschaftlicher Gemeinden* (VBLG) veranstaltete die 3. Tagsatzung. Dabei wurde die «Charta von Muttenz» verabschiedet. Folgende Punkte wurden festgehalten: Mehr Autonomie und Stärkung der Handlungsfreiheit, mehr Variabilität (berücksichtigen, dass die Gemeinden in verschiedenen Punkten auch sehr verschieden sind) zum Beispiel bei der Gesetzgebung, ferner wird das Denken in Räumen und Funktionalitäten verlangt (nicht nur das eigene Gärtlein pflegen!), zudem wird die Errichtung einer institutionellen Dialog- und Kommunikationsplattform gefordert, worin auch ein regelmässiger Austausch mit Regierungs- und Landrat inbegriffen ist.
18. Böckten Kirche gekauft	Die neuapostolische Kirche steht zum Verkauf, und die Gemeinde Böckten kauft sie … und zwar als Gemeindezentrum mit zusätzlich 2 Schulzimmern. Die Kosten für Erwerb, Umbau und Sanierung kommen auf etwa CHF 1,3 Mio. zu stehen, welche vom Souverän gutgeheissen wurden.
19. Kanton Baselland 17 für 69	17 Gemeinden im Baselbiet zahlen in den Finanzausgleich ein, wovon 69 Gemeinden profitieren. Der Abschöpfungs-Maximalsatz hat sich gegenüber dem letzten Jahr von 16,9% auf 15,3% verringert. Die Gebergemeinden, welche eine Steuerkraft von CHF 2856 pro Einwohner erzielen, zahlen 15,3% ein. Dies sind: Allschwil, Arlesheim, Biel-Benken, Binningen, Bottmingen, Oberwil, Pfeffingen, Reinach, Schönenbuch und Pratteln. 12,24% tragen Therwil, Muttenz, Seltisberg, Sissach, Duggingen und Münchenstein bei, weil deren Steuerkraft etwas geringer ist.
Basel/Kaiseraugst Wo war der erste Bischofssitz?	Gemäss *Guido Faccani*, archäologischer Forscher, war Kaiseraugst wohl kaum je der erste Bischofssitz des Bischofs zu Basel, wie es bisher möglich schien. Zwar hätte die Kirche *St. Gallus* ihrem Alter gemäss diese Rolle übernehmen können, scheint aber aufgrund neuester Forschungen doch eher nicht als Bischofssitz gedient zu haben. Verbürgt ist der erste Bischof von Basel im 7. Jahrhundert namens *Ragnachar* mit Sitz auf dem Münsterhügel. Ein neues Buch gibt Auskunft über diese interessante Frage: «Die Dorfkirche St. Gallus in Kaiseraugst».

20. Binningen/Liestal Eigentor	*Landrat* und *Gemeinderat Urs-Peter Moos* (SVP) hat ein veritables Eigengoal geschossen: Nachdem er sich konstant geweigert hat, seine Mandatssteuern zu bezahlen, hat ihn die SVP nun aus der Partei geworfen.
Baselbiet Viele gute Abschlüsse	Im Juni, der Zeit der Offenlegung der Zahlen des vergangenen Jahres in den Gemeinden, zeigt sich ein überraschendes Bild. Landauf, landab wird geklönt und gestöhnt, was Geld anbelangt, nun liest man in sehr vielen Gemeinden von zum Teil happigen Überschüssen, zum Teil, wie in Sissach, Liestal und Muttenz, in Millionenhöhe. Wenn allerdings diese Überschüsse, wie es teilweise der Fall ist, durch Land- und Wohnungsverkäufe aus dem Gemeindeschatzkästlein erzielt werden, wie es teilweise geschehen ist, ist dies ein eher kurzsichtiges Vorgehen.
21. Gelterkinden Ja zu einem neuen Hallenbad	Über 400 Stimmbürger trafen sich zur Gemeindeversammlung in Gelterkinden, um über den Neubau eines Hallenbades zu bestimmen. Die Vorlage – es geht immerhin um CHF 11 Mio. – wurde mit überwältigendem Mehr gutgeheissen. Vom Kanton erwartet man einen CHF-5-Mio.-Zustupf via *Kasak 3*, von den umliegenden Gemeinden als Nutzniesser CHF 1 Mio.
Therwil Ja zu neuem Schulhaus	Das 3. Primarschulhaus in Therwil kann gebaut werden. Die Gemeindeversammlung bewilligte den Planungskredit von CHF 2,2 Mio., worin auch eine Verkehrsstudie im neuen Schulquartier eingeschlossen ist. Der Bau selbst wird auf CHF 28 Mio. zu stehen kommen. Zusätzlich wurden für die Neugestaltung des Eingangsbereichs zur Gemeindeverwaltung CHF 650'000 bewilligt.
22. Liestal 5461 Unterschriften für Schlösser	Die *Aktionsgruppe Wildenstein/Schloss Bottmingen* hat 5461 Unterschriften bei der Landeskanzlei eingereicht, mit denen bezeugt wird, dass eine grosse Menge Menschen für den Verbleib der Schlösser beim Kanton ist.
Münchenstein Chef tritt ab	Der langjährige CEO der *Elektra Birseck* in Münchenstein, *Hans Büttiker*, tritt im Alter von 61 Jahren nach 24 Jahren von seinem Amt zurück.
Arlesheim *Gehörlosen- und Sprachheilschule*	Die Gemeindeversammlung von Arlesheim hat den Gemeinderat ermächtigt, einen Vertrag mit der *Gehörlosen- und Sprachheilschule* (GSR) abzuschliessen, wonach diese das Gebiet *Gerenmatt Nord* (4500 m²) im Baurecht übernehmen und bebauen kann. Man benötigt dringend ein neues Schulhaus.
23. Muttenz Kautschuk- Chemikalien	Die *Comar Chemie AG* stellt im *Infrapark Baselland* in Muttenz (*Clariant*-Gelände) die Produktionsstätten für Spezial-Kautschuk auf. Aus dem so genannten Nd-BR-Kautschuk werden unter anderem Autopneus hergestellt, die weniger Rollwiderstand bieten und so den CO_2-Ausstoss vermindern. Da die Herstellung voll automatisiert abläuft, werden nur wenige Arbeitsplätze generiert. Bis 2014 soll der Betrieb die volle Kapazität erreicht haben.
26. Liestal Gigantische Steuerschulden	Im Kanton Baselland gibt es zurzeit CHF 72 Mio. Steuerschulden. Nicht einberechnet sind die 47 Gemeinden, in denen die Steuern in Eigenregie eingezogen werden. Baselland hat 171'000 Steuerpflichtige im Bereich «natürliche Personen», dazu kommen 10'300 juristische Personen.

Liestal *Kasak 3* gestoppt	Viele Wünsche der Sportvereine und -verbände werden in nächster Zukunft unerfüllt bleiben. Der *Sportförderung-Fonds Kasak 3* wird aus finanzieller Notlage auf Eis gelegt. Damit ist auch klar, dass Gelterkinden vom Kanton kein Geld für das Hallenbad bekommt (siehe 21. Juni).
Reinach Kein Hallenbad, dafür ‹Badi›-Aufwertung	Der Einwohnerrat bewilligt einen Projektierungskredit für eine umfassende Sanierung und einen Ausbau des Angebots für das Gartenbad. Die Planung soll CHF 648'000 kosten, die Realisierung wird dann etwa CHF 10 Mio. kosten. Man verzichtet aber auf ein Hallenbad an gleicher Stelle.
27. Liestal 4. Geleise	Das grösste Bahnprojekt, das bis 2025 in der Nordwestschweiz gebaut wird, ist die Entflechtung der Regionallinien und der Schnellzugslinie via *Adlertunnel*, wofür ein 4. Geleise und ein zusätzlicher Perron gebaut werden. Frühester Baubeginn dieses auf CHF 300 Mio. veranschlagten Um- und Ausbaus des Bahnhofs Liestal ist 2018, die Bauzeit soll 6½ Jahre betragen. Es müssen Häuser abgerissen und Strassenführungen abgeändert werden. Die *Waldenburgerbahn* muss im Bahnhofbereich ebenfalls südwärts verlegt werden.
Frenkendorf Gemeindeversammlung auf dem Dorfplatz	Etwa doppelt so viele Stimmbürger wie normalerweise in der Halle üblich, nämlich über 100 Personen, erschienen auf dem Dorfplatz, um der Gemeindeversammlung mit dem Rechnungsabschluss beizuwohnen. Ein Flipboard musste den Beamer ersetzen, da es nicht dunkel genug war. Die Rechnung schliesst mit einem Überschuss von CHF 9,7 Mio. ab, was vor allem auf den Verkauf des Sekundarschulhauses an den Kanton zurückzuführen ist.
29. Liestal/Basel/Bern CHF 2,7 Mia. für Verkehrsprojekte in der Region	Das 2. Agglomerationsprogramm ist in Bern übergeben worden. Es umfasst 18 Projekte, wofür man sich vom Bund grünes Licht und CHF 2,7 Mia. erhofft. Für das Baselbiet sind die Tramerschliessung *Salina-Raurica* (Linie 14), die ÖV-Drehscheiben Bahnhof Muttenz und Laufen und weitere kleinere Vorhaben aufgelistet.
Birs Pilz gefährdet Fische	Die ersten verpilzten Fische fand man im Doubs, nun marschiert die Seuche voran auch ins Baselbiet. Erste Funde machte man auch am Oberlauf der Birs bei Moutier. Der Pilz Saprolegnia tötet die Fische nach längerer Leidenszeit ab. Nun sind die Fischer angehalten, ihr Fischer-Werkzeug zu desinfizieren.
30. Basel/Liestal Historischer Schulterschluss	Im Zuge von *HarmoS* wird es nun endlich möglich, dass die beiden Basel ihre Stundentafeln für alle Schulstufen harmonisieren. Das erlaubt eine bessere Durchlässigkeit und weitere Vorteile. Bei den musischen Fächern allerdings gibt es einen Abbau, den längst nicht alle Lehrkräfte goutieren.
Liestal Neues Feuerwehrgesetz sorgt für rauchende Köpfe	Das neue Feuerwehrgesetz des Kantons fällt auf steinigen Boden. Trotz Vernehmlassung gehen die Meinungen weit auseinander. Viele Gemeinden monieren den Verteilschlüssel der Gebäudeversicherung, welcher die kleinen Gemeinden bevorzuge und die grossen zu wesentlich mehr Ausgaben verdonnere.
Liestal Zentralschweizer Tambouren- und Pfeiferfest	Das Wetter war den Musikanten zuerst hold, dann aber verunmöglichte ein Gewitter den grossen Umzug vom Sonntag. Viele hundert Trommler und Pfeifer haben sich in hochstehenden Wettbewerben gemessen. Das Fest war ein Grosserfolg, auch dank dem Ambiente des Städtchens.

3.	Liestal Gespart	Der Amtskalender, der bislang 2-jährlich erschienen war, wurde abgeschafft. Das Sparpotential liegt bei CHF 50'000. Man werde ihn vermissen, meint *Rolf Gerber* von der *Landeskanzlei*.
	Liestal Flughafendossier	*Umweltschutzdirektorin Sabine Pegoraro* übernimmt von *Adrian Ballmer* das Flughafendossier, da die früher im Zentrum stehenden Finanzierungsfragen in den Hintergrund getreten seien.
	Augst Zeppelinbrücke	Die Zeppelinbrücke, welche Augst (BL) und Kaiseraugst (AG) über die Ergolzmündung verbindet, wird saniert. Da die Brücke beiden Gemeinden gehört, zahlen beide Kantone je CHF 110'000 und die Gemeinden je CHF 80'000. Auch die *Kraftwerk Augst AG* beteiligt sich an den Kosten.
	Liestal Keine Prüfungen mehr	Naturärzte müssen im Baselbiet keine kantonale Prüfung mehr ablegen. Die Ärzte müssen aber weiterhin nachweisen, dass ihre Ausbildung zur Berufsausübung reicht.
4.	Birsfelden/Liestal Unvereinbare Ämterkumulation	Die Schulleiterin von Birsfelden, *Regula Meschberger*, darf nicht auch noch Gemeinderätin sein. Dies hat das Baselbieter Verwaltungsgericht bestimmt. Wie der gleiche Fall in Arlesheim ausgehen wird, ist noch offen. Dort gibt es keinen Kläger.
	Allschwil Neue Asylempfangs- Aussenstelle	Allschwil stellt am Bachgraben Gebäude und Land zur Verfügung, damit in den nächsten 3 Jahren dort jeweils etwa 150 Asylbewerber untergebracht werden können. Allschwil ersetzt damit Pratteln, welches als erste Gemeinde spontan Unterkünfte für Asylbewerber zur Verfügung gestellt hatte.
9.	Baselbiet Kirschenernte	Wegen der dauernd hohen Luftfeuchtigkeit und des häufigen Regenwetters sind vor allem die nicht abdeckbaren Hochstamm-Kirschen oft geplatzt oder am Baum verfault. Man erwartet eine der schlechtesten Ernten seit Jahren.
12.	Bern/Belchentunnel 3. Röhre kommt	Wie das *Bundesamt für Strassen* (Astra) mitteilt, wird die 3. Röhre (Sanierungstunnel) durch den Belchen bis etwa 2022 Wirklichkeit. Erst nach der Fertigstellung des 3. Durchgangs werden die alten Tunnels saniert.
	Allschwil *Actelion* streicht Stellen	Das Pharmaunternehmen *Actelion* in Allschwil baut 135 Stellen ab, davon etwa 115 in Allschwil selbst. Die Firma beschäftigt weltweit 2500 Mitarbeiter, in Allschwil 1100. Gründe sind der starke Franken und der rapide Preiszerfall auf den Medikamentenmärkten. Ein Sozialplan wird erstellt.
13.	Region Basel Diabetes in rasantem Vormarsch	Am *Universitätsspital Basel* stellen die Spezialisten fest, dass die Zahl der Diabeteskranken rasant anwächst. Besonders besorgniserregend ist der Vormarsch der Krankheit unter Jugendlichen, wo eine Steigerung von 200% in 10 Jahren festgestellt wird. Diabetes wird verursacht durch falsche Ernährung (Fett und Zucker), mangelnde Bewegung und das daraus folgende Übergewicht.

16. Liestal Amtsgeheimnis- verletzung?	Mehrere Polizisten haben sich Anfang Juli in der *Basler Zeitung* nega- tiv über die Praxis der Staatsanwaltschaft beschwert und haben dabei offenbar Interna ausgeplaudert, indem sie Beispiele anführten. Der Stawa wird vorgeworfen, sie verfolge eine Art Schmusekurs gegen- über Gesetzesbrechern, welche die Polizei mühsam verhaftet habe. Nun erfolgte aber eine Strafanzeige gegen diese Polizisten wegen Amtsgeheimnisverletzung.
17. Liestal Zerstörungswut	Seit Monaten treibt eine Handvoll Vandalen ihr Unwesen in Liestal: Wände werden verschmiert, Inhalte von Abfallkübeln in Brand gesetzt, Sachbeschädigungen finden statt … an 7 Orten kam es zu 13 Vorfällen dieser Art innert kurzer Zeit. Nun will man Massnahmen ergreifen, um diese Saubannerzüge zu stoppen.
20. Bubendorf Referendum	Mit 449 Unterschriften, nötig gewesen wären 310, haben Stimm- berechtigte von Bubendorf das Referendum gegen den Bau einer neuen Mehrzweckhalle eingereicht. Das Vorhaben, das CHF 11,2 Mio. kosten soll, wurde an der Gemeindeversammlung mit einem deutlichen Ja angenommen. Nun muss eine Urnenabstimmung über den Bau entscheiden.
23. Rümlingen/Rünenberg/ Häfelfingen Chrintaler Au	Das Chrintal, ein kleines Nebental des Homburgertals im Gemein- dedreieck zwischen Rümlingen, Rünenberg und Häfelfingen, ist durch verschiedene Massnahmen zu einem Auenwaldtal umgestaltet worden. In erster Linie hat man den Chrindelbach ausgedohlt und hat ihn sich seinen Weg selbst durch den Wald bahnen lassen. So über- schwemmt sein Wasser den Waldboden. Im Weiteren hat man «was- serscheue Bäume», wie zum Beispiel die Fichte, gefällt und durch Erlen ersetzt. Es wird durch die Umgestaltung ein völlig neues, für unsere Gegend sehr seltenes Biotop entstehen.
Allschwil Schon wieder 106 Stellen weg	Nach *Actelion*, wo noch eine nicht ganz festgelegte Anzahl Stellen, man spricht von 115, gestrichen werden, folgt nun die *Covance Clini- cal Research Unit AG*, welche ihren Standort in Allschwil aufgibt und die 106 Angestellten entlässt.
24. Lupsingen Salz	Die *Schweizer Rheinsalinen* haben in Lupsingen bei einer Sondier- bohrung Salz gefunden. Die Mächtigkeit der Salzschicht beträgt 28 Meter und deren Oberkante liegt bei 166 Metern unter Meer. Mit dieser Bohrung wollte man die Ausdehnung des Salzfeldes unter- suchen.
Pfeffingen *Ruine Pfeffingen* muss warten	Ein Unternehmen, das sich ebenfalls um die Renovation und Siche- rung der *Ruine Pfeffingen* beworben hatte, aber nicht berücksichtigt wurde, hat nun Beschwerde gegen den Entscheid eingereicht und damit das ganze Vorhaben vorerst gestoppt. Die dringend nötige Sanierung wird deshalb voraussichtlich erst im nächsten Jahr in Angriff genommen. Inwieweit die Verzögerung es erlaubt, die vorgesehenen CHF 6,9 Mio. Baukosten einzuhalten, muss abgewartet werden.
26. Kanton Baselland 2 Initiativen lanciert	Die Initiative zur Wiedervereinigung von Baselland und Basel-Stadt sowie die von *H. R. Gysin* lancierte, so genannte Vollkantons- und Zusammenarbeitsinitiative sind aufgelegt worden. Beide wurden im Amtsblatt publiziert, nun beginnt die Unterschriftensammlung.

Liestal *Baselbieterstübli* kehrt «heim»	Ein gemütlicher Treffpunkt an der Mustermesse – das war das *Basel-bieterstübli*, welches der Basler Regierung 1926 von den Baselbietern geschenkt worden war. Nach mehrfachem Umzug waren nun sowohl Täfelung als auch die Möblierung seit einigen Jahren eingelagert. Jetzt wird das Stübli in Liestal im *Hotel Engel* wieder eingebaut, wo es mindestens 20 Jahre bleiben soll.
Frenkendorf *Rebstock* verschwindet	Der traditionsreiche *Rebstock* in Frenkendorf, eine gemütliche Dorf-beiz, verschwindet aus dem Dorfkern. Er wird abgerissen. Bis im Oktober 2013 soll die Baulücke wieder geschlossen sein, es soll auch wieder ein Restaurant im Gebäude geben. Das 1650 erstellte Gebäude war auch durch häufige Renovationen und Aufbesserungen nicht mehr rentabel zu retten.
28. Frenkendorf/Füllinsdorf/ Giebenach Unwetter	Ein sehr starkes Gewitter und stundenlange Regenfälle sorgten in den Gemeinden Frenkendorf, Füllinsdorf und Giebenach für Überschwem-mungen und wassergefüllte Keller. Die kleinen Dorfbäche wurden zu reissenden Ungetümen. Die Feuerwehren und der Zivilschutz hatten einen Grosseinsatz, die Schäden belaufen sich auf etwa CHF 2,5 Mio.

August 2012

1. Nordwestschweiz Juliwetter: viel Regen	Einen Sommer stellt man sich anders vor: Zwar war die Durch-schnittstemperatur um 0,2 °C höher als im langjährigen Mittel und schien die Sonne mit 231 Std. nur gerade 10 Std. weniger als üblich, doch ergiebige Wolkenbrüche und Hagelgewitter hinterliessen Schä-den in Millionenhöhe. Mit 137 mm Niederschlag fielen 57 mm mehr als der Mittelwert. Am 27. Juli wurde mit 34,8 °C die bisher höchste Temperatur in diesem Jahr gemessen.
8. Arlesheim Referendum	Gegen die Baupläne der *Gehörlosen- und Sprachheilschule Riehen* in Arlesheim ist das Referendum ergriffen worden. Mit 620 Unterschrif-ten (nötig sind 500) wird der Beschluss der Gemeindeversammlung nun in Frage gestellt. Das Land für die Bauten der Schule wäre von der Gemeinde im Baurecht abgegeben worden.
9. Kantone BL/BS Neue Initiativen von *Hans-Rudolf Gysin*	*Hans-Rudolf Gysin, alt Nationalrat*, hat als Gegenpol zur Kantonsfu-sions-Initiative zwei weitere Vorstösse in Form einer Regio-Stärkungs-initiative und einer Regio-Kooperationsinitiative unternommen. Diese beiden neuen Initiativen sollen die vorhergehenden etwas exakter definieren.
12. Eptingen Angriff auf Gemeinde- präsidentin	*Gemeindepräsidentin Renate Rothacher* aus Eptingen wurde auf der Verwaltung von einem Einheimischen angegriffen und gewürgt. Der *Verwalter Thomas Marti* konnte durch sein Eingreifen Schlimmeres verhüten. Der Täter wurde festgenommen und sitzt nun in Unter-suchungshaft.

Binningen/Basel Schnecken bremsen grosses Bauprojekt	4 Schneckenarten, die auf der roten Liste der bedrohten Arten stehen, bremsen das Vorhaben des bikantonalen Tramprojekts «Margarethenstich» in Binningen/Basel. Die kantige Laubschnecke, die Zylinderwendelschnecke, die kleine Bernsteinschnecke und die Moospüppchen verhindern ein zügiges Vorangehen im Bauprojekt. Die Schnecken müssen umgesiedelt werden in ein ihnen zusagendes neues Biotop, und das wird noch einige Zeit beanspruchen. Bis 2014 muss der Bau allerdings in Angriff genommen worden sein, will man von den 40% Bundessubventionen profitieren.
13. Baselbiet Erster Schultag	Für die 1.- und 6.-Klässler ist der 1. Schultag jeweils ein Tag des heftigen Herzklopfens, geht es doch jetzt los mit der Schule oder mit einem neuen Schulsystem. In 978 Klassen sind die 17'489 Primarschülerinnen und -schüler des Kantons eingeteilt, die 10'728 Sekundarschüler und -schülerinnen (E, A und P) besuchen insgesamt 574 Klassen.
Laufen/Jura Bilingualer Gymnasialzug	Zusammen mit dem Kanton Jura startet in Laufen erstmals eine zweisprachige Gymnasialklasse mit Französisch und Deutsch als gleichgestellten Sprachen. Je 10 Schüler stammen aus dem Jura, aus dem Thierstein und dem Laufental. Die Schülerinnen und Schüler, die sich freiwillig gemeldet haben, werden die Maturitätsprüfungen zweisprachig absolvieren. Das ist neu für die Schweiz.
Baselbiet Erlebnisraum Tafeljura	Im Rahmen des Projekts «Hochstammförderung östlicher Tafeljura» hat der *Verein Erlebnisraum Tafeljura* im Laufe des letzten Winters in 7 Gemeinden und auf dem Land von 21 Eigentümern 215 Hochstamm-Obstbäume, zum Teil rare Sorten, gepflanzt. Im kommenden Winter sollen weitere 335 Hochstamm-Obstbäume gesetzt werden.
14. Gelterkinden Baustopp	Wegen einer Einsprache der in der Ausschreibung unterlegenen Baufirma kann das *Altersheim Gelterkinden* wohl erst im kommenden Frühjahr gebaut werden.
Liestal Zusammenlegung	Die Umweltanalytik der *Baselbieter Bau- und Umweltschutzdirektion* BUD soll 2013 ins Kantonslabor integriert werden. Man erhofft sich Kosteneinsparungen durch Synergien zwischen den beiden Bereichen.
15. Liestal Kantonsgericht rügt den Regierungsrat	Alle 5 Baselbieter Regierungsräte haben mit ihrer Stellungnahme zur Sparpaket-Abstimmung, die von der Wirtschaftskammer *(H. R. Gysin)* verschickt worden war, gegen das Recht verstossen und wurden vom Kantonsgericht heftig gerügt. Dass die Stimmrechtsbeschwerde nun erst so spät nach der Abstimmung behandelt wird, wird vom Verwaltungsgericht als Problem erkannt, da aber die Abstimmung so eindeutig und so anders ausgefallen ist, als es die Regierung gewünscht hatte, ist eine Wiederholung der Abstimmung nicht angezeigt.
Nordwestschweiz Ombudsstelle für Patienten	Die *Vereinigung Nordwestschweizer Spitäler* (VNS) hat mit *Regula Diehm*, Anwältin und Mediatorin, die erste Ombudsstelle für Patienten besetzt. Siehe auch unter http://www.ombudsstelle-spitaeler.ch.
Muttenz SBB mit Havariegrube	Für den Fall, dass es aus einem Gefahrgutwaggon der Bahn tropft, hat man nun auf dem Güterbahnhof in Muttenz eine Havariegrube erstellt, in welcher das auslaufende Gut gesammelt und entsorgt werden kann. Bei etwa 5 Fällen pro Jahr sollen allerdings und zum Glück 4 Fehlalarme dabei sein.

20. Kantone BL/BS Fusions-Simulation BL-BS auf der langen Bank	An einer Tagung der beiden Regierungen hat man sich nun, entgegen dem Wunsch der Stadt, entschieden, die Fusions-Simulation auf einen Termin nach der Abstimmung über die Fusionsinitiative zu verschieben. Die Initianten der Fusionsinitiative sind damit nicht einverstanden, widerspreche doch die nun gefällte Entscheidung dem Initiativtext.
Liestal Ortsbildpflege-Team	Die *Architektin Lilo Münch*, vom Kanton seit einem halben Jahr mit der Aufgabe der Ortsbildpflege betraut, erhält nun eine Kollegin: *Konstanze Domhardt* wird ihr in diesem schwierigen Amt zur Seite stehen. Es gehe darum, bei ihren Beurteilungen nicht nur ästhetische, sondern auch kulturhistorische, soziale und wirtschaftliche Aspekte zu berücksichtigen.
22. Liestal Baudirektion will Mitwirkung	Neuland betritt die Baudirektion Baselland mit dem Einbezug der Bevölkerung via Internet zum Thema raumplanerische Entwicklung im Raum Leimental, Birseck und Allschwil. Die 3 Projekte, die zur Wahl stehen, heissen *Kombi*, *Tangente* und *Bestand*. Die Baudirektion muss dem Landrat 2 Varianten vorschlagen. http://www.elba.bl.ch oder http://www.zukunft-elba.ch.
Münchenstein EBM weiter auf Einkaufstour	Die *Elektra Birseck* EBM hat zusammen mit der *Energie Wasser Bern* in Spanien 2 Windparks übernommen. Diese produzieren jährlich 180 Mio. kWh, welche 45'000 4-Personen-Haushalte mit erneuerbarem Strom versorgen können.
Böckten Hoher Besuch im Kuhstall	Mit dem Besuch von *Maja Graf*, der *Vizepräsidentin*, und *Hansjörg Walter*, dem *Präsidenten des Nationalrates*, wurde der *Vogelsanghof* der *Familie Beugger* in Böckten beglückt. Damit wollten die beiden sich vor Ort einen Eindruck verschaffen vom Projekt «Stallvisite», für das 220 Bauernfamilien ihre Stalltüren für Konsumenten öffnen.
24. Füllinsdorf H2-Tunnel fertig	75'000 m³ Beton wurden für die Fertigstellung des H2-Tunnels in Füllinsdorf gebraucht. Gestern wurde der Bauabschluss gefeiert. Das gesamte Strassenprojekt wird bis Ende 2013 fertiggestellt sein und, wie *Sabine Pegoraro* mitteilte, ohne weitere Überschreitung des Finanzrahmens.
Wildenstein Ja zum Kredit für Gutshof-Stall	Da die Stallungen des *Gutshofes Wildenstein* den gesetzlichen Vorschriften für die Mutterkuhhaltung angepasst werden müssen, hat nun die Planungs- und Baukommission des Landrats einem Kredit über CHF 1,7 Mio. zugestimmt.
Eptingen Wald brannte	Im Gebiet *Schanz* in Eptingen kam es zu einem Waldbrand, dem 25 a zum Opfer fielen. Die *Feuerwehr Bölchen* hatte den Brand innert kurzer Zeit unter Kontrolle und verhinderte Schlimmeres. Die Ursache für den Brand ist unbekannt.
26. Augst «Einen Idefix caldus, bitte!»	Das Römerfest in Augst, längst zum Fixpunkt im regionalen Festkalender geworden, fand bei gutem Wetter statt. Etwa 650 Helfer bewältigten den Ansturm von 23'000 Römerfans, denen viele verschiedene Attraktionen geboten wurden. Der «Idefix caldus» ist ein Hot Dog.
Wintersingen/Buus/ Maisprach Weinwanderung	Die seit 9 Jahren stattfindende Weinwanderung durch die Rebberge von Wintersingen, Buus und Maisprach lockte in diesem Jahr rund 2000 Probier- und Informationsbegierige an. Die Besucher kommen nicht nur aus der Umgebung, sondern sogar aus dem Ausland.

Seltisberg Grosse Schäden an Feldwegen	Heftige Gewitter haben Feldwege in Seltisberg ausgewaschen und viel Material weggeschwemmt. Da die Gebäudeversicherung die Schäden nicht übernimmt, entstehen so der Gemeinde unvorhergesehene Kosten, die nirgends budgetiert sind – im jetzigen Falle soll die Wiederherstellung der Feldwege etwa CHF 50'000 kosten.
27. Baselbiet Immer weniger Bauernbetriebe	Ende 2011 zählte das Baselbiet 981 Bauernbetriebe, davon dienten gut 2/3 dem Haupterwerb. Die Zahl der Bauernhöfe nimmt kontinuierlich ab, im Schnitt verliert der Kanton pro Monat einen Betrieb.
Ziefen Schiesslärm	Nach Beschwerden wurde in Ziefen der Schiesslärm gemessen. Man stellte fest, dass die Grenzwerte in keiner Situation überschritten wurden. Daher darf der Schiessbetrieb wie bis anhin an 38 Tagen durchgeführt werden.
28. Sissach Heilsarmee ohne Oberbaselbiet	Nach 125 Jahren muss die *Heilsarmee Sissach* wegen Nachwuchsmangel aufgeben – ausgerechnet im Jubiläumsjahr! Die Mitglieder müssen sich künftig nach Liestal begeben.
30. Liestal Strafverfolgung verbessern	Nachdem die Baselbieter Justiz wegen angeblich zu lascher Ausübung ihrer Ämter in arge Kritik geraten ist, haben nun *Sicherheitsdirektor Isaac Reber, 1. Staatsanwältin Angela Weirich* und *Polizeikommandant Daniel Blumer* der Presse 4 Punkte vorgestellt, wo in den Bereichen Ausbildung, Planung, Koordination und Austausch besser gearbeitet werden soll. Die Kritik werde sehr ernst genommen. Das Baselbiet habe zwar mit 46,9 Delikten pro 1000 Einwohner in der Nordwestschweiz am wenigsten, doch bei der Aufklärung sei die Bilanz durchzogen.
Muttenz «Rheinhafen- erweiterung»?	Die Baselbieter *Baudirektorin Sabine Pegoraro* sprach am «Haafemääli» von einer Erweiterung der Hafenzone in der Au in Muttenz. Das stiess dem Gemeinderat Muttenz sauer auf, denn ein Hafenausbau ist tabu. Was sinnvoll ist, ist ein verbesserter Rheinanschluss für den *Infrapark*, die Freiflächen sollen für künftige Industriebauten aufgespart werden.

September 2012

1. Nordwestschweiz Augustwetter: wirklicher Sommer	Zwar gab es im August viele Niederschläge, die sich aber am 31. besonders stark über uns ergossen: Es regnete an diesem Tag 50 mm vom Himmel. Mit 129 mm im ganzen Monat liegt die Menge 41 mm über dem langjährigen Mittel. Die Sonne schien während 258 Std., was 43 Std. mehr sind als im Schnitt. Die Temperatur war mit 20,7 °C um 2,6 °C wärmer als die Norm. Es gab 23 Sommertage, davon waren 6 sogar Hitzetage (über 30 °C), dazu gab es 3 Tropennächte, in welchen die Temperatur nicht unter 20 °C sank.
Sissach *Beef 12*	Die zukunftsgerichtete Fleischgewinnung mit Mutterkühen stand im Zentrum der 3 Tage dauernden Tierausstellung in der Begegnungszone in Sissach. Etwa 19'000 Besucher trotzten dem schlechten Wetter. Für die Kinder gab es einen Streichelzoo sowie Kühe aus Kunststoff, an denen sie das Melken erleben konnten.

3.	Bubendorf *Schloss Wildenstein*	Die *Basellandschaftliche Kantonalbank* will das *Schloss Wildenstein* mit einer Stiftung für das Publikum retten. Die Stiftung soll das Schloss für eine Zeit von 99 Jahren vom Kanton im Baurecht übernehmen. Das Hofgut will die *Christoph Merian Stiftung* übernehmen, mit den gleichen Pächtern wie bisher. Der Park mit den über 100 uralten Eichen wird weiterhin erhalten und zugänglich bleiben.
	Nordwestschweiz Vergleichbare Zeugnisse	Im Bildungsraum Nordwestschweiz (BL, BS, AG und SO) werden ab 2015 alle Schulabgänger vergleichbare Zeugnisse erhalten, wobei die Leistungen des letzten Schuljahres, eine Projektarbeit und die Resultate von einheitlichen Leistungstests, bewertet werden. Zudem sollen die Gymnasiasten und Fachmaturitätsschüler der genannten Kantone im Rahmen der Kapazitäten ihre Schule selbst wählen können.
4.	Leimental Alters-Hotline	Für einen vorerst auf 3 Jahre begrenzten Zeitraum ist für das Leimental eine zentrale *Anlaufstelle für Altersfragen* NAAL gegründet worden. Die Hotline ist während 7 Tagen 24 Std. offen und berät Ratsuchende in allen Bereichen von Altersfragen.
6.	Thürnen Grossbrand	In der Gewerbezone an der Langmattstrasse in Thürnen sind die Gebäude dreier Firmen in Brand geraten. Zugleich brannten auch mehrere Firmenfahrzeuge ab. Der Sachschaden bewegt sich in Millionenhöhe. Zum Glück wurde niemand verletzt. Den Brand hatten die *Feuerwehrverbünde Delta* und *Homburg* sowie die *Stützpunktfeuerwehr Sissach* nach gut 2 Std. unter Kontrolle.
7.	Münchenstein Gymnasium wird vorerst nicht saniert	Das in den 1970er-Jahren erbaute Gymnasium in Münchenstein ist in die Jahre gekommen und als grosse Energieschleuder bekannt. Eine Sanierung wäre dringend. Obwohl aber der Landrat sowohl Sanierung- als auch Planungskredite gesprochen hat, figuriert das *Gym Münchenstein* nicht im Investitionsprogramm von 2013.
	Kanton Baselland Fluglärm	Dem Vorwurf an die Fluglärmkommission, sie verwalte lediglich Zahlen, wird heftig widersprochen. Sie sei viel zu passiv, sie wirke nach aussen so, als ob sie gar nicht gegen den Fluglärm ankämpfe, sondern sie rechtfertige diesen nur. Die landrätliche Umweltschutz- und Energiekommission liess dieses Votum anlässlich der Beratung zum Fluglärmbericht 2011 verlauten.
8.	Muttenz Tag des Denkmals	Am Samstag waren am *Baselbieter Tag des Denkmals* in Muttenz geführte Besichtigungen unter anderem der *Vorderen Ruine Wartenberg* (Römerburg) oder der katholischen Kirche (Betonkirche) angesagt, wo eine stattliche Anzahl Schaulustiger von motivierten Führern über viele unbekannte Details aufgeklärt wurden.
9.	Muttenz Riesenbrunch	Am Sonntag veranstaltete das Muttenzer Gewerbe den längsten Brunchtisch auf der gesperrten Hauptstrasse. Am etwa 600 Meter langen Tisch liessen sich circa 1100 Menschen mit einem herrlichen Brunch bewirten.
12.	Gelterkinden Unerwartete Kehrtwende	Wegen Berücksichtigung unzulässiger Kriterien wird nun der *Alters- und Pflegeheimbau* in Gelterkinden der zuvor nicht berücksichtigten Firma *Wenk AG* zugesprochen. So entschied das Kantonsgericht. Die entstandenen happigen Kosten des Verfahrens und der Bauverzögerung (man spricht von CHF 0,5 Mio.) muss die Stiftung selbst tragen.

Schweiz/Basel/Liestal Öffentlicher Verkehr nicht comme il faut	Die Umweltorganisation «Umverkehr» hat in 53 Schweizer Städten und Agglomerationen den Zustand des öffentlichen Verkehrs beurteilt und ist für unsere Region zu einem schlechteren Resultat gekommen als 2006. Beurteilt wurden die Umsteigeknoten, die Tarife, das Rollmaterial, die klare Linienführung und die Signalisationen. Der Aeschenplatz wird als schlechtestes Beispiel der ganzen Schweiz dargestellt. Auch der Bahnhofplatz Liestal und die Situation am Dreispitz sind alles andere als optimal.
14. Fessenheim (Frankreich) Erleichtertes Aufatmen	Der 40 km von Basel entfernte, störanfällige, uralte und in einer akuten Erdbebenregion liegende Atomreaktor in Fessenheim, ein Ärgernis und Angstmacher der Region, soll per 2016 stillgelegt werden. So hat es der neue *Präsident* Frankreichs, *François Hollande*, bekanntgegeben. Es war eines seiner Wahlversprechen. Von den Politikern auch unseres Kantons und Umweltschützern wurde diese Massnahme schon sehr lange verlangt.
Zwingen Birsbrücke eröffnet	Die neue Birsbrücke in Zwingen ist fertiggestellt und wird heute eingeweiht. Die parallel zum Bau noch benutzte alte Brücke wird dann abgerissen. Die neue Überfahrt über die Birs entlastet zugleich auch die Ortsdurchfahrt. Die Brücke wurde in knapp 2 Jahren gebaut und kostete CHF 15,6 Mio.
Grellingen Bezirke stärken	Damit der bevölkerungsreichste Bezirk Arlesheim nicht die anderen, weniger bevölkerten Bezirke des Baselbiets bei einer allfälligen Fusion mit Basel-Stadt einfach überstimmen und so den Restkanton in eine unerwünschte Verbindung drängt, sollen laut *Landrat Georges Thüring* von der SVP Massnahmen überlegt werden, welche die kleineren Bezirke nicht benachteiligen.
16. Basel-Dreiland *Slow up* mit Riesen- andrang	Das Prachtwetter verhalf dem Anlass, der durch die Schweiz, Deutschland und Frankreich führte, mit etwa 65'000 Teilnehmern zu einem Riesenandrang. Man konnte auf für den Verkehr gesperrten Strassen mit dem Fahrrad, den Rollschuhen, dem Trottinett usw. unbehelligt herumfahren. Auch ins Baselbiet kamen die ‹Slow-upper›. Von Basel kommend fuhren sie durch Birsfelden, die Muttenzer Hard, Pratteln und Augst, von dort weiter nach Rheinfelden, dort hinüber nach Deutschland …
Liestal Gebäudeversicherung als Wetterfrosch	Im ganzen Kantonsgebiet sollen 16 weitere Wetterstationen durch die Gebäudeversicherung gebaut werden. Man will mehr Rechtssicherheit haben, ist doch die Versicherung hauptsächlich nach Wetterkapriolen-Schäden zuständig. Die jeweiligen Resultate sollen ab 2013 im Internet abfragbar sein.
18. Ettingen Doppelspurig bis Flüh	Die Tramlinie der Nummer 10, die von Dornach bis Rodersdorf fährt, wird weiter ausgebaut. Die Strecke zwischen Ettingen und Flüh wird ab 2014 doppelspurig geführt. Der Bund wird sich mit CHF 28 Mio. an den Kosten beteiligen, weil die Tramlinie 10 als Überlandstrecke unter das Eisenbahngesetz fällt. Der Kanton Baselland muss CHF 16,5 Mio. berappen. Die Arbeiten werden 2013 in Angriff genommen. Die Teilstrecke Flüh–Rodersdorf bleibt einspurig.
Liestal Bild auf Reisen	Das dem Kanton Baselland gehörende Bild «Zwei Frauen in Blumen» von *Ferdinand Hodler* macht eine Reise nach New York, wo es an einer Ausstellung, der bisher grössten von Hodlerwerken in den USA, gezeigt wird.

Liestal Energiepaket weiter erfolgreich	Die Nachfrage nach Förderbeiträgen aus dem Baselbieter Energiepaket ist ungebrochen hoch und liegt auch in diesem Jahr bei etwa 3000 Anträgen. Die damit zusammenhängenden Aufträge an die Wirtschaft betragen etwa CHF 122 Mio., was ein willkommener Zusatzeffekt ist.
Oberdorf Beitritt zum Innovationszentrum	Die Gemeinde Oberdorf tritt dem *Innovationszentrum Waldenburgertal* bei, aber nur, wenn auch Hölstein zum Kredit von CHF 170'000 ja sagt. Bisher haben Lampenberg und Niederdorf, und jetzt auch Oberdorf diese Kredite bewilligt. Die Genossenschaft wird die wirtschaftliche Entwicklung des Tals unterstützen.
19. Oberwil Das Bundesgericht soll entscheiden	Die Gemeinde Oberwil zieht den Kanton vors Bundesgericht. Streitpunkt ist die Kostenaufteilung und Übernahme für den Bau der Bushaltestelle beim *Gymnasium Oberwil*. Die Streitsumme beträgt CHF 200'000, welche die Gemeinde nicht bezahlen will. Nachdem man schon an den Regierungsrat und an das Kantonsgericht gelangt war, wird der Streitfall nun ans Bundesgericht weitergezogen.
Muttenz St. Jakob-Strasse wird saniert	Die St. Jakob-Strasse in Muttenz ist etwa 2,2 km lang. Nach 35 Jahren ist nun ein neuer Belag dringend nötig. Daher werden die Sanierungsarbeiten in 3 Abschnitten durchgeführt, verteilt auf die Jahre 2013 bis 2015. Dies hat für die viel befahrene Strasse zur Folge, dass lange Staus vor den jeweiligen Bauabschnitten nicht zu vermeiden sind.
22. Muttenz *Adlertunnel* bleibt freigelegt	Die SBB haben entschieden, dass der durch die Grube bei der Lachmatt führende *Adlertunnel* nun doch nicht, wie ursprünglich vorgesehen, wieder eingedeckt wird. Neben der offenliegenden Tunnelröhre, die nicht gerade einen sensationellen Anblick bietet, stören aber auch die Kiesberge, die nun 10 Jahre lang für die Eindeckung vorgesehen waren. Auch diese sollen so bleiben. Da der Boden, auf dem der Tunnel gebaut wurde, sich laufend senkt, ist eine Eindeckung laut SBB kontraproduktiv.
23. Liestal *Ziegelhof*-Quartierplan	Die im Vorfeld heftig umstrittene Quartierplanung auf dem Areal der ehemaligen *Bierbrauerei Ziegelhof* in Liestal wurde mit überraschend deutlichen 2696 Ja- gegen 1312 Nein-Stimmen, angenommen. Bis zu CHF 70 Mio. sollen nun auf diesem Areal investiert werden.
Binningen Kanton übernimmt *Spiegelfeld*	Mit 3767 Ja gegen 423 Nein stimmten die Binninger Stimmbürgerinnen und Stimmbürger dem Verkauf des *Schulhauses Spiegelfeld* an den Kanton zu. Der Kanton bezahlt an die Gemeinde CHF 5,3 Mio. Der Kanton kann nun auch den Zusammenzug aller Sekundarschulklassen in einem Schulhaus vorantreiben.
Liesberg Nein zum teuren Feuerwehrmagazin	Das Liesberger Stimmvolk hat das Referendum gegen ein viel zu teures Feuerwehrmagazin mit 357:201 Stimmen gutgeheissen und die Vorlage bachab geschickt. Dass die Gemeinde ein neues Magazin braucht, ist zwar unbestritten, aber das beigepackte Zusatzprojekt mit einem Mehrzwecksaal wurde nicht goutiert.
24. Kantone BL/SO/AR Widerstand gegen Hochschulkonkordat	Die Kantone Baselland, Solothurn und Aargau sind im geplanten Hochschulkonkordat nicht berücksichtigt. Sie verlangen, dass auch sie eingebunden werden. Insbesondere der Kanton Baselland, der zusammen mit Basel-Stadt Träger der *Universität Basel* ist (mit einem jährlichen Beitrag von CHF 230 Mio.), muss unbedingt ein Mitspracherecht haben, die beiden anderen Kantone sind Mitträger (mit BS und BL) der *Fachhochschule Nordwestschweiz*.

25. Pratteln Richtungsweisende Entscheide	Der *Ceres*-Turm, der 82 Meter hoch wird, darf nach dem Ja des Einwohnerrates und der Baselbieter Regierung zum neuen Quartierplan gebaut werden. Das 22-stöckige Hochhaus, das auf den *Buss-Parkplatz* zu stehen kommt, ist in Pratteln sehr umstritten, nun aber soll zügig vorwärts gemacht werden. Das Gebiet *Hardmatt*, das ehemalige *Admes*-Areal, ist umgezont worden und ist nun Industriezone, wie der Einwohnerrat mit grossem Mehr beschlossen hat.
26. Kanton Baselland Budget 2013 besser als erwartet	Das Kantonsbudget für das kommende Jahr sieht nicht ganz so rot aus wie erwartet: Man rechnet mit einem Fehlbetrag von CHF 28 Mio. anstelle der erwarteten CHF 69 Mio. Allerdings darf man noch nicht aufschnaufen, sind doch nebst besseren Steuererträgen auch CHF 60 Mio. für den Verkauf des Kinderspitalgebäudes dabei, welche einmalig anfallen.
27. Kantone BL/BS Spitäler Baselland	Eine Untersuchung über Patientenströme zeigt, dass sich viele Baselbieter Privatversicherte in Basel ins Spital begeben (15'088), während nur 1707 Patienten aus der Stadt ins Baselbiet kamen.
Pratteln Bücherauslieferung eingestellt	Das *Verlagshaus Herder AG* betrieb in Pratteln ein Auslieferungslager, das aber nun wegen mangelnder Rentabilität geschlossen wird. Dabei werden 10 Mitarbeiter arbeitslos.
28. Gelterkinden Altersheim kann sofort gebaut werden	Die durch einen Gerichtsfall unterbrochenen Arbeiten am *Altersheim Gelterkinden* können dank eines Verzichts auf einen Rekurs durch die unterlegene Baufirma *Verna* nun mit der siegreichen Firma *Wenk AG* sofort aufgenommen werden. Daher kann also nun ohne die lästige Verzögerung mit dem Bau begonnen werden (siehe auch 12. September).
Muttenz Modernste Wagen- reparaturhalle	Die neue Reparaturanlage für Eisenbahnwagen in Muttenz gilt als die grösste und modernste ihrer Art. Sie hat 4 Gruben, in denen die Arbeiter stehen können, wenn sie unter dem Wagen arbeiten müssen. Dazu können mit der neuen Anlage statt wie bisher 100 neu 185 Wagen pro Woche abgefertigt werden, und das erst noch mit verbesserter Sicherheit.

Oktober 2012

1. Nordwestschweiz Septemberwetter soso lala	Der Temperaturdurchschnitt lag nur gerade um 0,1 °C unter dem langjährigen Mittel von 15,1 °C. Der wärmste Tag wurde mit 29,5 °C gemessen. Mit 93 mm Niederschlag wurde das Mittel um 31 mm überschritten, die Sonne schien 18 Std. weniger als im Durchschnitt vergangener Jahre, nämlich nur 148 Std.
2. Binningen Tod durch Pferd	Ein durchgebranntes Pferd, das sich überschlug, tötete im Binninger Reitsportzentrum einen 81-jährigen Mann, der unter das stürzende Tier geriet.

Allschwil Bis hierher und nicht weiter	Der Gemeindeverbund «Flugverkehr», dem 10 Gemeinden des Basel- biets und eine aus dem Solothurnischen angehören, fordert vom *Bun- desamt für Zivilluftfahrt*, dass es nicht auf den neuen *Sachplan Infra- struktur Luftfahrt*, in dem auch ein Blatt zum *EuroAirport* beigelegt ist, eintritt. Die Befürchtungen vor noch mehr Flugverkehr und einer zusätzlichen Piste lassen die Gemeinden zu diesem Schluss kommen. Sie verlangen zudem ein Nachtflugverbot von 22 bis 7 Uhr.	
3. Liestal Gegen die Bundes- verfassung	*Georges Thürings* (SVP) ins Spiel gebrachte Idee eines Bezirksmehrs (analog zum Ständemehr beim Bund) sollte verhindern, dass der gros- se Bezirk Arlesheim mit seinen 55% der Kantonsbewohner praktisch im Alleingang bestimmen kann, ob die beiden Basel fusionieren sol- len. Nun aber ist diese Idee nicht vereinbar mit der schweizerischen Bundesverfassung, die nur die Zustimmung der Stimmberechtigten verlangt. Somit ist auch ein Gemeindemehr nicht möglich.	
4. Schweiz Veränderungen bei der *Spitex*	Per 1. Januar 2013 tritt die neue Verordnung betreffend Kostenbetei- ligung bei *Spitex*-Leistungen in Kraft. Neu werden nebst dem bisher üblichen Selbstbehalt und der Franchise auch 10% des Rechnungs- betrages den Patienten verrechnet, maximal aber CHF 8 pro Tag. – Neu eingeführt wird auch eine Akut- und Übergangspflege nach einem Spitalaufenthalt. Da die Spitäler die Patienten heute früher ent- lassen, ist eine Nachsorge vielfach nötig. Dieser Dienst wird zu 55% vom Kanton und zu 45% durch die Krankenkassen finanziert.	
Baselbiet Zu viele Wildschweine	Nachdem in der letzten Jagdsaison die Abschussquote für Wild- schweine deutlich verfehlt wurde, haben sich die Tiere stark vermehrt und richten weiterhin grosse Schäden in Flur und Feld an. Das neue Jagdziel heisst nun, 800 bis 1000 Wildschweine abzuschiessen. Die Jäger haben in diesem Herbst bisher über 300 Schwarzkittel erlegt.	
5. Muttenz Heimatkunde online	Die *Heimatkunde Muttenz*, im Jahr 2009 herausgegeben, kann auch online gelesen werden – dort werden auch laufend neue Ergebnisse und Fakten veröffentlicht, so dass man immer auf dem neuesten Stand ist. Abrufbar unter http://www.heimatkunde-muttenz.ch.	
Birsfelden Fremde Fische bedrohen einheimische	Die Kesslergrundel, 10 bis 20 cm lang, ist ein gefrässiger Neu-Einwan- derer aus dem Donau- und Schwarzmeergebiet. Sie frisst vor allem den Laich einheimischer Arten und kann so den Populationen gefähr- lich werden. Man vermutet, dass sich die Grundeln mit ihren Saug- näpfen an Schiffen festkleben und sich so transportieren lassen. Sie lieben vor allem stehende Gewässer wie beispielsweise den *Stausee Birsfelden* oder die Becken des Rheinhafens, wo sie bereits heute 44% der Fänge in den Reusen ausmachen.	
7. Liestal/Calasparra (ES) Viel Strom von der Sonne	In Calasparra bei Murcia ist ein solarthermisches Kraftwerk unter der Federführung der *Elektra Baselland*, welche auch 51% der Kosten von CHF 200 Mio. trägt, entstanden. Auf einer Fläche von 91 Fuss- ballfeldern wurden 376'000 Solarspiegel aufgestellt, welche die Son- nenstrahlen auf ein Absorberrohr leiten. Die Rohre sind mit Wasser gefüllt, welches zu Dampf wird. Damit werden Turbinen angetrieben, die Strom produzieren. Jährlich werden so 50 Mio. kWh Strom produ- ziert, womit der Verbrauch von 12'000 Haushaltungen gedeckt wer- den kann.	

10. Kanton Baselland Weiterhin AAA, aber …	Das von *Standard & Poor's* eruierte Rating des Baselbiets bleibt beim erstklassigen AAA, für die Zukunft sieht man aber nicht mehr alles so rosig.
Baselbiet Starke Regenfälle	Rund 20 Feuerwehren waren in der letzten Nacht wegen überfluteter Keller und Unterführungen und wegen über die Ufer tretender Flüsse im Leimental, im Laufental und im Oberbaselbiet im Einsatz. Es fielen in 2 Tagen fast 50 l Wasser vom Himmel.
14. Pratteln *Gewerbeausstellung*	Die *Gewerbeausstellung* in Pratteln zog etwa 10'000 Besucher an, etwa 70 einheimische Firmen stellten aus und stellten sich den Besuchern zu Gesprächen.
16. Bern … und wieder sind Regionallinien auf der Abschussliste	Das *Bundesamt für Verkehr* macht mit seiner knallharten Kosten-Nutzen-Rechnung alle Verfechter des öffentlichen Verkehrs kopfscheu. Nach der neuesten Liste von stillzulegenden Bahnen erscheinen nebst dem ‹Läufelfingerli› und der *Waldenburgerbahn* diverse Linien im Baselbiet wie etwa Basel–Laufen oder Basel–Frick. Der Kanton nimmt vorerst keine Stellung zu diesen Nachrichten.
Kanton Baselland Waldwirtschaft darbt und sucht Lösungen	Der *Waldwirtschaftsverband des Kantons Baselland* stellt fest, dass der Wald mehr kostet, als er einbringt. Das hängt auch mit vielen Vorschriften und der Ausbildung von Forstwart-Lehrlingen zusammen. Vignetten für einen Waldbesuch sind zwar noch nicht in Erwägung gezogen worden, könnten aber künftig eine Lösung sein. Man hofft nun auf Seiten der Waldbesitzer, dass die öffentliche Hand einen namhaften Beitrag zur Waldpflege und -hege leistet.
17. Zunzgen/Sissach Stützen für das ‹Kunschti›-Dach	Um die Sicherheit des Kunsteisbahn-Daches in Sissach/Zunzgen zu gewährleisten, kommt ein Sicherheitscheck zum Schluss, dass das Dach mit zusätzlichen Stützen gesichert werden muss. Die Bauarbeiten werden im November ausgeführt.
Gelterkinden Unterschriften für das ‹Laubsägelihuus›	Die *Villa Pümpin*, im Volksmund ‹Laubsägelihuus› genannt, soll durch einen Neubau zugedeckt werden. Darum wehrt sich der Besitzer mit einer Unterschriftenaktion. Das Haus, das in Gelterkinden Kultcharakter hat, soll frei sichtbar bleiben.
18. Kanton Baselland Therapie-Nation?	In Liestal füllten die interessierten Eltern, Lehrer und Therapeuten den Engelsaal, um an einem Podium des *Lions Club Wildenstein* zum Thema «Kind und Therapie» teilzunehmen und Neues zu erfahren. Der Tenor der durch Fachleute vorgetragenen Voten ist eindeutig: Das grosse Angebot an Therapien fördert die Nachfrage. Bald ist jedes 2. Kind in irgendeine Therapie eingewiesen. Einerseits wird so eine Stundenplanlegung für die Lehrer fast unmöglich, weil immer irgendwelche Kinder fehlen, andererseits ist der Boom auf eine wohl falsch verstandene Chancengleichheit zurückzuführen und wird schon fast zwanghaft in Anspruch genommen. Auch die Verschreibung von *Ritalin* hat hohe Ausmasse erreicht und beängstigt.
19. Reinach *Gewerbeausstellung*	Mehr als 100 Firmen und dazu einige Betriebe aus dem Obergoms zeigen an der *Gewerbeausstellung* in Reinach ihre Angebote.

Muttenz Schulräume verursachen hohe Kosten	An der Gemeindeversammlung in Muttenz wurde die Planung des Gemeinderates betreffend Schulraum deutlich angenommen. Unter anderem soll das *Schulhaus Gründen*, erbaut 1955, einem Neubau weichen, und das altehrwürdige *Schulhaus Breite* soll umfassend saniert und modernisiert werden. Die Grössenordnung der Kosten liegt bei CHF 38 Mio.
Sissach Edelstahl	An der Gemeindeversammlung in Sissach bewilligten die Stimmbürger CHF 4 Mio. für den Umbau des Freibades, welches 1931 erbaut worden war. Die Innenauskleidung des Bassins soll in Edelstahl erfolgen, welches die nächsten 40 Jahre bei wesentlich weniger Unterhaltsarbeiten überdauern soll und letztlich nicht als Sondermüll anfallen würde, wie das bei einer Kunststofffolie der Fall wäre.
22. **Sissach** *Frech-Hoch AG* in anderen Händen	Nach 100 Jahren Selbstständigkeit wechseln bei der *Frech-Hoch AG* (FHS) in Sissach mit ihren 80 Angestellten die Besitzverhältnisse. Die *Estech Industries AG* in Seon hat die Mehrheit übernommen. Die FHS wird weiterhin eigenständig auf dem Markt auftreten, profitiert ihrerseits aber vom Know-how, von den verbesserten Einkaufsmöglichkeiten und dem Netzwerk des neuen Besitzers.
23. **Sissach** *Chienbergtunnel* muss saniert werden	Der 2006 eingeweihte *Chienbergtunnel* in Sissach, schon während der Bauzeit ein «schwieriger Brocken», verursacht den Ingenieuren viel Arbeit und dem Kanton viele Kosten. Der Boden wölbt sich aufgrund quellenden Gesteins und reisst. Dadurch werden auch die Anker verbogen. Nun muss also erstmals saniert werden, was etwa CHF 1,8 Mio. kosten wird.
Ziefen Grossbrand bei Sonder- müllentsorger	Glück hatten die Bewohner von Ziefen, als bei der Sondermüllentsorgungsfirma *Thommen-Furler AG* ein Gebäude brannte. Zum Glück konnte das Feuer gelöscht werden, bevor es auf gefährliche Güter übergriff. Die *Feuerwehr Wildenstein* (Ziefen und Bubendorf) sowie die *Stützpunktfeuerwehr Liestal*, welche mit über 50 Mann eingriffen, konnten Schlimmeres verhindern.
Liestal Grossangelegte Hehlerei mit Antikschätzen	Auf dunklen Kanälen führte ein Schweizer aus dem Balkan etwa 14'000 antike Münzen und 800 weitere Kulturgüter wie Fibeln, Statuetten und Öllampen aus römischer, byzantinischer und griechischer Herkunft in die Schweiz ein und verkaufte sie über das Internet. Nun ist der ganze Handel in einer grenzüberschreitenden Aktion aufgeflogen und die Missetäter wurden festgesetzt.
24. **Pratteln/Augst** *Coop* macht den Anfang	Das riesige Gebiet zwischen Pratteln und Augst, *Salina Raurica*, hat einen ersten Investor gefunden: *Coop* erstellt auf 80'000 m² einen neuen Logistic- und Produktionsstandort. Im Kanton ist man erfreut, hofft aber auf weitere Investoren. Die *Coop* schafft so 250 neue Arbeitsplätze, für 250 weitere Mitarbeiter bedeutet der Neubau einen Wechsel des Arbeitsortes vom Bahnhof Pratteln und Zürich in die *Salina*. Was die einen Politiker erfreut, bemängeln andere: Man hätte sich gewünscht, dass die Baufläche durch einen höheren Bau besser genutzt worden wäre. Auch tut sich jetzt auf, dass ein Gesamtbebauungsplan fehlt, so dass eine optimale Nutzung der 50 ha erschwert wird.

27. Liestal Slalom am Burghügel	Der *Skiklub Reigoldswil* hat sich für die Auswahl von Jugendlichen für das Schweizerische Jugendskilager in der Lenk etwas Besonderes ausgedacht: Mit dem Abrieb aus den diversen Kunsteisbahnen der Region wurde am Burghügel in Liestal eine 50 m lange Skipiste gebaut, die durch natürlichen Schnee, der vom Himmel fiel, ergänzt wurde. Das Ganze war ein herrliches Volksfest bei prachtvollem Winterwetter.
28. Basel Alles beim Alten im Regierungsrat	Die bisherigen 6 Regierungsräte errangen einen eindrücklichen Wahlerfolg und wurden allesamt wiedergewählt. Offen bleibt zwar noch die Nachfolge von *Polizeidirektor Hanspeter Gass* (FDP), doch *Baschi Dürr* (FDP) ist in guter Ausgangslage. Für das Regierungspräsidium verfehlte *Guy Morin* das absolute Mehr ganz knapp. Der 2. Wahlgang erfolgt im November. – Der Grosse Rat erfuhr nur ganz geringfügige Veränderungen, was die politische Ausrichtung anbelangt, und bleibt knapp bürgerlich.
Baselbiet Viel Schnee	Bis in die Niederungen hat es tüchtig geschneit, im Oberbaselbiet sah es mit einer dicken Schneedecke bereits recht winterlich aus. Der traditionelle Baselbieter Team-OL, der auf der Sichtern bei Liestal mit 1200 Angemeldeten vorgesehen war, musste kurzfristig abgesagt werden. Der Gemeinderat Sissach musste die Eisbahn definitiv schliessen, weil der Schnee auf dem ‹Kunschti›-Dach Einsturzgefahr heraufbeschwor (siehe 17. Oktober). Viele Automobilisten hatten noch immer die Sommerpneus montiert und kamen ins Schleudern.
30. Region Basel Stellenstreichungen	Der Zahnimplantatehersteller *Straumann* in Basel entlässt in Basel 50 Mitarbeiter. Die UBS verzichtet nach ihren Umbauplänen weltweit auf 9500 Mitarbeiter.
Buus/Ormalingen/ Hemmiken *Farnsburg* soll bald wieder zugänglich sein	Weil ein Warten (auf Geldmittel) die Schäden an der *Burgruine Farnsburg* erheblich vergrössern würde und weil ein Sturm der Entrüstung vor allem durch die Anliegergemeinden Buus, Ormalingen und Hemmiken ging, wurden nun aufgrund eines dringlichen Postulats von SVP-*Landrat Thomas Weber* im Rat CHF 275'000 für schnelle Sicherungs- und Renovationsarbeiten an der einsturzgefährdeten Schildmauer freigegeben.
31. Reigoldswil Rückkehr	Seit 20 Jahren wurde das Bergkronenwicken-Widderchen (Blutstropfen) im Baselbiet nicht mehr gesichtet, nun hat man im Gebiet Wasserfallen wieder erste Exemplare entdeckt. Dies wohl wegen des Wiederaufbaus von Magerwiesen, auf denen auch die Futterpflanze des Schmetterlings, die Scheidige Kronwicke, gedeiht.
Basel/Olten *SBB Cargo* zieht nach Olten	Da der *SBB Cargo* der Standort Elsässertor in Basel zu teuer ist, verlegt sie ihren Sitz nach Olten. Das bedeutet für einen Teil der 500 Angestellten einen bedeutend weiteren Arbeitsweg. Die Abteilung *SBB Cargo International* hat ihren Sitz bereits seit 2 Jahren in Olten.

November 2012

1. Nordwestschweiz Oktoberwetter	Vom Altweibersommer bis zu Schneefall, alles bot der ansonsten trübe Oktober. Die Durchschnittstemperatur entsprach mit 10,7 °C ziemlich genau dem langjährigen Mittel von 10,4 °C, wobei der kälteste Tag mit −0,7 °C angezeigt wurde (langjähriger Schnitt +0,2 °C). Die Niederschlagsmenge betrug 103 mm, was 51 mm über der Norm war. Die Sonne schien nur an 122 statt 109 Std. Am 28. Oktober wurden im Oberbaselbiet etwa 20 cm Schnee gemessen, während der 20. Oktober schon fast ein goldener Sommertag war, stieg die Temperatur doch bis 24,1 °C.
5. Baselbiet Magerste Kirschenernte seit Jahren	Die Kirschenernte im Baselbiet fiel in diesem Jahr mit 931 t sehr gering aus, etwa im Vergleich zum letzten Jahr, als 3197 t geerntet werden konnten. Hauptgrund war die ungünstige Witterung, sowohl während der Blüte als auch zur Reifezeit.
6. Therwil/Lörrach 240 verlieren ihre Stelle	Die Firma *Gaba (Colgate-Palmolive)* entlässt in Therwil 98, in Lörrach 142 Angestellte, weil die Produktion der *Elmex*-Zahnpasta und weiterer Mundhygiene-Artikel nach Polen verlegt werden soll.
USA/Baselbiet Präsidentenwahl in den USA	Die Wahl des Präsidenten der USA betrifft auch uns Baselbieter, weil vom Ach und Weh der USA auch unser Wohlbefinden zum Teil abhängt. *Barack Obama*, der bisherige *Präsident*, der erste Schwarze in diesem Amt, hat trotz relativer Erfolglosigkeit die Wiederwahl geschafft. Er hat es als Demokrat mit einem von Republikanern dominierten Repräsentantenhaus sehr schwer, seine Ideen umzusetzen.
7. Sissach Worst-case-Szenario bei ‹Kunschti›	Der Gemeinderat von Sissach hat aus der temporären Schliessung der Kunsteisbahn nun eine definitive gemacht. Die Halle ist nicht so einfach zu reparieren, wie erhofft. Nun bleibt also die ‹Kunschti› die ganze Saison geschlossen, das Eis ist bereits am Abtauen. Problematisch wird es für die Eissportler: Der 1.-Liga-Verein *EHC Zunzgen-Sissach* mit seinen 9 Teams muss alle seine Heimspiele auswärts austragen, was nebst den Umtrieben auch grossen finanziellen Aufwand bedeutet. Ebenso betroffen sind die 3 Mannschaften aus Lausen.
Liestal CVP wehrt sich	*Sabrina Mohn, Präsidentin der CVP Baselland*, hat sich an der Parteiversammlung vehement gegen das unfaire Spiel auf die Person von *Regierungsrat Peter Zwick* gewehrt. Man sei zwar nicht blauäugig und decke unkritisch alles, was Zwick mache oder nicht mache, aber das knallharte Auf-den-Mann-Spielen in der letzten Landratssitzung sei unfair, da die Regierung ja immerhin auch ein Kollegium sei (siehe 1. November). Auch die reisserischen Schlagzeilen und Berichte in der *Basler Zeitung*, die unterstellten, *Zwick* sei die Wirtschaftsförderung weggenommen worden, verurteilte sie aufs Schärfste.
Münchenstein EBM kauft weiter ein	Die *Elektra Birseck* in Münchenstein hat in Brandenburg (Ostdeutschland) 3 Enercon-Windturbinen eingekauft. Die Windräder liefern unter Volllast 13,2 Mio. kWh Strom im Jahr, was für 3300 4-Personen-Haushalte ausreicht. Die Kosten betragen CHF 11 Mio.
Liestal Ja zu Schüler- verschiebung	Das Kantonsgericht unterstützt die Verschiebung eines Sekundarschülers aus Allschwil nach Binningen. Es bestehe weder Rechtsanspruch auf einen Schulbesuch am Wohnort noch eine freie Wahl des Schulortes.

9. Münchenstein/Dreispitz … und wieder 61 Stellen weg	Zurzeit grassiert das Abbaufieber: Die *Arfa-Röhrenwerke* auf dem Dreispitz schliessen ihr Werk im Laufe des nächsten Jahres. Die rückläufige Nachfrage und der starke Franken zwingen die Firmenleitung zur Aufgabe.
Pratteln Konkursbetrug aufgeflogen	Eine Konkurs gegangene Baufirma in Pratteln hat versucht, Baustellenmaterial und Werkzeuge im Wert von mehreren CHF 100'000 aus der Konkursmasse «herauszuschmuggeln». Hinweise aus der Bevölkerung liessen dann die Staatsanwaltschaft aktiv werden. Das versteckte Material wurde in Laufen entdeckt. Wegen betrügerischen Konkurses bekommt der Geschäftsführer nun ein Strafverfahren aufgebrummt.
13. Schweiz/Kanton BL Hooligan-Konkordat	Die von der *Konferenz der kantonalen Justiz- und Polizeidirektoren* beschlossene Verschärfung des Hooligan-Konkordats bei Sportveranstaltungen wird auch im Baselbiet umgesetzt. Problematische Punkte sind vollständige Leibesvisitationen und die Bewilligungspflicht für kritische Sportveranstaltungen (Fussball/Eishockey).
Liestal Sparen bei den Sozialleistungen	Mit einer neuen Berechnungsmethode des Anspruchs auf Prämienverbilligung und weitere Sozialleistungen will die Baselbieter Regierung ab 2015 jährlich etwa CHF 2 Mio. sparen. Ausschlaggebend soll nicht mehr das steuerbare Einkommen, sondern das Zwischentotal der Einkünfte noch vor den Abzügen sein.
14. Waldenburgertal Neue Züge	Weil aufgrund des Entwurfs zum 7. generellen Leistungsauftrag zu befürchten war, dass die nötige Auf- und Umrüstung bei der *Waldenburgerbahn* auf die lange Bank geschoben würde, konnten die kantonalen Stellen die Bahnbenützer nun beruhigen. Das nötige Rollmaterial wird in einem normalen Zeithorizont bestellt und geliefert. Allerdings müssen vorher die Bahnstationen für die Niederflurzüge behindertengerecht angepasst werden.
Sissach Lösung in Sicht?	Am 7. November (siehe dort) wurde bekannt, dass die Kunsteisbahn in Sissach für diese Saison geschlossen bleibt, weil das Dach gefährliche Mängel aufweist. Dadurch wurden mehrere Sportvereine, aber auch die Schulen und die privaten Benutzer heimatlos. Nun diskutiert man, ob nicht eine temporäre Kunsteisbahn unter freiem Himmel gebaut werden könnte. Der geeignete Platz dafür wäre beim *Tannenbrunn-Schulhaus*. Allerdings sind noch viele Punkte zu klären, vor allem auch die finanzielle Frage. Man rechnet mit einem 6-stelligen Betrag für die mobile Kunsteisbahn.
Sissach/Beheloke Meerwasser zum Trinken	Die Sissacher Klimaschutzorganisation «Solarspar» hat in Partnerschaft mit dem WWF in Madagaskar eine Anlage gebaut, die mit Sonnenenergie salzhaltiges Grundwasser in Trinkwasser umwandelt und pro Stunde gegen 500 l sauberes Trinkwasser liefert. Im Dorf Beheloke mit seinen 5000 Einwohnern, dort wo die Anlage steht, muss man nun nicht mehr das Wasser vom 5 km entfernten Brunnen holen, sondern kann sich im Dorf mit Wasser versorgen.
19. Liestal Vom eigenen Stier getötet	Eine 29 Jahre alte Bauersfrau aus Liestal, Mutter von 2 Kindern und hochschwanger, wurde von ihrem eigenen Stier angegriffen und tödlich verletzt.

20. Sissach/Liestal Geld für temporäre ‹Kunschti›	Aus dem *Swisslos*-Sportfonds leitet der Kanton CHF 315'000 ab, um Sissach eine temporäre Kunsteisbahn zu ermöglichen. Das würde den Eishockeyvereinen *EHC Lausen* und *EHC Zunzgen/Sissach* ermöglichen, ihre Saison zu Ende zu spielen. Auch die Curler würde es freuen (siehe 14. November).
21. Liestal Nullrunde zum Vierten	Das Kantonspersonal erhält zum 4. Mal nacheinander keinen Teuerungsausgleich. Zwar haben wir in diesem Jahr eine Negativteuerung gemäss dem Warenkorb, dennoch steigen jährlich die Krankenkassenprämien, so dass der Staatsangestellte laufend weniger Geld zur Verfügung hat. Die Privatindustrie hat ihre Löhne leicht nach oben angepasst.
Nordwestschweiz Schulleitungen werden entlastet	Die durch die Schulleitungen der teilautonom geleiteten Schulen immer wieder vorgebrachten Klagen, sie seien überlastet, sind gemäss einer Studie der *Fachhochschule Nordwestschweiz* bestätigt worden. Ab 2013 werden den Leitungen, vor allem den Kindergarten- und den Primarschulleitungen, grössere Zeitressourcen zur Verfügung gestellt.
22. Münchenstein «Schule ohne Schutzhelm»	Die Schüler des *Gymnasiums Münchenstein* haben Unterschriften für eine Petition gesammelt, die vom Landrat eine möglichst sofortige Sanierung des sich in desolatem Zustand befindenden Gymnasiums (Sicherheitsmängel, Platzmangel, schlechte Heizung) verlangt. Der Landrat hat die nötigen Kredite schon vor 2 Jahren gesprochen, gegangen aber ist noch nichts.
24. Baselbiet Fuchsräude	Die sogar für Menschen ansteckende Krankheit Räude ist im Baselbiet angekommen. Für die Füchse endet sie tödlich. Bei Haustieren, die ebenfalls angesteckt werden können, geht das Drama gleich aus. Der Mensch wird von übermässigem Juckreiz befallen. Die Krankheit wurde schon vor 4 Jahren festgestellt, nun ist sie aber in einer grossen Häufung aufgetreten. In Allschwil zählte man in einer Nacht 20 Füchse in bewohntem Gebiet. Räudige Füchse werden in Fallen gelockt und dann geschossen.
25. Basel *Guy Morin* bleibt	In Basel wurde im 2. Wahlgang der bisherige *Grüne Regierungspräsident* mit deutlichem Mehr vor *Baschi Dürr* (FDP) wiedergewählt. Dürr wurde als 7. Regierungsrat mit vielen Stimmen Vorsprung in den Rat gewählt.
Arlesheim Gehörlosenschule kann nicht bauen	Nach der Ergreifung des Referendums gegen die von der Gemeindeversammlung bewilligte Bebauung eines Teils des *Gerenmatt*-Areals durch die Gehörlosenschule ging nun die Abstimmung äusserst knapp über die Bühne. Mit 1083 Ja gegen 1118 Nein lehnten die Arlesheimer den Neubau ab.
Bubendorf Klares Nein	Der Bau einer neuen Mehrzweckhalle wurde in Bubendorf mit einem Referendum bekämpft. In der nun folgenden Abstimmung wurde ein Neubau deutlich abgelehnt. Damit wurden 3 Jahre Planung und CHF 565'000 in den Sand gesetzt.
26. Bern/Sissach Erstmals eine *Grüne* höchste Schweizerin	*Maja Graf*, grüne *Nationalrätin* aus Sissach, wurde mit einem Glanzresultat zur ersten grünen *Nationalratspräsidentin* gewählt. Mit 173 von 183 möglichen Stimmen ist ihr Resultat überwältigend. Vor ihr waren erst 3 Baselbieter im gleichen Amt: *Emil Frey* (FDP) 1876, *Rudolf Nebiker* (SVP) 1992 und *Claude Janiak* (SP) 2006. In Sissach fand am Abend ein grosses Fest für die erfolgreiche Mitbürgerin statt.

Beznau/Fessenheim Zustand äusserst bedenklich	Mit den an den *Kernkraftwerken Beznau* (Aargau) und *Fessenheim* (Elsass) festgestellten Sicherheitsmängeln wären diese beiden Anlagen in Deutschland bereits abgestellt!
30. Liestal Es werde Licht	Nach langem Hin und Her und nach ebenso langem Suchen nach Geld wurde die neue, wunderschöne Weihnachtsbeleuchtung im ‹Stedtli› Liestal eingeweiht. Überall sah man nur leuchtende Augen.

Dezember 2012

1. Nordwestschweiz Novemberwetter nass und mild	Die Durchschnittstemperatur betrug im November 6,9 °C, was 1,9 °C höher ist als das langjährige Mittel. Auch die Minimaltemperatur lag mit −0,5 °C höher als die Norm von −4,6 °C, der Maximalwert vom 3. November von 20 °C liegt 2,7 °C über dem langjährigen Mittel. Niederschläge waren sehr häufig, fielen doch 146 mm (Norm 60 mm), nur gerade die Sonne hielt sich an einen Mittelwert (78 Std. gegenüber 77 Std. im Mittel).
Liestal *Kulturnacht*	An über 20 Austragungsorten, neu auch im *Hanro*-Areal, konnten die Kulturhungrigen in Liestal nach der Einweihung der neuen Weihnachtsbeleuchtung zwischen 35 Angeboten auswählen. Da wurden Theater, Komödie, klassische und zeitgenössische Musik, ein Figurenspiel, Lesungen und Vorträge, Kunst und Tanz sowie auch Kino angeboten. Auch eine Erfinderperformance und Erzählungen von Märchen für die Kleinen waren im Programm. Die Angebote wurden fleissig genutzt und erzeugten grosse Freude.
3. Wenslingen Grösstes Problem: Pferdeäpfel	Obwohl an der Gemeindeversammlung in Wenslingen ein Defizit von CHF 120'000 prognostiziert und vom Stimmvolk angenommen wurde, war offenbar die zunehmende Verkotung der Strassen durch (fremde?) Pferde wesentlich problematischer als das fehlende Geld.
5. Kanton Baselland Exportzahlen	Gemäss einer Liste der *Eidgenössischen Zollverwaltung* hat der Kanton Baselland im Zeitraum Januar bis Oktober 2012 Waren im Wert von CHF 5,7 Mia. exportiert und liegt damit im gesamtschweizerischen Vergleich an 10. Stelle (Schweiz insgesamt CHF 168,2 Mia.).
Muttenz Gaskraftwerk-Njet	Der Gemeinderat Muttenz hat das Zonenreglement in dem Sinne geändert, dass fossil-thermische Kraftwerke mit einem Wirkungsgrad unter 85 % (was vorerst technisch weit entfernt von jeglicher Verwirklichung steht) auf dem Gemeindegebiet verboten sind. Man erwartet, dass damit ein Kraftwerkbau in der Schweizerhalle, wie er schon angedacht worden ist, nicht mehr in Frage kommt.
6. Kanton Baselland Erfreuliche Finanznachrichten	Von den 86 Baselbieter Gemeinden schrieben 2011 nur gerade 17 rote Zahlen. Das geht aus einer Veröffentlichung des *Statistischen Amts* hervor. Bei den Gemeinden mit schwarzen Zahlen seien nicht nur solche, die Sekundarschulhäuser verkauft hätten, sondern es wurde auch in mehreren Gemeinden Bauland aus Gemeindebesitz verkauft.

Therwil *Froloo* wird auf neuesten Stand gebracht	Das Unterwerk *Froloo* in Therwil, eine Hochspannungsanlage, soll bis 2015 etwa 2/3 der Stadt Basel und weite Teile der Agglomeration mit Strom versorgen. Zu diesem Zwecke wird das Gemeinschaftswerk von *Elektra Birseck*, *Industriellen Werken Basel* und *Alpiq* für CHF 35 Mio. auf den neuesten Stand gebracht.
Liestal Geodaten-Viewer	Auf dem basellandschaftlichen Geoportal ist ein neuer *Geo-Viewer* aufgeschaltet worden. Damit können aus 150 Datenebenen rund 40 Kartenthemen abgefragt werden. Dazu gehören Nutzungspläne, belastete Standorte, Kulturobjekte, Baureife von Grundstücken und vieles anderes (http://www.geo.bl.ch).
Kantone BL/BS Pendlerzahlen	Aufgrund der Strukturerhebung 2010 arbeiten 58'000 der insgesamt 141'000 Baselbieter Erwerbstätigen ausserhalb des Kantons, davon 42'000 in Basel. Umgekehrt arbeiten im Baselbiet 34'000 Auswärtige und 19'000 Grenzgänger. 8000 Personen arbeiten zu Hause, 20'000 innerhalb der eigenen Wohngemeinde.
7. **Liestal** Krebs-*Spitex*	Der Trägerverein der *Spitalexternen Onkologiepflege Baselland* (Seop) übergibt seine Spitexorganisation dem *Kantonsspital Baselland* per März 2013, vorbehältlich einer Zustimmung der Mitgliederversammlung im Januar.
Kanton Baselland Bienenvölker, Rindviecher und Temperaturen	Wie man dem neuen *Statistischen Jahrbuch* entnehmen kann, gibt es im Baselbiet fast 28'000 Rindviecher, war der heisseste Tag 2011 35,5, °C warm, der kälteste Tag kam auf −7,5 °C (Binningen). Nachdem im Jahr 2010 der Bienenvölkerbestand wegen der Varroamilbe und der Sauerbrut auf 450 geschrumpft war, konnte man 2011 immerhin wieder 1726 Völker zählen. Der Höchststand wurde allerdings vor 22 Jahren mit 2880 Völkern erreicht.
11. **Schweizerhalle/Pratteln** Chemieunfall	In einem Fabrikationsbetrieb der *Novartis* in Schweizerhalle/Pratteln trat ätzende Säure aus (Thionylchlorid). Bei der folgenden Reaktion mit Luft entstand ein Gas, welches die Schleimhäute reizte. 6 Verletzte mussten ins Spital überführt werden. 7 weitere Betroffene wurden nicht nachhaltig geschädigt. Ob menschliches Versagen oder ein technischer Defekt Auslöser des Unfalls war, muss noch geklärt werden.
12. **Gelterkinden** *Ochsen* für *abri*	Das ehemalige *Restaurant Ochsen* in Gelterkinden soll nun doch, wie ursprünglich vorgesehen, zu einem Wohn- und Arbeitsheim für obdachlose Suchtkranke umgebaut werden. Man hat sich mit den Anstössern nach deren vielen Einsprachen soweit geeinigt.
13. **Liestal/Frenkendorf** *Schöntaltunnel* vor der Fertigstellung	Der *Schöntaltunnel* in Liestal wird nach rund 3 Jahren Bauzeit nun fertiggestellt. Es wurden 130'000 m³ Beton verbaut. Nach den noch nötigen Feinarbeiten und Sicherheitstests wird der Tunnel im Herbst 2013 fertig und befahrbar sein.
14. **Sissach/Oberwil** Skimming	8 Kartenlesegeräte wurden in *Coop-* und *Migros*-Filialen in Oberwil und Sissach manipuliert, so dass die Betrüger die geheimen Daten, die auf den Kreditkarten gespeichert sind, lesen und dann kopieren können. Viele Karten mussten daher gesperrt werden. Schaden ist bis jetzt keiner entstanden.

17. Muttenz Der etwas andere Singlehrer	*Georg Hausammann*, ehemals Kleinklassenlehrer, hängte mit 50 Jahren seinen Beruf an den Nagel und widmete sich dem, was er am liebsten tat: dem Singen. Er leitete zwei Chöre und veranstaltete Singlager, offene Singanlässe der etwas anderen Art: Er ist politisch sehr engagiert, was auch in seine Musik einfloss. Nun, mit 70, setzt er seinem chaotischen Leben, wie er sagt, einen Kontrapunkt (das ist der Name des einen Chors) entgegen und zieht nach Frankreich, um sich dort intensiv – der Musik widmen zu können.
Sissach Neues Eis	Die Freiluftkunsteisbahn in Sissach ist fertiggestellt und kann befahren und bespielt werden. Das 1. Spiel in der 1.-Liga-Eishockey-Meisterschaft fand gegen den Spitzenverein *SC Lyss* statt, das die Oberbaselbieter vor 300 Zuschauern knapp nach Verlängerung verloren.
Aesch Gleicher Lohn für gleiche Arbeit	Die Aescher Firma *Stöcklin AG* bezahlte angesichts des tiefen Eurokurses seinen über 100 Grenzgängern einen um die Kursdifferenz tieferen Lohn. Wer das nicht akzeptieren wollte, wurde entlassen. 6 betroffene Mitarbeiter zogen ans Kantonsgericht und bekamen inzwischen Recht. Das Vorgehen der Firma wurde als rechtswidrig deklariert und verstösst auch gegen das im Freizügigkeitsabkommen festgelegte Recht.
19. Liestal/Röschenz/Laufen Geschützte Naturobjekte	Die Gebiete *Strickhübel* in Röschenz und *Bärelöcher*, sowohl in Röschenz wie auch in Laufen gelegen, werden in das *Inventar der geschützten Naturobjekte* aufgenommen. Beide Gebiete zusammen weisen eine Fläche von etwa 19 ha auf.
Kanton Baselland Erste Folgen der Pauschalbesteuerung	Durch die Ablehnung einer künftigen Pauschalbesteuerung sind gemäss Steuerverwaltung Baselland 4 bislang Privilegierte weggezogen, davon 3 ins Ausland. Dadurch werden etwa CHF 700'000 weniger Steuerertrag erzielt.
21. Binningen Neuer Posten für *Amacker*	*Kathrin Amacker* aus Binningen, *alt Nationalrätin*, später bei der *Swisscom* Kommunikationschefin, wechselt nun zu den SBB, wo sie, ebenfalls als Kommunikationschefin, in der 9-köpfigen Geschäftsleitung Einsitz nimmt.
Bottmingen Mehr Patienten, weniger Pflegetage	Das *Bruderholzspital* schliesst den 7. Stock mit 38 Spitalbetten, weil in diesem Jahr 10'000 Pflegetage weniger zu verzeichnen waren. Dies trotz mehr Patienten. Nun fürchten viele Mitarbeitende um ihre Stelle.
27. Kantone BL/BS Stellenabbau in den beiden Basel	In den beiden Basel sind im vergangenen Jahr etwa 4500 Arbeitsplätze verloren gegangen. Mit einer leichten Entspannung der Situation rechnet man im kommenden Frühjahr.
28. Schweiz/Kanton BL Ende des Bausparens	Die vom eidgenössischen Souverän abgelehnte Baselbieter Spezialität des Bausparens tritt nun in ihre letzte Phase: Entweder wird bis 2017 gebaut oder das angehäufte, steuerprivilegierte Geld muss nachversteuert werden. Etwa 15'000 Personen haben seit 1991 vom Bausparen Gebrauch gemacht und müssen nun in den sauren Apfel beissen.
29. Basel Geheimnis vorzeitig verraten	Die immer mit grosser Geheimnistuerei umgebene Vernissage der Basler Fasnachtsplakette ist in diesem Jahr durch Indiskretionen der Spannung beraubt worden. Schon 3 Tage vor der offiziellen Veröffentlichung waren sowohl das Sujet als auch die Plakette bekannt. Sie zeigt eine Baslerin und einen Baselbieter (mit ‹Chienbäse›). Das Sujet heisst: ‹Geen mr zu mir oder zu Dir?› Ein lustiger Fingerzeig auf die Fusion.

Legislatur

04.01. Nach 10 Jahren im Amt des *Wirtschaftsdelegierten des Baselbiets* verlässt *Simon Schmid* seinen Posten. Er leitete auch die *Geschäftsstelle der kantonalen Wirtschaftsförderung*. Es steht noch kein Nachfolger an.

31.01. Weil sich genau 5 Bewerber für den 5-köpfigen Gemeinderat von Waldenburg zur Verfügung stellten, fand nun eine Stille Wahl statt. Die 4 Bisherigen wurden bestätigt, neu wurde *Daniel Kamber* in den Rat aufgenommen. Er ersetzt *Kurt Grieder*, der auch *Gemeindepräsident* war.

03.02. *Thomas de Courten*, 45 Jahre alt, gerade für die SVP neu in den Nationalrat gewählt, wird als Nachfolger von *Simon Schmid* Leiter der *Wirtschaftsförderung Baselland*. De Courten wird Massnahmen für die Erhaltung und Verbesserung der Standortqualität treffen müssen, er muss die Verbindungen zum bestehenden Gewerbe pflegen sowie die Forschungs- und Innovationsförderung vorantreiben.

16.02. Der *Gemeindepräsident von Rothenfluh*, *Martin Erny*, tritt nach langanhaltenden Querelen und Beschuldigungen auf Ende Amtsperiode zurück. Damit sind nun 3 von 5 Sitzen unbesetzt, Nachfolger sind noch nicht in Sicht.

12.03. Etwa 190 Wahlumschläge sind von der Post nicht bis zum Samstag an die Gemeinde Münchenstein weitergeleitet worden. Nach nachträglicher Auszählung dieser verspätet eingegangenen Wahlzettel ist *Daniel Altermatt* (GLP) nun doch nicht gewählt, sondern der SP-Mann *Felix Bossel*, der 7 Stimmen mehr bekommen hat als *Altermatt*.

13.03. Bei den Gemeinderatswahlen vom 11. März haben in Burg im Leimental *Walter Ackermann* (bisher) und *Urs Geyer* als 5.- und damit letztplatzierte Gewählte je 63 Stimmen erreicht, was zu einem Losentscheid hätte führen müssen. Nun hat *Ackermann* aber die sofortige Demission eingereicht – damit ist Geyer gewählt.

16.03. *Jörg Jermann* wird Leiter des Geschäftsbereiches Mobilität und ÖV-Delegierter der *Bau- und Umweltschutzdirektion* (BUD). Der 41-Jährige löst per April *Markus Meisinger* ab. Er ist direkt der *Direktionsvorsteherin Sabine Pegoraro* unterstellt.

21.03. *Werner Schweizer, Gemeindepräsident von Reigoldswil*, ist nach dem in den letzten Wahlen zustande gekommenen, mageren Resultat zurückgetreten. Er wollte wieder für das Präsidentenamt kandidieren, sieht aber mit seiner Ausgangslage keine Chancen. Er wurde mit nur 196 Stimmen auf den 7. Gemeinderatssitz gewählt.

22.04. In Arisdorf, Böckten, Lampenberg, Reigoldswil, Reinach, Rothenfluh, Wenslingen und Wittinsburg konnten die noch offenen Sitze in den Gemeinderäten besetzt werden. Offen bleiben noch je ein Sitz in Kilchberg, Nenzlingen und Niederdorf.

24.04. Als Nachfolgerin des rund 10 Jahre amtenden *Philipp Schoch* wurde per Akklamation die 37 Jahre alte *Florence Brenzikofer* aus Oltingen zur neuen *Präsidentin* der Baselbieter *Grünen* gewählt.

29.04. Nach 22 Jahren im Amt geht *Rolf Klaus* in Pension. Als er 1989 sein Amt antrat, herrschte im Baselbiet eine Atmosphäre der Unsicherheit und des Misstrauens, hervorgerufen durch die noch nicht so lange zurückliegende *Sandoz*-Katastrophe. Unter seiner Aufsicht entstand ein Risikokataster für das ganze Baselbiet. Nachfolger wird *Georg Pfister*, ein 49-jähriger Chemiker aus Sissach.

03.05. Eine Frauenmehrheit hat die Grüne Landratsfraktion, weil *Simon Trinkler, Grünes Bündnis Nordwest*, aus beruflichen Gründen zurückgetreten ist. Ihm folgt *Julia Gosteli* aus Allschwil nach.

03.05. *Peter Müller* (BDP Oberwil), hat nach diversen Querelen die Nase voll und wechselt per sofort in die CVP/EVP-Fraktion. Das kostet die BDP 2 Kommissionssitze. Die Fraktion schmilzt so auf noch 3 Sitze.

08.05. Die Baselbieter FDP hat eine neue *Präsidentin*. Überaus deutlich gewann *Christine Pezzetta* (45) die Ausmarchung gegen *Paul Hofer*. Sie ist auch neugewählte *Gemeinderätin* in Münchenstein und erste Nachrückende im Landrat. Das Präsidentenamt in der Partei hatte sie interimistisch bereits seit Januar 2012 inne. Ihre Schwerpunkte sind Wirtschaft, Finanzen und Umwelt/Energie.

24.05. *Thomas Schulte* (FDP Oberwil) tritt per Ende Juni aus dem Landrat zurück und wird durch *Andreas Dürr* aus Biel-Benken ersetzt.

11.06. Da der bisherige *Präsident der Vorortskonferenz*, *Martin Kohler*, die Wiederwahl in den Gemeinderat in Arlesheim verpasst hat, gibt er seinen Vorsitz in der Vorortskonferenz ab. Sein Nachfolger wird *Anton Fritschi*, ebenfalls aus Arlesheim.

14.06. Nach nur einem Jahr tritt die *Grüne Landrätin Désirée Lang* aus Reinach zurück – Nachrückender ist *Michael Vollgraff*.

17.06. Nebst Nachwahlen in die Gemeindeparlamente und der Erkürung deren Präsidenten in Kampfwahlen sticht die Wahl ums *Stadtpräsidium* in Liestal heraus. Hier wurde *Regula Gysin* (FDP) vom *Grünen Lukas Ott* mit etwas mehr als 100 Stimmen Vorsprung aus dem Amt gedrängt.

19.06. Die in den Wahlen um das Liestaler *Stadtpräsidium* unterlegene *Regula Gysin* (FDP) ist trotz ihrer erst kürzlich erfolgten Wiederwahl in den Stadtrat nun zurückgetreten. Sie war seit 2001 im Stadtrat, seit 2004 dessen Präsidentin.

19.06. Da der Gemeinderat in Birsfelden wegen einer hängigen Beschwerde zu *Regula Meschbergers* Wahl noch nicht vollständig ist, wählt man nun vorerst einen Vizepräsidenten, der die Gemeinderatsgeschäfte leitet.

21.06. *Landrat Jürg Degen* (SP Itingen) ist mit den Stimmen aller Landräte zum neuen *Landratspräsidenten* gewählt worden. *Sabine Pegoraro* wurde mit einer guten Stimmenzahl zur *Regierungspräsidentin* gekürt, die Wahl zum *Vize* war für *Adrian Ballmer* aber eine Art Demütigung, schaffte er doch nur 49 (von 85 möglichen) Stimmen.

24.06. Die *Gemeinderätin Myriam Wyprächtiger* tritt per Ende Jahr aus dem Gemeinderat zurück. Bald wird also der andere gewählte *Marco Baumgartner* allein im Rat vertreten sein, sollten am 19. August, am Tag der Nachwahl, nicht doch noch 2 Kandidaten gefunden werden. Im Hintergrund droht die Zwangsverwaltung durch den Kanton.

04.07. Seit 2006 war *Markus Meisinger* Chef der ÖV-Verwaltung. Da dieser Bereich aber nun neu organisiert wurde, hat *Meisinger* gekündigt. Leiter des neu geschaffenen Bereichs Mobilität ist *Meisingers* bisheriger Stellvertreter, *Verkehrsingenieur Jörg Jermann*.

17.07. 3 Landräte sind vor der Sommerpause zurückgetreten. Für *Simon Trinkler* rückt *Julia Gosteli* (*Grüne* Allschwil) nach, auf *Thomas Schulte* folgt *Andreas Dürr* (FDP Biel-Benken) und für die *Grüne Désirée Lang* aus Reinach kommt *Michael Vollgraff* aus Aesch neu in den Rat.

15.08. Nachdem das Kantonsgericht entschieden hat, dass *Regula Meschberger* von der SP Birsfelden nicht zugleich in der Schulleitung und im Gemeinderat Einsitz nehmen darf, hat sie sich für den Gemeinderat entschieden und gibt den Schulleiterposten auf. Sie macht sich nun auf dem Gebiet der Beratung (Schul- und Rechtsfragen) selbstständig. Nach der nun möglichen Erwahrung der Gemeinderatswahl wird dann noch die Gemeindepräsidentenwahl folgen, die aber erst stattfinden kann, wenn *Meschberger* nicht mehr für die Gemeinde arbeitet.

16.08. Der *Leiter des Personalamtes des Kantons, Markus Nydegger*, wechselt per 1. Dezember zum *Kantonsspital Baselland*. Er war beim Kanton seit Mai 2011 mit der Leitung des Personalamtes betraut.

17.08. Die wegen der in letzter Zeit auftretenden Querelen bekanntgewordenen Verhältnisse im Gemeinderat von Aesch zeigen Folgen: *Silvia Büeler* (SP) und *Ivo Eberle* (CVP), der allerdings aus gesundheitlichen Gründen, treten per Ende Jahr zurück. Da die Gemeinderatswahlen in Aesch nach dem Proporzwahlsystem abgehalten werden, können nun die jeweils Zweitgewählten in den Listen nachrücken. Allerdings gibt es dazu vorerst noch keine Wortmeldungen.

26.08. Während 44 Jahren hat *alt Nationalrat Hans-Rudolf Gysin* die Geschicke der *Wirtschaftskammer Baselland* in Liestal geleitet und sie auch zu einer politisch bedeutsamen Kraft gemacht. Nun hat der 71-Jährige das Szepter an den 41-jährigen *Christoph Buser* übergeben.

23.09. *Regula Nebiker* (SP) verpasste bei der Ersatzwahl in den Stadtrat von Liestal mit 1478 Stimmen das absolute Mehr nur um 97 Stimmen. Sie scheint für den 2. Wahlgang gut gerüstet, während die Bürgerlichen ihre Wunden lecken … sie haben es verpasst, einen gemeinsamen Kandidaten zu stellen, und haben einen grossen Stimmen-Rückstand erlitten.

23.09. Weil sich 2 ehemalige Gemeinderäte doch noch zur Verfügung gestellt haben, wurde eine drohende Zwangsverwaltung des kleinen Dorfes Kilchberg abgewendet. Gewählt wurden *Andreas Imhof* und *Ernst Grieder* mit Stimmenzahlen deutlich über dem absoluten Mehr.

25.09. *Beat Krattiger* wird neuer *Leiter der Hauptabteilung Sicherheit und Ordnung* bei der *Polizei Baselland*. Er tritt sein Amt am 1. Oktober an.

26.09. Der in Frenkendorf wohnende *Maurizio Greppi* (SP), derzeit *leitender Gerichtsschreiber* und *Mitglied der Geschäftsleitung* am *Kantonsgericht* in Liestal, wurde von der vereinigten Bundesversammlung mit 187 von 195 Stimmen ans Bundesverwaltungsgericht gewählt.

28.09. Der in diesem Frühjahr abgewählte *Gemeinderat Markus Lenherr* (CVP) erbt als Erstnachrückender den Sessel von *Ivo Eberle*, der aus persönlichen Gründen per Ende Jahr zurücktritt. Nun ist aber die CVP, welche schon direkt nach den Wahlen erklärt hatte, dass *Lenherr* als Wahlzweiter keinesfalls irgendwann nachrücken dürfe, in der Zwickmühle, akzeptiert sie doch seinen Entscheid, wieder als Gemeinderat zu amtieren, überhaupt nicht.

17.10. Aus Protest gegen die, wie er sagt, unwürdige Behandlung und Abwahl seiner Kollegin *Nicole Eker* durch die Kirchenpflege, demissioniert der seit 24 Jahren amtende *Pfarrer der Reformierten Kirchgemeinde Gelterkinden*, *Janusz Grzybek* und lässt sich frühpensionieren.

18.10. Der Landrat lobt Ratsneumitglied *Andreas Dürr* (FDP Biel-Benken) an, der für *Thomas Schulte* nachrückt.

24.10. Der Muttenzer *Gemeindepräsident Peter Vogt* ist von den Mitgliedern des *Verbandes der Basellandschaftlichen Gemeinden* mit Akklamation zu seinem neuen *Präsidenten* und damit zum Nachfolger von *Myrta Stohler* ernannt worden.

08.11. Der Regierungsrat hat *Martin Lüthy* zum Nachfolger von *Markus Nydegger* als *Leiter des Personalamts* bestimmt. Er tritt sein Amt Anfang 2013 an.

25.11. Mit über 400 Stimmen Vorsprung wurde *Regula Nebiker* von der SP in den 5-köpfigen Stadtrat gewählt.

25.11. Die Wahl zum *Gemeindepräsidenten* in Birsfelden geht in die 2. Runde, da keiner der 3 Anwärter das absolute Mehr erreichte. Da *Regula Meschberger* auf einen 2. Wahlgang verzichtet, bleiben nur *Claudio Botti*, der bisherige CVP-*Gemeindepräsident*, und *Christoph Hiltmann* von der FDP übrig.

25.11. In Nenzlingen ist der Gemeinderat wieder komplett: der parteilose *Remo Schneider* setzte sich gegen 6 weitere Kandidaten durch. – In Kilchberg wurde *Ernst Grieder-Rickenbacher* zum neuen *Gemeindepräsidenten* bestimmt.

25.11. Als Nachfolger des abtretenden *Gemeinderates Patrick Vögtlin* wurde der 51-jährige *Thomas Tschopp* gewählt, der sich erst 5 Tage vor der Wahl entschieden hat, sich zur Verfügung zu stellen.

13.12. *Landrat Karl Willimann* von der SVP tritt per Ende März zurück und wird durch *Andi Trüssel*, Frenkendorf, ersetzt. *Willimann* präsidierte während 10 Jahren die *Bildungs-, Sport- und Kulturkommission*.

Der Regierungsrat …

09.01. … bewilligt mit dem Landrat CHF 1,3 Mio., damit 10 Quereinsteiger mit einer verkürzten Ausbildung im Lehrberuf ausgebildet werden können. So ausgebildete Lehrkräfte arbeiten für weniger Lohn als Reguläre. Das Programm ist als Pilotprojekt benannt und bis 2016 befristet. Voraussetzungen sind ein Alter von mindestens 30 Jahren und mindestens 5 Jahre Berufserfahrung, bei Hochschulausbildung genügen 3 Jahre.

10.01. … will angesichts der angespannten Finanzsituation im Kanton in nächster Zukunft keine Sportanlagen mehr aus der Kantonskasse finanzieren. Dies, obwohl für *Kasak 3* CHF 12 Mio. vorgesehen waren. Somit kann auch das geplante Hallenbad in Gelterkinden nicht mit einem Kantonsbeitrag rechnen. Kleinere Beträge (bis maximal CHF 250'000) sollen aber laut *Urs Wüthrich* aus dem Sportfonds genommen werden können.

15.01. … antwortet auf eine Interpellation der *Landrätin Elisabeth Augstburger* (EVP), Baselland könne die Biodiversitätsziele aus personellen und finanziellen Gründen nicht erreichen. Obwohl der Schutz der Arten gesetzlich verankert ist, hat man von den 11 Zielen, die man sich beim Bund gesetzt hat, kein einziges erreicht.

07.02. … stellt für die neue Legislaturperiode das Regierungsprogramm mit folgenden Schwerpunkten vor: 1. Erhöhung des Steuerertrages der juristischen Personen (zurzeit nur etwa 10%, was auch gesamtschweizerisch sehr wenig ist), was man durch Ansiedlung von Unternehmen mit mittlerer und hoher Wertschöpfung zu erreichen hofft – Ziel: 15–20% des Gesamtsteuerertrages. 2. Schaffung von strategischen Entwicklungsgebieten, wobei Zonen, in denen künftig neue Firmen sich niederlassen können, im Voraus raumplanerisch und infrastrukturell erschlossen werden. Es soll auch ein *Kompetenzzentrum für Wirtschaftsentwicklung und Standortmarketing* geschaffen werden. Ausserdem soll der Forschungs- und Innovationsstandort gestärkt werden.

07.03. … wählt *Markus Stauffenegger* zum neuen *Leiter des Amts für Volksschulen*. *Stauffenegger* war zuvor in Basel *Leiter des Schuldienstes* und *Teilprojektleiter Pädagogik*.

04.04. … lehnt die Beschwerde eines nicht gewählten Kandidaten in den Stadtrat ab. Es geht um einen SVP-Vertreter, der direkt nach den Wahlen weggezogen ist. Da dieser seine Stimmen zum Ergebnis des im Proporz gewählten Stadtrats beigetragen habe, kam es zur Beschwerde. Das Wahlgesetz lässt dies aber zu.

26.04. … berichtet in der Person von *Regierungsrätin Sabine Pegoraro* über das Energiepaket und nennt es eine Erfolgsgeschichte. Mit 2644 gestellten Anträgen 2011 sind fast gleich viele Anfragen eingegangen wie im Startjahr 2010 (2828). Die Bausanierungen und Wärmeerhaltungsmassnahmen bringen grosse Einsparungen bei der Energie. Dazu profitieren die ausführenden Betriebe von den Aufträgen, von denen ungefähr 3/4 in der Region vergeben werden.

08.05. … spricht einen Projektierungskredit von CHF 1,65 Mio., mit dem ein neues Sammlungszentrum für die unzähligen Römerfunde gebaut werden soll. Die heutige Situation ist desolat und verlangt schnelle Abhilfe.

08.05. … legt gemäss einer Vorgabe des Landrates beim Finanzausgleich eine Maximallimite von 17% der Steuerkraft der jeweiligen Gemeinden fest. Finanzstarke Gemeinden mussten im letzten Jahr höhere Beiträge beisteuern.

08.05. … nimmt zusammen mit seinen Kollegen aus Basel wohlwollend den Fluglärmbericht 2011 zur Kenntnis, ist doch trotz gestiegener Flugfrequenz der Lärm gleich geblieben. Besonders positiv ist die Lärmreduktion zwischen 22 und 23 Uhr.

14.08. … beschliesst, die Aussenstelle des *Centre Suisse d'Electronique et de Microtechnique SA Neuchâtel* (CSEM) in Muttenz mit weiteren CHF 15 Mio. für die Jahre 2014 bis 2018 zu unterstützen. Der Entscheid liegt nun beim Landrat. Das CSEM arbeitet nicht gewinnorientiert an der Umsetzung von Erfindungen für die Fabrikation.

10.09. … stellt in der Person von *Baudirektorin Sabine Pegoraro* die nach intensiven Abklärungen festgelegten Orte vor, an denen Windenergie gewonnen werden kann. Es handelt sich um 15 Orte, die auf das ganze Kantonsgebiet verteilt sind. Es sind etwa 100 Windgeneratoren geplant, wobei wohl bei vielen politische und naturschützerische Einwände folgen werden. Könnten alle Windparks realisiert werden, würden sie 25% des kantonalen Energiebedarfs abdecken.

24.09. … stellt in der Person von *Baudirektorin Sabine Pegoraro* den neuen *Generellen Leistungsauftrag* für den öffentlichen Verkehr 2014–2017 vor, der nun in die Vernehmlassung geht. Viel Neues gibt es nicht zu berichten, da für grössere Würfe das Geld fehlt. Neu wird ein Bonus-Malus-System mit den SBB eingeführt.

16.10. … spricht dem Denkmalschutz keinen einzigen Franken zu. Da die Bundesbeiträge und auch die Unterstützung durch Private und Stiftungen vom Signal des Kantons ausgehen, wird das kommende Jahr für die Denkmalschützer eine Katastrophe, können sie doch ihre Arbeit nicht ausüben. … Und die Kulturgüter verfallen langsam und still. Jetzt müssen ganz dringende Arbeiten möglicherweise über Sonderkredite finanziert werden.

18.12. … beschliesst eine Vereinfachung bei Baubewilligungen in den Gemeinden. Im kleinen Baubewilligungsverfahren sollen künftig auch ein einzelnes Gemeinderatsmitglied, eine Kommission oder eine Stelle der Gemeindeverwaltung Verfügungen und Entscheide erlassen können. Bisher war der gesamte Gemeinderat zuständig. Es geht um Kleinbauten, Einfriedungen, Velodächer, Antennen, Verkehrsflächen und Ähnliches.

19.12. … legt seine lang angekündigten Massnahmen zur Wirtschaftsoffensive vor. Die Ziele, für deren Erreichen bis 2015 CHF 7,5 Mio. bereitgestellt wurden, sind Mehreinnahmen aus den Unternehmenssteuern, neue wirtschaftliche Entwicklungsgebiete und ein verbessertes Standortmarketing.

Der Landrat ...

12.01. ... bewilligt CHF 2 Mio. für ein neues IT-Zentrum in Pratteln, wo man sich in einen bestehenden Bau einmieten will. Der Kanton Baselland hat für sein Rechenzentrum zu wenig Platz und beantragt deshalb eine Erweiterung.

... diskutiert einen SVP-Vorschlag, der sich für eine einmalige Steueramnestie starkmacht.

... diskutiert nun auch über die FEB im Schulbereich. Die Bürgerlichen sind eindeutig für eine Lösung auf Gemeindebasis. Zur Klärung der Vorlage geht das Geschäft nochmals zurück an die Bildungskommission. Über die familienergänzende Kinderbetreuung wird vom Volk abgestimmt.

... bewilligt CHF 15,5 Mio. für Teilsanierungen von Sekundarschulbauten in Binningen.

... bewilligt für die Jahre 2012 bis 2014 insgesamt CHF 750'000 für Assistenzstellen in Hausarztpraxen, weil künftig die Zahl der Hausärzte ein kritisches Niveau zu erreichen droht.

19.01. ... nimmt 4 zusammenhängende Postulate von wirtschaftsnahen Landräten entgegen, die den Boden für erleichterte Investitionen bereiten sollen. Es sollen auch neue Strukturen geschaffen werden, die den verschiedenen Regierungs-Direktionen als Schnittstellen dienen sollen.

26.01. ... lehnt mit 51 bürgerlichen Nein-Stimmen den von SP-*Landrat* und *Gewerkschaftssekretär Andreas Giger* vertretenen, von *alt Landrat Bruno Baumann* (SP) eingereichten Vorstoss für einen kantonalen Mindestlohn von CHF 4000 ab.

... beschliesst mit 76:3 Stimmen, seine Debatten weiterhin in Mundart zu führen.

... legt einmütig fest, dass in der Kantonsverwaltung Rechtsgrundlagen für Sozialpläne für Kantonsangestellte geschaffen werden müssen.

09.02. ... stimmt einer Anpassung an heutige Bedürfnisse beim Vormundschaftswesen zu. Anstelle von 66 Vormundschaftsbehörden sollen künftig noch maximal 7 Kreise eingeführt werden. Bisher waren 3 Massnahmen (Entmündigung, Beiratschaft und Beistandschaft) üblich, neu kommt dazu, dass bei der Beistandschaft unterschieden wird zwischen Begleit-, Vertretungs- und Mitwirkungsbeistandschaft.

... bestimmt auf Antrag der Links- und Mitteparteien mit 50:34 Stimmen – gegen den Willen der Regierung –, das kantonale Energiegesetz aus dem Jahr 1992 müsse einer Totalrevision

unterzogen werden. Der Entscheid geht auf eine Motion von *Klaus Kirchmayr (Grüne)* zurück. Gefordert wird darin eine Anpassung an die veränderte Bundesgesetzgebung und eine attraktive Rahmengesetzgebung für erneuerbare und dezentral produzierte Energie.

... belässt die Amtszeitbeschränkung für Landräte bei 4 Amtsperioden (16 Jahre).

... bewilligt CHF 2,96 Mio., um 4 regionale Abwasserreinigungsanlagen im Baselbiet mit Solaranlagen aufzurüsten: Birs, Birsig, Ergolz I und II, auch die ARA Frenke in Bubendorf.

... diskutiert angeregt das drohende Scheitern des von beiden Basel gemeinsam geplanten Geriatriezentrums auf dem Bruderholz. Der Basler *Gesundheitsminister Carlo Conti* macht mächtig Druck auf den Baselbieter Amtskollegen *Peter Zwick*, indem er droht, nun für Basel-Stadt einen Alleingang zu machen, falls das Baselbiet nicht vorwärts mache.

08.03. ... folgt in 1. Lesung des grossen Sparpakets der Regierung, obwohl bei den Abstrichen beim öffentlichen Verkehr beinahe eine Pattsituation eingetreten wäre. Es geht nun mit der 2. Lesung weiter. Am Ende hat dann das Volk zu vielen Punkten noch mitzureden.

... beschliesst ohne Gegenstimme die Neuregelung des Vormundschaftswesens: Es wird also noch maximal 7 Kinder- und Erwachsenenschutzbehörden geben.

... behandelt eine Eingabe von *Elisabeth Augstburger*, die vom Regierungsrat wissen möchte, ob alle noch vorhandenen Trockenwiesen und -weiden durch Pflege gesichert sind und ob ihr Unterhalt sachgerecht sei, denn diese sind vom Bund geschützt, den Vollzug müssen aber die Kantone leisten. Doch Wiesen und Weideflächen gehen weiterhin drastisch zurück, in den letzten 60 Jahren um rund 90 %.

... möchte das U-Abo so belassen, wie es bis jetzt mit grossem Erfolg war, also ohne Zonierung.

21.03. ... moniert in einem Bericht der Geschäftsprüfungskommission, dass anlässlich der Aufgabenüberprüfung 2005 nicht konsequent gespart worden ist, und verlangt nun ein konsequentes Controlling auch für das bevorstehende Sparprogramm. So sind in der Aufgabenüberprüfung etwa CHF 48 Mio. vorgesehene Einsparungen nicht realisiert worden, teilweise allerdings durch nachträgliche Korrekturen durch Landrat und Volk.

22.03. … hat mit einer Ausnahme alle Punkte des Sparpakets nach den Vorstellungen von *Finanzdirektor Adrian Ballmer* angenommen. Nicht auf umfassende Zustimmung ist die Pflichtstundenerhöhung bei den Sekundarlehrern gefallen – diese Massnahme wurde zwar angenommen, aber auf Antrag von *Christine Gorrengourt* (CVP) vorerst auf 3 Jahre befristet. Zu mehreren Teilen des Pakets hat nun noch das Volk das Sagen.

29.03. … stimmt mit grossem Mehr – und entgegen der Meinungen von *Direktorin Sabine Pegoraro,* FDP und SVP – 4 Postulaten der *Grünen* zu, die unter anderem von den Stromversorgern einen Standard-Strom-Mix verlangen, der voll aus erneuerbarer Energie besteht, und andererseits einen bei steigendem Verbrauch progressiven Stromtarif wollen. Es sollen auch die Gewinne der Elektrizitätswerke vom Stromabsatz entkoppelt werden, und man will auch eine höhere Investition in Energieeffizienz.

… bestätigt mit 45:36 Stimmen ein Postulat von *Martin Rüegg* (SP), das von der Regierung verlangt, dass sie Massnahmen zur Erhöhung der Stimmbeteiligung prüfe. So erwähnt er beispielsweise eine Wahlpflicht oder die Förderung des E-Votings.

… lehnt einen Antrag des gleichen Postulanten deutlich mit 50:26 Stimmen ab, der eine Änderung bei der Ermittlung des absoluten Mehrs verlangte: Auch die Leerstimmen sollten gültige Stimmen sein.

… nimmt einen Vorstoss von FDP-*Landrätin Regina Vogt* entgegen, in dem sie verlangt, dass die beiden Basel als Träger der Uni auch bei der Berücksichtigung von Medizinstudenten Vorrecht haben sollen. Dabei sollen die Zahlen der Studenten wieder wie früher nach Kantonen aufgeschlüsselt und nicht nur nach den Eintrittstests vorgenommen werden.

19.04. … stimmt in der Frage um die Abschaffung der Pauschalbesteuerung für reiche Ausländer mit 42:37 Stimmen der Gesetzesinitiative zu. FDP und SVP stimmten geschlossen dagegen. Somit wird das Volk an der Urne darüber entscheiden. Der Gegenvorschlag der Regierung fand ebenfalls nicht die 4/5-Mehrheit (60:24 Stimmen), so dass auch hier das Volk entscheiden muss/darf.

… nimmt mit 43:35 Stimmen ein Postulat von *alt Landrätin Eva Chappuis* (SP) an, in dem die Unterstützung des *Theater Basel* mit CHF 1,5 Mio. verlangt wird, quasi als «Ersatz» für die in der Volksabstimmung abgelehnten Zuschüsse von CHF 17 Mio.

… diskutiert eine Forderung der SP, aus der *Volkswirtschafts- und Gesundheitsdirektion* nach der Auslagerung der Spitäler nun ein *Departement Soziales* zu machen, das Bereiche wie etwa Sozialhilfe, Integration, Prämienverbilligungen sowie Familie und Gesundheit unter einem Dach vereinige.

… bewilligt CHF 2,2 Mio. zum Bau der neuen Birsbrücke und CHF 8,4 Mio. für den neuen Busbahnhof in Laufen.

29.04. … beschliesst, in diesem Jahr nun Installationen für eine Befestigung von Ölsperren in Fliessgewässern zu erstellen (allerdings müssen die Ölsperren erst noch beschafft werden). – Umfassende Sicherheitsmassnahmen in Bezug auf Öl- oder Benzinunfälle würden aus Sicht des Sicherheitsinspektorates CHF 17,3 Mio. kosten. Das war dem Landrat 1998 zu teuer. Anfang 2003 bewilligte er für die Jahre 2004 bis 2007 einen Teilkredit von CHF 870'000. Allerdings wurde bis heute noch nichts gebaut.

02.05. … lässt im Bericht der Geschäftsprüfungskommission an der Gesundheitspolitik des *Regierungsrates Peter Zwick* kein gutes Haar: Zwick und seiner Direktion (VGD) wird ein Versagen auf ganzer Linie vorgeworfen. Untersucht wurden die Verselbstständigung der Spitäler, die neue Pflegefinanzierung und die Neubaupläne für das Bruderholzspital. Laut GPK fehlen erkennbare Strategien.

03.05. … stimmt mit 45:34 Stimmen einer Motion von *Bruno Baumann* (SP) zu, die Bestimmungen gegen unnötige Lichtemissionen verlangt.

… heisst ohne Gegenstimme die Rahmenausgabebewilligung für die Finanzierung der gemeinwirtschaftlichen und besonderen Leistungen des *Universitätskinderspitals* für 2012/2013 von CHF 13,448 Mio. sowie für die *Psychiatrie Baselland* für das Jahr 2012 von CHF 19,26 Mio. gut. Mit diesen Mitteln werden besondere Leistungen wie beispielsweise die Ausbildung von Assistenzärzten finanziert.

… behandelt ein Postulat von *Karl Willimann* (SVP), das den Austritt von Baselland aus der Organisation *Metrobasel* fordert, so wie das bereits Basel-Stadt, der *Basler Gewerbeverband* und die UBS gemacht hätten.

… nimmt mit 46:29 Stimmen eine Motion der SP an, welche verlangt, dass die turbulente Abstimmung im Rahmen des Sparpakets zum ÖV wiederholt wird. Der Entscheid war damals so knapp, und 2 Räte behaupteten, aus Versehen den falschen Knopf gedrückt zu haben, so dass diese Wiederholung nun nötig wird.

… beargwöhnt und kritisiert in 3 Interpellationen die Art der Berufung von *Thomas de Courten* zum neuen kantonalen Wirtschaftsförderer. Dies ist nach der GPK-Breitseite gegen *Regierungsrat Peter Zwick* bereits ein nächster Angriff.

24.05. … beschliesst, vorerst bei der Lobbyorganisation *Metrobasel* zu bleiben und nicht aus finanziellen Gründen (CHF 75'000 pro Jahr) auszutreten.

… heisst mit 60:14 Stimmen eine CVP-Motion gut, die eine Stärkung der MINT-Fächer Mathematik, Informatik, Naturwissenschaften und Technik verlangt.

… hält nichts von einer Verlängerung der Ost-West-Piste am *EuroAirport*, wie sie von *Siro Imber* (FDP) angeregt wurde. Eher solle die erwähnte Piste effizienter genutzt und so die Anzahl der Südanflüge auf den Flughafen verringert werden.

14.06. … streicht die schlecht ausgelasteten Bus- und Bahnkurse nach der erfolgten Wiederholung wegen des Abstimmungsfiaskos in einer vorhergehenden Landratssitzung nun doch nicht.

… heisst mit 62:17 Stimmen die SP-Motion zum Verzicht auf die Anpassung des 6. Generellen Leistungsauftrags gut. Dabei verblüfft insbesondere der Schwenker der SVP von einer klaren Nein- zu einer überzeugten Ja-Strategie. Das somit nicht realisierte Sparvolumen von CHF 1,7 Mio. soll anderswo eingespart werden.

… bewilligt der Regierung gegen den Willen der *Grünen* und der SP, die eine Halbierung der Summe verlangten, CHF 5 Mio. für Beraterhonorare zur Sanierung der Kantonskasse.

… spricht mit 47:28 Stimmen einen Kredit zur Sanierung der Pensionskasse der *Universität beider Basel*.

06.09. … diskutiert 3 dringliche Vorstösse der Mitteparteien wegen der Verschiebung der Simulation der Kantonsfusion. Die Regierung verteidigt ihren Entschluss, die Simulation erst nach der Abstimmung durchzuführen, mit dem Argument, dass ohne klare Zahlenvorgaben auch keine schlüssigen Resultate erwartet werden können.

… vertagt den Entscheid über ein neues *Kantonales Sportanlagen-Konzept (Kasak)*.

… spricht oppositionslos einen Kredit von CHF 2,6 Mio. für den Hochwasserschutz in Laufen.

21.09. … wirft *Sabine Pegoraro*, die ihr Departement umgestalten will, aber dafür zuerst den Segen des Landrates braucht, vor, sie habe wichtige Veränderungen bereits in die Wege geleitet, noch bevor der Rat darüber habe befinden können.

18.10. … lobt parteiübergreifend das Regierungsprogramm 2012–2015.

… erwartet Bussenerträge im Schnitt der letzten Jahre, sprich: etwa CHF 19 Mio., in der Staatskasse.

… spricht CHF 52 Mio. für den Neubau der *ARA Frenke* bei Bubendorf, davon CHF 10 Mio. für Massnahmen im Einzugsgebiet, und den Rückbau der alten Anlage.

… bewilligte auch einen Baukredit über CHF 1,7 Mio. für den Bau eines Laufstalls auf dem *Gutsbetrieb Wildenstein*.

01.11. … holt zu einer grossen Schelte an *Gesundheitsdirektor Peter Zwick* aus und hält ihm viele Dinge vor, die falsch oder nicht gelaufen seien: der Neubau des Bruderholzspitals, dessen Planung CHF 13 Mio. gekostet hat, und nun nicht gebaut wird, die Verselbstständigung der Spitäler und die Einführung der neuen Pflegefinanzierung.

… kritisiert auch die Ansiedlung von *Coop* in *Salina Raurica*, da man einen Investor erwartet habe, der das Land besser nutze (hoch statt breit bauen!) und der mehr Wertschöpfung bringe!

… behandelt eine Wortmeldung der *Grünen*, welche die Fluglärmkommission der Untätigkeit bezichtigen und deshalb die Kenntnisnahme des Berichts 2011 ablehnen.

… nimmt mit über 4/5 der Stimmen die Revision des Finanzhaushaltgesetzes an, was Auswirkungen auf künftige Jahresrechnungen haben wird (Glättung).

15.11. … streitet intensiv darüber, ob künftig Landräte, welche die Partei verlassen oder wechseln, weiterhin in ihren Kommissionen verbleiben dürfen. Mit einem Verfahrenspostulat ist das Ratsbüro nun aufgefordert, eine entsprechende Vorlage auszuarbeiten.

… heisst ohne Gegenstimme die Mehrkosten von CHF 250'000 für eine ökologische Stromversorgung gut.

… bewilligt ebenso eine Mehrbelastung der Abwasserlieferanten um CHF 160'000.

29.11. … legt vorerst die im Raume stehende PUK im Zusammenhang mit der «Spitalaffäre Bruderholz» in der *Gesundheitsdirektion* von *Peter Zwick* auf Eis.

… bewilligt CHF 1,65 Mio. für die dringend nötige Erweiterung und Renovation der Arbeitsräume und des Funddepots in *Augusta Raurica*.

… nimmt mit deutlichem Mehr eine Motion von *Klaus Kirchmayr (Grüne)* an, die verlangt, dass die Regierung – gegen ihren Willen – mit einer Standesinitiative beim Bund fordern muss, dass die Kantone bei den Preisverhandlungen zwischen den Spitälern und den Versicherern mitreden können.

12.12. Nimmt ein Postulat mehrerer Kantonsparlamentarier unter der Federführung von SP-*Landrat* und *Gewerkschafter Daniel Münger* entgegen, das verlangt, dass die Baselbieter Regierung als Mitaktionärin der *Messe Basel* Einfluss auf die unhaltbaren Zustände und unsauberen Machenschaften wie Schwarzarbeit, fehlenden Versicherungsschutz der Bauarbeiter, Verstösse gegen die Vergabekriterien oder Lohndumping unternehme. Auch ein Zahlungsstop wird verlangt. Der Generalunternehmer sei vollumfänglich für die Verstösse gegen Gesetze und Gesamtarbeitsverträge zur Verantwortung zu ziehen.

13.12. … nimmt den Rücktritt von *Regierungsrat Adrian Ballmer* (FDP) aus gesundheitlichen Gründen zur Kenntnis, den er auf Sommer 2013 ankündigt. Die Nachfolgewahl findet am 3. März 2013 statt.

… genehmigt das Budget 2013 mit 58:19 Stimmen. Allerdings sei das Budget nur so gut ausgefallen, weil einmalige Ereignisse dazu beigetragen hätten: Der Verkauf des Universitätskinderspitals sowie die Ablehnung der Bauspar-Initiative. Ohne diese einmaligen «Sondereffekte» wäre das Budget gleich schlecht wie im letzten Jahr ausgefallen. Der Fehlbetrag macht in diesem Jahr demnach «nur» CHF 24,5 Mio. aus, bei einem Umfang von CHF 2,5 Mia.

… lehnt die Schlossinitiative ab und stimmt dem Gegenvorschlag der Regierung deutlich zu.

… beschliesst, dass die Regionalplanungsstelle, nachdem ihr einige neue Funktionen zugeteilt wurden, erhalten bleiben soll.

Wahlen

11.03. Bei den Wahlen in die Gemeindeparlamente dürfen sich die SP, GLP und BDP als Sieger wähnen, während die SVP insgesamt 7 Sitze verlor.
Auch die Gemeinderäte mussten neu gewählt werden. In Reinach, Rothenfluh, Kilchberg, Böckten, Lampenberg, Wenslingen, Wittinsburg, Arisdorf und Niederdorf muss nachgewählt werden. In Waldenburg kam es zu einer Stillen Wahl, in Burg gab es eine Stimmengleichheit, über die das Los entscheiden muss.

Abstimmungen

11.03. Kantonale Resultate zu den eidgenössischen Vorlagen:
Stimmbeteiligung: 45%

Volksinitiative «Schluss mit uferlosem Bau von Zweitwohnungen»

45'327 Ja   34'545 Nein   angenommen
CH: 50,6% Ja

Volksinitiative «Bauspar-Initiative»

41'919 Ja   37'194 Nein   angenommen
CH: 55,8% Ja

Volksinitiative «6 Wochen Ferien für alle»

25'374 Ja   55'958 Nein   abgelehnt
CH: 66,5% Nein

Bundesbeschluss «Regelung der Geldspiele zu Gunsten gemeinnütziger Zwecke»

67'372 Ja   10'142 Nein   angenommen
CH: 87,1% Ja

Bundesgesetz «Buchpreisbindung»

26'835 Ja   50'375 Nein   abgelehnt
CH: 56,1% Nein

Resultate zu den kantonalen Vorlagen:

«Revision des Spitalgesetzes»

48'253 Ja   26'768 Nein   angenommen

«Gesetz über die familienergänzende Kinderbetreuung im Frühbereich»

37'582 Ja   39'724 Nein   abgelehnt

17.06. Kantonale Resultate zu den eidgenössischen Vorlagen:
Stimmbeteiligung: 38%

Volksinitiative «Eigene vier Wände dank Bausparen»

29'824 Ja   42'824 Nein   abgelehnt
CH: 68,9% Nein

Volksinitiative «Staatsverträge vors Volk»

16'306 Ja   56'281 Nein   abgelehnt
CH: 75,3% Nein

Krankenversicherung, KVG (Managed Care) «Änderung des Bundesgesetzes»

14'096 Ja   59'339 Nein   abgelehnt
CH: 76,0% Nein

Resultate zu den kantonalen Vorlagen:

Entlastungsrahmengesetz «Gesetz»

28'860 Ja   40'759 Nein   abgelehnt

KV, Organisation der Gerichte «Änderung der Kantonsverfassung»

45'541 Ja   21'871 Nein   angenommen

KV, Reorganisation der Behörden im Zivilrecht «Änderung der Kantonsverfassung»

40'566 Ja   25'903 Nein   angenommen

Verzicht auf die Führung des Amtsnotariats «Gesetz»

38'458 Ja   28'335 Nein   angenommen

23.09. Kantonale Resultate zu den eidgenössischen Vorlagen:
Stimmbeteiligung: 35%

Jugendmusikförderung

51'255 Ja   16'453 Nein   angenommen
CH: 72,7% Ja

Sicheres Wohnen im Alter

34'137 Ja   34'905 Nein   abgelehnt
CH: 52,6% Nein

Schutz vor Passivrauchen

27'719 Ja   42'563 Nein   abgelehnt
CH: 66,0% Nein

Resultate zu den kantonalen Vorlagen:

«Schluss mit den Steuerprivilegien», Initiative

1560 Ja   39'861 Nein   abgelehnt

«Schluss mit den Steuerprivilegien», Gegenvorschlag

4038 Ja   30'094 Nein   abgelehnt

Initiative: 5361   Gegenvorschlag: 34'951

25.11.   Kantonale Resultate zu den eid-
         genössischen Vorlagen:
         Stimmbeteiligung: 27%

Tierseuchengesetz (TSG)

36'265 Ja   13'615 Nein   angenommen
                              CH: 68,3% Ja

Resultate zu den kantonalen Vorlagen:

«Ja zur guten Schule Baselland: überfüllte
Klassen reduzieren», Initiative

688 Ja   18'640 Nein   abgelehnt

«Ja zur guten Schule Baselland: überfüllte
Klassen reduzieren», Gegenvorschlag

1908 Ja   27'737 Nein   angenommen

Initiative: 5377   Gegenvorschlag: 16'059

«Betreuung der Schüler/-innen optimieren»,
Nichtformulierte Volksinitiative

17'859 Ja   32'834 Nein   abgelehnt

«Keine Zwangsverschiebungen an Baselbieter
Sekundarschulen», Nichtformulierte Volksinitiative

20'576 Ja   29'939 Nein   abgelehnt

Jubilarinnen und Jubilare

12.01.   Im *Alters- und Pflegeheim Homburg*
in Läufelfingen feiert *Klara Strub-Mangold* ihren
100. Geburtstag bei guter Gesundheit.

14.01.   Vor genau 100 Jahren wurde in Lie-
stal der *Försterverband beider Basel* gegründet.
Dazu findet am 21. April auf der Sichtern eine
Ausstellung zur Verbandsgeschichte statt, eine
Ausstellung, die dann auch in Basel gezeigt
wird.

19.01.   In Wenslingen feiern *Dorli* und *Ernst
Meyer-Völlmin* ihren 60. Hochzeitstag.

26.01.   *Alice Lenz-Odolon*, seit 8 Jahren gut
untergebracht und betreut im *Alters- und
Pflegeheim zum Park* in Muttenz, feiert ihren
100. Geburtstag.

12.02.   *Marie Weder-Furler*, wohnhaft in
Gelterkinden, aufgewachsen in Ziefen und dort
mit dem Dorfnamen ‹s Vreni Miggi› bedacht,
feiert ihren 104. Geburtstag.

16.02.   In Allschwil feiern *Brunhilde* und
Walter Loosli-Däschle ihren 60. Hochzeitstag.

28.02.   In Itingen feiern *Gertrud* und *Alfred
Zaugg-Guggisberg* ihren 60. Hochzeitstag.

08.03.   In Anwil feiern *Cecile* und *Fritz
Schaffner-Ruepp* ihren 60. Hochzeitstag.

13.03.   In Binningen feiert *Alice Fünfschil-
ling-Moser* ihren 100. Geburtstag. Die Jubilarin
ist noch wöchentlich in der Turnstunde zu
sehen, auch geht sie noch immer gerne ins
Theater und an Konzerte.

16.03.   In Arlesheim feiert der ehemalige
erste *Chefarzt* und Begründer der *Schmerzklinik*
und der *Rheumaklinik* in Basel, *Girsas Kaganas*,
seinen 100. Geburtstag.

30.03.   *Urs «Bibbi» Frey*, von Beruf Hoch-
bauzeichner, räumt heute, an seinem 65.
Geburtstag, sein Büro bei der Firma *Werner Sutter AG*. Er trat als 15-Jähriger in die Firma
ein und schaut somit auf 50 Jahre ununterbrochene
Tätigkeit in diesem Architektur- und Liegen-
schaftsverwaltungs-Büro zurück.

03.04.   In Lupsingen feiern *Heidi* und *Fritz
Kaufmann* ihren 60. Hochzeitstag.

18.04.   Die *Baselbieter Verkehrskadetten*, die
bei Veranstaltungen wertvolle Arbeit bei der
Verkehrsregelung übernehmen, feiern einerseits
ihr 40-Jahr-Jubiläum, und andererseits plagen
sie Nachwuchssorgen. Wo es zur Gründungszeit
1972 um die 100 Kadetten waren, sind es heute
noch knapp die Hälfte.

18.04.   In Pratteln feiern *Irma* und *Ernst
Metzger-Barberis* bei guter Gesundheit und
zufriedener Gelassenheit ihren 70. Hochzeitstag. *Ernst Metzger* ist 96, *Irma* 91 Jahre alt.

18.04.   In Reigoldswil feiern *Rosemarie* und
Dietrich Ritschl-Courvoisier die 60. Wiederkehr
ihres Hochzeitstages. – Auch *Martha* und *Hans
Vogt-Heyer* aus Biel-Benken gaben sich 1952
das Ja-Wort.

23.04.   Auf der Sichtern ob Liestal wurden,
geschenkt vom *Försterverband*, 100 Bäume

gepflanzt, um so das 100-Jahr-Jubiläum zu feiern und damit ein lange lebendes Geschenk hinterlassen zu haben.

03.05. *Rosa* und *Jakob Gysin-Jehle* aus Läufelfingen feiern heute ihren 60. Hochzeitstag.

05.05. 1962 verstarb in Montagnola im Tessin der Weltliterat *Hermann Hesse* 85-jährig, der eine lange Zeit in Basel gelebt und gewirkt hatte. Der eingebürgerte Schweizer und *Nobelpreisträger*, der unter anderem so gewichtige Romane wie «Glasperlenspiel», «Steppenwolf» und «Siddharta» schrieb, bummelte nach eigener Aussage auch viel und gern im Baselbiet (und in Indien) herum.

07.05. Das Zentrum für Sonderpädagogik «Auf der Leiern» bei Gelterkinden wird 100 Jahre alt. Im Jahr der Gründung 1912 waren nur der Heimleiter und seine Frau für die Führung der «Erziehungsanstalt» zuständig, heute kümmern sich 65 Vollangestellte um die 39 Zöglinge. Jedes Kind hat heute ein eignes Zimmer, während es früher nur einen Knaben- und Mädchenschlafsaal gab. Zum Jubiläum erscheint ein bebildertes Buch mit vielen Textbeiträgen.

10.05. *Marianne* und *Walter Näf-Hägler* feiern in Gelterkinden das seltene Fest ihrer eisernen Hochzeit, das heisst, sie haben 1947 geheiratet. Walter Näf hat Jahrgang 1923, Marianne Näf 1924.

24.05. In Thürnen feiern *Ella* und *Karl Ramseyer-Bürgin* ihren 60. Hochzeitstag.

31.05. In Sissach feiern *Trudi* und *Heinrich Schwob-Kunzelmann* ihren 60. Hochzeitstag.

03.06. In Arlesheim feiert *Cécile Mosimann-Pelhate* ihren 100. Geburtstag. Noch immer liest sie täglich anspruchsvolle französische Literatur und ist eine sehr interessante Gesprächspartnerin.

10.06. In Birsfelden feiern *Helma* und *Karl Lützelschwab-Getzin* ihren 60. Hochzeitstag.

16.06. In Gelterkinden feiern *Margaritha* und *Hans Schaub-Wirz* ihren 60. Hochzeitstag.

28.06. Das in Bottmingen wohnhafte Ehepaar *Irma* und *Jules Wiesner-Hertig* hat vor 65 Jahren geheiratet.

04.07. *Lilly* und *Hans Jenzer-Meyer* feiern in Lausen ihren 60. Hochzeitstag.

12.07. *Elsi* und *Walter Wirz-Degen* feiern in Sissach ihren 65. Hochzeitstag. Die beiden waren lange Jahre Abwarte im *Schulhaus Tannenbrunn* in Sissach.

20.07. In Liestal feiert dieser Tage *Frau Klara Bellof-Döös* ihren 100. Geburtstag.

26.07. *Elsbeth* und *Emil Weiss-Schaub* feiern in Buus ihre diamantene Hochzeit. – In Gelterkinden wohnen die seit ebenfalls 60 Jahren verheirateten *Elsbeth* und *Willy Rechsteiner-Buser*.

05.08. Seit 60 Jahren sind die in Binningen wohnhaften *Tilly* und *Bruno Stalder* verheiratet.

16.08. In Läufelfingen feiern *Edith* und *Paul Forter-von Allmen* und in Rothenfluh *Oskar* und *Heidi Rieder-Eglin* ihren 60. Hochzeitstag.

20.08. Ebenfalls seit 60 Jahren verheiratet sind *Erika* und *Walter Schöpfer-Degen*, die in Hölstein leben.

21.08. In Allschwil feiern *Gisela* und *Helmut Kreuer-Waldi* ihren 65. Hochzeitstag.

26.08. Seit 70 Jahren sind *Rösli* und *Fridolin Renggli*, die in Binningen wohnen, verheiratet und feiern damit das sehr seltene Fest ihrer steinernen Hochzeit.

27.08. In Liestal wohnen *Susi* und *Daniel Scheidegger-Bösch*, welche die 65. Wiederkehr ihres Hochzeitstages, und damit ihre eiserne Hochzeit, feiern.

01.09. Vor 100 Jahren wurde das *Doppelkraftwerk Augst-Wyhlen* erbaut und tut noch immer seinen Dienst. Zum Jubiläum gab es nun einen Tag der offenen Tür, an dem 5000 Besucher mitfeierten und sich die Stromgewinnungs-Technik zeigen liessen.

13.09. Der katholische *Kirchenchor Bruder Klaus* in Liestal feiert seinen 125. Geburtstag. Der Chor besteht aus 42 Mitgliedern, wobei wie bei so manchem gemischten Chor die Männerstimmen unterdotiert sind. Zum Jubiläum kommt die Bundespräsidentin *Evelyne Widmer-Schlumpf* als Ehrengast. Zur Aufführung gelangt die «Missa Pro Patria» von *Hilber*.

14.09. Der Waffenplatz Liestal ist zwar über das Jahr 2013 hinaus noch nicht gesichert. Trotzdem feiert man nun den 150. Geburtstag der *Kaserne Liestal* und hofft, dass der Bundesrat Liestal weiterhin als Waffenplatz bestätigen wird.

04.10. Im Anwil begehen *Erika* und *Werner Dürrenberger-Lüthy* ihren 60. Hochzeitstag.

07.10. Ebenfalls seit 60 Jahren verheiratet sind *Lucie* und *Albert Wirz-Meier* in Bottmingen und *Martha* und *Fritz Eichenberger-von Rohr* in Oberwil.

10.10. Auch 60 Jahre verheiratet sind die in Reinach wohnenden *Ruth* und *Cédric Steiner-Gerschwiler*.

11.10. *Helen* und *Alexander Ulmann-Habegger* feiern in Thürnen ihren 60. Hochzeitstag.

16.10. Im nächsten Sommer feiert man den 100. Jahrestag des Alpenflugs von Langen-brucks *Flugpionier Oskar Bider*. Zu diesem Anlass ist nun ein Buch erschienen mit dem Titel «Alpenflug», geschrieben von *Michael Düblin*. Das Buch ist im *Verlag Johannes Petri* in Basel erschienen und umfasst 177 Seiten.

30.10. Ihren 65. Hochzeitstag feiern in Ormalingen *Maria* und *Oswald Rickli-Pfiffner*.

Totentafel

12.01. *Ursula Geiger* aus Tenniken verstarb letzten Dezember in ihrem 93. Lebensjahr. Sie war eine begnadete Kulturfrau, in manchen Sparten bewandert.

13.02. Am 27. Dezember 2011 ist *Arnold Zumbrunn-Kipfer* in seinem 63. Lebensjahr in Wittinsburg verstorben. Zumbrunn war *alt Gemeinderat*, *Brunnmeister* und *Gemeindearbeiter* sowie *Mitglied und Präsident* der *Primarschulpflege*.

05.03. In seinem 87. Lebensjahr ist im Februar in Hölstein *Eduard Probst* verstorben. *Probst* war der Erfinder und auch Verbreiter des Solarkochers, einer einfachen Kochkiste, die durch Sonnenenergie beheizt wird. Die Kiste ist günstig im Preis und gut mitzunehmen.

02.05. In Münchenstein verstarb der grossartige *Zeichen-, Fasnachts- und Glasfensterkünstler Pierre Kocher*, Jahrgang 1930. *Kocher* war ein begnadeter Lehrer u.a. am *Gymnasium Münchenstein* und am *Lehrerseminar Liestal* und war mit vielen Ausstellungen in der Region präsent. Er setzte sich auch intensiv für den Basketballsport ein.

13.06. *Roland Baumann*, geboren 1940 in Liestal, ist verstorben. Zuletzt war er Biologie- und Geografielehrer am *Kohlenberggymnasium* in Basel. 2003 übernahm er die Leitung im *Förderverein für Solarkocher*, der vom ebenfalls kürzlich verstorbenen *Edi Probst* gegründet worden war.

08.07. *Robert A. Jeker*, wohnhaft gewesen in Bottmingen, ist 76-jährig verstorben. Er war *Generaldirektor* der *Credit Suisse*, *Verwaltungsratspräsident* der *Messe Basel* und der *Messe Schweiz* und hat wesentlich zu deren Entwicklung beigetragen.

17.07. Alt Landratspräsident Peter Holinger aus Liestal ist nach langer Krankheit mit 59 Jahren verstorben. *Holinger* war während 16 Jahren Mitglied des Landrats, wurde 2008 zum *Landratspräsidenten* gekürt, er war auch im Liestaler *Einwohner-* und im *Stadtrat* vertreten. Er gehörte der SVP an und war *TCS*-Präsident und Metallbauunternehmer.

06.09. Der aus Anwil stammende bildende Künstler und Kunstlehrer in Basel, *Marcel Schaffner*, geboren 1931, ist gestorben. Er war ein grosser Virtuose der abstrakten Malerei.

07.09. *Kurt «Bongo» Kobi*, Muttenz, *alt Gemeinderat*, ehemaliger *Gewerkschafter* und *Spitzenschiedsrichter* und *Schiedsrichterinspizient* im Fussball, ist im 68. Altersjahr verstorben.

20.09. In Rothenfluh verstarb, kurz vor seinem 92. Geburtstag, *Otto Erny-Schäfer*. Erny, im Dorf wegen seines Berufes als Poststellenleiter ‹Poscht-Otto› genannt, war während 10 Jahren *Gemeindepräsident* und während 12 Jahren *Präsident des Miba-Vorstandes*, wo er später zum *Ehrenpräsidenten* ernannt wurde.

22.09. *Peter Malama*, *Gewerbedirektor von Basel-Stadt* und *Nationalrat* (FDP), ist mit 52 Jahren seinem Krebsleiden erlegen. *Malama* hat intensiv für die ganze Nordwestschweiz politisiert und war allseits beliebt.

27.09. *Alexander Euler*, geboren 1929, SP-*National-* und -*Grossrat* in Basel, ist gestorben. *Euler* hat sich grosse Verdienste im Kampf gegen AKWs, insbesondere gegen das regional bedrohliche Kernkraftwerk in Kaiseraugst, erworben. *Euler* war ein Nachfahre des berühmten Mathematikers *Leonhard Euler*.

06.12. *Alt Regierungsrat Clemens Stöckli* ist 85-jährig in Liestal gestorben. Er war 20 Jahre, von 1971 bis 1991, *Justizdirektor*. Er war bei seinen Untergebenen sehr beliebt und seine Menschlichkeit sei sehr wohltuend gewesen. *Stöckli* war Mitglied der CVP.

Preise und Ehrungen

30.01. Eine Felsenkirsche als Preis für seinen grossen Einsatz für die Natur kann der Bubendörfer *Markus Plattner*, der 27. Träger des *Naturschutzpreises der Pro Natura*, entgegennehmen. An der Übergabefeier wurden auch harsche Töne gegen die «Bremser» bei der Erfüllung der Biodiversitätsziele auf der *Bau- und Umweltschutzdirektion* laut. *Plattner* ist unter anderem auch für die Umwandlung der Klingenthalgrube in Muttenz zu einem Laich- und Lebensgebiet für die Kreuzkröte verantwortlich.

21.02. Die Leimentaler Gemeinde Oberwil wird für ihre Anstrengungen im Bereich Energieeffizienz belohnt und erhält das Label «Energiestadt».

03.04. Der höchstdotierte Umweltpreis (CHF 200'000), der *Sophie und Karl Binding-Preis*, wird in diesem Jahr an die *Forstgemeinschaft am Blauen* (FGB) vergeben. Zu dieser Gemeinschaft gehören die Bürgergemeinden Ettingen, Rothberg, Witterswil, Hofstetten-Flüh, Metzerlen-Mariastein und Bättwil. Der Preis wird jährlich für vorbildliche nachhaltige Waldwirtschaft vergeben.

20.04. Der *Birspark*, die Landschaft von Angenstein bei Aesch bis zur Birsmündung, der durch die Gemeinden Pfeffingen, Reinach, Dornach, Münchenstein, Muttenz, Aesch, Arlesheim und Birsfelden mit grossem Engagement gestaltet wird, hat die Auszeichnung «Landschaft des Jahres 2012» erhalten. Gelobt wurden vor allem die Schutz- und Nutzungskonzepte. Dazu gehört auch die teilweise Renaturierung der Birs.

26.04. Einer der Stars des FC Basel, *Xherdan Shaqiri*, Doppelbürger der Schweiz und des Kosovo, wird vom *Botschafter* der *Republik Kosovo* mit dem *Prix Diaspora* ausgezeichnet. Der Preis geht alljährlich an eine Persönlichkeit, die sich in besonderer Weise für den Kosovo verdient gemacht hat. Im letzten Jahr wurde *Micheline Calmy-Rey* ausgezeichnet.

16.05. Als 16. Gemeinde im Baselbiet erhält Oberwil nach einem vergeblichen Anlauf vor 10 Jahren nun doch auch die Auszeichnung Energiestadt. Die Vergabe ist verknüpft mit der Erfüllung stetig gesteigerter Anforderungen, die im Gleichschritt mit der technischen Entwicklung voranschreiten.

22.05. Seit 45 Jahren beschäftigt sich *Paul Bucherer* aus Bubendorf mit der *Bibliotheca Afghanica*. Zusammen mit deutschen Wissenschaftlern hat er sein Lebenswerk, das *Afghanistan-Museum*, aufgebaut. Nun hat er, wohl als erster Baselbieter, das *Deutsche Bundesverdienstkreuz* verliehen bekommen.

13.08. In der bildenden Kunst wurden *Gerda Steiner* und *Jörg Lenzlinger* aus Langenbruck, die mit Installationen arbeiten, mit dem *Baselbieter Kulturpreis* ausgezeichnet. Der Spartenpreis Performance/Theater geht an *Christian Zehnder*, Basel *(Stimmhorn)*, *Vadim Jendreyko* aus Basel gewann den Preis der Sparte Film, während das Vokalensemble *Larynx*, das von Studierenden der *Musikhochschule Basel* gegründet wurde, den Förderpreis zugesprochen erhielt. Die 3 Hauptpreise sind mit je CHF 20'000 dotiert, der Förderpreis mit CHF 10'000.

27.08. Der mit CHF 50'000 dotierte *Walder-Preis* für herausragendes Engagement zu Gunsten des Wald-Naturschutzes geht in diesem Jahr an *Markus Lack*, *Chef des Forstreviers Allschwil/Vorderes Leimental*.

28.08. Die *Basellandschaftliche Kantonalbank* BLKB verleiht zum 6. Mal Stipendien an exzellente Wissenschafter aus der Region. In diesem Jahr wurden die *Historikerin Tanja Hamel* (Laufen), der *Historiker Dominique Rudin* (Basel) und die *Germanistin Nicole Sütterlin* (Basel) mit dem total mit CHF 97'000 dotierten Preis ausgezeichnet.

10.09. Den beiden «Vätern» des U-Abos Nordwestschweiz, *Christoph Stutz* und *Paul Messmer*, wurde der *Ehrenpreis der Vereinigung für eine starke Region Basel/Nordwestschweiz* überreicht. Sie haben vor 28 Jahren das praktische und auch günstige Abonnement geschaffen. Allein der Verkauf des Abos bringt pro Jahr einen Umsatz von CHF 160 Mio. in die Kasse des *Tarifverbundes* NW, das sind 2/3 der Gesamteinnahmen.

02.10. *Urs Jauslin*, bekannter *Winzer* in Muttenz, gewann mit seinem Pinot noir «Hohle Gasse» den *Weltmeistertitel*. Dazu musste er 3 aufeinanderfolgende Jahrgänge zur Prämierung einreichen. Ebenfalls ausgezeichnet wurden *Siebe Dupfs* «Barrique Pinot Noir» 2009 und *Bazzocco-Weine* mit ihrem «Itinger Sonnenberg» 2010.

18.10. *Laurin Buser* aus Arlesheim wurde für sein Können als Slam-Poet, Musiker und Rapper ausgezeichnet, *Janika Sprunger* aus Lausen für ihre Erfolge im Springreiten und die *Häusler AG* aus Duggingen, welche weltweit führend ist im Bau von Maschinen zur Metallumformung. Die Preise betragen je CHF 15'000.

23.10. *Kevin Schläpfer*, 43 Jahre alt, Eishockeyaner aus Sissach, heute erfolgreicher Trainer beim A-Club Biel, wurde mit dem *Baselbieter Sportpreis 2012* ausgezeichnet.

19.12. Der aus Reigoldswil stammende *Philipp Wagner* wurde zum neuen *Kommandanten* der *Schweizer Militärmusik* erkoren. Zudem wurde er mit dem bedeutenden *Stephan-Jaeggi-Preis* für sein herausragendes Engagement für die Blasmusik geehrt.

Aus der Sportwelt

04.01. Aus dem Baselbieter *Swisslos*-Sportfonds gingen 2011 CHF 500'000 an den Neubau des *FCB-Nachwuchscampus* auf Münchensteiner Boden. Der ganze Bau kostet CHF 20 Mio. Baselland hat erstmals bares Geld an den FCB gestiftet; bisher erliess man ihm beispielsweise die jährlichen Polizeikosten von CHF 450'000, und man ermöglichte die Aufnahme von Basler Jungspielern in Baselbieter Sportklassen, oder man vergab Ausbildungsplätze an Talente in der Verwaltung.

15.01. Nach beispiellos erfolgreichen Jahren tritt die *Präsidentin des FC Basel*, *Gigi Oeri*, nach 12 Jahren ab und hinterlässt dabei einen auf festem Fundament stehenden, erfolgreichen Verein. Nachfolger wird der bisherige Vize *Bernhard Heusler*.

07.02. Basels Zauberzwerg und Kraftwürfel *Xherdan Shaqiri*, der in Augst das Fussballspielen lernte, hat beim *FC Bayern München* einen 4-Jahres-Vertrag unterschrieben. Das bringt sowohl dem FCB als auch dem Jungstar viele Millionen. *Shaqiri* wechselt im Sommer 2012.

17.02. Der 19-jährige *Pistolenschütze Sandro Loetscher* aus Gelterkinden gewann in Finnland an den *Europameisterschaften* der Junioren mit dem Team Gold.

25.03. *Mario Dolder*, der 21 Jahre alte *Biathlet* aus Zeglingen, der in diesem Jahr erstmals in der Elite mitkämpfte, ist ein grosser Triumph gelungen: Nach beachtlichen Resultaten während der Saison ist ihm zum Abschluss des Biathlon-Jahres der Sieg an den *Schweizermeisterschaften*, im Beisein aller Spitzenathlethen, gelungen. *Mario Dolder* ist zudem ins A-Kader aufgenommen worden.

10.04. Der 3.-Liga-Club *FC Galaxy*, der vor 13 Jahren gegründet worden war, muss seinen Spielbetrieb einstellen. Der immer knappe Spielerbestand, der oft auch das Minimum unterschritt, zwingt den Verein zu diesem Schritt. Letzte Ziele sind nun noch der Ligaerhalt und ein erster Sieg gegen den Lokalmatador *FC Gelterkinden*.

29.04. Mit einem gigantischen Vorsprung bereits 4 Runden vor Abschluss der *Schweizer Fussballmeisterschaft* in der obersten Liga hat der *FC Basel* den 3. Titel in Serie und insgesamt den 15. Triumph errungen. Baselbieter mit klingenden Namen haben dazu beigetragen: *Streller*, *Huggel*, *Frei*, *Shaqiri*, *Degen* und andere.

15.05. Der *FC Basel*, der Ende Saison Abschied vom Münchensteiner *Benjamin Huggel* (und *Scott Chipperfield*) nimmt, feiert den letzten Höhepunkt mit dem *Cupsieg* gegen den *FC Luzern*. Dass die Basler mit Glück und erst im Elfmeterschiessen gewannen, tut der Euphorie keinen Abbruch.

03.06. Der Muttenzer *Tischtennisclub Rio Star* gewann zum 8. Mal in Folge den Titel eines *Schweizermeisters* im Tischtennis. *Lionel Weber*, erst 16 Jahre alt, sowie *Christian Switajski*, *Jiashun Hu* und *Chengbowen Yang* bilden das überaus erfolgreiche Team, das Meyrin im Schnelldurchgang mit 6:0 abfertigte.

19.06. Die *Leichtathletin Ruth Helfenstein* aus Muttenz wurde in Finnland 7-fache *Weltmeisterin* an den *LA-Masters*, den inoffiziellen Weltmeisterschaften der Senioren. Sie ist 80 Jahre alt und stellte ihren Weltrekord über 400 m auf, die sie als erste Athletin ihrer Alterskategorie unter zwei Minuten lief (1:54,97 Minuten). Ein Ansporn für Ältere ist sie dadurch, dass sie erst mit 58 mit dem Laufsport angefangen hat.

01.07. *Janika Sprunger* aus Bubendorf wird im *Springreiten* Nachfolgerin ihres Vaters *Hansueli Sprunger*. Sie gewinnt die *Goldmedaille* an den *Schweizermeisterschaften* in Schaffhausen mit ihrem Pferd *Graciella*.

01.07. Im römischen Theater in Augst fand das *Baselbieter Kantonalschwingfest* statt. Die Kulisse war grandios, das Wetter hingegen liess die Veranstalter und die Sportler im Stich. *Michael Gschwind* vom *Schwingclub Binningen* kam zwar als Einheimischer in den Schlussgang, wurde dort aber geschlagen und belegte letztlich als bester Baselbieter den 3. Rang.

01.07. Der *Gigathlon* 2012 kam auch in Sissach zu Besuch: In der *Sportanlage Tannenbrunn* befand sich die Wechselzone, wo die Athleten vom Rad auf die Dauerlaufstrecke (nach Olten) wechselten. Zu den Disziplinen dieses «mörderischen» Rennens gehören Schwimmen, Laufen, Radfahren und Skating. In Sissach sorgten 70 Helfer für einen reibungslosen Ablauf.

08.07. Der im Baselbiet gross gewordene *Tennisprofi Roger Federer* hat wieder neue Rekorde aufgestellt. So gewann er das *Wimbledon*-Turnier zum 7. Mal und eroberte damit den 1. Rang in der Weltrangliste zurück. Auch in der Wertung der Ranglisten-Ersten setzt er neue Massstäbe: Er ist mit 287 Wochen an der Spitze absoluter Rekordhalter.

17.07. Der Prattler Spitzen-*Orientierungsläufer Fabian Hertner* hat an den *Weltmeisterschaften* in Lausanne in der Mitteldistanz den 3. Platz belegt und damit die Bronzemedaille erkämpft.

05.08. *Roger Federer* verlor den Final des *Olympiaturniers* im Einzel gegen den Schotten *Andy Murray* klar und gewann damit die Silbermedaille. Im Doppel mit *Stan Wawrinka*, wo die beiden Titelverteidiger waren, kam das Ausscheiden schon in der 2. Runde.

07.09. An der *Behinderten-Olympiade* in London hat *Tobias Fankhauser* aus Hölstein im Radrennen *(Handbike)* der Kategorie H1 auf der Rennstrecke von Brands Hatch Silber gewonnen, nur gerade 2 sec hinter dem Sieger. Das Rennen ging über 48 km. *Fankhauser* ist seit 2003 querschnittgelähmt und hat bereits im Jahr darauf mit dem *Handbiken* angefangen.

15.10. Der linksseitig gelähmte, 24-jährige *Michael Fässler* aus Sissach ist zum *Mister Handicap 2012* gekürt worden. Er spielt trotz seiner Behinderung an den regulären Tischtennismeisterschaften mit. Sein Ziel sind die *Paralympics 2016*.

16.10. Seit in allen erdenklichen Branchen und «Sportarten» Weltmeister gekürt werden, schafft es immer wieder eine Person aus dem Baselbiet, höchste Weltehren zu ergattern (Pinot noir, Laufsport von über 80-Jährigen und so weiter). Dabei stechen immer wieder Epigonen aus Muttenz heraus. Neu wurde der 21-jährige *Martin Dürrenmatt* an der *Hairdressing-WM* (zu Deutsch: ‹Guafför›) in Mailand *Doppelweltmeister*.

06.11. Der *1.-Liga-Fussballclub* SV Muttenz hat im *Schweizer Cup* ein vermeintliches Traumlos gezogen: Er wurde mit den *Young Boys Bern* gepaart. Die Polizei jedoch stuft das Spiel vom 11. November als Hochrisikospiel ein und verlangt vom *SV Muttenz* ein kompliziertes Sicherheitsdispositiv, welches sich der Verein aber nicht leisten kann. Damit das «Spiel des Jahrzehnts» nun aber doch stattfinden kann, verzichtet der Kanton ausnahmsweise und im Verweis auf die sehr gute Jugendarbeit auf die Rückforderung der Kosten bis auf einen kleinen Rest.

27.12. Der immer grösser werdende Aufwand sorgt dafür, dass die Verantwortlichen des *Internationalen Radquers von Frenkendorf* nach 35 Jahren das Handtuch werfen.

Anhang

Abkürzungsverzeichnis

Abgesehen von den nachstehend aufgeführten Abkürzungen gelten diejenigen des «Handbuchs der Schweizer Geschichte», 2 Bde., Zürich (2. Aufl.) 1980. Bei Institutionen, Zeitungen etc. sind, falls möglich, die von diesen selbst verwendeten Abkürzungen zu berücksichtigen.

Institutionen

AAEB   Archives de l'Ancien Evêché de Bâle, Porrentruy (Archiv des ehemaligen Fürstbistums Basel)

AGGS   Allgemeine Geschichtsforschende Gesellschaft der Schweiz (nun: Schweizerische Gesellschaft für Geschichte, SGG)

AMA BL   Amt für Museen und Archäologie BL (Amt für Kultur; Hauptabteilung Archäologie und Museum)

AND BL   Amt für Naturschutz und Denkmalpflege

ARP   Amt für Raumplanung [folgt offizielles Kantonskürzel]

BAR   Schweizerisches Bundesarchiv, Bern

GA   Gemeindearchiv [folgt ausgeschriebener Name der Gemeinde]

GBH   Gesellschaft für Baselbieter Heimatforschung (nun: Gesellschaft für Regionale Kulturgeschichte Baselland, GRK BL)

GRK BL   Gesellschaft für Regionale Kulturgeschichte Baselland

KB   Kantonsbibliothek [folgt offizielles Kantonskürzel]

KB BL   Kantonsbibliothek Baselland

KM   Kantonsmuseum Baselland, Liestal [es gibt keine Institution gleichen Namens in einem anderen Kanton] (offizieller Name: Museum.BL)

LB   Schweizerische Landesbibliothek, Bern

OM   Ortsmuseum [folgt Name der Gemeinde]

SGG   Schweizerische Gesellschaft für Geschichte

SGUF   Schweizerische Gesellschaft für Ur- und Frühgeschichte

StA   Staatsarchiv [folgt Kantonskürzel]

StA BL   Staatsarchiv Basel-Landschaft

StA BS   Staatsarchiv Basel-Stadt

SWA   Schweizerisches Wirtschaftsarchiv, Basel

UB   Universitätsbibliothek [folgt Name der Stadt]

ZB   Zentralbibliothek [folgt Name der Stadt]

Periodika und Reihen

ABl BL   Amtsblatt des Kantons Basel-Landschaft

ABRZ   Augster Blätter zur Römerzeit

AMH   Augster Museumshefte

Arg   Argovia. Jahresschrift der Historischen Gesellschaft des Kantons Aargau

AS   Amtliche Sammlung der Bundesgesetze und Verordnungen der Schweizerischen Eidgenossenschaft

AS   Archäologie der Schweiz

ASHR   Aktensammlung aus der Zeit der Helvetischen Republik

Barth   Barth, Hans: Bibliographie der Schweizer Geschichte

BasBeitr   Basler Beiträge zur Geschichtswissenschaft [auch: BBG]

BasC   Basler Chroniken

BasJ   Basler Jahrbuch

BasS   Basler Stadtbuch

BasZG   Basler Zeitschrift für Geschichte und Altertumskunde

BaZ   Basler Zeitung

BBG   Basler Beiträge zur Geschichtswissenschaft [auch: BasBeitr]

BBl   Bundesblatt der Schweizerischen Eidgenossenschaft

BHB   Baselbieter Heimatbuch

BHbl   Baselbieter Heimatblätter

BN   Basler Nachrichten

BVb   Basler Volksblatt

BZ   Basellandschaftliche Zeitung, Liestal

EA   Amtliche Sammlung der ältern/neuern Eidgenössischen Abschiede

FiA	Forschungen in Augst		VS	Volksstimme von Baselland, Sissach
GS BL	Gesetzessammlung für den Kanton Basel-Landschaft		ZAK	Zeitschrift für schweizerische Archäologie und Kunstgeschichte
HK	Heimatkunde [falls das Manuskript von 1863 gemeint ist, z.B.: HK Gelterkinden 1863]		ZGO	Zeitschrift für die Geschichte des Oberrheins
IH	Informationsheft der kantonalen Verwaltung, Liestal		ZSG	Zeitschrift für schweizerische Geschichte (Fortsetzung: SZG)
JbAK	Jahresberichte aus Augst und Kaiseraugst		ZSR	Zeitschrift für schweizerisches Recht

FiA Forschungen in Augst

GS BL Gesetzessammlung für den Kanton Basel-Landschaft

HK Heimatkunde [falls das Manuskript von 1863 gemeint ist, z.B.: HK Gelterkinden 1863]

IH Informationsheft der kantonalen Verwaltung, Liestal

JbAK Jahresberichte aus Augst und Kaiseraugst

Jbl Jurablätter

JSG Jahrbuch für schweizerische Geschichte (Fortsetzung: ZSG)

JSolG Jahrbuch für solothurnische Geschichte

LS Landschäftler, Liestal

NblGGG Neujahrsblatt der Gesellschaft für das Gute und Gemeinnützige, Basel

NFG Tätigkeitsberichte der Naturforschenden Gesellschaft BL

NoZ Nordschweiz/Basler Volksblatt, Basel

NSBV Nachrichten des Schweizerischen Burgenvereins

NZ Nationalzeitung, Basel

NZZ Neue Zürcher Zeitung

O Ortschronik [folgt Name der Gemeinde]

QF Quellen und Forschungen zur Geschichte und Landeskunde des Kantons Baselland

QSG Quellen zur Schweizer Geschichte

RB Regio Basiliensis

RP Recht und Politik

RQ Rechtsquellen [folgt Kantonskürzel]

SAVk Schweizerisches Archiv für Volkskunde

SBKAM Schweizer Beiträge zur Kulturgeschichte und Archäologie des Mittelalters

SJZ Schweizerische Juristenzeitung

StB Amtliches stenographisches Bulletin der Bundesversammlung

StJ BL Statistisches Jahrbuch des Kantons Basel-Landschaft

StJ CH Statistisches Jahrbuch der Schweiz

SVk Schweizer Volkskunde

SZG Schweizerische Zeitschrift für Geschichte

VS Volksstimme von Baselland, Sissach

ZAK Zeitschrift für schweizerische Archäologie und Kunstgeschichte

ZGO Zeitschrift für die Geschichte des Oberrheins

ZSG Zeitschrift für schweizerische Geschichte (Fortsetzung: SZG)

ZSR Zeitschrift für schweizerisches Recht

Monographien und Lexika

ADB Allgemeine Deutsche Biographie

BUB Basler Urkundenbuch

GLB Gauss, Karl et al.: Geschichte der Landschaft Basel und des Kantons Basel-Landschaft

HBLS Historisch-biographisches Lexikon der Schweiz

HDA Handwörterbuch des Deutschen Aberglaubens

HLS Historisches Lexikon der Schweiz

Id Schweizerisches Idiotikon. Wörterbuch der schweizerdeutschen Sprache

KDM Kunstdenkmäler [folgt Kantonskürzel]

LM Lexikon des Mittelalters

MLB Bruckner, Daniel: Historische und natürliche Merkwürdigkeiten der Landschaft Basel

ULB Urkundenbuch der Landschaft Basel

Sonstiges

Diss Dissertation

Hg. Herausgeber/Herausgeberin

Jb Jahrbuch

Liz Lizentiat

Ms Manuskript [gilt auch für Typoskript!]

PA Privatarchiv

SA Separatabdruck

Tgb Tagebuch

Zs Zeitschrift

Stand 2013

Autorinnen und Autoren

Yves Binet, geboren 1970, gestalterischer Vorkurs an der *Schule für Gestaltung Basel*, Germanistik und Romanistik an der *Universität Basel*, bis 2008 Mitarbeiter im *Karikatur & Cartoon Museum Basel*, von 2007 bis 2012 CRF Designer und Data Manager. Seit 1995 bis heute Lektor, Redaktor, Übersetzer, Texter, Karikaturist und Illustrator.

Thomas Bitterli-Waldvogel, lic. phil I., geboren 1951 in Basel, Studium der Allgemeinen Geschichte des Mittelalters und der Neuzeit, der Human- und Physischen Geographie und der Mittelalterarchäologie in Basel und Hamburg. 1985 bis 1990 *Inventar der Historischen Verkehrswege der Schweiz* (IVS); freiberuflich tätig im Bereich der Bauforschung, Inventarisation und archäologischen Feldforschung. Seit 1997 in Teilzeit Leitung der Geschäftsstelle des *Schweizerischen Burgenvereins*, seit 2009 Fachberater für denkmalgeschützte Kampf- und Führungsbauten der Schweizer Armee (Bunker-Inventar).

Lorenz Degen, geboren 1985, lebt in Liedertswil BL. Schulen in Niederdorf, Oberdorf und Liestal. Seit 2007 Student der Allgemeinen Geschichte, Musikwissenschaft und Rätoromanisch an der *Universität Zürich*. Freier Mitarbeiter diverser Zeitungen und Zeitschriften im In- und Ausland. Verfasser verschiedener Referate und Publikationen zur Eisenbahngeschichte. Sein besonderes Forschungsinteresse gilt der Waldenburgerbahn.

Tobias Eggimann, 37 Jahre alt, ist im Kanton Baselland aufgewachsen und wohnt auch heute im Baselbieter Tafeljura. Seit 2011 ist der Tourismus- und Marketingfachmann als Geschäftsführer bei *Baselland Tourismus* tätig. *Baselland Tourismus* ist die kantonale touristische Dachorganisation und vermarktet in dieser Rolle die Landschaft und touristischen Angebote.

Klaus C. Ewald, geboren 1941, ist in Liestal aufgewachsen. Studium an der *Universität Basel* in Geographie, Botanik, Zoologie und Geologie-Paläontologie. 1969 Promotion in Geographie. Mit Studien zum Landschaftswandel 1980 habilitiert. 10 Jahre an der *Eidgenössischen Anstalt für das forstliche Versuchswesen* (EAFV), heute Forschungsanstalt für Wald, Schnee und Landschaft (WSL). 1987 bis 1993 Lehrstuhl für Landespflege der *Albert-Ludwigs-Universität Freiburg im Breisgau.* 1993 bis 2006 ordentlicher Professor für Natur-und Landschaftsschutz an der *ETH Zürich*.

Andreas Fischer, geboren 1977, ist in Füllinsdorf aufgewachsen. Studium der Ur- und Frühgeschichte (Schwerpunkt Provinzialrömische Archäologie) in Basel, danach Mitarbeit an mehreren Ausstellungsprojekten als Assistent und Kurator. Seit 2009 stellvertretender Leiter der *Archäologie Baselland* (http://www.archaeologie.bl.ch). Andreas Fischer ist Vater von drei Kindern und lebt heute in Möhlin AG.

Ueli Frei, geboren 1962 in Basel, aufgewachsen in Gelterkinden. Gelernter Landwirt, Journalist BR und Inhaber der *FreiCom GmbH*, Agentur für Marketing und PR in Rünenberg.

Brigitte Frei-Heitz, lic. phil. I Kunsthistorikerin, seit 1998 *Kantonale Denkmalpflegerin*. Neben der praktischen Denkmalpflege Verfasserin und Herausgeberin von verschiedenen Publikationen zu Themen der Denkmalmethodik, der Architektur- und Siedlungsgeschichte, der Ikonographie und der Gartengeschichte. Fachlicher Schwerpunkt bei der Gartendenkmalpflege. Mitglied verschiedener Stiftungen und Institutionen, unter anderen EKD und ICOMOS / Schweiz.

Jürg Gohl, geboren 1957, lic. phil., Journalist, wohnt in Sissach und arbeitet dort auch seit 2011 als Chefredaktor der *Volksstimme*. Er ist seit 1998 Mitglied der *Arbeitsgemeinschaft zur Herausgabe von Baselbieter Heimatkunden.*

Thomas Gubler, Jahrgang 1956, ist seit 2004 Regionalredaktor der *Basler Zeitung* in Liestal. Zuvor gehörte er der *BaZ*-Redaktion «Schweiz» an. Er ist Jurist mit Schwerpunktgebieten öffentliches Recht, Agrarrecht, Strafrecht und Staatskirchenrecht. Vor seiner Redaktorentätigkeit war er Pressesprecher des *Schweizerischen Bauernverbandes* und juristischer Sekretär der *Römisch-katholischen Kirche Basel-Stadt*. Thomas Gubler ist verheiratet (zwei erwachsene Söhne) und lebt in Kienberg SO.

Matieu Klee, Journalist, geboren 1972, aufgewachsen in Frenkendorf, Schulen in Frenkendorf und Wirtschaftsmatur am *Gymnasium Liestal*. Studium der Geschichte, Germanistik und Medienwissenschaften in Basel und Zürich. In den 1990er-Jahren freier Journalist für *Basler Zeitung* und *Volksstimme*. Von 2002 bis Herbst 2011 Redaktor bei der Zeitschrift *Beobachter* mit Schwerpunkten Verkehr, Gesundheit und Arbeit, insbesondere investigativer Journalismus. Seit der Lancierung der neuen Wochenzeitung und des Onlinemediums Redaktor der *TagesWoche* in Basel.

Marc Limat, Studium von Botanik, Zoologie, Geologie und Paläobiologie an der *Universität Basel*. Langjährige Tätigkeit im *Museum.BL* als Sammlungskurator und Leiter «Bildung und Vermittlung», heute als Leiter des Museums.

Ueli Mäder, geboren 1951, ist in Sissach aufgewachsen. Er arbeitet heute als Professor für Soziologie an der *Universität Basel* und der *Fachhochschule Nordwestschweiz*.

Reto Marti, geboren 1962, Dr. phil., im Oberen Baselbiet aufgewachsen. Studium der Archäologie (Ur- und Frühgeschichte, Mittelalterarchäologie, Mittelaltergeschichte, Kunstgeschichte, physische Anthropologie und historische Hilfswissenschaften). Zahlreiche Publikationen mit Schwerpunkt Archäologie des frühen und hohen Mittelalters. Reto Marti ist heute Kantonsarchäologe sowie Leiter von *Archäologie und Museum Baselland* und lebt in Oberbipp BE (http://www.archaeologie.bl.ch; http://www.museum.bl.ch).

Charles Martin, Pratteln, freier Journalist / Autor, geboren 1960 in Basel, aufgewachsen in Basel und Biel (Kanton Bern), zurück in der Nordwestschweiz seit 1998. Seit 1990 als freier Journalist tätig, zeitweise Anstellung als Redaktionsverantwortlicher einer kleinen Baselbieter Zeitung. Seit 2004 auch Kursleiter einer temporären Schreibwerkstatt in Basel. Glücklicher Ehemann und Vater von fünf erwachsenen Kindern sowie Grossvater von zehn Enkelkindern.

Guido Masé, Studium Zoologie, Botanik, Ethnologie an der *Universität Basel*; MAS in Museologie ebenda. Mitbegründer *oekoskop AG*, einer Beratungsfirma mit Fokus Biodiversität; langjährige Lehrtätigkeit unter anderem an der *Fachhochschule für Soziale Arbeit Basel* und der

Zürcher Hochschule für Angewandte Wissenschaften. Naturwissenschaftlicher Kurator am *Museum.BL* von 2005 bis 2008 und ab 2012.

Brigitte Meles, Dr. phil. I, ehemalige Konservatorin am *Stadt- und Münstermuseum* im Kleinen Klingental und am *Historischen Museum Basel*. 1986 kuratierte sie die Ausstellung «Blick auf Basel. Panoramen von Basler Kleinmeistern». Publikationen zur Kunstgeschichte in Basel und Zürich.

Beat Meyer, geboren 1952, Historiker, aufgewachsen in Riehen, lebt mit seiner Familie in Allschwil, arbeitet beim *Staatsarchiv Basel-Landschaft* in Liestal.

Stephan Nebiker, geboren 1962, aufgewachsen in Itingen BL, Studium als Vermessungsingenieur an der *ETH Zürich*, anschliessend mehrjährige Tätigkeit als Projektleiter auf verschiedenen Kontinenten, Rückkehr an die *ETH Zürich* und Dissertation im Bereich GIS und Geoinformatik, seit 1998 Professor für Photogrammetrie und Geoinformatik und Leiter des Masterstudiengangs am *Institut Vermessung und Geoinformation* der *Fachhochschule Nordwestschweiz* FHNW.

Peter Plattner, ist 1955 in Reigoldswil geboren und auch dort auf einem Bauernhof aufgewachsen. Nach einer kaufmännischen Lehre in der Privatwirtschaft wechselte er nach wenigen Jahren zur öffentlichen Verwaltung. Nach gut 20 Jahren als Gemeindeverwalter in Buus und Gelterkinden folgte nach einer Managementausbildung an der Fachhochschule vor 10 Jahren der Wechsel zur *Bildungs-, Kultur- und Sportdirektion* und damit auch zum *Verlag des Kantons Basel-Landschaft*.

Markus Ramseier, Dr. phil., geboren 1955, Studium der Germanistik, Anglistik und Romanistik an der *Universität Basel*, seit 1995 Projektleiter der *Stiftung für Orts- und Flurnamen-Forschung Basel-Landschaft*, Schriftsteller.

Matthias Rapp, Nach dem Bauingenieurstudium an der ETH Zürich und einer Dissertation in Verkehrsplanung in den USA war Matthias Rapp in leitender Stellung im Ingenieur- und Planungsunternehmen *Rapp Gruppe* in Basel tätig und machte sich in den letzten Jahren vor allem auf dem Gebiet des Schwerverkehrsmanagements und des Mobility Pricings einen Namen. Seit seiner Pensionierung Ende 2010 arbeitet er ehrenamtlich als Projektleiter bei der *Stiftung Landschaftsschutz Schweiz* in Bern.

Martin Rickenbacher, geboren 1954, aufgewachsen in Sissach. 1979 Diplom als Kulturingenieur an der *ETH Zürich*. 1980 Eidgenössisches Patent als Ingenieur-Geometer in Bern. 1980 bis 1988 Adjunkt am *Kantonalen Vermessungsamt Aargau*. Seit 1989 wissenschaftlicher Mitarbeiter des *Bundesamts für Landestopografie swisstopo* in Wabern. 2009 Promotion an der *Philosophisch-Historischen Fakultät* der *Universität Basel* über «Napoleons Karten der Schweiz», publiziert 2011. *Eratosthenes-Preis* 2011 in Dortmund für dieses Buch. Zahlreiche Publikationen zur Kartengeschichte der Schweiz. Leiter der Arbeitsgruppe für Kartengeschichte der *Schweizerischen Gesellschaft für Kartografie*. Wohnt in Bern.

Dorothee Rippmann, Prof. Dr. phil., Historikerin, Mittelalterarchäologin und Museologin. Arbeitete von 1988 bis 1999 als wissenschaftliche Mitarbeiterin an der *Forschungsstelle Baselbieter Geschichte* und ist Mitautorin der neuen Kantonsgeschichte «Nah dran, weit weg. Geschichte des Kantons Basel-Landschaft» (2001). Unterrichtet Geschichte des Mittelalters an der *Universität Zürich*, UZH. Publikationen siehe die Homepage des Historischen Seminars der UZH und die Website <academia.edu>.

Barbara Saladin, geboren 1976 in Liestal, wuchs in Gelterkinden auf und lebt heute in Thürnen. Sie arbeitet als Journalistin und Redaktorin bei der *Volksstimme* und als Autorin diverser Bücher. Bisher sind von ihr mehrere Kriminalromane, verschiedene Kurzgeschichten und Kurzkrimis sowie ein Porträtbuch erschienen. Für «Welthund», den ersten Oberbaselbieter Kinofilm, schrieb sie das Drehbuch und war Projektleiterin. Ihre Homepage: http://www.barbarasaladin.ch.

Noemi Savoldelli, geboren 1979. Schule und Lehrerseminar in Basel, Studium der Kulturwissenschaften und Kunstgeschichte in Luzern und Basel. Ausbildung zur Shiatsu-Praktikerin in Berlin und Freiburg. Von 1999 bis 2011 regelmässig Stellvertretungen, diverse Praktika in kulturellen Institutionen sowie ausgedehnte Reisen und Auslandsaufenthalte, unter anderem

Melbourne und Lissabon. Mitglied *Fachausschuss Theater und Tanz beider Basel*. Im Jahre 2012 tätig für die *John Schmid Galerie* und das Kloster Schönthal in Langenbruck.

Alby Schefer, geboren 1947, Muttenz, pensionierter Primarlehrer, Katzenliebhaber, Jazzfan, Naturbewunderer, der auch schreibt.

John Schmid, Basel und Langenbruck. Nach einer beruflichen Laufbahn als Werber haben sich die Gewichte in Richtung Kulturvermittlung verschoben. Der Erwerb des Klosters Schönthal mit seinem 100 Hektar grossen Bauernbetrieb fällt auf das Jahr 1987. Nach umfassenden Renovationen konnte das Ensemble im Jahre 2000 einer neuen und gemeinnützigen Bestimmung als Skulpturenpark und Ausstellungsort überführt werden. Der Autor ist *Kulturpreisträger 2004* des Kantons Basellandschaft.

Letizia Schubiger, Kunsthistorikerin, Kuratorin Kunstsammlungen, *Archäologie und Museum Baselland*. Aufgewachsen in Lugano. Studium der Kunstgeschichte, klassischen Archäologie und Italienischen Literatur in Zürich. Wohnt seit 1995 mit ihrer Familie in Basel.

Christian Schwick, geboren 1974 in Biel und dort aufgewachsen, Grundstudium der Astronomie und Physik und Studium der Geografie, Allgemeinen Ökologie und Erdwissenschaften an der *Universität Bern*. Seit 2004 selbstständiger Wissenschaftler mit Forschungsbereichen zur Entwicklung der Landschaft. Hier insbesondere zur Zersiedelung. Seit 2008 Gastwissenschaftler an der *Concordia University* in Montreal, Kanada. Seit 2013 Doktorand an der *Eidgenössischen Forschungsanstalt für Wald, Schnee und Landschaft* in Birmensdorf. Autor mehrerer Bücher über die Wasserfälle der Schweiz und die Zersiedelung.

Heinz Spinnler, Jahrgang 1955, wohnhaft in Tecknau. Nach der Grundschule von 1971 bis 1975 Lehre als Schriftsetzer bei der Firma *Lüdin AG* in Liestal. Seit 1979 Inseratensetzer bei der *Volksstimme* in Sissach. Betreibt seit 1984 ein eigenes Buchdruck-Atelier, ab 2014 in Lausen. Historisches Fotoarchiv aus dem Oberen Baselbiet (10'000 Bilder). Seit 2013 eigener Verlag (*Eital-Verlag*, Tecknau). In Planung sind die Herausgabe von heimatkundlichen Publikationen. Zum Bau der Hauenstein-Basislinie erschien im

Oktober 2013 eine 240 Seiten starke Dokumentation.

Martin Stohler, geboren am 1. Mai 1955 in Pratteln, aufgewachsen in Buckten. Wohnt seit 1975 in Basel. Altphilologe, Historiker, Korrektor.

Ingeborg Ströle Jegge, Dr. phil., geboren 1963. Studium der Kunstgeschichte und Germanistik in Tübingen und Wien. Promotion über das Totentanz-Erbauungsbuch «Der Sterbensspiegel» (Zürich 1650). 1997 bis 2003 Leiterin der *Städtischen Galerie Rastatt*. Seit 2003 als freischaffende Kunsthistorikerin wohnhaft im Waldenburgertal. Mitarbeit bei der *Basellandschaftlichen Zeitung* und der *Oberbaselbieter Zeitung*. Inventarisierungs- und Archivierungsprojekte (2010/2011 *Max Schneider Archiv*, Liestal). Mitarbeiterin der Konzert-Galerie *Maison 44*, Basel.

Esther Ugolini-Hänggi, geboren 1967, lebt mit ihrer Familie in Laufen und arbeitet seit 1991 als Journalistin für verschiedene Publikationen. Ausbildung zur Buchhändlerin, bis 2011 redaktionelle Mitarbeiterin bei der *Basler Zeitung*.

Susanne Wäfler-Müller, geboren 1977, ist in Bennwil aufgewachsen und lebt heute mit ihrer Familie in Sissach. Ausbildung zur wissenschaftlichen Bibliothekarin, seit 2008 in der *Kantonsbibliothek Baselland* tätig.

Peter Walthard, geboren 1979, ist Geograph und Journalist und hat in Basel, Zürich und Norwegen studiert. Er ist seit über zehn Jahren für verschiedene lokale Medien tätig und seit 2006 redaktioneller Mitarbeiter der *Basler Zeitung*. In seiner Freizeit ist er begeisterter Wanderer und Berggänger. Sein besonderes Interesse gilt Naturgefahren und ökologischen Themen. Zurzeit arbeitet er an seiner Dissertation zur Landschaftsgeschichte des Kantons Uri an der *Universität Zürich*.

Dominik Wunderlin, lic. phil., 1953 geboren in Liestal, Bürger von Zeiningen (AG) und Liestal. Kulturwissenschaftler / Publizist. Stellvertretender Direktor des *Museums der Kulturen Basel* und Leiter der Abteilung «Europa». Redaktor der *Baselbieter Heimatblätter*. Wohnhaft in Basel.

Weitere Baselbieter Heimatbücher

Alle Baselbieter Heimatbücher werden nur einmal und in einer relativ bescheidenen Auflage gedruckt. Deshalb sind einige frühere Ausgaben bereits vergriffen.

Im Folgenden finden Sie die letzten 10 Baselbieter Heimatbücher, die derzeit alle noch erhältlich sind und über den Buchhandel bestellt oder direkt beim Kantonsverlag bezogen werden können.

Rheinstrasse 32, CH-4410 Liestal
Telefon 061 552 60 20 / Fax 061 552 69 71
Web: http://www.verlag.bl.ch / E-Mail: verlag@bl.ch

Baselbieter Heimatbuch
Gesund und krank
Band 19, 1993
Diverse Autorinnen und Autoren
368 Seiten, illustriert, gebunden
ISBN 3-85673-105-6, CHF 36.70

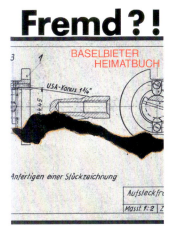

Baselbieter Heimatbuch
Fremd?!
Band 20, 1995
Diverse Autorinnen und Autoren
294 Seiten, illustriert, gebunden
ISBN 3-85673-106-4, CHF 40.80

Baselbieter Heimatbuch
Rückblenden
Band 21, 1997
Diverse Autorinnen und Autoren
272 Seiten, illustriert, gebunden
ISBN 3-85673-107-6, CHF 40.–

Baselbieter Heimatbuch
Es geht gleich weiter …
Band 22, 1999
Diverse Autorinnen und Autoren
356 Seiten, illustriert, gebunden
ISBN 3-85673-108-3, CHF 40.–

Baselbieter Heimatbuch
Klang – Musik im Baselbiet in Wort, Ton und Bild
Band 23, 2001
Diverse Autorinnen und Autoren
352 Seiten, illustriert, gebunden
ISBN 3-85673-109-1, CHF 39.–

Baselbieter Heimatbuch
drucksachen
Band 24, 2003
Diverse Autorinnen und Autoren
440 Seiten, illustriert, gebunden
ISBN 3-85673-110-5, CHF 39.–

Baselbieter Heimatbuch
Recht und Unrecht
im Kanton Basel-Landschaft
Band 25, 2005
Diverse Autorinnen und Autoren
550 Seiten, illustriert, gebunden
ISBN 3-85673-111-3, CHF 39.–

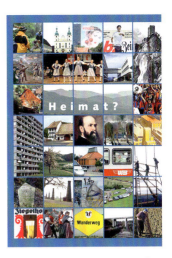

Baselbieter Heimatbuch
Heimat?
Band 26, 2007
Diverse Autorinnen und Autoren
424 Seiten, illustriert, gebunden
ISBN 978-3-85673-112-0, CHF 39.–

Baselbieter Heimatbuch
Wasser – lebendig,
faszinierend, gefährlich ...
Band 27, 2009
Diverse Autorinnen und Autoren
560 Seiten, illustriert, gebunden
ISBN 978-3-85673-113-7, CHF 39.–

Baselbieter Heimatbuch
Mir wei hirne – Bildung und
Wissen im Baselbiet
Band 28, 2011
Diverse Autorinnen und Autoren
428 Seiten, illustriert, gebunden
ISBN 978-3-85673-114-4, CHF 39.–

verlag Basel-Landschaft

Rheinstrasse 32, CH-4410 Liestal
Telefon 061 552 60 20 / Fax 061 552 69 71
Web: http://www.verlag.bl.ch / E-Mail: verlag@bl.ch